襄阳都市圈

概要

罗 丽◎主编

中央党校出版集团

国家行政学院出版社
NATIONAL ACADEMY OF GOVERNANCE PRESS

图书在版编目（CIP）数据

襄阳都市圈概要 / 罗丽主编 . -- 北京 : 国家行政
学院出版社 , 2025. 1. -- ISBN 978-7-5150-3008-1

Ⅰ. F127.633

中国国家版本馆 CIP 数据核字第 2024ER9780 号

书　　名	襄阳都市圈概要	
	XIANGYANG DUSHIQUAN GAIYAO	
作　　者	罗　丽　主编	
责任编辑	陈　科　曹文娟	
责任校对	许海利	
责任印制	吴　霞	
出版发行	国家行政学院出版社	
	（北京市海淀区长春桥路 6 号　100089）	
综 合 办	（010）68928887	
发 行 部	（010）68928866	
经　　销	新华书店	
印　　刷	中煤（北京）印务有限公司	
版　　次	2025 年 1 月北京第 1 版	
印　　次	2025 年 1 月北京第 1 次印刷	
开　　本	170 毫米 × 240 毫米　16 开	
印　　张	26.25	
字　　数	375 千字	
定　　价	80.00 元	

本书如有印装质量问题，可随时调换，联系电话：（010）68929022

襄阳获得的国家荣誉
（襄阳名片）

全国历史文化名城（1986年）

国家园林城市（2002年）

省域副中心城市（2003年）

中国优秀旅游城市（2004年）

中国十大魅力城市（2004年）

"中国20座最适合开设工厂的城市"之一，位居第四（《福布斯》，2005年）

全国绿化模范城市（2006年）

全国人民防空先进城市（2006年）

中部最佳投资魅力城市（2007年）

中国织造名城（2007年）

全国双拥模范城（2008年）

中国三国文化之乡（2009年）

国家新能源汽车推广应用示范城市（2010年）

中国红嘴相思鸟之乡（2010年）

中国书法名城（2010年）

全国科技进步城市（先后五次入选）

全国粮食生产先进市（2012年）

国家智慧城市（2013年）

国家可持续发展实验区（2013年）

国家森林城市（2014年）

全国可再生能源示范城市（2014年）

信息惠民国家试点城市（2014年）

国家电子商务示范城市（2014年）

国家卫生城市（2015年）

国家现代农业示范区（2015年）

全国"可持续消费政策示范项目"示范城市（2015年）

国家集体林业综合改革试验示范区（2015年）

中国（湖北）自由贸易试验区襄阳片区（2017年）

国家食品安全示范城市（2017年）

全国综治"长安杯"（2017年）

全国军民结合典范城市

承接东部产业转移示范区城市

襄阳的一天

（襄阳融媒体记者王虎供图）

清晨的卧龙大桥

白天的滨江步道

夕阳下的仲宣楼

序言

　　《襄阳都市圈概要》在襄阳市党校系统的共同努力下，经过一年的精心组织编撰，即将付梓。这是全市党校系统认真学习贯彻习近平总书记在庆祝中共中央党校建校90周年大会上的重要讲话精神，发挥党校"为党育才、为党献策"独特价值，聚焦党委和政府中心工作，更好地服务襄阳都市圈高质量发展的具体举措，可喜可贺！

　　2022年6月，湖北省委第十二次党代会提出建设全国构建新发展格局先行区的新发展目标，大力发展以武鄂黄黄为核心的武汉都市圈，大力发展襄阳都市圈，大力发展宜荆荆都市圈的战略举措。襄阳都市圈作为单一区域命名的都市圈，充分证明了省委、省政府对襄阳的厚望和期待。

　　建设现代化都市圈，以此带动区域经济社会协同发展，已经成为新发展阶段我国构建新发展格局的理论与实践。都市圈是由一个或多个核心城市和与其有紧密社会、经济联系的邻近城市与集镇依托交通网络组成的相互制约、相互依存，具有一体化倾向的协调发展区域，是我国40多年城镇化发展的必然结果，是促进壮大城市群发展的必然环节，居于城镇化和城市群建设中承上启下的枢纽位置，可谓"一个担子挑两头，一头托起城镇化，一头支撑城市群"，对于区域经济社会的发展，整个国家城乡协调发展，促进共同富裕，具有重要的平衡作用。

　　2019年2月，国家发展改革委发布的《关于培育发展现代化都市圈的指导意见》明确提出，培育发展一批现代化都市圈，形成区域竞争新优势，为城市群经济转型升级、高质量发展提供重要支撑。正是基于这样的政策背景和国际国内城市化发展的理论与实践，襄阳都市圈才被省委确立为襄阳经济社会发展的新目标和新战略。

襄阳具有建设都市圈的良好条件。襄阳拥有深厚的文化底蕴。文化自信是更深沉、更持久的自信。同样地，一个地方的发展，短期靠投入，中期靠政策，长远靠文化。襄阳是国家历史文化名城，具有2800多年的建城史，代为重镇，历史悠久，底蕴深厚，名人辈出，是楚文化、三国文化、汉水文化汇聚之地。楚辞大家宋玉，历史学家习凿齿，唐代诗人王维、李白、杜甫、白居易均留下不朽诗篇。襄阳高校众多，除湖北文理学院、襄阳职业技术学院、襄阳汽车职业技术学院、襄阳科技职业学院外，武汉理工大学研究生院、华中农业大学（襄阳书院）也在此办学。襄阳具有优越的区位优势。襄阳自古便是"南船北马""七省通衢"，是我国内陆地区连接东西、贯通南北的重要交通和物流枢纽。近几年，浩吉铁路、汉十高铁、郑万高铁建成通车，民航网络基本覆盖国内直辖市、省会城市和副省级城市。半日之内，襄阳可达上海、西安、广州、北京四个方向的主要超大城市，与周边武汉都市圈、郑州都市圈、关中平原城市群、成渝城市群近在咫尺，通联方便。襄阳具有较强的经济实力。一个城市圈，必须有一个经济实力超群的主要城市领头，其需要具备较强的经济辐射力和带动力。2010年以来，襄阳经济实力显著提升，地区生产总值先后实现了2000亿元、3000亿元、4000亿元、5000亿元、6000亿元的五个跨越，2023年达到5843亿元，连续5年位列全国城市50强，排名中西部地区非省会城市第1名，在周边邻近的同级别城市中明显处于领先领头的位置。襄阳具有丰富的创建经验。新中国成立以来，襄阳在湖北区域发展格局中具有举足轻重的地位，国家和省委、省政府对襄阳的发展格外重视，先后赋予襄阳特殊重任，襄阳也不辱使命，交上了出色的答卷。2003年，经国务院批准的《湖北省城镇体系规划》首次明确提出"全省城镇发展要以武汉、襄樊（复名襄阳前称谓，下同）和宜昌三个城市区域为重点""要发挥中心城市辐射和带动作用，促进区域联系和合作，实现区域资源和设施共享"。同年9月，湖北省政府《关于加强城镇建设工作的决定》明确指出："加快省域副中心城市襄樊和宜昌的发展。"2007年起，省委、省政府开始关注和重视省域副中心城市建设，省主要领导先后就支持加快省域副中心城市发展工作到襄阳考察调研，并对襄阳建设省域副中心城市提出了要求。2011年4月，省委、省政府在襄阳召开"一主两副"中心城市跨越式发展办公会，研究和部署促进襄阳跨越式发展的政策措施。2011年8月，为从领导体制上保证襄阳省域副中心城市建设，中央和省委决定由省委常委兼任襄阳市委书记，进一步提高了襄阳的政治地位。2012年6月，省第十次党代会提出："支持襄阳加快省域副中心城市和现代化区域中心城市发展，着力建设产业襄阳、都市襄阳、文化襄阳、绿色襄阳。"襄阳在全省区域发展中的战略定位更加明确、更加强化。2018年10月，国务院批准《汉江生态经济带发展规划》，由国家发展改革委发布实施。该规划明确提出："依托汉江水道，发挥武汉建设国家中心城市和襄阳打造区域中心城市的带动作用，构建沿江绿色发展轴线""支持襄阳巩固湖北省域副中心城市地位，加快打造汉江流域中心城市和全国性综合交通枢纽，辐射带动周边区域发展"。2020年12月，湖北省委十一届八次全会提出构建"一主引领、两翼驱动、全域协同"的区域发展布局，推动"襄十随神""宜荆荆恩"城市群由点轴式向扇面型发展，打造支撑全省高质量发展的南北列阵，到2022年6月提出"三大都市圈"建设，对襄阳的发展提出了新的更高要求，"支持襄阳打造引领汉江流域发展、辐射南襄盆地的省域副中心城市，建设联结中西部新通道的核心枢纽节点，辐射带动'襄十随神'城市群发展"。2021年12月，经国务院批复，国家发展改革委公布了《"十四五"特殊类型地区振兴发展规划》，明确提出"支持徐州、洛阳、襄阳、长治等城市建设省域副中心城市"，襄阳成为国家重点支持的省域副中心城市。襄阳都市圈具有独特的体制条件。襄阳都市圈以原有的行政区划版图为地理范围，核心城市襄阳与各县（市、区）中心城市之间距离近、文化亲、执行强，有利于统筹制定和实施区域协调发展规划。这次制定的《襄阳都市圈发展规划》涵盖的"一总五分十个专项行动计划"，正是基于这样的独特条件提出来的，为后期具体实施提供了坚强的组织保证。2025年1月4日，湖北省委书记王忠林出席襄阳市领导干部会议并讲话。他强调要深入学习贯彻习近平总书记考察湖北重要讲话精神，牢记嘱托、勇担重任，拉升标杆、加压奋进，奋力打造中西部发展的区域性中心城市，为湖北加快建成中部崛起的重要战略支点、奋力谱写中国式现代化湖北篇章作出更大贡献。1月7日，中共襄阳市委十四届十一次全体会议召开。会议要求，全市各级党组织和广大党员干部要牢记嘱托、勇担重任，拉升标杆、加压奋进，加快襄阳都市圈高质量发展，打造中西部发展的区域性中心城市。

目标就是方向，使命就是命令。省委确定建设襄阳都市圈战略以后，襄阳市委、市政府作为第一位的政治任务，成立领导小组，组建工作专班，开始编制《襄阳都市圈发展规划》(以下简称《规划》)，作为指导襄阳都市圈建设的行动蓝图和具体路径。经过数月艰苦工作，终于在2023年3月14日正式发布了《规划》，为推动襄阳都市圈高质量发展提供了规范性、约束性文件。《规划》指出，襄阳都市圈包括襄阳全市域，区域面积为1.97万平方千米，2021年末常住人口约527.1万人。襄阳都市圈分为核心区和紧密区，核心区为中心城区，紧密区为市域内除中心城区外的区域。辐射带动区为十堰、随州、神农架。联结协作区为南阳,宜荆荆都市圈,武汉、西安、郑州、重庆、成都等城市都市圈。《规划》要求,到2025年,襄阳都市圈发展综合实力跨越跃升,常住人口城镇化率达到65.5%,襄阳都市圈一体化发展取得明显进展,高质量发展水平显著提高;到2035年,全面建成引领汉江流域发展、辐射南襄盆地的核心增长极,襄阳都市圈综合实力强劲,建成发展型都市圈,经济总量突破1.6万亿元。

知己知彼,百战不殆。目标已明确,路径亦清晰,关键在落实。而落实的前提在于底数清楚,就是要做到市情、民情、物情了然于胸,把《规划》确定的目标任务,依据对应的方向路径逐一实现好,襄阳都市圈就会一天天地发生新的变化,经过量的不断积累,终将达到质的一鸣惊人,呈现一个政通人和、经济繁荣、人与自然和谐共生的新襄阳。

本书以襄阳市域内各地基本情况介绍为主线,包括地理山川、人文风情、经济发展、社会治理等诸多方面,分为核心区(主城区,襄州区单述)和紧密区(三市三县一城区),各自单独成章,每章第一节为概况、第二节为自然资源、第三节为人文社会资源、第四节为工业、第五节为农业、第六节为服务业、第七节为城乡建设、第八节为基础设施。具体分工如下:第一章襄阳市区篇重点介绍了主城区(除襄州区外)的情况,由中共襄阳市委党校承担组稿任务;第二章枣阳篇、第三章宜城篇、第七章老河口篇分别由中共枣阳市委党校、中共宜城市委党校、中共老河口市委党校承担组稿任务;第四章南漳篇、第五章保康篇、第六章谷城篇分别由中共南漳县委党校、中共保康县委党校、中共谷城县委党校承担组稿任务;第八章襄州区单独成篇,由中共襄州区委党校承担组稿任务。如此一来,通览全书,就相当于把襄阳都市圈数千年以来，特别是新中国成立以来的主要经济社会发展脉络和最新的情况了解清楚了。

中共襄阳市委党校集合全市党校系统精兵强将，编写《襄阳都市圈概要》作为党校培训的乡土教材，借以普及襄阳、宣传襄阳，助力参训学员知晓襄阳，更好地推进《规划》落地生根、见效发展。这是党校发挥"围绕中心、服务大局"职能作用的具体体现。这次全市党校系统集体作战，是一次初步的系统集成，也是积累经验的过程。接下来，全市党校系统还应该更好地发挥"为党献策"的科研优势，聚焦襄阳都市圈发展中的重点、难点问题，开展理论研究，分行业、分领域、分区块进行集中攻关，为市委、市政府和各县（市、区）党委、政府建言献策，群策群力共同推动襄阳都市圈高质量发展，为不断增进全市人民福祉，促进襄阳都市圈和周边城市协作共进，切实完成省委赋予襄阳都市圈的"引领、辐射、带动"任务目标。

罗　丽

2025年1月

C O N T E N T S 目录

第三章　宜城篇

第四章　南漳篇

第五章　保康篇

第六章　谷城篇

第七章　老河口篇

第八章　襄州篇

襄阳市区篇

第一节 襄阳概况

一、历史沿革

襄阳是历史上最悠久的地区之一，远在60万年前，人类已在此繁衍生息。方志记载，公元前827年周宣王封仲山甫于樊，是为樊国，樊城因此得名。据此推算，襄阳建城至今已有2800多年。襄阳是楚国的重要渡口和军事要塞，谓之"北津戍"，汉初置襄阳县。襄阳以地处襄水（今名南渠）之阳而得名，筑城于汉。自初平元年（公元190年）荆州牧刘表徙治襄阳始，襄阳历来为府、道、州、路、县治所。襄阳文化源远流长。古老的汉水流域，自古就是我国南北文化交流、融合的中心区域。春秋战国时期，襄阳是楚国和中原周天子交往的通道。两汉至隋唐时期，从京城西安、洛阳经襄阳到江陵的驿道，是沟通南北政治、经济的大动脉，加上长江最大的支流汉水在此与唐白河汇合，襄阳就成了"南船""北马"的汇集地，因而素有"南船北马""七省通衢"之称。

1948年12月23日和1949年1月10日，樊城、襄阳城二次解放后，首次组建襄樊市，隶属桐柏行署三专署。5月，襄樊市并入襄阳县。中华人民共和国成立后，1950年5月，复以襄阳县之襄阳、樊城两镇组建襄樊市，隶属襄阳专署。1953年4月，襄樊市恢复建制，改为省辖（县级）市。1979年，襄樊市升为省辖市。1983年8月，国务院批准撤销襄阳地区，其行政区域并入襄樊市，实行市带县管理体制。1986年，襄樊被国务院批准为全国历史文化名城。2005年，襄樊被《福布斯》评为"中国20座最适合开设工厂的城市"之一（位居第四）。2010年12月，襄樊市正式更名为襄阳市。近年来，襄阳市先后被确定为"省域副中心城市""三国文化之乡""国家智慧城市""国家森林城市""国家现代农业示范区""国家卫生城市""全国军民结合典范城市"。

在CCTV"中国魅力城市"评比中，襄阳从600多个参评城市中脱颖而出，入围"十大魅力城市"。境内有国家级、省级风景区36处。金庸、冯骥才等评价襄阳是"中华腹地的山水名城"。这才是一座真正的城！古老的城墙仍然完好，凭山之峻，据江之险，没有帝王之都的沉重，但借得一江春水，赢得十里风光，外揽山水之秀，内得人文之胜，自古就是商贾会聚之地。今天，这里已成为内陆重要的交通和物流枢纽。

二、地理位置

襄阳市位于湖北省西北部，居汉水中游，秦岭大巴山余脉。襄阳地处我国内陆腹地中心地带，得"中"独厚，区位优势明显，"东瞰吴越、南遮湖广，西带秦蜀、北通宛洛"。地理位置处在北纬31°13′~32°37′、东经110°45′~113°06′，东西最大横距为228千米，南北最大纵距为157千米。东邻随州市，南接宜昌市、荆门市、钟祥市，西连神农架林区和十堰市的丹江口市，北与河南接壤。全市土地面积为19727.68平方千米，占湖北省版图面积的10.6%。全市地形地貌复杂多样，高山、低山、谷地犬牙交错，丘陵、岗地、平原地域辽阔。

三、地形地貌

襄阳市处于我国地势第二阶梯向第三阶梯过渡地带。地势自西北向东南倾斜，全境可分为三大地形区。西部山区由武当山山脉东段和荆山山脉北段组成，覆盖保康、谷城、南漳3个县的全境，面积8000多平方千米，约占全市总面积的40%。西部山区海拔多在400米以上，其中保康县境内的官山海拔2000米，既是襄阳全境最高点，又是汉江与长江的分水岭。西部山区物产丰富，类型多样，是用材林、经济林等多种经营的重要生产基地。东部低山丘陵位于鄂豫两省交界地带以及与随州、钟祥、荆门交界地带，面积近4000平方千米，约占全市总面积的20%，海拔多在90~250米。

丘陵以低丘为主，丘陵间河谷开阔，土地肥沃。地处西部山区和东部低山丘陵之间的中部广阔地带，属岗地平原，由襄州、枣阳、老河口3市（区）的"三北"岗地和分布在汉水、唐白河、蛮河流域的冲积平原组成，面积8000多平方千米，约占全市总面积的40%。"三北"岗地海拔在85～140米，沿河冲积平原海拔在90米以下。宜城市境内的八角庙海拔44米，为襄阳全市最低点。"三北"岗地岗顶宽平，岗垄相间，起伏和缓，土层深厚。汉江流域两岸河谷小平原和大面积的冲积平原属江汉平原北端的组成部分，地势平坦，水源充足，土质上乘。

四、气候条件

襄阳市气候属亚热带季风气候，具有南北过渡特征；气候温和，年平均温度为15～16℃，年均气温的实际变化2℃左右。1月为全年最冷月，极端最低气温-21℃；7月为全年最热月，极端最高气温42.6℃。年平均湿度70%，年降水量800～1000毫米。年平均蒸发量1477毫米，年平均日照时数1990小时，无霜期240天。

第二节　襄阳市自然资源

襄阳市地处我国南北气候过渡带和东西二、三级阶梯衔接带，为我国中东部地区南北生态屏障与东西长江生态走廊的接合部，是我国重要生态功能区。襄阳处于湖北省自西向东生态流的中游，是湖北省重要的生态功能单元，对维护鄂西水土生态安全起着重要作用。襄阳集中连片的天然林和生态公益林，对于湖北的碳平衡至关重要。襄阳生态空间以山、水、园为基质与骨架，以"汉江流域、南保谷荆山山脉、枣阳宜城襄阳老河口生态农业区"的整体态势，形成"一脉、一江、一区、十五节点"的区域生态空间布局。襄阳优越的地理位置和生态区位，蕴藏着十分丰富的自然生态资源。

一、各类自然资源概况

（一）土地资源

2022年，襄阳市在第三次国土调查统一时点调查成果基础上，利用最新卫星遥感影像，通过县级实地调查，市级检查，省级、国家级核查，掌握2021年度土地利用的变化情况，更新"三调"数据库。2021年变更调查成果显示：襄阳市土地总面积1972782.52公顷，其中湿地面积5990.79公顷，占总面积的0.30%；耕地面积671038.29公顷，占总面积的34.02%；种植园地面积46110.20公顷，占总面积的2.34%；林地面积893474.22公顷，占总面积的45.29%；草地面积7107.44公顷，占总面积的0.36%；城镇村及工矿用地面积144407.98公顷，占总面积的7.32%；交通运输用地22772.72公顷，占总面积的1.15%；水域及水利设施用地137380.89公顷，占总面积的6.96%；其他土地44499.99公顷，占总面积的2.26%。

（二）河流水系资源

襄阳有大小河流985条，其中流域面积50平方千米及以上河流131条，流域面积100平方千米及以上河流66条，均属长江水系。主要河流有汉水、唐白河、南河、北河、蛮河、沮漳河。河网密度0.43千米/千米^2，年径流总量64.97亿立方米，年排涝量0.73亿立方米。

境内最大河流汉江，又称汉水，是长江最大的支流，发源于陕西秦岭山脉南麓，干流流经陕西、湖北两省，于武汉市汉口龙王庙注入长江。汉江由丹江口市黄家港入境，自西北向东南依次流经老河口、谷城、樊城、襄城、襄州、宜城6个县（市、区）的26个乡镇（办事处），于宜城芝麻滩出境入钟祥市，境内河长195千米，流域面积16862平方千米，占全市总面积的85.48%。

唐白河由汉江北岸注入汉江，为汉水一级支流，上游分西、东两支，西支名白河，东支名唐河。白河为唐白河主支，源出河南嵩山县伏牛山主峰玉皇顶，向东经南召、南阳、新野等地，至襄州区朱集镇翟湾入境，到双沟镇龚家咀两河口，全长329.3千米，其中襄州境内河长28千米。唐河源出河南省方城县七峰山，流经社旗、唐河、新野县，至襄州区程河镇石台寺入境，蜿蜒南行于双沟镇龚家咀两河口汇入白河，长286千米，其中襄州境内河长46.8千米。两河于襄州两河口汇集始名唐白河，向南至襄州区张湾汇入小清河注入汉水，河长23千米，集水面积3591平方千米。

南河、北河均属汉江干流中游右岸支流。南河源有二支，南支为正源，发源于神农架，纳关门河、苦水河于阳日湾汇为粉清河，于雷公滩入保康境；北支马栏河源出武当山南麓，经房县、保康至粉清河汇入南支，始名南河。南河向东又有清溪河汇入，北折玛瑙观入谷城境，在黄家洲注入汉水，境内河长141.5千米，流域面积2710千米。北河发源于房县，由谷城紫金镇彦家洲村入境，至北河镇安家岗村注入汉江，境内河长59.6千米，大小支流41条，流域面积1121.2平方千米，年径流量1.2亿立方米。

蛮河为汉江干流中游南岸重要支流。源出保康龙坪镇马虎垭，至长坪入南漳县境，自西向东流经长坪、李庙、城关、胡营、武安镇，至申家咀入宜城市境，过朱市后折向东南，历雷河、孔湾、璞河镇，至岛口入钟祥市境，并于钟祥转斗镇五家营汇入汉江。境内河长186千米，流域面积3263平方千米。

沮漳河由沮河、漳河交汇而成。沮河发源于保康县响铃沟，向东南依次纳入戴池河、杨家河、歇马河、深溪河、鸡冠河、重溪峡、白蜡河、嘉峪河诸水，至南漳又有赵家河汇入，于白福头入远安县境，全长226千米，其中境内河长98千米。漳河源自南漳三景庄，向东流经南漳板桥、巡检、肖堰、东巩等地，折向东南，于付家畈出界，与沮河汇入当阳市境。南漳县内干、支流长593.7千米，其中干流长91千米，流域面积1150平方千米。

（三）野生植物资源

襄阳市植物资源丰富，具有起源古老、区系成分复杂、种类丰富、子遗植物和特有属多的特点。据调查，全市有维管束植物189科828属1698种，其中蕨类植物93种，隶属27科50属；种子植物1605种，隶属162科

778属。境内珍稀植物资源丰富，有国家级珍贵树种61种，其中国家一级珍贵树种有红豆杉、南方红豆杉、银杏、珙桐、秃杉、钟萼木、香果树、水杉8种，国家二级珍贵树种有秦岭冷杉、大果青杆、篦子三尖杉、厚朴、鹅掌楸、杜仲、大叶榉、楠木等16种；湖北省级珍贵树种有三尖杉、榧树、蜡梅、白皮松、小勾儿茶、黄檀、银鹊树、楸树、紫斑牡丹、南紫薇、大叶冬青、黄杨、阔叶女贞等37种；有国家重点保护野生植物24种。发现有地径57厘米、长1500米的世界罕见的古老藤本植物——常春油麻藤。

襄阳市野生紫薇资源自然分布集中在保康、南漳和谷城县。保康野生紫薇有紫薇、南紫薇两个种和翠薇、银薇两个变种，共有深红、淡红、浅紫、纯白等7个品种花色，自然分布面积1400公顷左右，其中不乏千年以上的古菀紫薇。经有关专家学者考证认为，保康是全国乃至全世界紫薇的重要发源地。

襄阳野生兰科植物资源比较丰富，主要分布在枣阳、宜城、保康、南漳、谷城等丘陵、山区地带。据初步调查，全市野生兰科植物46种，栽培品种212种，分布较为集中的面积约23万公顷，具有很高的开发利用价值和科研价值。在海内外较有影响、精品名品较多的是蕙兰，野生品种最多、种群数量大的是春兰，栽培品种包含春兰、蕙兰、建兰、寒兰、墨兰五个大类。

（四）野生动物资源

襄阳市有陆生脊椎野生动物478种，其中鸟类361种，兽类60种，爬行类34种，两栖类23种。按保护级别分，国家一级保护野生动物有金钱豹、梅花鹿、林麝、白鹳、大鸨、金雕等10种；国家二级保护野生动物有马鹿、猕猴、黑熊、红腹锦鸡等50种，国家"三有"（有重要生态、科学、社会价值的）保护和湖北省重点保护的野生动物218种。2010年3月16日，襄阳市被中国野生动物保护协会授予"中国红嘴相思鸟之乡"称号。2011年10月，襄阳市首个红嘴相思鸟保护基地正式落户保康县黄堡镇，基地面积24667公顷。2022年组织相关人员在南漳县对越冬鸳鸯开展了小型科考调查，据统计，当地鸳鸯数量在200对（一雌一雄为一对）以上。2022年2月23日，救助一只受伤的二级保护野生动物中华鬣羚。

（五）矿产资源与风能资源

截至2021年底，襄阳市发现各类矿产70种，占全省已发现矿产的46.98%。其中，已查明资源储量的矿产35种。已查明矿产如下：能源矿产1种，即煤炭；金属矿产，包括铁、锰、钒、钛、铜、铅、锌、铝、钼、金、银、镓12种；非金属矿产21种；水气矿产1种，即矿泉水。全市已探明储量的矿产地136处，其中大型19处，中型34处，小型83处。矿床规模达到中型及以上的矿种有铁矿、钛矿（金红石）、磷矿、硫铁矿、芒硝、石榴子石、电石用灰岩、熔剂用灰岩、冶金用白云岩、耐火黏土、水泥用灰岩、水泥配料用砂岩、建筑用辉绿岩、矿泉水14种。全市有钛矿（金红石）、铝土矿、磷矿、锰、镓（伴生）、电石用灰岩、石榴子石、水泥配料用黄土、建筑用辉绿岩等13个矿种保有资源储量居全省前三。其中钛矿（金红石）、铝土矿、石榴子石、电石用灰岩、水泥配料用黏土、建筑用辉绿岩等居全省第一。全市优势矿产主要有钛矿（金红石）、磷矿、硅石矿等。

襄阳属亚热带季风气候，兼有南北过渡特征。有三条风带贯穿襄阳，风带范围内年均风速在2.8米/秒以上，有效风能密度58瓦/米^{2}以上，全市风能可利用面积占总面积的3/5以上，是湖北省风能资源丰富区。

（六）农业资源

农业生产中水旱作物兼有，生活习惯南北咸宜，是襄阳的重要特点。20世纪八九十年代，中国社会科学院考古研究所在枣阳发掘的雕龙碑原始氏族部落遗址中，同时出土了稻谷和粟谷的皮壳，这表明远在5000多年前，襄阳地区已是水旱作物并种。

"三北"岗地岗顶宽平，岗垄相间，起伏和缓，土层深厚，适宜农业机械化作业，是小麦、棉花、豆类、油料、烟叶的重要产地，并兼林牧渔多种经营和推广农业高新技术的优越条件。汉江流域两岸河谷小平原和大面积冲积平原属江汉平原北端的组成部分，地势平坦，水源充足，土质上乘，是水稻、小麦、棉花、牲畜、禽蛋、水产的主要生产基地。

（七）森林资源

2022年，襄阳市建设项目使用林地327.0324公顷，占省年度下达定额的93.44%。森林覆盖率为42.21%，对比图斑增长值为0.34%；森林公顷蓄积量为73.42立方米，同比增长4.29%。全市自然保护地54个，其中自然保护区15个，自然保护小区13个，森林公园10个，湿地公园9个，风景名胜区4个，矿山公园1个，地质公园2个，总面积222008.17公顷。

二、保护自然资源的具体做法

襄阳市丰富的自然资源得到了有效的管理和合理的开发利用。2022年，襄阳市自然资源和规划管理局坚持以习近平生态文明思想为指引，聚焦规划引领、资源管理、生态文明建设、改革创新，为全市经济社会高质量发展提供了坚实的资源要素保障和生态支撑。

聚焦统控空间，做好空间规划编制。2022年11月，襄阳市"三区三线"划定成果获自然资源部批准启用，优化提升了"一心四城"的城市空间格局。开展襄阳都市圈"一总规、五分规、十专规"战略系列规划编制，推进区域协调发展。高质量编制《流域综合治理和统筹发展规划》《襄阳省域副中心城市发展规划》《襄阳城市综合交通体系规划》《小河港临港经济区总体规划》。

聚焦统管资源，做好资源要素保障。研究出台《关于加强自然资源要素保障助力稳经济若干措施》《关于加强襄阳市产业用地保障服务稳增长促发展的十条措施》等政策，加大用地用矿保障、提升服务质效。加快推进耕地占补项目建设和全域国土综合整治，及时储备用地指标。推动土地集约高效利用，助力经济高质量发展。

聚焦统建生态，做好生态建设保护。大力实施绿满襄阳再提升行动，统筹山水林田湖草沙系统治理和修复。2022年，襄阳市自然资源和规划局主要负责同志荣获"全国绿化先进工作者"。全市全年完成营造林1.495万公顷，占全年计划的102.6%。推动实施"千村万树"行动，成功创建省级森林城镇3个、省级森林乡村20个，市级森林乡村67个。国家储备林工程一期工程完成新造林566.7公顷，鄂北生态防护林工程完成主副林带造林61千米，纵深防护林3987公顷。强化林业有害生物防治工作，开展古树名木资源调查、体检与复壮、信息系统建设等工作。开展动植物资源调查，布设红外相机近千台，谷城南河自然保护区发现失踪115年的国家二级保护植物七子花。统筹矿山治理，完成绿色矿山建设企业8家。严格执法监督，落实最严格的耕地保护制度，扎实开展"大棚房"整治回头看、违建别墅清理整顿、农村乱占耕地建房整治、森林督查违法案件查处等自然资源保护专项行动，自然资源利用秩序显著优化。

聚焦城市建设，做好城市品质提升。高水平编制庞公EBD概念规划和总体城市设计、樊城滨江商务带城市设计、襄阳（东津）科学城概念规划等城市设计。突出东津新区作为省域副中心城市新中心、襄阳都市圈核心区的核心功能，组织开展《襄阳市东津新区总体概念规划及城市设计》编制工作。优化"三江五岸"城市设计，加强对古城滨江地区开发强度、人口密度、建筑尺度管控，加强古城保护利用，高质量做好《襄阳古城保护和利用规划》，严控岘山、汉江周边的开发强度。

依据《襄阳都市圈发展规划》，襄阳将大力推进重点流域、大气污染等环境综合治理，发挥生态资源优势，融入鄂西生态功能区，推动完善"一主引领、两翼驱动、全域协同"区域发展布局，实施资源保护及开发利用差异化配置，将"襄十随神"城市群打造为"一地一极两区"：世界级魅力人居与文旅目的地、汉江经济带绿色发展增长极、全国森林"双碳"先行示范区、中部地区"新沿海"协调发展引领区。

（执笔人：熊秋野）

第三节　襄阳人文社会资源

一、文化资源

襄阳是国家历史文化名城，是荆楚文化发祥地、三国文化之乡和汉水文化核心区，是万里茶道上重要的商贸名城，文化遗产丰富，历代名人辈出，厚重的历史、璀璨的文化是襄阳文化和旅游发展的源头活水和强劲动力。

（一）楚文化

楚文化是一种高度发达且风格独特的区域文化，其辉煌灿烂的文化成就举世瞩目。在楚文化的发展过程中，襄阳一直扮演着重要的角色。在楚国立国800多年的历史中，襄阳作为楚国中心地位而存在，始于熊绎迁都保康间的重阳、南漳清凉河的上游、李庙镇将军石村一带、宜城的楚皇城，后来楚昭王迁都于江陵纪南城的郢，前后达500余年。

经考古发现，襄阳楚文化遗迹非常丰富。曾作为楚都的宜城楚皇城城址和曾为楚邓县县治的襄阳邓城遗址基本保存完整。襄阳境内还存在着数量众多、分布密集、内涵丰富的楚文化和墓葬，发掘出土了许多精美的楚文物，较为集中地发现于以楚皇城和邓城城址为中心的楚墓地，以及少量分散的楚国贵族墓葬中，如枣阳九连墩、老河口安岗楚墓等。汉水以西的宜城平原约60平方千米的范围内有60余个楚文化遗存分布，形成了以楚皇城、郭家岗、小胡岗等大型遗址为中心的多个聚落群，并有宜城西部的安乐堰、南部的凤凰山等高等级墓地。邓城城址周边也有20余处楚文化遗址、墓地，并按等级布局。另外，襄阳还发掘出了襄州区"楚王城"西周中晚期城址、枣阳周台遗址等。

襄阳作为荆楚文化的发祥地，还孕育了楚赋开山鼻祖宋玉，诞生了"下里巴人""阳春白雪""曲高和寡"等典故。留下了穿天节、端公舞、牵钩戏、唢呐巫音、苞茅缩酒等楚风遗俗。

（二）汉水文化

汉水流域是中华民族的发祥地之一，其中襄阳段全长 195 千米。襄阳踞汉水中游，东西交汇、南北贯通，"汉晋以来，代为重镇"，是汉水流域最重要的城市。特殊的地理位置，使襄阳成为历史上的区域性经济、政治、文化中心，成为汉水文化中具有重要影响和代表性的区域。主要体现在商业文明历史悠久。汉水是中国古代内河最便捷、最畅达、最繁忙的"黄金水道"。襄阳素有"南船北马、七省通衢"之称，是汉水流域最重要的水陆码头，商业文明延绵 2000 多年。汉代襄阳"南援三州，北集京都，上控陇坻，下接江湖，导财运货，懋迁有无"；唐代襄阳"往来行舟，夹岸停泊，千帆所聚，万商云集"；明清时期的襄阳"商贾连樯，列肆殷盛，客至如林"，建有 20 多个商业会馆、30 多个码头，商业辐射到黄河上下、长江南北。

（三）三国文化

上承汉末，下启魏晋，在近百年群雄争战、风云际会的三国时期形成的三国文化是襄阳文化中最为精彩、影响最为深远、底蕴最为深厚的文化形态。

东汉末年，北方战乱，刘表领荆州牧（公元 190—209 年），"爱民养士，从容自保"，把襄阳治理得经济繁荣、社会安定，成为乱世中一片安宁的"绿洲"，数以千计的士人纷纷来到襄阳，诸葛亮、司马徽、庞德公、庞统、徐庶、崔州平等一批谋略精英，经学家宋忠、文学家王粲、书法家梁鹄、音乐家杜夔等一批杰出人物会聚襄阳。刘备三顾茅庐，诸葛亮精准分析时局提出《隆中对》，使襄阳成为三国鼎立格局形成的源头；以羊祜镇守襄阳、杜预上表灭吴方略为标志，襄阳成为晋朝完成统一大业的策源地。

东晋史学家习凿齿著《汉晋春秋》《襄阳耆旧记》等，对中国史学发展影响深远。东晋高僧释道安在襄阳长达15年之久，研究佛学，讲经弘法，统一佛教姓释，确立僧律戒规，首创中国僧制，编撰中国第一部佛经目录，奠定了印传佛教中国化的基础，对中国文化儒释道格局的形成乃至整个汉传佛教的发展作出了重大贡献，使襄阳一度成为全国的佛教传播中心。

襄阳市三国文化遗产丰富，2009年初被中国民间文艺家协会批准为"中国三国文化之乡"，并获准建立全国首个"中国三国文化研究基地"。《三国志》86卷中有18卷写到襄阳，《三国演义》120回中有32回故事发生在襄阳，现存有50余处三国历史文化遗址、遗迹，以及司马荐贤、三顾茅庐、马跃檀溪、水淹七军、刮骨疗毒等发生在襄阳的三国故事。孕育了诸葛亮"静以修身，俭以养德""淡泊明志，宁静致远""鞠躬尽瘁，死而后已"的精神和品格。

（四）文学艺术文化

诗赋文化的发展。中国文学的两大源头《诗经》《楚辞》均发源和交汇于汉水流域，《诗经·汉广》描写的汉水女神是中国文学史上最早、影响最深远的江河女神形象。历经千百年流传，汉水女神形象成了千万汉水女儿美丽、善良、聪慧、高贵的象征，寄托了汉水流域人民在不同时期、不同文化背景下对美的追求、善的推崇和情的向往。襄阳人宋玉和王逸是《楚辞》的主要作者，宋玉推动了楚辞向楚赋的转变，王逸编撰了《楚辞章句》。

唐诗宋词的发展。襄阳作为南北经济文化的要冲，在唐诗宋词领域都有很高的成就。唐宋时期襄阳本土诗词名人，唐诗以孟浩然、皮日休和张继为代表，宋词以李清照、魏玩等为代表。孟浩然世称"孟襄阳"，以写田园山水诗为主，是唐山水诗之创始者，开风气之先，对当时和后世都有很大的影响，在著名的《唐诗三百首》中所收孟诗就有15首。皮日休，字袭美，隐居鹿门山，是晚唐文坛上的古文巨擘。襄阳山清水秀，许多唐宋时期著名诗词作家，如李白、杜甫、白居易、王维、杜审言、张九龄、刘禹锡，以及唐宋八大家欧阳修、苏轼、曾巩、王安石、韩愈、柳宗元等都曾寄情襄阳山水，在此留下了壮丽诗篇。据了解，《全唐诗》收录近5万首诗歌，有3000多首与襄阳有关，《唐诗三百首》与襄阳相关的诗歌达27首。

书画文化的发展。襄阳市是"中国书法名城"，历史上代表性人物有：三国时期的梁鹄、邯郸淳，隋唐时期的丁道护、杜审言，北宋时期的米芾、米友仁、张友正等。米芾世称"米襄阳"，与苏轼、黄庭坚、蔡襄合称"宋四家"，他的画以"米点山水"著称于世，他的《研山铭》成为千百年来人们习书临摹的法帖。

（五）红色文化

新民主主义革命时期，襄阳市诞生了鄂西北第一个党组织、第一支正规红军武装，中国早期革命家萧楚女两次到襄阳传播革命火种，贺龙带领红三军转战鄂西北、中原突围鏖战襄阳、"五路大捷"之一的襄樊战役等，在中国革命史和军事史上占有重要地位。襄阳大地涌现出了程克绳、谢远定、黄火青、吴德峰、胡绳等一批老一辈革命家、理论家，涌现出了张光年、陈荒煤、梁斌、蓝光等一批文学艺术家。抗日战争时期，襄阳成立了第五战区文化工作委员会，李公朴、老舍、姚雪垠、臧克家、李可染等一批爱国文人志士来到襄阳工作，给襄阳的文化艺术带来新的繁荣。

二、非物质文化遗产

襄阳市国家级非物质文化遗产有老河口丝弦、沮水鸣音和鸣音喇叭、《黑暗传》、老河口木版年画等。

（一）老河口丝弦

老河口丝弦流行于襄阳地区，主要盛行于鄂北的老河口地区，迄今有数百年的历史，它是由丝弦说唱"大调曲子"的前奏曲（又称板头曲）分离出来并历经演变而形成的一个具有浓郁地方特色的乐种。老河口是这一乐种很有影响、人才集中，并有相对稳定班社的地方，故称"老河口丝弦"。其代表人物是民间音乐家王直夫先生（1900—1984年）。老河口丝弦乐曲现有"三思"(《思乡》《思春》《思情》)和《高山流水》《打雁》《赏秋》《小乔哭周》《闺中怨》《陈杏元落院》《陈杏元和番》等,曲目丰富,曲风古朴,韵味典雅,旋律委婉曲折,优美动听,具有浓郁的鄂西北民间音乐地方特色。

(二)唢呐艺术(沮水呜音)

沮水呜音流传于保康县、南漳县,是一定历史阶段的产物。在先秦时期,是以一种歌舞祀神形式呈现于世,并依附于巫术活动的发生、发展而不断变化其形态的。在融歌乐舞为一体的古代,呜音是巫师祭祀鬼神的音乐歌舞,现流行于荆山山地沮水河畔的呜音,属吹打乐类,其祭祀的功能属性与古楚呜音一脉相承;从音乐形态上看,具有跳动、徐缓、繁复、艳丽的风格特色,具有楚文化之遗风,其旋律诡谲古朴,节奏平缓曲折,乐器多样陈杂,与古代文献中描述的巫音十分相近。

(三)唢呐艺术(呜音喇叭)

呜音喇叭属道教音乐,最早产生于春秋时期,原为楚国宫廷音乐,创始人为宫廷乐师师旷,后流传到民间,传统曲牌100多种,现主要盛行于南漳县巡检镇峡口及与保康接壤地区,是楚文化仅有的活态遗存,因而史学界称为楚乐的活化石。

(四)黑暗传

《黑暗传》是长期流传在湖北省神农架林区、保康县及其周边地区的一部关于汉民族神话历史的叙事长诗,多以清代手抄本传世,为薅草锣鼓、丧鼓艺人演唱底本。《黑暗传》内容多元,深受儒释道影响,凡有打丧鼓、唱孝歌的民俗活动之地,就有《黑暗传》的流传。《黑暗传》作为"孝歌""薅草锣鼓",由众多歌师在不同场合演唱,深受民众喜爱。《黑暗传》时空背景广阔,叙事结构宏大,内容古朴神奇,是一部难得的民间文学作品。自20世纪80年代中期发现以来,受到海内外学术界文化界的广泛重视。

（五）老河口木版年画

木版年画主要流传于鄂西北的老河口市及豫西南一带，明末清初时，木版年画就在老河口牢牢扎根，清代乾隆至光绪年间尤为兴盛。老河口木版年画的内容大多取材于历史戏剧、演义小说、民间故事和传说，也有适应需要刻制的农历、农事谚语、书法条幅等。其寓意"喜庆吉祥""辟邪纳福"的作品有《门神》《和合二仙》《一团和气》《麒麟送子》等。还有表现历史上英雄人物如孟良、焦赞、岳飞、郑成功等的作品。制作方面用料考究，一般选用硬质梨木做雕版，并且一块雕版要用两块拼制而成，以免受潮变形。在颜料选用方面，一般用红、黄、绿、紫等传统中国画颜料，也有根据画面需求自制的土颜料，这些颜料不易褪色，能长期保持画面的鲜艳。老河口木版年画是我国民间传统美术的优秀代表，它根植于民间，服务于大众，蕴含着深厚的民俗风情，表达了人民群众朴素的民心民意，对研究我国民间传统美术有着重要的意义和价值。

（六）万里茶道申遗

2022年，襄阳市文化和旅游局组织完成《襄樊码头遗址保护管理办法（送审稿）》的起草工作，于10月中旬报请市政府审议。委托省古建筑中心修编升格为全国重点文物保护单位后的《襄樊码头遗址文物保护规划》，万里茶道申遗博物馆建设完成陈列布展方案，进入施工招标。积极落实省联合申遗办各项工作任务，完成万里茶道遗产点整体保护管理状况回顾性评估工作，配合提供襄阳万里茶道和文化旅游成果相关图文资料，参加万里茶道沿线城市申遗和文化旅游成果展。

三、旅游资源

襄阳市旅游资源以集自然风景与人文景观于一体为特色，可供游览观赏的历史古迹、革命旧址、自然风光、现代工程景点甚多。其空间发展布局如下：以三国文化、汉水文化、楚文化为内涵，突出三国文化特色；以古隆中和襄阳古城为龙头，构建起三国文化旅游区、大荆山生态旅游区、都市文化休闲旅游区、汉江风光旅游区四大旅游区格局。襄阳中心城区旅游资源的类型和景区具体如下。

（一）三国文化旅游景区

1.古隆中

古隆中风景区距襄阳市区13千米，总面积209平方千米，晋永兴年间至今，已有1800多年历史。古隆中是国家级风景名胜区，1994年经国务院审定列为国家重点风景名胜区，1996年被国务院列为全国重点文物保护单位。古隆中是全国三国历史遗存最丰富、三国文化气息最浓厚的景区之一，文物古迹年代久远，保存完好，植被茂盛，环境清幽，是游客三国旅游线的首选目的地之一。诸葛亮17岁至27岁时在此隐居躬耕。"三顾茅庐"和"隆中对"的故事就发生在这里。2020年1月7日，襄阳市古隆中景区被文化和旅游部批准为国家AAAAA级旅游景区。2022年，古隆中被评定为"第二批湖北省文化遗址公园"。2023年5月，古隆中景区入选第二批国家级文明旅游示范单位名单。

2.襄阳古城

襄阳古城位于襄阳市襄城区境内，雄踞汉水中游，楚为北津戍，为鄂西北著名的军事重镇，自古就有"铁打的襄阳"之说，至今已有2800多年的历史。古城起初筑于汉初，现为全国重点文化保护单位，城墙略呈正方形，城垣周长7.6千米，平均高8米，宽10米左右，用土层层夯筑，外用大块青砖垒砌。襄阳城共有六座城门，即大北门、小北门、长门、东门、西门和南门。襄阳城每座城门外又有瓮城，也叫屯兵城。明万历四年（公元1576年），知府万振孙为六门首题雅称，分别为阳春门、文昌门、西成门、拱宸门、临汉门、震华门。因西门是朝拜真武祖师庙的必经之路，故又称为"朝圣门"。襄阳城在明清时，古建筑较为完整。六门城楼高耸，四方角楼稳峙，仲宣楼（王粲楼）、狮子楼、魁星楼点缀十里城郭，金瓦琉璃，高墙飞檐，煞是壮观，整个城池和谐地融为一体，给人以古朴典雅的美感。襄阳市政府一直注重古城保护，采取了一系列措施，保持了襄阳古城的古朴原貌。2022年，襄阳古城景区入选第二批国家级夜间文化和旅游消费集聚区。

3.护城河

襄阳古城北以汉水为池，东、西、南三面有护城河拱卫。护城河宽180～250米，深4～8米，是我国最宽的人工护城河，号称城湖，被称为"华夏第一城池"。整个护城河河面阔如湖泊，碧波荡漾，好似绿色的巨龙环护着古城，使襄阳城易守难攻，固若金汤。

4.仲宣楼

仲宣楼是为纪念"建安七子"之一的王粲而修建的。《襄阳府志》记载，此楼毁于民国初年，其模样无人知晓，更无图可查。在重建时，只好参考毁于抗战时期的邻近的魁星楼建筑结构。现在的仲宣楼，就是1993年襄阳市政府依据魁星楼修建的。整个仲宣楼高17米，总面积650平方米，可分为城墙、城台和主体楼三大部分。悬挂有沈鹏等名家题写的"仲宣楼"匾联，楼内还有壁画石刻"建安七子图"。

5.黄家湾

黄家湾景区是国家AAA级旅游景区，位于襄阳市西郊，占地面积约9.8平方千米，距襄阳市区和古隆中风景区约5千米。是诸葛亮的岳父——襄阳名士黄承彦的故里，诸葛亮夫人——才女黄月英的出生地。

（二）楚文化旅游景观

1.邓国故址

邓国故址位于襄阳市高新技术开发区团山镇邓城村，南近汉水，北接南阳盆地，地势平坦，四周开阔，交通便利，战略地位重要，是春秋时期邓国故都和后来的邓城县治，楚文王十二年（公元前678年）楚灭邓，邓城又为楚在汉北的要邑。城址近方形，夯土城墙，周长约3150米，现存一般高度为3～5米，东南角为最高点，高出地面约6米。城垣厚20～30米。东、西、南、北四面各设一座城门。城外护城河宽50米左右，现已改为水田。相传城内偶有铜镞、金粒可拾，城内有时杀鸡还可取出金粒，故有"邓城不卖活鸡"之说。城北4千米左右有蔡坡、山湾、团山等多处春秋战国时期的贵族墓地，并出土了如邓公乘鼎、曾仲子敔鼎等一批珍贵文物，对于研究古邓国历史、楚文化的内涵和发展等具有重要意义。

2.襄阳楚王城遗址

襄阳楚王城遗址为湖北省重点文物保护单位。位于襄阳城东南约30千米处襄州区黄龙镇高明村许家河西岸台地上。因当地流传楚王曾在此建城而得名。遗址面积1600平方米，文化层厚约3.5米，内涵丰富，保存完好，是一处包含新石器和西周两个时代遗物的文化遗址。

（三）古文化、古建筑遗迹景观

1.米公祠

米公祠位于汉江之畔，原名米家庵，是为纪念北宋书法家、画家米芾而建造的。米公祠始建于元朝，扩建于明朝，现存的米公祠是清同治四年（公元1865年）重建的，是襄阳市境内标志性景观之一。2006年5月25日，米公祠作为明、清代古代建筑，被国务院批准列入第六批全国重点文物保护单位名单。

2.襄王府绿影壁

襄王府绿影壁位于襄阳城内东南隅，系明代襄阳王府门前的照壁，塑于15世纪中叶。壁分三堵，全长26.2米，中堵高7.6米，左右两堵高6.7米，厚1.6米。三堵壁均根据构图的需要，用不规则的绿矾石浮雕组装，白矾石镶边嵌界而成。壁的主画面，以及壁座、壁顶、壁脊刻龙99条，整个壁面装饰错落有致，主次分明，动静结合，浑厚古朴。在雕刻技巧上融圆雕、浮雕、平雕为一体，显得既粗犷豪放，又细腻精致，具有很高的历史价值和艺术价值。

3.夫人城

夫人城是一座与襄阳城紧紧相连的城外城，位于襄阳城西北角。城墙下边有一碑刻。城墙上的匾和下边的碑刻，系清同治二年（公元1863年）襄阳人为缅怀东晋襄阳守将朱序之母韩夫人所筑。

4.临汉门

临汉门俗称小北门，该城楼始建于唐，重筑于清，为歇山式三开斗拱砖木结构，整个建筑没用一颗钉子，外表装饰精美，轮廓清晰完整，颇能显现古建筑的特色。

5.昭明台

襄阳古城昭明台又名山南东道楼，位于襄阳城中心，跨北街西南而建。青砖筑台，中以条石拱砌洞，洞高4.5米，宽3.5米；台上建5开间重檐歇山顶式楼，高约15米；东西各建横屋4间，西南有鼓楼、钟楼各一。此楼雄踞城中，蔚为壮观，被誉为"城中第一胜迹"。此楼屡毁屡建，楼名屡改，先后用山南东道、南平、镇南、昭明台、古高斋、钟鼓楼诸名。民国时期，建鄂北图书馆于楼上。抗日战争时期襄阳沦陷，楼毁台存。1954年，在台上新建东西两边厦房。1973年后，因久雨致使台东角塌陷，为行动方便安全而平毁。1993年底，襄阳市人民政府在原址以北50米处重建，但风格与原貌有所变化，仍定名为昭明台。

6.襄阳北街

北街历史悠久，商周时期开始发展，唐宋时期甚为繁华，虽历经沧桑战火，但街道位置没变。1993年为迎接第一届诸葛亮文化节和全国历史文化名城会的召开，建成仿古文化步行街。2002年为繁荣北街经济，又进行了一次成功的改造。2022年，襄阳北街上榜国家级旅游休闲街区。

7.习家池

习家池又名高阳池，位于湖北襄阳城南约五千米的凤凰山南麓，是东汉初年襄阳侯习郁的私家池塘，建于东汉建武年间（公元25—56年）。东晋时，习郁后裔习凿齿在此临池读书，登亭著史，留下《汉晋春秋》这一千古名作，成为名播后世的史学家，而使习家池颇负盛名。

（四）宗教文化旅游景观

1.风格独树一帜的鄂西明刹广德寺

广德寺原名云居寺，位于古隆中武侯祠旁，始建于唐贞观年间（公元

627—649年），唐太宗李世民亲赐"云居禅寺"匾额。明成化年间（公元1465—1487年），襄王朱见淑占寺修墓，朝廷拨款易地修建，并易名广德寺，明宪宗朱见深赐匾额"广德禅林"。寺院坐北朝南，占地面积约45000平方米，建筑为对称布局，现存有山门、藏经阁、方丈室、东西客堂及多宝塔等。

2.岘首山"一里一寺"寺院群

襄阳之岘首山，东汉末年曾建白马寺，道安南下襄阳首住白马寺，又在寺周建了甘泉寺和谷隐寺，从而使岘首山名气大增，后历代僧人争相在岘首山建寺，陆续建起岘石寺、卧佛寺、观音阁、凤林寺、景空寺等，使一个方圆不过两平方千米的岘首山，容纳了8个寺院，被誉为"一里一寺"。这种一里一寺的格局，同佛教名山九华山甚为相似。其中，谷隐寺前两株古银杏树，一株树枝上翘，一株树枝下垂，形成一阴一阳两棵树，成为罕见奇观。

3.世界文化遗产武当山古建筑群的组成部分真武山道观

真武山道观位于襄阳城西南1千米处，有鄂西北"小金顶"之称。在传统习惯中，朝湖北武当山，首先要到襄阳真武山，给真武帝上表章，算在真武大帝处报了到。有钱财和精力者当继续去均州（今丹江口市）武当山天柱峰朝金顶。钱财精力不足或患病者，可就此回转，也算还了朝拜真武大帝的心愿。武当山宫观是被联合国教科文组织确认的世界文化遗产。这个武当山宫观不单是太和宫，而是指以太和宫为主的武当山系列宫观。襄阳真武山道观是武当山系列宫观中规模最大的道观。

宋元以前，真武观名叫建峰寺，香火长盛不衰。明永乐十年（公元1412年），明成祖降谕修建武当山宫观，"管运武当山琉璃诸物"的水船数以"万计"，停泊真武山下的汉江中，"时风涛方作，顷之祥云数见，水天一色，咸谓元帝（真武大帝）显应"，于是在山上修建了"真武观"。后又重建了真武殿、娘娘殿、老君殿等殿堂。可惜"文化大革命"期间，道观被拆毁。如今看到的道观都是1994年后重修的建筑。

（五）新晋旅游景区

1. 盛世唐城景区

盛世唐城景区位于湖北省襄阳市襄城区，占地面积370万平方米，依托襄阳古城历史展示唐文化，引入汉江水，并通过8座桥梁与城内8条水系连接，形成八水绕长安的格局，是以唐文化为背景的仿古建筑群，集文化旅游与影视拍摄于一体的复合型景区，兴建于2012年。2016年襄阳唐城影视基地成功创建国家AAAA级旅游景区。在襄阳唐城影视基地拍摄的作品有电视剧《天盛长歌》《艳骨》，电影《妖猫传》等。2022年，盛世唐城景区成功获评"首批省级文明旅游示范单位"。

盛世唐城夜景（襄阳市文化和旅游局供图）

2. 襄阳华侨城奇幻度假区

襄阳华侨城奇幻度假区位于襄阳市东津新区，总占地约8.48平方千米（净地约6300亩），总投资约700亿元，秉持"创想中国新度假"品牌定位，布局不同风格的主题乐园集群、都市文化集群和商业休闲集群三大集群，打造中国3.0"都市娱乐休闲度假区"。整个度假区由"四园一镇七酒店"组成，分别是四大主题乐园"奇梦海滩水乐园、奇趣童年亲子乐园、奇幻谷、云海汤泉"，城市文旅新生活小镇"奇妙镇"，七大主题酒店"云海·丽呈别院、云海酒店、奇趣森林酒店、奇趣童年营房、酒店式公寓、度假酒店、中央商务区高星级酒店"。襄阳华侨城奇幻度假区融合主题乐园、商业、酒店、餐饮、演艺娱乐和交通中心六大产品群，形成"吃住行游购娱"一站式都市娱乐休闲度假区，为游客带来一场无与伦比的奇幻度假之旅。2020年6月24日，襄阳华侨城奇幻度假区首开项目奇梦海滩水乐园正式对外开放。2022年，华侨城奇幻度假区成功创建省级旅游度假区。

襄阳华侨城奇幻度假区（襄阳市文化和旅游局供图）

3.关圣古镇

关圣古镇以影响世界的关圣文化作为核心支点，在深度挖掘世界关圣文化的同时，汇集襄阳楚文化、汉文化、三国文化发源地的历史文化特色，以"水淹七军古战场"为依托，通过文化展示、互动体验、情景演绎等手法，将关圣文化与旅游休闲业态高度融合，再现三国时期的襄阳风云、关圣风骨。关圣古镇项目利用楼、坊、亭、台、阁、桥等元素构建文化景观，烘托场景仪式感；沿袭汉代棋盘式街道布局，营建开放式街区，以旅游产业为引领，结合休闲商业、文创产业、康养产业、酒店住宿业、演艺娱乐产业等内容，形成多产业联合发展、全要素集聚共生，古今相融的文旅商休闲度假综合体，打造成鄂西北旅游集散地、"襄阳城市文化会客厅"。

（执笔人：孙梦宇）

第四节　襄阳工业

2012年以来，全市经济和信息化事业取得重大成就，规模总量稳步提升、产业体系加快升级、产业链条更加完整，产业整体实力、质量效益以及创新力、竞争力、抗风险能力显著增强。

一、产业发展情况

产业结构逐渐从"一个龙头、六大支柱"向"144"现代产业体系迭代升级，重点产业加速壮大、新兴产业快速发展。汽车产业产值从2012年的1295.9亿元增长到2021年的2386亿元，成为襄阳市唯一一个产值过2000亿元的产业；农产品加工业（含食品饮料和纺织服装）产值从2012年的1391.6亿元增长到2021年的1838.5亿元；装备制造产业产值从2012年的491.1亿元增长到2021年的1280.9亿元；医药化工（含现代化工和生物医药）产业产值从2012年的396.9亿元增长到2021年的565.8亿元；新能源新材料、电子信息两大产业产值分别从2012年的123.2亿元、264.3亿元增长到2021年的375.09亿元、390.72亿元。全市高新技术产业增加值从2012年的400.7亿元增长到2021年的1207.4亿元，占全市地区生产总值的比重达22.7%，较2012年提高了6.7个百分点。

（一）汽车及零部件产业

传统汽车产业转型升级有力。东风康明斯重型发动机、东风股份铸造三厂搬迁等一批重点技改项目稳步推进，新火炬、襄轴等零部件企业加快研发生产新能源和智能网联产品。新能源汽车产业取得突破性发展。比亚迪动力电池项目、东风新能源乘用车整车项目成功落户襄阳，填补了产业空白。车联网先导区建设稳步推进。基础设施建设和应用场景打造取得新成效，产业加快培育，引进了星云互联、希迪智驾等企业在襄导入车联网"车—路—云—网—图"产业链相关产品。截至2022年，全市规模以上汽车及零部件企业实现产值2412.58亿元，同比增长7.54%，约占全市规上工业总产值的30%，产业总体规模居全省第2位。全市汽车产量33.16万辆，其中乘用车产量16.31万辆，商用车产量16.85万辆。新能源汽车产业集群入选首批9个省级战略性新兴产业集群，并联合武汉、十堰、随州成功申报"武襄十随"汽车产业国家级先进制造业集群。2023年4月，工业和信息化部批复支持湖北（襄阳）创建国家级车联网先导区，成为继江苏（无锡）、天津（西青）、湖南（长沙）、重庆（两江新区）之后的第五个国家级车联网先导区。

2014年11月06日，英菲尼迪首批国产车型在襄阳下线（襄阳融媒体记者王虎供图）

（二）农产品加工产业

企业综合实力不断提升，规模以上企业达到 755 家。襄阳鲁花浓香花生油有限公司被评为"湖北省就业创业先进集体"。琚湾大头菜项目、保康葛粉项目、襄阳高香茶品牌建设与示范项目等入选 2022 年湖北省荆楚品牌培育工程项目拟立项。湖北葛百岁葛业有限公司获评"省级服务型制造示范企业"，石花酿酒股份有限公司、正大食品（襄阳）有限公司等单位荣获"第五届襄阳市市长质量奖提名奖"。际华三五四二纺织有限公司再次入围"全国棉纺织企业百强"，其申报的"新型高支高密高档家纺面料技术海外护航项目"入选 2022 年湖北省知识产权护航项目拟立项。加快推进襄阳味都健康食品产业园加工园项目、襄阳正大百万吨饲料工业项目、良品铺子战略合作项目、天舒纺织高端纯棉紧赛超柔纱智能化生产线项目等项目建设。2022 年，襄阳市农产品加工产业发展稳中向好，累计实现总产值 1944 亿元。

（三）装备制造产业

推动智能装备加速研制和迭代升级，已有 2 个拥有自主知识产权的成套设备产品列入国家首台（套）重大技术装备推广应用指导目录。全市 5 家企业入选湖北省智能制造示范企业，1 家企业入选智能制造示范工厂揭榜单位，是武汉以外地市（州）唯一推荐入选企业，另有 2 家企业的 4 个典型应用场景入选国家智能制造优秀场景。推动制造企业向服务型企业转型，汉江重工入选中央广播电视总台"品牌强国工程"，获评国家第四批服务型制造示范企业，"昆仑号"千吨级高铁箱梁运架一体机获评"2021 年度央企十大国之重器"荣誉称号。国铁机电、鑫鼎泰、湖北卓茂 3 家获评省级两化融合试点示范企业。航鹏化学动力新建项目获批国家工业和信息化部工业互联网试点示范项目。2022 年，根据最新调整的产业划分口径，全市规模以上装备制造企业实现产值 867.84 亿元，同比增长 17.45%，连续 12 个月增速高于全市均值，为全市工业经济平稳增长提供了有力支撑。

（四）现代化工产业

加强重点企业培育。东方化工、雪飞化工、广言林、金达成入选国家级专精特新"小巨人"企业名单，全市省级以上单项冠军、专精特新企业达到22家。湖北回天新材料股份有限公司入选国家技术创新示范企业，回天新材产品获国家制造业单项冠军。加快推进产业项目建设。龙佰钛业投资30亿元的磷酸铁锂和钛白粉后处理项目、嘉施利60万吨建筑石膏粉及配套磷石膏库项目均已开工，为襄阳市化工产业发展注入强劲的动力。开展六大化工园区认定工作，进一步优化化工产业布局。2022年，全市现代化工产业规上企业166家，实现总产值549.60亿元，同比增长14.40%；营业收入481.20亿元，同比增长18.37%；利润总额33.30亿元，同比增长13.71%。

湖北回天新材料股份有限公司外景（企业供图）

（五）生物医药产业

推进重点企业加速成长，推动湖北凌晟药业股份有限公司、共同药业子公司湖北共同生物科技有限公司入选第四批国家级专精特新"小巨人"企业，华中药业股份有限公司、湖北创力药业有限公司、襄阳三珍生态农业有限公司、湖北药昇中药科技有限公司、湖北思安药业有限公司5家企业入选第四批湖北省专精特新"小巨人"企业。目前医药健康产业入选省级以上单项冠军、隐形冠军、专精特新"小巨人"企业已达到9家。2021年，共同药业登陆深交所创业板成功上市。湖北天药产品纳入国家目录。2022年，全市医药健康产业拥有规模以上工业企业数量达到42家，实现工业总产值159.41亿元，同比增长16.48%；实现营业收入139.8亿元，同比增长19.56%。

（六）新能源新材料产业

加快推进重点企业培育。汇尔杰、新华光、山特莱等9家企业被评选为国家级第四批专精特新"小巨人"企业，省级以上专精特新"小巨人"企业达到19家。汇尔杰公司与中国科学院刘嘉麒院士合作攻关"年产4000吨玄武岩纤维"项目，建成国内最大的玄武岩纤维生产基地。汇尔杰、山特莱入选"科创中国"新锐企业榜。加快重点项目建设。重点推动龙蟠科技磷酸铁锂正极材料生产基地项目、吉利硅谷多晶硅项目等项目进展。2022年，新能源新材料产业现有规模以上工业企业133家，新增规上企业43家；实现规上工业总产值511.01亿元，累计增速15.23%，工业增加值累计增速18.76%。2022年，襄阳市发电装机规模达668.26万千瓦，其中，水能、风能、太阳能和生物质可再生能源发电装机规模达到360.49万千瓦，占比54%。风能、太阳能发电装机容量合计294.92万千瓦，占全省14.58%，位居全省前列。

湖北锂源新能源科技有限公司外景（企业供图）

（七）电子信息产业

推动产业补链延链强链，引进了比亚迪动力电池生产项目、湖北钜芯半导体科技有限公司低功耗芯片的划片测试及分立器件智能制造项目等项目，填补了空白。格芯电子、金芯电子、硕旭电子等相继投产，成为中部地区重要的聚合物锂电池生产基地。推动华润大力枣阳风电钒液流电池产业园项目建设，产业发展区域多点支撑的格局正在形成。成功举办 2022 中国 5G+ 工业互联网大会襄阳分会场活动，襄阳签约项目 56 个，总投资 158.76 亿元。引导企业创新提质，统讯智能入选 2022 年国家级大数据产业发展试点示范项目，万洲电气股份有限公司入选 2022 年新一代信息技术与制造业融合发展试点示范名单，骆驼新能源入选《锂离子电池行业规范条件》。2022 年，全市规模以上电子信息企业累计实现工业产值 521.79 亿元，同比增长 17.14%，累计拉动全市增速 0.8 个百分点，工业增加值累计增速 14.49%。

2023 年以来，襄阳市委、市政府结合新的发展实际，聚焦"144"产业集群和"6+2"重点产业，围绕汽车、新能源新材料、装备制造、医药化工、农产品加工、电子信息等 6 个重点产业，智能网联汽车、新能源储能电池等 2 个细分产业，着力构建现代化产业体系，促进供应链、产业链、创新链、金融链、人才链协同发展，标志着襄阳产业发展迈向新阶段。

二、信息化发展情况

（一）深入推进数字产业发展

襄阳市制定实施《关于加快新一代信息技术和数字产业集群发展的实施意见》，加快推进全市数字产业建设。

大数据中心及产业园区建设。截至 2021 年，全市拥有较大规模数据中心近 10 个，机柜总量突破 6000 个。形成高新软件产业园、谷城电商产业园、东津大数据产业园等 10 余个产业园。

两化融合试点示范体系建设。十年来，全市新增国家级两化融合试点3个，国际级上云标杆企业1家，省级两化融合试点148个，省级上云标杆企业12家；骆驼集团公司、汉江智行、统讯智能、万洲电气等一批企业获评试点示范企业，实现襄阳市三项国家级试点示范零的突破。截至2023年6月，全市累计获得信息化领域国家级试点示范17个，省级试点示范243个，试点示范数量稳居全省第二。

（二）推进创新技术产业应用赋能

襄阳市全力夯实企业创新主体地位，实施创新驱动发展工程。

支持现有企业开展智能制造诊断服务。2021年开始，襄阳市每年招标确定三家诊断服务商为全市100多家工业企业开展智能化诊断。大力兑现市级智能化改造政策，共有89家企业的智能化改造项目通过专家评审、现场审核、党组会研究等程序，市级财政兑现资金1.85亿元。

提升研发机构设立率。2022年，对宇昂科技有限公司等4家企业给予首次自建或共建研发机构奖励，合计20万元。同时，鼓励有条件的县（市、区）、开发区制定相应政策措施，支持工业企业设立研发机构、加大研发经费投入。截至2023年6月，全市推动设立研发机构的规上企业达到482家，比上年增加104家，占全部规上工业企业的25%。

推进全方位多层次产学研合作。截至2023年6月，三批49名"科技副总"共为接收企业解决技术难题363个，促成科技成果转移转化149项，为企业培训2692人次，引进其他人才154人，有效推动了企业技术改造、产业转型升级。

数字化应用加快推广。襄阳市制订《5G+工业互联网融合发展行动计划》，成功举办2022中国5G+工业互联网大会襄阳分会场活动。新增国家级工业互联网平台2家、省级工业互联网平台5家、5G全连接工厂3家、数据管理能力成熟度评估贯标试点14家。

（三）加快进行新型基础设施建设

襄阳市实施新基建和传统基建双轮驱动工程，构建现代化基础设施体系。

全市数字经济发展迅猛，截至 2023 年 10 月底，已累计建成 5G 基站 9237 个，每万人拥有 5G 基站 17.5 个，建设规模位居全省第二，实现中心城区、发达农村、热点区域 5G 重点覆盖和偏远地区 4G 网络基本覆盖。襄阳已成为全国骨干互联网 32 个一级节点城市之一。

工业互联网标识解析体系建设。截至 2023 年 6 月，全市工业互联网标识解析平台注册企业突破 87 家，企业对产品设备编码标识的注册量已达 5513 万个，标识解析连通次数达 4.5 亿次，各项指标较 2021 年增长 3 倍左右。

（执笔人：邵海燕 张紫菁）

第五节　襄阳农业

2021 年，国务院出台《"十四五"推进农业农村现代化规划》，力争到 2035 年，乡村全面振兴取得决定性进展，农业农村现代化基本实现。党的二十大报告提出，加快建设农业强国。为全面贯彻党的二十大精神，落实省委、省政府决策部署，襄阳市依据《襄阳都市圈发展规划》《加快推进襄阳都市圈高质量发展三年行动方案（2023—2025 年）》《加快推进襄阳都市圈高质量发展 2023 年行动计划》《加快推进襄阳都市圈高质量发展 2023 年工作清单》等文件精神，锚定建设现代农业强市目标，以补链强链延链为重点，以培育壮大农业产业化龙头企业为抓手，强力推进重点农业产业链建设，全力提高农业产业化发展水平，以产业振兴引领乡村振兴，聚力抬高全域高质量发展底板。

一、发展现状

襄阳北连南襄盆地，南接江汉平原，地处亚热带季风型大陆气候过渡区，四季分明，气候温和，种养品类多样。2022 年全市耕地面积 1008.12 万亩，其中水田 370.3 万亩、旱地 622.8 万亩，是湖北省唯一的百亿斤粮食生产大市、整市建设的国家现代农业示范区。襄阳粮食总产量占湖北省近

1/5，农产品加工产值居湖北省第二，猪牛羊出栏量居湖北省第一，果菜茶等主要农产品生产水平均居湖北省前列。

党的十八大以来，襄阳市全面贯彻党中央重大决策部署，始终坚持以人民为中心的发展思想，不断加大民生投入，持续增进民生福祉，决胜全面建成小康社会取得决定性成就，人民群众的获得感、幸福感、安全感更加充实、更有保障、更可持续。从拉开新时代脱贫攻坚序幕，到如期完成脱贫攻坚目标、积极推进乡村振兴，襄阳发生了巨大变化。十年来，在市委、市政府的坚强领导下，襄阳全市上下坚持农业农村优先发展总定位，咬定乡村振兴战略总抓手，深化农业供给侧结构性改革，推动农业高质量发展，全市农业农村保持了稳中向好、稳中有进的良好态势：粮食生产连获丰收，特色产业发展强劲，农村人居环境明显改善，美丽乡村补短板强弱项建设全面推进，农业农村改革不断深化，农民收入持续增长。

二、种植业发展情况

党的十八大以来，襄阳地区农业产值稳定发展，2013年农业产值首次突破300亿元，2019年农业产值首次突破400亿元大关，2021年农业产值大幅提高到464.09亿元，跃居湖北省第2位（见图1-1）。按不变价格计算，襄阳市地区农业总产值年均增长10%。

十年来，襄阳市聚力稳产保供，农业生产能力进一步增强。坚持首责首抓、主业主抓，扛稳粮食安全重任，千方百计稳面积、稳产量，"米袋子""菜篮子"实现双丰收。2012—2022年襄阳市粮食种植面积整体呈增长趋势，特别是2018年，襄阳市粮食种植面积达到了830.1千公顷（见图1-2）。2019—2022年，全市粮食种植面积实现稳中有增。全市大力普及推广种植优质良种、适期播种、合理密植、测土配方施肥、全程机械化技术、病虫害专业化统防统治与绿色防控融合，开展化肥农药减量增效行动，推进畜禽粪污、农作物秸秆综合利用，累计落实各类绿色高效种养模式面积150万亩以上；实施高标准农田建设三年行动（2020—2022年），投入28.66亿元，建设143.28万亩高标准农田；通过稳步推进"粮改饲"，大力建设优质水稻、优质专用小麦、油料基地，发展有机、绿色粮油产品，进一步优化了种植结构。①

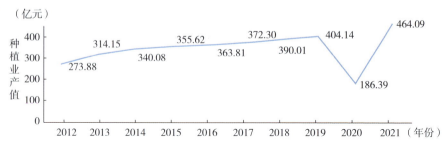

图1-1　2012—2021年襄阳市种植业产值情况

图1-2　2012—2022年襄阳市粮食种植面积

襄阳市粮食产量虽然于2012—2019年有所下滑，但从全省来看襄阳市依然是全省农业大市，且2019—2021年粮食产量又呈现稳步提升的态势（见图1-3），全市粮食等重要农产品生产稳定，粮食产量占全省近1/5。2022年，襄阳市紧紧抓住种业创新这个"牛鼻子"，坚持引育结合，一批优质高产高效粮油新品种在襄阳屡破纪录，实行技术、品牌、基地、招商"四轮驱动"，引导正大、扶轮、腾龙等企业与华中农业大学、湖北省农业科学院、襄阳市农业科学院等单位组成科企联合体，进行育种技术联合攻关。2022年全市由国家和省级认证、登记品种超100个，其中小麦33个、水稻14个、玉米31个、油菜15个、蔬菜7个，在全省的市州中名列前茅。

———————————

① 本节农业数据来源于襄阳市统计局。

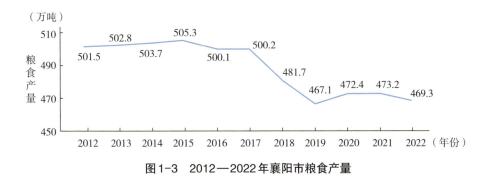

图1-3　2012—2022年襄阳市粮食产量

三、畜牧业发展

襄阳市压实"菜篮子"市长负责制，狠抓生猪、蔬菜等重要农产品生产保供。2022年襄阳畜禽产量持续增加，猪牛羊禽肉产量64.15万吨，增长4.5%；禽肉产量9.52万吨，增长2.6%；禽蛋产量40.43万吨，增长6.3%；年末生猪存栏336.82万头，增长1.9%。新时代十年，襄阳畜牧业发展稳定攀升，2013年养殖业总产值突破300亿元大关，到2021年直线突破500亿元大关，同比增长58%（见图1-4）。襄阳市毫不放松抓好非洲猪瘟防控，补齐做强生猪产业链条，生猪产能加快恢复。2021年，全市猪、牛、羊、禽分别出栏591.51万头、30.63万头、115.49万只、6961.55万羽，较2012年保持稳定，其中羊、禽增幅较大。全市备案生猪规模养殖场达到1906家，创建生猪部级标准化示范场9个、省级标准化示范场26个。牧原、正大、双胞胎、新希望等国家级重点农业龙头企业在襄阳市建有大量养殖基地，养殖标准化水平大幅提高。

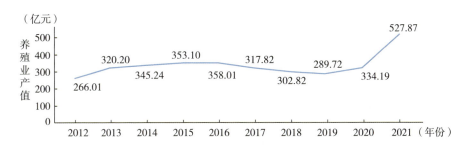

图1-4　2012—2021年襄阳市养殖业总产值情况

四、加工业发展

襄阳市坚持把推进农业产业化作为做强农业、繁荣农村、富裕农民的重要抓手,在稳定百亿斤粮食产能的基础上,以专精特优为主攻方向,大力发展十大农业重点产业链,构建了具有襄阳特色的现代农业产业体系。襄阳的农业加工业居全市七大产业第 2 位,贡献了全市农业总产值的近1/4,市级以上龙头企业从业人员 7.5 万人,带动农户 66 万户,带动增收 70亿元,在保供给、保民生、稳就业等方面支撑作用明显,发挥了"三农"压舱石作用。2022 年,全市农产品加工业产值达到 1943.8 亿元,同比增长14.45%,增幅高于全市工业平均水平,比 2012 年增长 39.7%,且 2015 年、2016 年襄阳市农业加工业产值突破 2000 亿元(见图 1-5)。2022 年全市引进农业产业化项目 351 个,盼盼食品精深加工、牧原集团 200 万头生猪屠宰加工等重点项目加快推进。

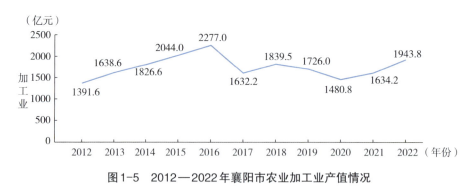

图 1-5 2012—2022 年襄阳市农业加工业产值情况

襄阳市聚焦十大现代农业产业链,聚力延链补链强链,不断提升农业产业化水平,在"由大变强"的道路上不断实现新突破。稻虾共作面积超30 万亩,实现了"吨粮田"向"万元田"的转变;茶园基地面积 42 万亩,襄阳高香茶成功入选全国特色农产品区域公共品牌 300 强和中欧地理标志协定保护名录;有机基地认证面积 30 万亩,"中国有机谷"集体商标成功注册。襄阳牛肉面走出去开店 8000 多家,带动农民就业 2.5 万人。品牌建设迈出实质性步伐,"襄阳牛肉面"被航天英雄聂海胜在太空中向全世界推介。"襄阳高香茶""中国有机谷""襄阳牛肉面""襄阳大米""襄江清水虾"在国家市场监管总局注册成功,"襄"字号区域公共品牌实现零的突破。"中国有机谷"建设扎实推进,新增有机证书10个、面积2万亩,亮相亚洲国际有机产品博览会,获"年度魅力生态市"殊荣。

五、高标准农田发展

襄阳市作为湖北省唯一的百亿斤粮食生产大市、整市建设的国家现代农业示范区,各地坚持高标准、严要求,快速推进农田建设。2022年,湖北省发展改革委、省农业农村厅下达襄阳市藏粮于地藏粮于技专项(高标准农田建设项目)中央预算内投资计划,襄阳市获中央预算内投资7917万元。作为襄阳市2022年高标准农田建设项目开工的第一个县(市、区),谷城县投资7340万元,建设高标准农田3.67万亩,涉及5个乡镇共70个村。2023年扎实有序推进高标准农田建设工作,已完成2019年、2020年两个年度的高标准农田建设和市县两级竣工验收工作,正在进行2021年度项目县级验收,完成2022年度项目任务的90%。

六、农业基础设施发展

近年来,襄阳市不断强化顶层设计、基础设施建设等工作,发展改革委、网信、农业农村、商务等部门密切合作,多措并举推动乡村基础设施建设发展。

一是顶层设计,政策支持智慧农业发展。2020年底,襄阳市人民政府办公室印发的《关于能源提升、新基建、冷链物流和应急储备设施、产业园区提升补短板强功能工程三年行动实施方案(2020—2022年)的通知》中的《襄阳市疫后重振补短板强功能新基建工程三年行动实施方案(2020—2022年)》明确提出,要加快5G网络建设、推动信息网络升级、建设高标准大数据中心等基础设施建设,大力发展智慧农业等深化建设融合基础设施。将加强智慧农业设施建设相关项目纳入了市发展改革委牵头编制的《襄阳市新型基础设施建设"十四五"规划》。

二是搭建平台，构建智慧农业发展框架。搭建襄阳市农业信息化基础平台，建成集农业综合应用、指挥调度、生产、经营、服务等体系于一体的"1+1+4+N"模式。依托中国农业科学院植保所、西北农林科技大学植保学院在樊城区和南漳县建立了病虫远程预警监测试点，监测小麦条锈病和赤霉病。依托农机专业合作社，建立作业调度、质量监控、机具状态监控信息平台，示范引导北斗集成化技术推广应用。截至2021年，全市植保专业机防组织1446个，拥有高效植保机械3578台架（无人机424台），全市水稻、小麦、玉米病虫害统防统治面积达2013.71万亩次。

三是强化监管，完善农产品质量安全追溯平台。按照农业农村部和省农业农村厅总体部署，圆满完成各县（市、区）管理机构、市级检测机构、农业执法机构入驻平台账号分配工作，组织相关人员开展技术培训，采取边培训边录入的方式，不断加快推广应用速度。截至2021年，已有103家农产品生产经营主体入驻平台，开展培训260余场次，培训人数3700多人次，发放宣传资料10000余份。企业或监管部门利用追溯码便可通过平台公众号或网站实现农产品追溯信息查询，方便快捷。

四是加强应用，助推农产品网络销售。农业农村、商务、供销等部门加强合作，整合供销、邮政、电商等多方资源，积极推进电子商务服务网络建设。全市已建成镇级电商服务站65个，村级电商服务点1000多个，行政村覆盖率达到50%以上。800多种农副产品上线天猫、淘宝、京东、苏宁、拼多多等大型电商平台，销往全国各地。

五是试点先行，引领智慧农业发展。宜城市、南漳县和枣阳市分别是全国数字乡村、部级和省级"互联网＋"农产品出村进城试点县，多点示范引领智慧农业发展。如：利用150架植保无人机实现日作业能力达4.6万亩的专业化统防统治；通过中国兽医网申报发放动物标识56.76万个，备案生猪运输车辆120台；运用"智慧兽医＋"平台实现259家规模养殖场动物疫病强制免疫"先打后补"，形成"一中二区域、30个收集点、180个专储柜、7台运输车"病死猪收集处理工作体系；襄阳农家富家庭农场配套智能终端配肥系统实现"一卡在手，施肥不愁"，实现年生产配方肥1200

吨，应用面积24000亩次，累计推广应用面积超10万亩次，亩地节省成本16元；湖北中恒农业有限公司为4000亩稻虾基地全部搭配了农业物联网技术（监控系统＋生产数据远程采集监控系统），自动采集温度、光照、pH值、溶氧等生产数据，做到精准作业、智能控制，实现亩增值1000元左右；等等。

六是加强培训，补齐智慧农业人才短板。组织开展农民手机应用技能培训周活动，从农产品直播营销技巧、惠农利民金融服务、用好新农具等方面强化智慧农业理论修养；制定并实施"一村多名大学生计划"和中高职贯通培养项目，将电子商务等作为主修课程进行教学，累计完成和正在培养的"一村多名大学生计划"人数达1105人。

七、新农村建设发展

2018年以来，市委、市政府坚持"先规划后建设、不规划不建设"原则，把做好村庄规划作为乡村振兴和美丽乡村建设的基础性工作，印发了《全域推进美丽乡村补短板强弱项建设实施方案》《关于加快推进村庄规划编制工作的通知》《襄阳市村庄建设指引规划编制导则》《襄阳市乡村空间利用规划编制指南》，从目标任务、规划原则、规划内容、组织保障等方面作了具体安排；同时召开了全市乡村规划编制动员培训会，就全市乡村规划编制工作进行了培训和全面安排部署，确保按照时间节点完成目标任务。在市自然资源和规划局、市农业农村局和各县（市、区）的共同努力下，截至2022年，11个县域村庄布局规划已全部完成、示范村"多规合一"的建设规划已完成336个、一般村的村庄指引规划已基本完成。2021年，全市11个县（市、区）获得美丽乡村补短板强弱项建设融资项目13个、资金68.01亿元，为美丽乡村补短板强弱项建设注入了强劲动力。截至2021年底，全市已完成1498个村的美丽乡村补短板强弱项建设，2022年将完成第三批936个村的建设。

2019年4月，全市坚持以乡村振兴为总抓手，以美丽乡村建设为重要抓手，围绕"缺什么补什么"，全域推进农村"两基"补短板强弱项建设，并印发了《美丽乡村补短板强弱项建设项目实施操作指南》《美丽乡村补短板强弱项建设"十不准"负面清单》。目前，第一批570个村、第二批928个村的建设任务已全面完成，第三批936个村的建设工作已经启动。

各地大力挖掘自身的地理、人文特色，把产业兴村、旅游活村、乡村治理、乡风文明等内容有机融入建设，实现了花小钱办大事的效果，培育了枣阳市吴店镇西赵湖村等一大批宜居宜游宜业的美丽乡村。襄城区余家湖街道钱营社区离城区近，靠近国道，地理条件优越。社区两委班子成员转变观念，决定将现有资源对外发包，与市兰花协会合作，在社区建设40个标准大棚；将1500亩土地流转给一家公司，建设种植基地、缫丝厂、丝绸博物馆。如此一来，社区不仅每年有固定的收入，还带动社区居民就近就业创收。枣阳市王城镇金银村的土质特别适合种植金银花。2020年，该村整合500余亩土地，引进能人种植金银花优良品种，目前每亩平均产值在1万元，集体经济收入明显提升，村民也得到了实惠。襄州区黄集镇彭梁村深入挖掘"莲花寺"文化，以饭团、黄酒、冬枣为主题，新建黄酒体验馆等场所。高新区米芾社区挖掘米芾文化，建设书法展厅、藏石馆等，并定期举办"米芾墨韵书画展"。行走其间，能感受到深厚的文化底蕴。襄州区龙王镇闫营村积极探索，推进乡村治理，大力实施"三乡工程"，积极选树典型，每年评选孝老爱亲模范、乡贤、好儿女、好妯娌、好公婆、最美庭院等，弘扬文明新风，破除陈规陋习，鼓励大家积极践行社会主义核心价值观，绘就乡村振兴的幸福画卷。

（执笔人：张鸣）

第六节　襄阳服务业

一、襄阳文旅产业

2012年以来，在市委、市政府的坚强领导下，襄阳市文旅部门坚持按照"五位一体"总体布局和"四个全面"战略布局，统筹推进文旅融合高质量发展，文旅产业发展势头更强劲，文旅配套设施与公共文化服务体系更完善，文化遗产保护与文艺创作更深入，各项工作成效显著。

（一）文旅产业发展势头强劲

2012年以来，襄阳文旅产业发展势头强劲，全市文化产业增加值从2012年的63亿元增长到2020年的200.74亿元，占同期GDP的比重从2.52%增长到4.44%，总体增幅、占比增幅均高于全国平均水平，文化产业规模稳居全省第二；全市旅游人次从2012年的2353.7万人次增长到2022年的5772.31万人次，旅游收入从150.7亿元增长到445.95亿元，襄阳文旅经济发展势头稳步攀升，产业规模逐步扩大。先后出台《襄阳市加快文化产业高质量发展若干政策》(2019年4月)、《襄阳市旅游产业发展奖励实施办法》(2021年6月)、《襄阳市文化和旅游产业高质量发展三年行动方案（2022—2024年)》(2022年)等一系列产业政策指导性文件，并相继出台《襄阳市文化产业发展奖励实施细则》《襄阳市旅游产业发展奖励办法》《落实支持旅游项目招商措施实施办法》等政策，文旅产业发展环境不断优化。

通过加强旅游资源宣传推介，一大批规模大、拉动力强的文旅项目运营态势良好。盛世唐城景区自2015年5月开城营业以来，年平均游客接待量达150万人次，并于2021年入选首批国家级夜间文化和旅游消费区；以华侨城奇幻度假区奇梦海滩水公园、奇趣童年儿童乐园、奇妙镇、云海酒店等构成的襄阳首个文化旅游度假区，自2020年6月开业以来已累计接待游客超250万人次，实现收入3亿元，逐渐成为国内一流的乐园经济集聚区；关圣古镇一期自2021年10月开街运营以来，累计接待游客230万人次；投资150亿元的汉江生态城文旅商综合体项目也于2021年11月开工建设，届时将直接带动就业2万人，间接带动就业岗位10万个，每年可接待游客超1000万人次；2020年1月7日，经文化和旅游部批准，古隆中景区正式成为国家AAAAA级景区，实现襄阳AAAAA级旅游景点零的突破。截至2022年底，襄阳A级景区数量达44家，其中AAAAA级1家，AAAA级10家，AAA级25家，AA级7家，A级1家。

（二）文旅配套设施与公共文化服务体系更完善

为加强高品质文旅服务设施配套，襄阳市文化和旅游局多次主持推进星级饭店创建工作，截至2022年9月底，全市共有星级饭店32家，其中，五星级1家，四星级6家，三星级22家，二星级3家，襄城区、保康县高星级饭店实现零的突破，区域发展更加均衡。

为提高群众文化获得感，全市所有公共图书馆、博物馆、文化馆、美术馆免费向群众开放，公共体育场馆免费或低收费，全市行政村和社区体育健身设施覆盖率也达到100%。市图书馆新馆于2020年4月正式开放，市全民健身中心北区、5座城市书房和12家民间博物馆也都建成开放。

（三）文化遗产保护与文艺创作更深入

在文化遗产保护利用上，继2012年襄阳明清古城墙被列入《中国世界文化遗产预备名单》，2019年，万里茶道也被列入《中国世界文化遗产预备名单》，长渠被国际灌排委员会列入世界灌溉工程遗产名录，郭家庙曾国古墓群、凤凰咀遗址分别被列为2014年"全国十大考古新发现"、2021年"湖北六大考古新发现"，古隆中入选湖北省文化遗址公园。全市县级以上文物保护单位数量从2012年的758处增加至2022年的963处，其中全国重点文物保护单位由2012年的10处增加至2022年的18处，全市文物保护单位数量位居全省第二。国家级非遗项目从2012年的6个增加至2022年的9个，省级非遗项目从18个增加至35个，建立襄州大头菜等10个市级传承基地和南漳中学鸣音喇叭传习所等38个县级传承基地（传习所）。同时，颁布实施《襄阳古城墙保护条例》《襄阳古城保护条例》《襄阳市非物质文化遗产保护条例》等地方性法规，文化遗产保护立法工作走在全省前列。

文艺创作生产方面，先后成立襄阳市地方戏曲传承保护中心、襄阳市戏曲传承演艺中心和3个湖北越调传承中心；出品《踏歌襄阳》《亲爹亲娘》

《天下第一颠》《射雕英雄传》《长山壮歌》《草庐·诸葛亮》《远山丰碑》《黄河绝唱》《九连墩》等精品舞台剧；出版长篇小说《羊祜大将军》、传记文学《宋玉传》、历史专著《西晋名臣羊祜与襄阳岘山》和襄阳地方文化整理发掘成果《故事里的襄阳》系列图书。

二、襄阳金融产业

2012—2022年，襄阳市金融组织体系日趋完善，初步形成以银行为主体，证券、保险等多种业态并存，全国性、区域性、地方性金融机构协调发展、分工完备的多元化金融格局。

（一）银行业发展现状及成效

十年来，襄阳银行业始终聚焦主责主业，支持实体经济发展稳固有力。

信贷整体情况平稳向好。一是金融机构数量增多，截至2022年10月，全市有银行业金融机构31家[①]，证券（期货）业机构28家[②]，保险公司56家，各项指标与2012年相比均大幅上升。二是信贷总量平稳增长，如表1-1所示。2022年全市金融机构本外币存款余额5153.2亿元，同比增速高于全省平均水平1个百分点，是2012年末的2.84倍；金融机构本外币贷款余额3576.51亿元，同比增速高于全省平均水平2.6个百分点，是2012年末的3.58倍，信贷投放增量和增速持续为襄阳经济高质量发展注入"金融活水"。

表1-1　襄阳市金融机构本外币信贷收支对比

年份	存款余额	同比增长	贷款余额	同比增长
2012年	1815.12	19.10%	999.26	21.80%
2022年	5153.20	10.80%	3576.51	13.10%

数据来源：《襄阳统计年鉴》。

信贷结构持续优化，银行业支持重点领域和薄弱环节精准有效。一是

---

① 其中法人银行机构13家，非法人银行机构18家。

② 其中证券机构27家，期货机构1家。

重点领域资金需求得到有效满足。2022年，襄阳全市银行基础设施建设贷款同比增加139.84亿元，制造业贷款同比增加68.21亿元。金融支持乡村振兴有力有效，2022年8月末，全市涉农贷款余额1533亿元，是2012年末的3.66倍，占各项贷款的比重为43.98%。二是小微企业融资成本再度下调。2022年末，普惠型小微企业贷款平均利率4.82%，同比再降0.36个百分点。扭住担保难点，继续推广"银税互动"等可持续信贷模式，襄阳市企业信用贷款占比达到25.55%，同比上升0.66个百分点。三是大力推进绿色金融改革创新。绿色贷款强势崛起，2022年末，襄阳全市绿色信贷余额517.08亿元，同比增长43.27%，高于各项贷款增速26.52个百分点。

金融服务日益强化，惠企便民程度明显提升。2022年，银行业累计发放创业担保贴息贷款18.29亿元，支持新增就业岗位3.3万个；新增支持吸纳就业较多的普惠型小微企业19392户，帮助稳住就业岗位58.18万个。金融服务建成"汉江金服网上大厅""金融服务专区"，成功挂牌襄阳金融消费调解中心，搭建线上＋线下一站式服务平台，为实体企业和消费者提供了更加便捷高效的金融服务，自2002年以来连续19年被认定为"湖北省金融信用市"。

（二）保险业发展现状及成效

十年来，襄阳保险业发展体量不断增长，险种类型应需求创新，行业规范逐步标准化，保险市场体系日益完善。

保险业发展体量不断增大。一是保险中心支公司机构数量平稳增加。如表1-2所示，2022年比2012年增加13家，其中财产险类公司增加2家，人身险类公司增加8家。二是保费收入及赔付支出不断增长。2022年实现保费收入138.87亿元，是2012年的3.39倍。其中，财产险保费收入增加27.56亿元，人身险保费收入增加70.62亿元。支付各类赔款及给付比2012年增加31.98亿元。

快速响应市场需求，有力服务社会民生。2022年襄阳银保监分局推动食品安全责任保险、安全生产责任保险落地襄阳，并呈良好发展势头。全年分别为680家企事业单位提供食品安全保障5.3亿元、为1011家企业提供生产安全保障91.44亿元，保险服务社会治理功能更加凸显，保险业民生覆盖面更广。在消费者权益保护方面，创新开发投诉处理和纠纷调解线上办理系统，平均提升结案时效5天，提升办结率12%。

表1-2 襄阳市保险业务主要指标

年份	中心支公司（家）	财产险（家）	人身险（家）	保费收入（亿元）	财产险收入（亿元）	人身险收入（亿元）
2012	43	22	21	40.7	10.4	30.3
2022	56	24	29	139	37.96	100.92

数据来源：《襄阳统计年鉴》。

保险业持续深化改革谋发展，防范化解金融风险和打击金融违法犯罪成效显著。襄阳银保监分局坚持底线思维，牢牢守住不发生区域性金融风险底线。2022年全年累计化解银行业不良贷款42.54亿元，不良贷款余额57.92亿元，同比减少4.68亿元。人民银行襄阳市中心支行深化反洗钱工作，按照"风险为本，法人监管"的要求，加强对辖内194家反洗钱义务机构的监督管理，通过分类评级、工作评价、风险评估、监管走访、现场检查等差异化监管措施，有效增强全市金融机构反洗钱意识与业务能力。

三、襄阳科技创新产业

近年来，襄阳市大力实施科教兴市、人才强市战略，深入贯彻落实中央、省、市关于科技创新的重大决策部署，大力实施创新驱动发展战略，积极搭建科技创新平台，拓展产学研合作领域，区域科技创新中心建设初见成效，科技创新综合实力明显增强。襄阳高新技术产业增加值由2012年的400.7亿元提高到2021年的1207.4亿元，稳居全省第2位，占GDP比重达到22.7%，比2012年提高6.7个百分点，高于全省平均水平2.1个百分点。襄阳连续8年荣获全省科技创新综合考评先进市，先后成为全国科技进步示范市、全国首批"创新驱动助力示范市"、全国第二批"科创中国"试点城市、中国科协深化改革试点城市。

"一核三城"建设不断推进。2021年，印发《襄阳区域科技创新中心建设方案》，建设以襄阳高新区为创新驱动核、襄阳（高新）科技城、襄阳（东津）科学城、襄阳（尹集）大学城为引擎的"一核三城"创新高地。2020年，襄阳高新区综合排名跻身国家级高新区第一方阵。截至2022年，襄阳（高新）科技城一期、二期已建成，87家企业和高校入驻或签约，襄阳湖北工业大学产业研究院、湖北汽车工业学院智能汽车（襄阳）产业学院投入运营；襄阳（东津）科学城中武汉理工大学襄阳示范区一期交付使用，华中农业大学襄阳校区（现代农业研究院）全部70栋单体建筑主体结构已封顶。襄阳（尹集）大学城湖北文理学院新校区67栋单体建筑已开工建设33栋。

县域创新能力不断提升。2019年，枣阳、老河口开发区被省政府批准成为省级高新区。2021年，襄阳国家农业科技园区获得科技部批准，谷城、枣阳、保康、襄州、老河口跻身省级创新型县（市、区）。可持续发展实验区数量达6家，其中：国家级3家，分别为湖北省襄阳市国家可持续发展实验室、湖北省襄阳市宜城市国家可持续发展实验室、湖北省襄阳市谷城县国家可持续发展实验室；省级3家，分别为襄阳市樊城区省级可持续发展实验区、襄阳市老河口市省级可持续发展实验区、襄阳市襄城区省级可持续发展实验区。

科技创新平台建设不断加强。截至2022年，全市拥有省级以上科技创新平台237家，其中国家级创新平台14家。2012年，由襄阳市人民政府、华中科技大学与湖北省科技厅联合共建的省级产业技术研究院襄阳华中科技大学先进制造工程研究院成立，成为全市高端装备制造、汽车和零部件、新能源汽车等产业重要的研发、成果转化和产业孵化平台。面向基础性、前沿性研究的湖北隆中实验室于2021年揭牌，2022年，湖北隆中实验室举行挂牌仪式。截至2022年，实验室立项科研项目52个，收集企业技术需求560余项，达成科技合作意向120余项。汽车高强轻质构件高性能精确成形技术等标志性成果，达到国际先进水平。襄阳还先后引进共建湖北工业大学襄阳产业研究院、北航襄阳航空研究院、华中农业大学襄阳现代农业研究院等一批高水平新型研发机构，其中北航襄阳航空研究院于2020年获批省级产业技术研究院，湖北工业大学产业技术研究院于2022年备案为省级产业技术研究院。

科技创新主体不断增加。襄阳在全省率先实施了科技型中小企业成长路线图计划，对路线图企业实行资助、投资、担保、创业培训、改制上市等全方位支持。截至2022年，全市高新技术企业总数达到1250家，1196家企业进入科技部科技型中小企业库，总量均稳居全省第2位，湖北省科创"新物种"（瞪羚）企业入库33家。

科技成果创造与转化能力显著提升。"十三五"期间，襄阳市转化重大科技成果409项，技术合同交易额达606.8亿元，获省级以上科学技术奖50项，其中湖北省科技进步一等奖1项。中国科学院湖北产业技术创新与育成中心襄阳中心、英诺迪克国际科技合作平台等重大成果转化平台相继落地。

科技体制改革先行先试。深入推进科技创新领域"放管服"改革，实现科技计划管理向科技创新服务的转变，在全省地市（州）率先建成综合性科技资源云服务平台"汉江科联网"，实现了科技业务一网办、科技资源免费用、需求对接精准推，免费向科研人员开放2亿篇科技文献资料，共享1.4万台科研仪器设备，展示1.57万件科技成果；组建519人的"科经专员"队伍，促进科技创新服务向企业向基层延伸。出台《中共襄阳市委、襄阳市人民政府关于加强科技创新引领高质量发展的实施意见》，建立完善科技创新"1+N"政策体系，探索实施重大科技项目"揭榜挂帅"制度，深入落实科研经费管理"松绑"政策措施。

四、襄阳房地产产业

近年来，全市房地产市场发展速度不断加快，规范程度不断提高，人民群众居住条件明显改善，生活居住品质有效提升。多层次地产供给体系日臻完善，先后出台了《襄阳市市区商品房预售资金管理办法》等一系列关于地产项目立项建设、挂牌预售销售、价格调控管理的制度规范，进一步落实商品房预售价格评审会议制度，基本形成了低端有保障、中端有市场、高端有需求的住房体系，梯级价格产品基本可满足各阶层的购房需求。2012—2022年，全市新增商品房供应5309万平方米，其中住宅4134万平方米，商品住房价格年均增长7.2%。特殊群体住房保障有效落实，全市住房保障政策从少到优，在政策创新、建设投资规模、房源分配及后期管理方面均走在全省前列，特别是在公租房方面实现了对低保、低收入住房困难家庭"应保尽保"，有效解决了城镇中等偏下收入住房困难家庭、在襄稳定就业的外来务工人员和新就业无房职工、人才的住房困难问题，形成了较为完整的住房保障政策体系、多渠道的房源筹集体系、多层次的分配体系和规范有序的管理体系。十年来，市区累计开工建设公租房（含廉租房）26390套222.59万平方米，已建成公租房21834套，分布在26个小区，惠及住房困难群众5万余人；累计发放租赁住房补贴2.3万户，发放资金9478万元。农村危房改造工作顺利完成，2012年以来全市共投入8.29亿元，完成农村危房改造计划74173户，共惠及全市20万贫困群众，4类重点对象及低收入群体6类对象安全住房保障率达到100%，脱贫攻坚任务全面完成。"十四五"期间，襄阳市计划筹集保障性租赁住房房源1.3万套，其中纳入2022年建设计划的6个项目、3145套房源现已全部开工，已筹集3个项目1210套房屋作为首批解决基本公共服务人员住房困难房源用于先租后售。老旧小区改造治理成效显著。十年来，全市累计完成棚户区改造11.7万套，完成858个老旧小区改造，极大地改善了城市面貌和群众居住环境。抢抓政府和社会资本合作（PPP）政策机遇，先后完成284条背街小巷改造，对古城内架空线缆和城市主次干道架空线缆实施入地整治，新建白石街综合管廊、樊西综合管廊、庞公新区综合管廊共17千米，街道环境不断改善。完成"拆墙透绿和美化庭院"三年行动，对中心城区139条主次干道和背街小巷共计673个单位庭院72千米围墙进行了拆除改造，实现道路景观与庭院绿化有机结合，庭院绿化、小区绿化与公共绿地齐头并进。建筑产业发展质量持续提高，全市城区房地产市场业态不断丰富，形成了住宅、城市综合体、专业市场、文旅地产等多业态市场，成为拉动经济增长的重要支撑，并为扩大就业规模，提高人民收入水平，为全市经济社会发展作出了积极贡献。全市建筑业产值由 2012 年的 315.99 亿元上升到 2021 年的 1181.68 亿元，突破千亿元大关，年均增长 12.74%，成为全市经济社会发展的重要支柱产业。建筑业企业实力不断增强，一级资质以上企业数量增长 5.4 倍，由 2012 年的全市仅有一级总承包企业 5 家增加到 2022 年的特级企业 4 家、一级总承包企业 28 家。绿色发展转型加快，全市新建建筑节能标准从 50% 提高至 72%。自 2012 年以来，新增节能建筑 4723.78 万平方米，发展绿色建筑 1556 万平方米，其中取得星级标识的绿色建筑 699 万平方米，可再生能源应用面积 1764 万平方米，推广各类装配式建筑共计 467 万平方米。

为实现襄阳都市圈两个"300"目标[①]、实现襄阳城区房地产健康持续发展，促进产业空间与城镇空间有机融合，必须坚持以城带乡、一体发展，建设更高品质的城镇空间，着力推进城镇布局系统化、功能复合化、建设集约化、风貌特色化、管理精细化、环境生态化，促进人口、资源、环境和谐发展，以提高居民获得感、幸福感。

五、襄阳商贸、住宿餐饮产业

近年来，全市经济克难奋进、稳中向好，商贸经济指标实现稳步增长，营商环境不断改善，消费外贸日臻成长，居民消费品质不断提升。

（一）全市社零总额稳步增长，商贸市场主体不断壮大

随着城市的快速发展，商贸设施不断完善升级，商业模式不断丰富，居民消费逐年攀升。2021 年全市社会消费品零售总额达 2023.2 亿元，是

---

① 襄阳都市圈两个"300"目标指到 2035 年，中心城区建设成 300 平方千米、300 万人口的现代都市。

2012年858.8亿元的2.37倍。城乡市场日益繁荣活跃，人民生活得到极大的改善。2022年，分区域看，城镇、农村市场消费品零售额分别为1873.02亿元、159.18亿元，同比分别增长3.3%、4.7%。截至目前，襄阳市在库限上单位3318家，其中法人企业1654家、"大个体"1664家，整体结构不断优化，龙头企业示范引领作用不断增强。

（二）居民消费品质不断提升，商业设施快速提档升级

近年来，全市居民消费不断升级，消费能力有所提升，通过引导大型商场（商业综合体）、购物中心结合企业实际，明确消费定位，持续调整商品业态结构，不断丰富中高端商品品类，增强商业核心竞争力和辐射力，据不完全统计，目前襄阳市区各大型商场（商业综合体）已入驻国内知名品牌969个、国际知名品牌155个。11个城市副商圈正在稳步建设、有序发展，中心城区已形成区域级核心商圈、市级核心商圈、市级副商圈、市级社区商圈四层体系，消费供给能力日益提升。市区目前各类大型商场、购物中心有16家，新建成美联PARK购物中心、好品好超市、美联超市檀溪路店3家大型商超，经营面积达115万平方米，其中，单体面积3万平方米以上的有14家，5万平方米以上的有8家，10万平方米以上的有4家（东津民发世纪广场、万达广场、吾悦广场、时代天街）。市区大型超市共有27家，经营面积达17万平方米，其中作为本土重点商贸企业的好邻居超市已实现跨区域发展，在十堰、武汉、荆门、随州等周边城市广泛布局。

（三）电商市场体系不断完善，跨境电商业务实现突破

近年来，襄阳市各示范县持续加快农村电商公共服务中心、县乡村三级物流网络、农村电商人才培养等体系建设，带动本地特色农产品上行，方便农村居民消费，推动农业向规模化、产业化、信息化方向发展。目前，全市已建立县级公共服务中心7个，镇、村级电商服务点1000多个，累计开展农村电商人才培训10万余人次，培育了一批农村电商市场主体，有效带动农民增收，助力精准扶贫和乡村振兴。在电商体系不断向乡村一线延

伸的同时，跨境电商也实现新的突破。2021年，襄阳市获批国家跨境电商零售进口试点城市，上线了跨境电商进口平台"骧飞全球购"，成为湖北省第二个常态化开展零售进口业务的地市。2021年12月，襄阳自贸片区跨境电商产业园成功创建湖北省首批省级跨境电商产业园，现已集聚跨境电商要素企业83家。2022年，襄阳市获批国家第六批跨境电商综合试验区，能够开展跨境电商进出口各业务模式。依托跨境电商综合试验区、自贸片区、综保区、国家级高新区"四区叠加"优势，创建了2个国家电子商务示范基地（高新区电子商务基地、中国有机谷电商产业园），中国邮政襄阳邮件处理中心、大龙网襄阳龙工场、敦煌网、菜鸟中心仓等跨境电商平台、项目相继落地；际华三五四二、骆驼蓄电池等一批重点加工制造企业开展了跨境电商"9710"出口业务，实现了传统外贸企业的数字化转型。

（四）对外贸易规模持续扩大，口岸开放平台建设成效显著

在对外贸易方面，始终将主体引育作为外贸发展的关键点，以招商引资、孵化培育、做大做强为着力点，不断夯实外贸发展根基，提升外贸发展质效。外贸进出口企业主体数量由2012年的不足200家，增长到2021年的493家。龙头企业示范引领作用逐步显现，生产型企业进出口接连突破5000万美元、1亿美元、2亿美元关口。2022年，全年进出口总额371.5亿元，比上年增长31.2%，增速高于全省平均水平16.3个百分点。其中，出口346.0亿元，增长37.2%；进口25.5亿元，下降17.6%。在口岸建设平台上，襄阳机场开放项目入规取得圆满成功，一类航空口岸申建工作取得突破性进展，2021年9月襄阳综保区正式封关运营。目前已形成3条襄欧班列（襄汉欧、襄渝欧、襄西欧）、4条铁海联运班列（襄阳至宁波、上海、盐田、钦州）、1条铁水联运班列（襄阳至阳逻港）和1条铁铁联运班列（襄阳—越南）共9条国际物流通道，累计发运货物约2万大箱，辐射襄阳及汉江流域多个城市，为建设汉江流域集疏运中心奠定了坚实基础。

（五）纾困助力住餐市场主体，培育襄阳特色餐饮品牌

2022年，全市共有商务酒店（50个房间以上）177家，全市限额以上批零住餐单位共计2861家，其中，法人企业1353家，大个体1508家，限额以上批零住餐单位总量位居全省前列，全市住宿业、餐饮业全口径销售额（营业额）分别增长5.3%、4.8%。2022年，着力优化餐饮消费供给，促进襄菜进一步创新发展。策划"来襄必点菜"美食文化活动，组织185家餐饮企业积极参与，共征集429道菜品，通过多轮投票及研讨，评选出襄阳缠蹄、庞公烧鸡等30道"来襄必点菜"。制作"襄阳美食地图"小程序，通过美食地图向全国推广襄阳市30个美食打卡地、30家餐饮、庞公烧鸡等30道"来襄必点菜"及襄阳牛肉面等10个特色小吃。

（执笔人：杨金鹏 周华鹏 胡玲）

第七节　襄阳城乡建设

一、教育

惟楚有才，于"襄"为盛。襄阳市坚持教育优先发展，深化教育改革创新，教育事业获得长足发展，从"教育大市"迈向"教育强市"，打造出了"教育高地"。不断增加教育资源，教育体系趋于完备，全市已建成从学前教育到大学本科及研究生教育的较为完备的现代国民教育体系。学前教育普惠发展更加广泛，持续实施"学前教育三年行动计划"，加大普惠性幼儿园建设力度，全力推进省"万个公办幼儿园学位扩充"实事项目，大力开展无证幼儿园治理，适龄幼儿"入园难""入园贵"等问题得到有效缓解。义务教育优质均衡基础更加坚实。2016年，襄阳市全域通过义务教育基本均衡发展国家级评估验收，从2018年开始，以义务教育资源配置7项指标为抓手，全力推进义务教育优质均衡发展工作。持续发力抓供给。连续实施义务教育学校"全面改薄"工程，将新建、改扩建义务教育学校纳入市政府民生实事全力推进，持续增加优质学位供给，有效缓解城镇义务教育学校大班额问题。深化改革提质量。全面推进"县管校聘"等改革，进一步规范民办义务教育发展，义务教育优质均衡发展基础不断夯实，对周边城市的吸引力不断增强。高中教育品牌效应更加凸显。优质高中教育资源进一步扩充，省、市级示范优质高中达到26所，在校生占普通高中学生总数的87%。构建良好的"竞合机制"，襄阳四中和襄阳五中、襄阳一中和襄阳三中、各县中学之间在竞争中合作，在合作中竞争。襄阳高中教育不只有拔尖人才培养的群峰效应，更有万名学子上重点大学的响亮品牌。高等教育办学层次更具规模。本土高校内涵发展取得新成效，湖北文理学院应用型综合性大学建设迈出实质性步伐，新校区建设加快推进，取得了13个硕士学位授予点；"招校引院"工作取得新突破，华中科技大学工研院、华中农业大学襄阳校区、武汉理工大学专业学位研究生培养模式改革襄阳示范区相继落户襄阳，高等教育规模与水平得到质的提升，服务经济社会发展能力显著增强。特殊教育保障覆盖更加广泛。坚持"抓普及、强保障、促融合"，推动实施特殊教育二期提升计划，全力做好残疾儿童少年入学评价、安置工作，成立"襄阳市融合教育研究中心"，推进特殊教育向学前教育、向高中阶段"两头"延伸。教师专业化发展更有生机。把教师作为教育发展的第一资源、核心资源，以创建湖北省教师教育综合改革试验区为引领，着力打造高素质专业化创新型教师队伍。全面推进"双培养"工程，实施"万名名师培养计划"，近5年共培养市、县、校三级名师10240人。突破教师专业成长顶点，实施"襄派教育家"成长工程，打造了一支有"精兵强将"、焕发勃勃生机的教师队伍。教育交流与合作得到深化，教育开放水平进一步提升。在襄高校与国际国内优质高校合作进一步深化，湖北文理学院与海外10余所大学建立校际交流合作关系，留学生教育培养工作有序推进，与省内优质高校的交流合作不断深化，汉江流域大学联盟高校合作交流持续推进。

截至2023年6月，全市共有各级各类学校1762所，其中高校5所，中职学校26所，普通高中47所，初中216所，小学467所，特殊教育学校7所，幼儿园994所。共有各级各类学校在校生944709人，其中高校84678人，中职学校38081人，普通高中103623人，初中187759人，小学366828人，特殊教育学校851人，在园幼儿162889人。共有各级各类学校教职工72573人，其中专任教师57412人（见表1-3）。

表1-3　襄阳市各级各类学校数、学生数、教职工数

单位：所、人

学校分类	学校数	毕业生数	招生数	在校学生数	教职工数	
					合计	其中：专任教师数
各级各类学校总计	1762	257085	238019	944709	72573	57412
一、高等学校合计	5	23952	29722	84678	3909	2871
1.湖北文理学院	1	10033	12243	31903	1674	1162
2.湖北文理学院理工学院	1	1421	3090	8794	474	308
3.襄阳职业技术学院	1	7035	7433	22026	1031	833
4.襄阳汽车职业技术学院	1	2025	4548	12175	615	498
5.襄阳广播电视大学	1	3438	2408	9780	115	70
二、中职学校	26	10240	12343	38081	2550	2039
三、中小学合计	730	155598	158421	658210	47609	43864
其中：高中	47	32729	37022	103623	9028	7694
初中	216	58547	63932	187759	19271	17558
小学	467	64322	57467	366828	19310	18612
四、幼儿园	994	67210	37425	162889	18337	9423
五、特殊教育学校	7	85	108	851	168	160

数据来源：襄阳市教育局。

二、体育

2012—2022年，市委、市政府先后出台《襄阳市关于加快建设体育强市促进全民健身和体育产业发展的实施意见》《襄阳市全民健身实施计划（2016—2020年）》和市级青少年体育后备人才综合、单项训练基地创建管理意见等，体育强市战略加快推进。全市体育场地从2012年的7954个增加至2022年的13955个，人均体育场地面积从2012年的1.37平方米增长至2022年的2.26平方米。2022年，市体育馆平战两用改造项目正在收尾。全市县级及以上体育社会组织从2012年的26个增加到2021年的253个，全民健身站点从2012年的792个增加到2021年的3085个，2022年新建成全民健身示范工程52个、中心城区社区文体广场50个、智能化健身器材50套、全民健身路径及"一场两台"器材220套。全市社会体育指导员总人数从2012年的11559人增加到2021年的18440人。全市每年举办各类全民健身赛事活动500多场，参与人数超过100万人次。2022年，开展48项"百千万"全民健身系列赛事活动、涵盖50个运动项目的"云上运动会"和9项省、市级青少年体育联赛，不断掀起全民健身热潮，形成了"周周有活动、月月有赛事、天天都健身"的全民健身发展格局。连续举办了襄阳马拉松、F1摩托艇世界锦标赛、"智圣杯"全国桥牌公开赛、中国大学生方程式汽车大赛等大型体育赛事，赛事活动品牌影响力显著提升。全市培育市级体育传统项目学校24所，市级高水平体育后备人才综合训练基地8个，高水平体育人才单项训练基地16个。襄阳籍运动员在国际、国内大赛上荣获世界冠军7个、亚洲冠军13个、全国冠军66个。特别是在2020年东京奥运会上，斩获1金2银1铜，实现了襄阳奥运史上金牌零的突破，奖牌数占全省的50%，体育人才培养成效突出。襄阳市被国家体育总局命名为"2019年滑轮试点推广城市""'百城千冰'群众滑冰场建设试点城市"。2022年，参加湖北省第十六届运动会总分位列全省第三，创历史最好成绩。

三、医疗卫生

2012年以来，襄阳市全面实施健康中国战略，不断深化"三医联动"改革，卫生健康事业高质量发展。近年来，先后获"国家卫生城市""全国无偿献血先进城市"等国家级荣誉称号，"三医联动"改革项目荣获第二届湖北改革奖。

（一）医疗服务能力显著提升

2011—2021年底，全市常住人口每千人床位数从3.37张增加到7.74张。每千人口执业（助理）医师从1.64人增加到2.64人，每千人口注册护士从1.55人增加到3.2人，均较2011年显著增加。全市卫生健康系统现有博士169人、硕士2386人；正高职称477人，副高职称2140人；湖北省医学领军人才2人，湖北省医学青年拔尖人才3人，湖北省公共卫生青年拔尖人才3人。国务院政府特殊津贴专家11人，省政府专项津贴专家11人，省突出贡献中青年专家9人，市政府专项津贴专家90人。医疗综合实力持续提升。国家区域医疗中心落户襄阳。市中心医院、市一医院入围全国三级综合医院300强。市直三级医院成功创建国家级重点专科7个（中医类）、省级重点专科72个。枣阳市一医院在全省县市级中第一家创建为三甲医院；老河口、宜城、谷城、襄州、南漳人民医院等通过了三级医院评审。基层医疗机构实力增强，全市100张床位以上的乡镇卫生院达到39家，全市乡镇卫生院已有26家达到国家"优质服务基层行"推荐标准，通过数量居全省前列。中医药服务能力显著增强。市中医院位居全省中医院第三，全市共建设中医传承工作室国家级4个、省市级25个。全市乡镇卫生院、社区卫生服务中心国医堂建设实现全覆盖，其中省级"示范国医堂"24个。

（二）公共卫生服务能力持续加强

疾控体系改革和公卫体系建设扎实推进。建立了以疾控机构和各类专科疾病防治机构为骨干，一级以上医疗机构和乡镇卫生院（社区卫生服务中心)、村卫生室(社区卫生服务站)为补充的疾病预防控制体系。公卫体系建设不断完善。围绕疾病预防控制体系、医疗救治体系、基层防控体系、院前急救体系及重大疫情信息平台等"四体系一平台",投资105亿元用于公卫体系补短板156个项目建设,鄂西北重大疫情救治基地和市疾控中心迁建项目、"三大医院"新院区和市儿童医院等重大项目建设快速推进。全市院前急救"一张网"建设初见成效。各县市全域联动、共建共享的全市智慧急救120智慧调度平台有序运转,覆盖市、县、乡三级,信息互联互通的院前急救体系建成后,可实现中心城区"10分钟急救圈",非中心城区"15分钟急救圈",县市区"30分钟急救圈"。

(三)健康襄阳建设卓有成效

针对3类重大疾病、2种基础疾病、3类突出公共卫生问题,扎实开展攻坚行动。各种法定传染病和重大传染病得到有效防控。全市法定传染病及时报告率为100%,成功消除碘缺乏症、疟疾、血吸虫等疾病。居民健康素养水平稳步提升,健康素养水平达到31.02%;2022年全市人均预期寿命79.05岁。

四、民政民生

(一)基本民生保障坚实有力

认真落实《社会救助暂行办法》《湖北省社会救助实施办法》等文件,逐步建立以城乡低保、特困供养为核心,以临时救助、医疗、住房、教育、司法等专项救助为辅助,覆盖城乡的社会救助体系。实行社会救助标准动态调整机制,2012—2023年城市低保保障标准由450元/(月·人)提高到750元/(月·人),增加了67%;农村低保保障标准由345元/(月·人)提高至600元/(月·人),增加了74%。建立居民家庭经济状况核对机制;开展城乡低保一体化试点;搭建"一门受理、协同办理"的社会救助综合服务平台;城乡低保实现动态管理下的应保尽保,特困供养对象的生活条件及生活质量明显提升，临时救助水平不断提高。

（二）基层社会治理能力实现提升

全市社区综合服务设施覆盖率达100%。2012—2022年，共新建、改扩建社区党群服务中心212个，仅市财政落实资金5888.5万元。2022年建成了1000余平方米的襄阳市社会组织党建培训基地，建成党建示范点20个，社会组织党组织达到193个，覆盖社会组织253个。积极开展社会组织等级评估，引导社会组织在新冠疫情期间捐款捐物金额超过2.6亿元，志愿服务1.2万人次以上，217家市级社会组织参与乡村振兴，开展活动1300余场次，惠及农村人口8.5万人。2018年机构改革后，市民政局设立慈善事业促进和社会工作科。截至2022年底，襄阳市存量志愿服务组织41家，全市实名注册志愿者人数约104万人，占常住人口比例达20%，志愿服务参与率达40%以上。全市慈善组织24家，全市乡镇（街道）社工站已建成105个，志愿服务组织、慈善组织、民办社工机构实现县市区全覆盖。

（三）基本社会服务更加有效

建立"襄阳市养老服务联席会议制度"，居家、社区、机构融合发展模式逐步形成。通过市政府民生实事共建设了117个具有示范功能的城乡社区居家养老服务设施、7个街道综合性社区嵌入式养老服务设施、33个街道（社区）为老服务中心、91个老年幸福食堂，推动32个社区居家养老服务设施实行社会化运营。全市养老服务机构数量从2011年的180家发展到2022年的240家，社区居家养老服务中心覆盖率达到97%。2022年成功申报全国居家和社区基本养老服务能力提升行动项目，2023年全市将新增家庭养老床位3863张、居家养老上门服务7700余人次。全市12个县（市、区）、开发区制定了城乡公益性公墓布局规划，已建成公益性公墓（骨灰堂）306处，预计2023年底，全市农村公益性公墓建设将覆盖60%的城镇村。积极推进婚俗改革，开展婚姻家庭辅导服务，培育文明向上的婚俗文化。落实孤儿养育标准自然增长机制。2023年社会散居孤儿养育标准、福利机构供养孤儿养育标准分别达到1500元／月、2400元／月。推动市、县两级建立健全农村"三留守"关爱保护工作领导协调机制，选优配齐乡镇（街道）儿童督导员、村（居）儿童主任，实现镇、村全覆盖。建立襄阳市流浪乞讨人员救助管理工作联席会议制度，做好流浪乞讨人员救助工作。在中心城区开展精神障碍社区康复服务试点工作。

2021年10月12日，樊城区医保局在全民医保示范村
开展医保助老活动（襄阳市医保局供图）

（四）全市医保待遇持续提高

职工医保住院报销比例保持在78%以上，城乡居民医保住院报销比例保持在68%以上。城乡居民基本医疗保险个人筹资标准提高至960元／（人・年），其中个人缴费标准增加30元，达到350元／（人・年）；人均财政补助标准增加30元，达到610元／（人・年）。城乡居民医保门诊统筹基金最高支付限额提高至400元／（人・年）。全面实施了2021年版国家医保药品目录，医保报销药品增加至2860种，"双通道"谈判药品增加至154种。全力推动医保支付方式按病种分值付费（DIP）改革，159种日间手术纳入三级定点医疗机构医保支付范围。先后落实国家、省级联盟集采共计339种药品、17种医用耗材集中带量采购中选结果，药品平均降价超过54%，最高降

价98.6%，高值医用耗材最高降幅超96%。2022年，全市基本医疗保险参保人数达到509.53万人，比上年减少9.52万人，同比下降1.8%，参保覆盖面达96.67%。其中，参加职工基本医疗保险90.50万人，比2021年减少1.59万人，同比下降1.73%；参加城乡居民基本医疗保险419.03万人，比2021年底减少7.93万人，同比下降1.86%。全市基本医疗保险（含生育保险）收入82.93亿元，同比增长1.66%；支出82.97亿元，同比增长4.45%，年末基金累计结存52.44亿元。

（五）医保实现多元便民服务

持续优化异地就医直接结算。推行备案"承诺制""容缺后补制"，参保群众可通过国家医保服务平台App、国家异地就医备案小程序、鄂汇办App、湖北省政务服务网等线上渠道申请办理异地就医备案手续。优化门诊慢特病待遇保障，取消全市29种慢性病门诊按月支付限额，统一调整为按年支付限额。新增7个病种纳入门诊慢特病保障范围，病种范围扩大至37种。全市统一医保定点服务协议文本，统一由医保经办机构与两定机构签订协议，各县（市、区）实行协议互认，全面实现参保人员在市域内自主就医。推进"互联网+政务服务"，成功上线国家医疗保障信息平台，积极对接鄂汇办App、微信、支付宝、湖北政府服务网等平台，拓展更多应用场景，快速实现医保业务"一网通办、掌上办、自助办"。医保电子凭证应用不断扩面，截至2022年底，全市医保电子凭证累计激活242.46万人，激活率达46.71%，使用电子凭证结算超过90万人次，平均结算比占29.88%。

（六）就业创业工作稳中向好

开发"云上就业"信息服务平台，推出"湖北公共招聘网·襄阳"网站，开展"局长直播带岗""招聘夜市""就业轻骑兵"等系列专项服务，拓宽就业渠道。推进襄阳市十大民生事项"零工市场"建设，已建成市级总站1个、县级分站11个、乡镇（街道）驿站63个，累计服务46万人次，有效解决"零散、灵活、临时"的用工难题，相关做法被国务院肯定。大力实施"创在襄阳计划"，组织"襄十随神"城市群创业创新大赛等赛事，举办"我兴楚乡·创在襄阳"上海推介会，认定各类大学生创业孵化示范基地19家（其中国家级1家，省级3家，市级1家）。2022年度，获"湖北省就业创业先进集体""第四届湖北省'人民满意的公务员集体'""全国人社系统先进集体"等荣誉称号。

（七）社会保障体系持续完善

完成全国、全省首批"全民参保登记计划"试点工作。截至2022年末，全市基本养老保险参保人数达380.4万人，基本实现全民参保。先后完成机关事业单位和城乡居民养老保险制度并轨，解决"五七工"（家属工）、国有农场职工等特殊群体的养老保障问题，实现城乡居保、城镇职保制度间养老保险关系顺利转换衔接，普惠性、基础性、兜底性养老保险制度渐趋完善。先后完成企业基本养老保险省级统收统支，"国家社保平台"在襄阳市成功上线运行等重要任务，基金保障能力显著提高。各险种基金收支总体平衡，充分发挥了经济运行"减震器"和社会稳定"安全网"的作用。

（八）人才人事工作全面加强

先后组织到华中科技大学、武汉大学、西北工业大学等30多所高校，举办"才聚荆楚·智汇襄阳"等系列活动，党的十八大以来共吸纳高校毕业生来襄就业创业20.33万人，引进紧缺高层次人才2859人（其中硕士以上高层次人才2532人），"插柳成荫"的襄阳引才现象逐步显现。扩大技工院校招生规模，每年招生人数从2012年的不到2000人，增长到2023年的4000余人，在校生达到1.15万人。承办汉江流域职业技能大赛等赛事，开展补贴性职业技能培训74.9万人次，累计培养各类技能人才31.34万人。成立襄阳人力资源产业园，实现开园即挂省牌，累计入驻企业95家，服务企业6300家，服务人才65.4万人次，为各类人才提供优质服务。下发事业单位用人主体自主权，对急需紧缺高端人才实行"一事一议"、特设岗位等绿色通道。深化技能人才评价改革，开展事业单位薪酬制度改革，激发人才创新活力。

（九）和谐劳动关系健康发展

实施"金牌劳动关系协调员百千万工程"，构建市、县（市、区）、街道、社区（企业）四级劳动争议预防化解网络，真正实现将矛盾争议化解在源头。在全省率先推行快递行业电子劳动合同及不完全劳动关系协议，带动新就业形态领域集体协商建制工作有序开展。在全省首创"不见面讨薪"新模式，建成"襄阳市劳动保障维权指挥中心系统"，实现劳动维权全时全程"线上办"，案件到期结案率、行政复议维持率、行政诉讼胜诉率和信访回复率均保持在100%，经验做法全省推广。在全国率先出台《工程建设领域推行第三方担保代替农民工工资保证金缴存暂行办法》，释放政策红利2亿多元，实现了"惠企""保支"双利好，并连续2年代表湖北省迎接国家根治欠薪工作专项考核，获得全国第四的好成绩，标本兼治的治理体系初步形成。

五、政务服务

2015年以来，襄阳市以深化"放管服"改革为重点，以深化数字政府建设为支撑，以提升招投标监管水平为关键，持续优化政务服务环境、不断提升大数据和信息化应用水平、着力规范公共资源交易秩序，为加快推进襄阳都市圈高质量发展赋能。

（一）持续深化"放管服"改革，市场主体和群众获得感不断增强

积极探索"一枚印章管审批"改革。在市县两级成立了行政审批局，成为全国首个全域推行"一枚印章管审批"改革的城市，改革创新的深度与广度走在全国前列。深化"一网通办"改革。推进"网络通""数据通""业务通"，开展"减时限、减材料、减跑动、减环节"，推进"一窗

通办""一事联办""就近办""跨域办""掌上办""智能办",市本级"一窗通办"事项达814项,"鄂汇办"襄阳旗舰店上线高频事项655项,全市"一事联办"事项达189项。率先探索区域性统一评价改革。完成14万亩土地区域性统一评价,大大降低报批成本,减轻企业负担,荣获第三届湖北改革奖(项目奖)。深化工程建设项目审批制度改革。积极推进"多规合一""多审合一""多验合一""五证同发"等改革,促进重点项目快落地、快开工、快投产,襄阳市连续两年被省政府表彰为"工程建设项目审批制度改革全面实现目标任务较好较快的地方"。

(二)强力推进数字政府建设,大数据支撑保障作用充分彰显

在全国地级市率先创新体制机制。相对集中信息化建设和数据管理权,实现"六统一"(统一规划设计、统一审批建设、统一监理验收、统一资金管理、统一绩效评价、统一运维服务),在数字政府建设、应急指挥调度、疫情防控等方面发挥了重要作用。在全省地级市率先成立市大数据中心。承担全市信息化建设、信息化运维、大数据共享开放应用、政务信息系统整合、网络安全保障等工作,全市95%以上的信息化系统统一部署在政务云平台,汇聚市级数据资源超23亿条。在全省地级市率先完成政府网站集约化平台建设。实现全市政府网站"建设、运维、管理、资源、技术应用"集约和政务服务信息一网通。襄阳市政府网连续两年在全国政府网站绩效评估中位列地市级第四。襄阳市12345政务服务便民热线先后被授予"湖北省工人先锋号""湖北省三八红旗集体"等称号。

(三)着力加强招投标监管,公共资源交易秩序持续规范

积极推进招投标全流程电子化建设。实现全市"一张交易网""一个企业库""一套运行规则""一套专家抽取系统",襄阳市依法必须进场交易工程建设招投标项目全流程电子化率100%、政府集中采购全流程电子化率100%、不见面开标率100%、土地交易网上挂牌率100%。加快推进公共资源交易监督系统建设。强化在线投诉处理、评标专家管理、全流程监管功

能，实现交易全程透明、数据可追溯、关键节点可控、操作可留痕。探索实施"评定分离""远程异地评标""一网通投"等改革，降低企业制度性交易成本，优化公共资源交易环境。

六、市场监管

（一）坚持改革创新，持续提升市场监管质效

市场监管是企业等市场主体持续健康发展的重要保障，也是市域社会治理的重要组成部分。襄阳市市场监督管理局紧扣深化"放管服"优化环境各项改革目标任务，坚持在放权质量上求实效、在监管方式上求创新、在服务质效上求提升，有效推动了市场监督管理提质增效。

1.整合机构职能，优化市场监督格局

党的十八大以来的十年，是市场监管工作大改革、大整合、大发展的十年，工商行政管理、质量技术监督、食品药品监管三部门整合归一，知识产权保护、价格监管执法、反垄断和反不正当竞争三项职能集中归一，有效打破了条块分割、职能交叉的弊端，实现了一个部门管审批，一支队伍管执法。2019年2月26日，湖北省襄阳市市场监督管理局正式挂牌成立，开启了"大市场、大质量、大监管"的改革发展新征程。

2.推进"放管服"改革，持续优化营商环境

以打造市场化、法治化、国际化营商环境为目标，以商事制度改革为契机，大力推进市场监管"放管服"改革，努力让市场主体进得快、出得去、活得好。全面推行"智慧办"，在省内率先启动了企业登记注册智慧审批工作，实现企业开办时间"秒批"，同时向新开办企业最多免费赠送1套5枚印章服务，为新开办企业省下真金白银。有序推进"一照通办"，将所有涉及市场准入的审批事项纳入"证照分离"改革范围，将食品、药品、医疗器械经营许可合并，实现"一企一证""照后减证"，有效降低了企业行政审批成本。全面实现"提速办"，落地全部省级工业产品的生产许可审批事项，方便群众就近办，告别"多地跑"，实现所有注册审批事

项"一网通办、全程网办"全覆盖，加快容缺受理、包容审慎审批，实行"告知承诺制"，行政审批效率大幅提升。落实注销登记"简易办"，对符合条件的企业实行简易注销程序，企业注销时间大幅压缩，企业退出更安全、更高效。

3.保护知识产权，构建新发展格局

在"知识产权强市、质量强市、品牌强市"三大战略部署下，帮助企业抓质量、争资金、铸品牌、赢市场，保护知识产权，激发创新构建发展新格局。不断完善知识产权政策支持体系，持续营造知识产权良性生态。印发《襄阳市人民政府关于加强专利工作加快推进知识产权强市建设的实施意见》等文件，引进珠海横琴国际知识产权交易中心有限公司等国家级知识产权服务机构，在全市建立了18家知识产权保护工作站，为强化知识产权创造、保护、运用、管理和服务提供了有力保障。大力推进质量、标准、计量、检测认证等"打基础""补短板""强弱项"工程建设，支持企业从"做产品"向"做标准"转型，推动了产业与标准协同发展。加大对中国驰名商标、地理标志商标和地理标志保护产品的培育力度，兑现商标品牌培育支持政策，有力推动了襄阳地方品牌建设，"襄阳牛肉面"成功注册集体商标。

4.创新监管机制，守牢安全底线

坚持智慧监管、数字监管、信用监管的改革方向，不断推进监管方式创新，强化市场治理，切实维护公平市场竞争秩序。综合运用"双随机、一公开"监管、信用监管、智慧监管等手段，提高监管精准度，全面实现"双随机、一公开"监管全覆盖、常态化，有效提升了抽查效率，减少了涉企干扰；全面发挥了信用监管"守信激励+失信惩戒"作用，开展"信用修复异常痕迹一键清零"改革，为更多企业提供了"改过自新"的机会；坚持智慧监管方向，突出"智慧监管一张网"建设，着力构建"互联网+监管"大数据平台，先后完成"襄十随神"商事登记全业务自助一体机项目、大数据督查平台、网络交易监管平台升级版、"智慧监管1+8"系统等信息化设施建设，"一网通办"和"一网统管"工作取得重大突破，人民群众已经可以实现市场监管行政审批"全程网办""一键直达",让百姓真正感受到"智慧监管"带来的便利。守牢"四大安全"底线,单位成立以来,襄阳市未发生食品、药品、特种设备及产品质量重大安全事故。

(二)推进社会治理创新,构建新型基层社会治理体系

1.突出"创建为民"主线,推动市域社会治理体制现代化

将"创建为民,共襄平安"理念贯穿襄阳市域社会治理工作的各方面、全过程。聚焦市域社会治理短板弱项,梳理形成十大重点工程37个实事项目,印发《市域社会治理补短板强弱项十大重点工程实施方案》,明确市域社会治理的重点难点,为精准精细精致提升市域社会治理效能提供制度保障。在创建全国市域社会治理现代化试点合格城市过程中,市、县两级"四大家"领导定期深入联系点开展调研督导,人大代表全程参与监督,政协委员定期开展一线协商,各级"两办"督查室、政法委、纪委监委共同参与组成督查专班,为市域社会治理现代化夯实了组织保障。全市涌现出了"法院+工会"诉调对接、"红色驿站"、"时间存折"、社区警务"两化"建设等30多项创新经验,形成了老河口"五个一"创建体系、谷城"三百促三治"、保康"阳光照护"机制、襄州"三基"工程等一大批鲜活的基层共治创新经验,进一步擦亮了"襄阳之治"特色品牌。

2.守牢"安全稳定"底线,推动市域社会治理能力现代化

为有效化解矛盾纠纷,积极打造"四级联动"的综治中心平台,有效化解政治安全、社会治安、社会矛盾、公共安全等"五类风险",出台《全市综治中心规范化建设指导意见》,明确"四位一体"建设标准,大力推进综治中心规范化建设。覆盖城乡的综治中心,成为党委政府为群众说难事、解愁事、办实事的"主阵地",也成为了解民情、联络民心、办理民事的"落脚点"。此外,在全方位提升市域风险共防、平安共筑能力水平的基础上,进一步完善"九位一体"治安防控体系,不断筑牢城市安全防线。

坚持"打防管控建"一体推进,健全公共安全隐患事前预防机制,始

终保持严打高压态势，持续开展平安医院、平安学校、平安企业等六大类平安分类创建活动，平安襄阳建设取得显著成效。

3.把准"五治融合"标线，推动市域社会治理方式现代化

坚持"政治引领、自治强基、法治固本、德治教化、智治支撑"一体推进，积极推动市域社会治理方式现代化。全域开展功能性"红色驿站"建设。截至2022年，全市共建成"红色驿站"1202个，32项省定、185项市级高频服务事项在居民"家门口"就能办理。襄阳大力推动"一社区一民警一律师、一村一辅警一法律顾问"全域覆盖，广泛开展"法治诊所"服务活动，大力开展基层法治创建活动，18个村（社区）成功入选"全国民主法治示范村（社区）"。创新实施"时间存折"志愿服务机制，带动开展志愿服务500余万小时；依托新时代文明实践站（点），开展社会主义核心价值观教育实践活动1000多场；大力选树道德模范典型，先后有29人获得国家级荣誉，40余人入选"荆楚楷模"。通过联动共治，有效破解了自治难题。创新建立"居委会+业委会+物业公司"三方联动、多元共治机制，城市4494个小区物业服务管理覆盖率达100%，600余个老旧小区实现环境面貌大变样；全市2785个村（社区）实现村规民约、居民公约全覆盖；90%以上的矛盾纠纷在基层得到有效化解。通过科技赋能，智治有了强大支撑。在大力推进城市数字公共基础设施试点建设的同时，大力推进"两网建设"，加快推进城市运行"一网统管""一网通办"，实现便民服务"一窗受理、一次办结"。襄阳"雪亮工程"顺利通过国家重点支持城市验收，襄阳被国家信息中心评为"中国领军智慧城市"。

七、生态环境

生态环境是人类赖以生存和发展的基础条件，《中华人民共和国环境保护法》对生态环境作了具体的法理性规定：本法所称环境是指影响人类生存和发展的各种天然的和经过人工改造的自然因素的总体，包括大气、水、海洋、土地、矿藏、森林、草原、野生生物、自然遗迹、人文遗迹、风景

名胜区、自然保护区、城市和乡村等。

襄阳地处秦岭山脉东段、南襄盆地南部，总地势自西北向东南倾斜，西部为山地，中部为岗地、平原，东部为低山丘陵。襄阳主城区以汉江为线，汉江以东、以北为平地，以南有岘山、真武山、琵琶山等，以西为万山等山地和丘陵。南襄盆地的特殊地形、受副热带高压控制的特别时节、工业化中期的发展阶段，多因素叠加给襄阳环境保护和生产生活带来了较大的压力，生态环境保护的任务艰巨繁重。

新时代十年来，襄阳市委、市政府全面贯彻落实党的生态保护基本国策，凝心聚力打好污染防治攻坚战，先后组织实施了蓝天净土清水工程，努力做到保环境与促发展协同发力，有效改善了生态环境。

坚持集中攻坚，深入打好蓝天保卫战。实施大气污染防治攻坚专班化运作，在全省首创成立市委书记、市长任组长，市人大常委会副主任、市政府分管副市长任副组长的市大气污染防治攻坚指挥部，构建市区一体化大气污染防治攻坚工作机制。打好重污染天气消除攻坚战，更新重污染天气应急减排清单，实施企业绩效评级；打好臭氧污染防治攻坚战，完成277家涉挥发性有机物企业治理效果评估，挖掘减排空间1438吨/年；完成铸造、建材、玻璃等行业分类治理项目21个。加强大气面源污染综合治理，对工地道路扬尘、餐饮油烟、垃圾焚烧、散煤燃煤等问题实行"双交办""周通报"，督促整改。加快结构优化调整，拆除鲁花燃煤锅炉，华润能源（原东风二动力）"煤改气"工作取得实质性进展，首台35蒸吨燃气锅炉已启动建设，完成际华三五四二、佳通钢帘线关改搬转。强化科技支撑，运用走航监测、无人机巡飞、雷达扫描等手段定位热点、消除污染。实施声环境质量提升行动，完成声功能区划分常态化调整。

坚持精准治水，始终守牢流域安全底线。开展水质提升攻坚，系统治理汉江生态环境问题，全市16个工业园区建立"一园一档"，纳入专项整治范围，污水处理厂全部联网监管，每季度排查整治，建立问题清单，实行动态管理。紧盯化工园区治理，襄城余家湖工业园、老河口陈埠工业园、枣阳化工园区和宜城精细化工园区"一企一管"、集中监控平台建成运行。

推动工业园区环境问题治理，枣阳化工园、宜城雷大化工园污水处理厂均稳定达标运行，出水达到一级 A 水平。强化水环境综合治理，开展专项执法，严厉打击废水偷排、漏排、超标排放等违法行为。加强饮用水水源地保护管理，全市 9 处县级以上集中式饮用水水源地水质达标率 100%。扎实推进排污口溯源整治，全市 990 个入河排污口完成整治 867 个。探索跨区域协同治理，推动滚河建立上下游协调联动机制，完善唐白河水污染防治联防联控机制。

坚持稳中求进，深入打好净土保卫战。严格污染地块管控，动态更新名录地块，严把用地准入关，推进重点行业企业用地污染地块管控治理修复。纳入考核基数的 15 宗地块，全部落实土壤污染风险管控和修复措施，全市重点建设用地安全利用率为 100%。推进农村环境整治，完成 60 个行政村环境整治任务，超额完成省定目标任务（35 个）。实施农村黑臭水体治理，完成 4 条纳入国家监管清单的农村黑臭水体治理任务。开展尾矿库环境风险隐患排查，发现的 4 个问题均已整改到位。

坚持以改促治，不折不扣推进环保督察反馈问题整改。坚持"当下改"与"长久立"原则，强化调度、督办、核查、销号，高标准、严要求推进环保督察问题整改。对照第二轮中央生态环境保护督察报告反馈的 19 项问题以及未纳入报告的 7 条问题线索，制定《襄阳市贯彻落实第二轮中央生态环境保护督察报告整改方案》《襄阳市关于第二轮中央生态环境保护督察未纳入报告问题线索整改方案》，全部整改任务均由市委、市政府领导领衔督办。到 2022 年底，第二轮中央生态环境保护督察报告反馈的 19 项问题已完成整改 9 项，7 条问题线索已全部完成，剩余任务正按照序时进度推进。

坚持绿色发展，深入推进生态保护修复。强化地下水污染防治，完成火石山垃圾填埋场地下水污染治理试点项目。大力推进生态文明示范建设，完成《襄阳市创建国家级生态文明建设示范市规划纲要（2017—2025 年）》中期评估，创建省级生态乡镇 6 个、生态村 25 个。持续开展碳排放权、排污权交易，完成全市纳入碳市场管理企业碳排放核查，编制近零碳试点建设方案，加快推动谷城经济开发区、鱼梁洲近零碳试点建设；全年排污权交易成交金额434.95万元，同比增长8.2%；成交企业77家，同比增长16.7%，排污权交易呈恢复性增长态势。开展碳达峰政策研究，编制《襄阳市碳达峰研究报告》。持续推进生态环境损害赔偿，对国家交办湖北省案件线索清单（第二批）符合索赔情形的启动索赔程序。

2022年，襄阳市的空气质量指标$PM_{2.5}$指数累计浓度49.6微克/米^3，完成省定激励目标；累计优良天数256天，优良天数比例70.1%；重污染11天，完成省定目标；28个省控地表水水质优良断面比例96.4%（优于省定襄阳市92.9%的目标），15个国控地表水水质优良断面比例100%，无劣V类水体；土壤环境状况整体稳定，全市受污染耕地安全利用率、全市重点建设用地安全利用率均为100%，可超额完成省定的受污染耕地安全利用率93%以上、重点建设用地得到有效保障的目标任务。

流域治理方面：三千里汉江，腰膂在襄阳。2023年3月，襄阳市委、市政府认真贯彻落实习近平总书记提出的"共抓大保护、不搞大开发"的长江经济带战略部署，全面落实湖北省委第十二次党代会精神，制定了《加快推进襄阳市流域综合治理和统筹发展三年行动方案》（以下简称《三年行动方案》），以及《加快推进襄阳市流域综合治理和统筹发展2023年行动计划》（以下简称《行动计划》）、《加快推进襄阳市流域综合治理和统筹发展2023年工作清单》（以下简称《工作清单》），印发给襄阳都市圈发展协调机制成员单位，打响了流域综合治理的协同战役。

《三年行动方案》包括落实管控底线任务、推进四化协调发展、完善支撑体系、实施保障等四大类15项任务；《行动计划》包括工作目标、重点工作、保障机制三大类15项具体任务；《工作清单》列出了四大类81项任务，以年度为单位，以项目化、路径化、具体化的方式，确定了责任单位和完成时限，整个流域治理战役的实施和完成，必将带来汉江流域内生产生活水环境的整体提升，更将有利于推进襄阳都市圈高质量协同发展。

（执笔人：孙莎 刘莎 赵亮 刘南方 张承武）

第八节 襄阳基础设施

一、交通物流情况

襄阳自古便是"南船北马""七省通衢"之地。它是我国内陆地区连接东西、贯通南北的重要交通和物流枢纽，是国家公路运输主枢纽城市之一、全国高速公路主骨架中的重要节点、全国铁路运输重要枢纽之一。

近年来，襄阳市统筹推进铁、水、公、空综合立体交通网络建设，切实抓好现代物流业发展，现代化综合交通运输体系基本形成，为加快建设全国性综合交通枢纽城市打下了良好基础。

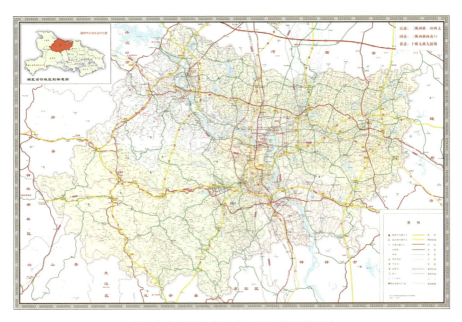

襄阳市交通图（襄阳市交通运输局供图）

（一）铁路

襄阳历来就是铁路枢纽，目前铁路通车里程808千米，居全省第二，其中高铁里程达到368千米，是中部地区非省会城市中的唯一一个铁路枢纽。已建成襄渝铁路、汉丹铁路、焦柳铁路、浩吉铁路、汉十高铁以及郑渝高铁，呼南高铁襄荆段已经开工建设，全部建成后将基本实现县县通高铁，形成"四纵三横"铁路客货运输网络。纵一为焦柳客货铁路，是传统的能源通道，途经襄阳市襄州区、樊城区、襄城区、宜城市，北上可达南阳、平顶山、洛阳、焦作，对接中原城市群、通达京津冀城市群，同时在洛阳连接陇海铁路，进入东西方向铁路运输通道；南下可至荆门、常德、张家界、湘西、怀化、柳州，通达北部湾城市群，同时在怀化连接沪昆铁路，进入第二条东西方向铁路运输通道。纵二为浩吉重载铁路，在襄阳市境内与焦柳铁路基本并行，是国家"北煤南运"战略运输通道，北上可达南阳、三门峡、运城、延安、榆林、鄂尔多斯，南下可至荆门、岳阳、长沙、宜春、新余、吉安。纵三为郑渝高速铁路，途经襄阳市东津新区、南漳县、保康县，北上可达南阳、洛阳、郑州及华北地区，实现 2 小时以内至郑州、5 小时以内至北京，快速对接中原城市群、京津冀城市群；南下可实现 3 小时内至重庆，快速直达成渝城市群。纵四为呼南高速铁路，途经襄阳市东津新区、宜城市，向北与郑渝高铁并线至郑州，随后继续向北至太原、大同、呼和浩特；南下可至荆门、常德、桂林、南宁，全线建成后，将成为襄阳市直达长株潭城市群、北部湾城市群的快速客运通道。横一为汉丹客货铁路，途经襄阳市枣阳市、襄州区、老河口市，东至武汉，西至丹江口。横二为襄渝客货铁路，起于襄阳站，与汉丹铁路共线至老河口东站，途经谷城县，直达十堰、安康、达州、重庆，同时自安康向西南可至汉中、广元、绵阳、成都，向北可至西安，是襄阳市联通成渝城市群、关中城市群的客货运输通道。横三为西武高速铁路，途经襄阳市枣阳市、东津新区、谷城县，向东 1.5 小时直达武汉，向西 2 小时内直达西安。

　　铁路货运方面。襄阳北编组站是中国铁路运输网络的核心枢纽之一，担负着汉丹、焦柳、襄渝三条铁路干线 5 个方向的列车解编工作，并且已与浩吉铁路连通。襄州北站是浩吉铁路全线唯一的分解、组合站。铁路客运方面。襄阳东站汇聚了西武、郑万、呼南三条国家高铁，拥有 9 台 20 线站场、站房"双高架"，是集多种交通功能于一体的"零换乘综合交通枢纽"，一次建成的全国地级市最大高铁站。目前，襄阳东站已开通了直达北、上、广、深、渝、蓉的高铁列车。

（二）公路

2022年，全市公路通车里程达32355.50千米，其中等级公路32344.07千米，等级公路占比达99.96%。全市公路货运量2.66亿吨，公路货物周转量488.74亿吨千米。公路客运量1767.99万人，公路旅客周转量11.96亿人千米。

高速公路方面。全市高速公路通车里程816千米，居全省第二，通车密度为4.14千米每百平方千米，实现了所有县市通2条高速公路。目前在建的襄阳至南漳高速公路预计2024年上半年建成通车，襄阳市将全面建成"三纵两横一环两支"高速公路网，总通车里程达到833千米，形成四通八达的外向高速公路通道，提前建成《湖北省道网规划（2011—2030年）》在襄阳市布局的所有高速公路。纵一为枣潜高速，途经枣阳市、宜城市，向北可直达中原城市群，向南可直达长株潭城市群。纵二为二广高速，途经襄州区、樊城区、襄城区、宜城市，向北可直达河南、山西、内蒙古，向南连通宜荆荆恩城市群，直达珠三角城市群。纵三为老宜高速，途经老河口市、谷城县、保康县、南漳县，向北可快速连接中原城市群、关中城市群，向南连通宜荆荆恩城市群，通达川渝城市群。横一为福银高速，途经枣阳市、襄州区、老河口市、谷城县，向东南直达武汉城市圈以及江西、福建地区，向西北直达关中城市群，是贯穿"襄十随"的高速大通道。横二为麻安高速，途经枣阳市、宜城市、南漳县、保康县，向东至麻城后接入沪蓉高速，通达长三角城市群，向西直达安康、汉中及西北地区。一环为襄阳高速外环线，由二广、福银高速城区段以及襄阳绕城高速东段、南段组成，是湖北省除武汉外各地市首条闭合的环城高速。"两支"分别为襄阳至南漳高速、保康至神农架高速，能有效加强城区与南漳的交通联系，强化襄阳市与神农架之间的沟通。

国道方面。襄阳市共有国道7条,总里程797千米,实现了县县通国道,形成了"三纵两横两出口"网络布局,与高速公路布局基本重叠,是高速通道的重要补充,对沿线经济发展发挥了重要带动作用。三纵分别为234国道、207国道、241国道,均为国家南北向运输大通道;两横分别为316国道、346国道,均为沟通华东与西北的重要运输通道,也是贯穿"襄十随"汽车产业走廊的国家级运输通道;两出口分别为328国道、347国道。

省道方面。襄阳市共有省道28条,总里程2037千米,实现了镇镇通省道,形成了"十纵九横九联络"省道网,是高速公路、国道等通道公路的重要补充和延伸,串联了所有县市和乡镇,是县域经济发展和乡村振兴实施的重要保障。

农村公路方面。襄阳市县、乡、村道总里程29517千米,其中县道2467千米、乡道9920千米、村道17130千米,实现了所有行政村和20户以上自然村通水泥路(见图1-6)。全域推进"四好农村路"示范创建,襄阳市获评全国首批"四好农村路"建设市域突出单位和全省首批省级示范市,南漳县、宜城市、老河口市被命名为"四好农村路"全国示范县,枣阳市、襄州市被命名为"四好农村路"全省示范县,19个乡镇被命名为"四好农村路"示范乡镇,创建数量和速度均居全省第一。

图1-6　2012—2022年全市各类公路里程

数据来源:襄阳市交通运输局。

（三）水运

汉江全长 1577 千米，湖北省境内长 866 千米，襄阳境内长 195 千米，自丹江口坝下黄家港进入襄阳市，流经老河口市、谷城县、主城区、宜城市，向下经钟祥、沙洋、潜江、天门、仙桃、武汉后汇入长江。目前钟祥至武汉段已达到千吨级航道标准，碾盘山枢纽 2023 年底建成后，襄阳城区至钟祥段也将达到千吨级。到"十四五"末，新集枢纽、王甫洲二线船闸及局部航道整治全部完成后，丹江口坝下至武汉将全线达到千吨级。

唐河起于河南省南阳市社旗县，向南流至襄阳市襄州区双沟镇，与白河交汇形成了唐白河，继续向南在主城区汇入汉江。目前两省正在联手推进唐白河（唐河）航运开发，拟将唐白河提升为千吨级航道，唐河提升为 500 吨级航道。近期，襄阳和南阳两市正在谋划白河航运开发工程，打通襄阳直达南阳市区的水运通道。汉江在潜江境内可通过江汉运河进入长江，根据"四纵四横两网"国家高等级航道规划，未来将打通松西河航道、连通长江与湘江，打通湘桂运河、连通湘江与西江。

襄阳港是湖北省五大港口之一，省政府将襄阳港定位为汉江航运中心，交通运输部已将襄阳港提升为全国内河主要港口。襄阳港规划为小河港区、唐白河港区、河谷港区、余家湖港区、主城区旅游港区五大港区，共规划货运泊位 59 个，通过能力 6460 万吨，含集装箱 75 万标箱。小河港区已开港运营，2022 年 3 月 9 日，装载 1800 吨建筑石膏粉的船队从小河港出发，沿汉江、长江顺流而下直达南京，再经运河抵达浙江湖州，这是 20 多年来襄阳市开通的第一条大宗普货直达长江航线。3 月 30 日，装载纯碱的货轮从小河港起航，驶至安徽马鞍山港调装海轮，经长江口入海南下，最终抵达福建东山港，开通襄阳市首条"通江达海"航线。5 月 14 日，由中铁十一局汉江重工生产的"大国重器"——架桥机从小河港起航，抵达泰国林查班港，成为襄阳市首条近洋跨国水运航线。小河港区在不到 3 个月时间里从直达长江，到江海联运，再到近洋跨国，实现"三级跳"。襄阳水运实现通江达海。

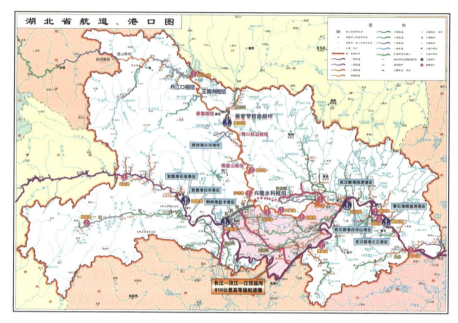

湖北省航道、港口图（襄阳市交通运输局供图）

（四）航空

襄阳现有2座机场（1座军用机场——老河口机场，1座民用机场——襄阳机场），刘集机场现有T1、T2两座航站楼，飞行区等级为4D，跑道全长2600米。目前，襄阳机场航线已通达34座城市35个航点，基本覆盖国内直辖市、省会城市和副省级城市。全年保障运输航班13919架次，旅客吞吐量113.31万人次，货邮吞吐量2019.90吨。襄阳机场已列入海关总署印发的《国家"十四五"口岸发展规划》。

（五）物流

襄阳是生产服务型国家物流枢纽承载城市、全国铁路物流节点城市、国家公路运输枢纽城市、全国区域级流通节点城市。2021年8月，襄阳市被交通运输部、公安部、商务部联合命名为全国绿色货运配送示范城市。

枢纽港站方面，全市现有铁路物流园区15个（城区9个），主要从事汽车零部件、粮食、建材等大宗货物运输，年运输量2000万吨。现有公路园区43个（城区35个），主要从事日用百货、建材五金、农副产品等运输，提供仓储、配送、物流信息等服务，年运输量2000万吨。正在运营的水运港口2个，余家湖港区年设计中转能力500万吨，小河港区年吞吐能力230万吨。襄阳刘集机场货站面积1500平方米，年设计吞吐能力1.5万吨。

市场主体方面，浩吉铁路、省港口集团、浙江传化、中通、顺丰等知名物流企业已入驻襄阳市，全市A级物流企业总量达到125家，发展网络货运平台企业4家。全市公路货运企业2362家，载货汽车6.8万辆、总吨位107万吨，纳入部、省规模以上企业87家。水路货运企业7家，载货船舶273艘，总吨位15万吨，纳入部、省规模以上企业3家。2022年全市完成货运量28892.2万吨，公、铁、水、空货运量分别为26574万吨、1878万吨、440万吨、0.2万吨，分别占比92%、6.5%、1.5%、0.001%。2022年全市社会物流总额1.7万亿元，社会物流总费用766亿元（较上年增长12亿元），占GDP的比率为13.15%。

二、邮政及能源情况

（一）邮政业务情况

1.业务规模

2022年邮政行业寄递业务量完成19009.33万件，同比增长19.21%。其中，快递业务量完成9637.70万件，同比增长4.31%。

2.机构设备

全行业拥有各类营业共设网点1247处，其中设在农村的376处。快递服务营业网点724处，其中设在农村的258处。全市拥有邮政信筒信箱175处，和2021年年末持平。

全行业拥有各类汽车727辆，比2021年年末增长3.41%。其中快递服务汽车390辆，比2021年年末增长1.83%。

3.基础网路

全市邮政邮路总条数136条，比2021年年末增加4条。邮路总长度（单程）12249千米，比2021年年末减少96千米。全市邮政农村投递路线365条，比2021年末增加2条；农村投递路线长度（单程）19067千米，比2021年末增加721千米。全市邮政城市投递路线372条，比2021年末增加10条；城市投递路线长度（单程）5337千米，比2021年末减少252千米。全市快递服务网路条数645条，快递服务网路长度（单程）48804.38千米。

（二）能源情况

1.用电保障情况

2022年度全市用电量总计189.56亿千瓦时，同比增长4.83%。其中，第一产业用电量3.8亿千瓦时，同比增长18.22%；第二产业用电量109.05亿千瓦时，同比下降2.6%；第三产业用电量32.33亿千瓦时，同比增长5.2%。城乡居民生活用电合计44.38亿千瓦时，同比增长27.15%。[①]

截至2022年底，全市总装机为668.26万千瓦，同比增长11.97%。其中，水电装机57.87万千瓦，同比增长6.83%；火电装机315.47万千瓦；太阳能发电装机203.03万千瓦，同比增长44.19%；风电装机91.89万千瓦，同比增长6.37%。

2.用油保障情况

截至2023年5月，襄阳市加油站（点）共有537座，其中中石化202座、中石油73座、中海油6座、民营加油站134座、国有及其他加油站8座、加油点114个。

2022年全市油品消费量68.04万吨，其中汽油35.86万吨，柴油32.18万吨。

3.用气保障情况

2002年5月20日，大明天然气有限公司成立，标志着城市燃气运营商

___

① 数据来源：襄阳市发展改革委。

正式进驻襄阳。2005年1月1日，举行襄阳市天然气工程通气仪式，标志着襄阳市民期盼已久的天然气时代终于来临。2007年7月1日，大明天然气有限公司将其拥有的71.43%股份转让给华润燃气集团。2008年12月24日，襄阳华润燃气有限公司与市政府签署了襄阳市管道燃气特许经营权协议。2020年9月11日，襄阳市政府与华润燃气在深圳签订战略合作协议，双方计划投资10亿元在襄阳建设三大项目。

襄阳华润燃气有限公司已建有LNG储配站1座，储气规模36万立方米，日最大调峰量20万立方米，刘湖气化站日最大调峰量10万立方米，高压管网调峰能力17万立方米，合计日最大调峰能力47万立方米。充分利用储气调峰设施（管存及LNG储备）补充用气缺口。

从2017年全国性气荒至2021年气源形势紧张，再到2022年受俄乌冲突影响，全球能源价格大幅上涨，天然气采购价水涨船高，襄阳至今未发生一起停供、断供事件，切实保障全市用户用气保障目标。

三、应急管理

"十三五"后期，襄阳按照国家应急管理体制改革要求，在整合原市安全生产监管、市政府应急办、市民政局救灾管理和其他部门的地质灾害防治、水旱灾害防治、森林防火、应急救援职责基础上，组建了市应急管理局。2019年2月26日，市应急管理局挂牌成立。

（一）基本概述

应急管理局列入市政府组成部门，承担市安委会、市减灾委、市防汛抗旱指挥部、市抗震救灾指挥部、市森林防灭火指挥部等指挥协调机构办公室职能，负责各类指挥协调机构日常工作。襄阳市9个县（市、区）均成立了应急管理部门，高新、东津和鱼梁洲三地采取合署办公方式设置了应急管理机构，全市应急指挥机构和议事协调机构相应设置，同步组建到位并正式运行。目前，全市初步建立起信息共享、预警预报、军地联动、会商研判等运行机制，制定出台了《事故灾难和自然灾害领域专业化队伍建设若干措施》《襄阳市构建自然灾害领域防抗救一体化应急指挥协调机制的实施意见》等重大制度措施，构建自然灾害领域"防抗救"一体化综合防灾减灾体系。"全灾种、大应急"格局初步建成且运行有序，初步形成了统一指挥、专常兼备、反应灵敏、上下联动的应急管理体制机制。

（二）发展情况

1.安全生产类

截至2021年，市应急管理局已初步建立起"党政同责、一岗双责、齐抓共管、失职追责"安全生产责任体系，贯彻落实行业主管部门直接监管、安全监管部门综合监管、地方政府属地监管的"三个责任"，坚持"三管三必须"，即管行业必须管安全，管业务必须管安全，管生产必须管安全。应急管理局开展化工园区认定和安全风险评估分级，对沿江29家化工企业有计划地搬改转停，对54家化工生产储存企业风险点实施全面诊断复核、辨识评估；开展烟花爆竹领域专项整治。强化尾矿库安全风险监测预警，将不符合规定和要求的企业，及时提请地方政府依法予以整顿关闭。工贸行业对重点企业实行在线监管工程，对有限空间、钢铁及其他冶金企业及时开展专项治理，确保工贸行业生产安全。襄阳应急部门组建以来，事故起数由2018年的224起降至2021年的122起，减少45.5%。死亡人数由2018年的132人降至2021年的96人，减少27.3%。较大事故起数和较大事故死亡人数与2018年相比下降明显。

2.防灾减灾救灾类

市应急管理局牢固树立灾害风险管理和综合减灾理念，坚持以防为主、防抗救相结合，坚持常态减灾和非常态救灾相统一。2019—2021年，全市应对自然灾害过程29次，启动市、县级救灾应急响应9次，争取上级自然灾害生活救助资金2.14亿元，妥善安置因灾转移群众2.44万人次，帮助因火倒损住房对象重建住房484户、修缮住房852户，保障了受灾群众基本生活。地震、地质灾害纳入网格化管理，地质灾害隐患点1902个，及时处置和排除风险280余处。开展地质灾害治理项目26个，自动化专业监测项目9处。森林防火火灾起数与2018年相比下降63.21%，火场总面积下降75.43%，受害面积下降47.32%，人员伤亡数下降100%，年均森林火灾受害率低于省下达的0.9‰的指标。城乡基层综合减灾能力明显提升，累计争取上级防灾减灾体系建设资金1505万元。全市新建、改建城市社区应急避难场所24个，成功创建全国综合减灾示范社区8个，全省综合减灾示范社区62个，启动建设防灾减灾宣传教育基地3个，建立健全了4404名市、县、乡、村四级灾害信息员队伍。

3. 应急救援类

全市应急管理系统严格落实"领导带班、专人值班、司机坐班"24小时在岗驻守值班制度，确保机关随时有一个应急小组在岗待命；法定节假日、敏感节点、重点时段实行"三个三分之一"管理，即三分之一人员下沉督导检查、三分之一人员在岗值班调度、三分之一人员待命应急出动，实现了应急处突常态化、效能化。以"三部两委"指挥机构为平台，最大限度接入相关部门成熟的信息数据和网络体系，建立了与气象、公安、卫健、民防、消防救援、水利和湖泊等部门的实时沟通机制。同时，以气象预警信息管理系统为载体，在防汛抗旱、森林防火、地震和地质灾害防治、重点行业安全生产等领域，截至2021年，市应急管理局实现了市、县、乡、村4个管理层面，行政、岗位、技术、巡查4类责任人员的灾害预警信息全覆盖。围绕队伍、物资、技术、装备一体化，完成了应急资源社会化调查摸底，分区域、分行业、分领域建立了专业应急救援资源库。除解放军、武警、消防救援队伍外，全市另有各类专业应急队伍76支2583人，专业设备和大中型装备1159台套。已初步建成以危化救援、矿山救护、防汛抢险、地灾处置等专业队伍为主体，社会应急力量为补充的应急力量体系，建立起部门联动、军地协调的应急救援机制。

2022年，市应急管理局全面推进应急管理深化改革，已初步制定《襄阳市深化应急管理综合行政执法改革实施方案》（草案）。在防汛方面，实现1200座水库、8座重点水电站、14条重要河流的防汛责任人汛前全部登记核实。在抗旱方面，累计向灌区放水 7.04 亿立方米，保障了 12.8 万名饮水困难群众的日常用水需要。在森林防火方面，召开了市森林防灭火工作电视电话会议，成立 11 个督查组，对各地森林防火工作部署等情况开展督查核实。在灾害救助方面，印发《关于推进防灾减灾救灾体制机制改革的实施意见》，建立完善了市、县、乡、村四级灾害信息员共 5194 名的数据库，实现了 2766 个村（社区）的灾害信息员全覆盖。在应急物资储备方面，"1 个市级库 +9 个县级库 +24 个乡级储备点"的救灾物资储备网络初步建成。

四、城市运行管理中心

2021 年 8 月 25 日，襄阳市委、市政府召开全市"两网"建设百日攻坚动员大会，正式启动"一网统管"建设工作。城市运行管理中心承担全市城市运行智能化管理和发展规划拟定，推进市、县（市、区）、乡镇（街道）三级城市运行管理平台建设。

（一）基本概述

城市运行管理中心主要负责城市运行管理应用系统和应急处置系统的建设和运行维护，承担全市城市运行体征数据的实时归集、分析、治理和应用融合等工作，并将数据汇聚到市大数据中心。负责组织推进城市运行管理中智能感知场景的建设应用工作，承担城市运行状态监测分析和预警预判，协调应急事件联动处置和舆情管理工作，为市委、市政府提供决策参考，为全市应急指挥、联勤联动、舆情管理、防灾减灾等提供跨部门、多层次、全天候的赋能和支撑。另外，负责"高效处理一件事"的运行管理，指导协调网格化管理服务工作，承担城市运行事件的受理、分派、督办和考核评价工作，负责 12345 政府公共服务热线中城市运行类投诉工单的派发、督办、考核等工作。

（二）发展情况

1. 实现"三级平台、五级联通"运行体系全覆盖

以"六个一"为目标，搭建以12个数字基础底座为支撑的市、县（市、区）、乡镇（街道）三级城运平台，并按照集约统筹的要求，实行一体化运行和多级复用。目前，市级、12个县（市、区）及开发区、116个乡镇（街道）城运中心按照统一标准规范，完成指挥场所和城运平台建设。

处理事件按照事件名称、管理依据、处置力量、处置流程、处置时限等要素，梳理了十二大类118小类960个子项的标准化事件处置流程，建立城市事件库，厘清部门和市、区、街道之间的职责权限，明确责任主体。全市51个市直部门和公共服务单位、12个县（市、区）和开发区所属部门和公共服务单位、116个乡镇（街道）、2945个村（社区）、4855个网格共20685人全部安装政务微信，全部纳入横向到边、纵向到底的"五级联动"事件处置体系，再造"双向"派单工作模式，落实"社区吹哨、部门报到"，构建完成"线上定制流程派单、线下责任主体明确"的全闭环协同处置体系，平台上线以来，各级各部门通过城运平台交办处置事件93万余件，大幅提高处置质效。

2. 打造襄阳城市大脑

依托襄阳"汉江云"计算中心和大数据共享交换平台，打通31个部门70个"信息孤岛"（含21个国垂、20个省垂业务系统），实时获取业务数据26.3亿余条，为"一网观全域"提供实时的数据支撑。同时，城市运营中心向全市228个单位（包括县市区）提供数据共享服务，推动数据全网通联、全域贯通、共享共用。采集治理要素96类35万余个，形成10个专题图层；接入视频资源5.7万余路、物联感知设备7899个；49种智能算法叠加应用，全市唯一具备"一屏观""一网感""智能防"功能的城市大脑粗具规模，将城市运行中的"人、物、动、态"四大类15个模块55个核心指标1300多项城市体征汇聚在城运首屏上，并建立实时动态更新机制，对襄阳24小时运行状态进行数字化呈现和监测。

3.开发数联视联物联赋能智能监管应用

通过49种智能算法叠加视联、物联和数据资源的综合运用，市直先后建成上线运行城管、江河水库、气象、12345分析、疫情防控等64个应用场景，通过汇集各关联部门全量多维实时动态数据，帮助各行业主管部门全方位掌握行业态势，实现疫情防控"多点触发"、重点水域"云上巡河"、城市管理"智能监管"、12345热线"智能分析"等功能，各县（市、区）、开发区围绕矿山安全监管、旅游管理服务、学校食堂监管、大气污染防治、防汛排涝、平安小区、社区共同缔造等方面开发上线"小而精"特色应用场景38个，在市域治理中发挥了精准智慧的支撑作用。

襄阳市城市运行管理中心坚持以习近平新时代中国特色社会主义思想为指导，全面贯彻网络强国、数字中国战略，以"高效处置一件事"为抓手，持续推进"一网统管"建设，建成全市"三级平台、五级联动"的城运体系，市、县、乡三级城运中心机构和场所全部到位，全市"一网统管"改革取得明显成效，工作成绩得到省委办公厅肯定，工作经验在全省机构编制"五重"工作"揭榜挂帅、比学争先"优秀项目评选中获第3名，工作成效被《中国改革报》《中国建设报》等媒体报道。

（执笔人：陈兆熙 李春晓 薛鸽）

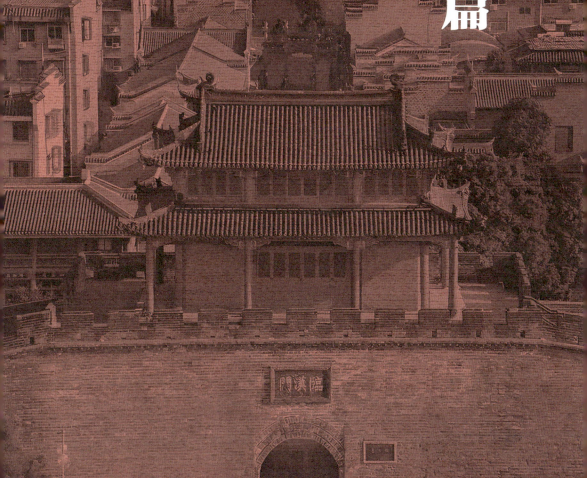

枣阳篇

第一节　枣阳概况

一、历史沿革

枣阳历史悠久，周朝时，枣阳地区为唐国，属楚地小国；春秋时期，公元前505年，唐国被楚国所灭；公元前221年，秦推行郡县制，今枣阳地置蔡阳县，属南阳郡。公元前45年，西汉划蔡阳县的白水（今吴店镇）、上唐（今随州市唐县镇）两个乡置春陵侯国（治所在今吴店镇北的古城），与蔡阳县同属荆州的南阳郡；东汉建武六年（公元30年）改春陵乡为章陵县。后又分蔡阳县东北地带置襄乡县，同属南阳郡；北魏废襄乡县，置广昌县，属广昌郡；隋文帝仁寿元年（公元601年），为避太子杨广讳，改广昌县为枣阳县，属春陵郡，枣阳之名沿用至今；唐时地属山南东道；宋属京西路，元属河南江北行省；明洪武九年（公元1376年），改行省为承宣布政司，枣阳属湖广布政司襄阳府；清初，沿用旧制；民国二年（1913年）废除府制，枣阳县直属湖北省，省下设道，属鄂北道，后改襄阳道；1932年属湖北省第八行政督察专员公署；1937年属第五行政督察专员公署；其间，1930年7月至1932年6月建立县苏维埃政权，属鄂豫边革命委员会。1947年12月，枣阳解放。枣阳境内以襄花公路为界，路北置枣阳县，属桐柏区行署三专署；路南置随枣县、襄枣宜县同属江汉行署一专署。1949年8月，枣阳境内只设枣阳县，属襄阳专员公署。1981年，属襄阳地区行署。1983年10月，实行市管县体制，枣阳县属襄樊市管辖。1988年1月，国务院批准撤销枣阳县，建立枣阳市。

二、地理位置

枣阳市位于湖北省西北部，唐白河入汉水汇合处的东部，属汉水流域，地理坐标东经112°30′至113°00′，北纬31°40′至32°40′。城区东距武汉市272千米，西至襄阳市74千米。县城东27千米与随县接壤，西31.2千米与襄州区毗连，南54.7千米与宜城为邻，北23.3千米与河南省的唐河县相连，东北42.8千米与河南省桐柏县交界，西北43千米与河南省新野县为邻。枣阳境东西宽53千米，南北长78千米，总面积3277平方千米，占襄阳市总面积的16.6%，占湖北省总面积的1.76%。

三、气候特征

枣阳市属亚热带大陆性季风气候，冬冷夏热，春秋温和，四季分明，雨量适中，年平均无霜期为232天，年均降水量500~1000毫米。降水量分布：东北部和南部降水量950~1000毫米，中部850~950毫米，西部750~850毫米；年最大降水量为1255毫米（1964年），日最大降水量为260.9毫米（1973年4月29日）；年最小降水量为548.3毫米（1966年）。无霜期长，年平均为231天，严冬酷暑时间短。主要有干旱、暴雨、大风、冰雹等灾害性天气，对工农业生产影响较大。枣阳日照充足，年平均2100小时左右，日平均5.8小时，年日照率48%，基本能满足农作物的需求。枣阳年平均气温16.5℃左右。山区高度每上升100米，年均气温下降0.5℃。年气温变化，1月最冷，历年平均2.3℃；7月最热，历年平均27.7℃。极端最高温日达40.8℃（1959年8月21日至23日）；最低温日为-15.1℃（1977年1月30日）；历年各月昼夜温差为8.5~10.4℃，1月至6月温差在10℃以上，7月最小温差为8.5℃以下。

四、行政区划

2022年，枣阳市有1个国家级经济技术开发区，辖12个镇、3个街道办事处、2个管理区（农场）。有482个行政村、76个社区居民委员会。

五、人口与民族

全市面积3277平方千米，耕地面积161253.3公顷。2021年，全市总人口110.85万人，其中男性57.38万人，女性53.47万人；2022年初，枣阳常住人口88.92万人，城镇居民43.78万人，城镇化率57.83%。人口出生率6.03‰，死亡率4.83‰；人口自然增长率0.93‰。境内有少数民族15个，人口较多的少数民族有回族、土家族等。

（执笔人：惠随琳）

枣阳新地标（枣阳市政府网站供图）

第二节　枣阳自然资源

枣阳市位于唐白河与汉水汇合处的东部，属汉水流域。东与随州接壤，西与襄州区毗连，南与宜城为邻，北与河南省唐河县相连，东北与河南省桐柏县交界，西北与河南省新野县为邻，地理位置优越。

一、土地资源

枣阳市2022年度耕地面积161838.69公顷，园地面积24317.11公顷，林地面积57176.36公顷，草地面积2870.50公顷，城镇村及工矿用地面积27338.66公顷，交通运输用地面积3729.29公顷，水域及水利设施用地面积40896.87公顷，其他土地面积9435.96公顷。较2013年度，耕地增加

1352.53公顷，园地增加16286.05公顷，林地减少4764.52公顷，草地减少6088.82公顷，交通运输用地减少5852.9公顷，水域及水利设施用地减少338.58公顷，其他土地减少1514.45公顷。

二、森林资源

枣阳市林地资源丰富，林地面积595.74平方千米，占枣阳市国土空间的18.31%，森林覆盖率22.43%。枣阳种子植物在千种以上，有木本植物91科237属536种，草本植物928种。常见的木本植物有120多种，受国家级保护古树名木160株（一级13株、二级48株、三级99株）。木本树种17类，果树有144个品种，草本植物中常见野生草药有154种、主要园林花卉150余种。

十年来，全市森林资源保护围绕"创新、协调、绿色、开放、共享"五大新发展理念，通过建立林长制完善森林资源保护措施，推动全市林业治理体系和治理能力不断迈上新台阶。实行森林分类经营改革，管住公益林，放活商品林。全市划定国家级、省级生态公益林16.8万亩，2.91万亩林地纳入天然林保护范围。秉承全民植树绿化、全社会办林业理念，大力开展全民义务植树活动，持续深化集体林权制度改革，加大金融支持力度，激发集体林业发展活力，71.27万亩集体林地经营权得到释放，高效经济林面积占比从2010年的12.2%增加到2020年的30.6%。

三、水资源

枣阳境内有滚河、黑青河、小黄河、二夹河、莺河、淳河6条水系，三级以上河流178条，所有河流均属季节性河流。枣阳市辖区面积3277平方千米，加上市外流入客水的面积248平方千米，实有承雨面积为3525平方千米；枣阳市地表水资源量0.23亿立方米，地下水资源量4.91亿立方米，水资源总量13.14亿立方米，产水系数0.23，产水模数17.1亿米^3/千米^2。

全市共有大中小型水库391座，堰塘32489口，其中大型2座（含襄阳市管熊河水库)、中型20座、小(1)型62座、小(2)型307座。全市水库总库容12.0亿立方米,兴利库容7.0亿立方米,设计年供水量5.8亿立方米,现供水能力4.33亿立方米。枣阳市现有蓄、提、引水等水利设施,以水库蓄水为主,蓄水总量7.59亿立方米。

四、国土绿化

枣阳市坚持"生态立市"战略,走生态优先、绿色发展之路,以建设美丽枣阳、生态枣阳为总方向,以扩绿提质增效为目标,大力开展生态文明建设。2015年以来累计完成人工造林25.39万亩,建成国家级森林乡村4个,省级森林城镇6个,省级森林乡村(绿色乡村)102个,襄阳市级森林乡村64个,枣阳市级森林乡村291个。形成了层次分明、特色各异的乡村生态群落。2018年3月,枣阳市林业局被省政府通报表彰为绿满荆楚行动先进单位,2021年4月枣阳市被省政府通报表彰为全省"四个三重大生态工程"建设中精准灭荒工作成效突出县(市)。

五、湿地资源

枣阳湿地资源较为丰富,全市湿地总面积18.7平方千米,占国土面积的0.57%,其中枣阳市熊河水系湿地公园属于重点湿地,位于枣阳市熊集镇南3千米处,公园面积4362.16公顷,是兼顾湿地保护、科学研究、生态观光和休闲度假的综合性湿地公园。

六、矿产资源

枣阳市矿产资源较为丰富,目前已发现各类矿产36种、矿产地103处,占全省已发现矿种(149种)的24.16%。其中,金属矿产(8种),非金属矿产(27种),水气矿产(1种)。截至目前,枣阳市已设探矿权1宗,采矿权32宗,其中枣阳市大阜山矿区钛矿(原生金红石)属特大型矿床,位居全国之首,为枣阳市特色矿产。饰面用花岗岩、建筑石料用辉绿岩、建筑石料用灰岩及大理岩、盐矿、膨润土等矿产分布广储量大，开采技术条件简单，为枣阳市优势矿产。

（执笔人：惠随琳）

枣阳市大阜山矿区原生金红石（枣阳市政府网站供图）

第三节　枣阳人文社会资源

一、国家级重点文物保护单位——雕龙碑遗址

雕龙碑风景区位于枣阳城东北25千米处。这里自然环境优美，河流、山林和平原为古人类从事渔猎、稼穑提供了良好的条件。五六千年前古人类就在这里定居下来，过着原始民族公社的群居生活，创造了极其可贵的文化。自1990年开始，中国社会科学院考古研究所先后对此进行了5次发掘，使埋藏于地下数千年的遗迹和遗物一层层、一件件重现光彩。在已发掘的1.5万平方米范围内，发现了3个不同时期的房屋基址21座，窖穴75座，十坑竖穴墓133座，陶瓮葬63座，动物葬23处，出土了4000多件斧、铲、刀、锛、凿、耜、犁、镰、镢等石质生产工具，以及很有研究、观赏价值的钵、碗、盘、盆、壶、瓶、缸、瓮、鼎等黑、红、灰三种颜色的陶器生活用品和

装饰品。尤其令人惊叹的是我们祖先居住的建筑，已经使用了石灰、类似水泥的建筑材料；墙壁和房顶都是火烧土筑而成；将房屋建成单元式结构；并使用推拉门结构的房屋门；在发掘的房屋基址遗迹中，最大的一座长11.5米、宽8.8米，总面积达100多平方米，房内隔成7个套间，有木质结构的推拉门等，这些在考古中是前所未有的重大发现，早在五六千年前，我们的先人已经发明并在居住中普遍使用，而我们今天部分地区依然沿用着。雕龙碑遗址是国家级重点文物保护单位和我国社会科学重点课题研究项目。

二、国家级重点文物保护单位——九连墩战国古墓群

九连墩战国古墓群位于城东南21千米的吴店镇东赵湖村，九座楚墓南北排列达3000多米，是国家级重点文物保护单位。2002年，省考古队联合枣阳文管所发掘1号、2号墓，出土文物1300多套4000多件，包括青铜器、鼎、人擎灯、玉璧、编钟、编磬、竹简，以及木制漆器虎座凤架鼓、缶、豆、兵器、丝织品等精美文物。发掘的两个大型车马坑内，有车40乘、马80多匹，是全国当时发现的规模最大、保存最完好、最壮观且罕见的真马陪葬的楚墓车马坑，而且车轮牙、车辐、车轼、屏泥等基本保存完好，车身上的油漆和纹饰清晰可见。现场发掘工作曾引起各界高度关注，全国40多家媒体的200多名记者云集枣阳，湖北电视台对发掘现场进行了为期6天的直播。尽管墓主人身份未确定，但在考古界还是引发巨大轰动，被中国科学院考古所定为当年全国最为重要的六大考古发现之一。

二、国家级森林公园——白竹园寺森林公园

白竹园寺森林公园位于桐柏山南麓，枣阳市北45千米处，是桐柏山国家级风景名胜区的核心景区之一，景区面积83平方千米，森林覆盖率达95%以上，是国家AAA级景区。白竹园寺景区是以佛教文化为主体，集山、林、石、竹、水、寺于一体的旅游胜地。景区内有鄂西旅游圈中面积较大的竹林以及竹园禅寺、贞节井、蝴蝶石、塔林等30多处景点，自然景

观雄奇秀美，人文景观璀璨悠久。位于景区内的白竹园寺，为省级重点文物保护单位。寺院坐北朝南，由正殿、偏殿及围墙组成一个单独的廊式院落。正殿三间，殿内塑有神像，像前立一大铁鼎式香炉；偏殿居右七间；门楼呈两柱单楼式，上端横匾书"竹园禅林"楷体大字，门前有两棵高大的银杏，树枝繁叶茂，荫阴两亩多地，大晴日不晒，细雨不湿衣，大树下可容千余人。正殿门前左右各立一石碑，无座。右碑正面中部竖刻"传临济正宗第三十五世广学禅老和尚"字样，背面上部横刻"百世流芳"，立于乾隆三十九年（公元1774年）。左碑上端抹角，碑文字迹模糊难认。正殿走廊右壁上尚嵌石碑一通，部分字迹模糊，立于乾隆八年（公元1743年）。据考，"竹园禅林"寺院始建于东汉建武年间，距今1900多年，虽屡遭破坏，遗留下来的仍有高大古式建筑佛祖大殿、石雕塑像、碑文、古井、古桥等文物。

四、省级重点文物保护单位——白水寺

白水寺风景名胜区位于枣阳市区南15千米的吴店镇，是国家AAAA级旅游区，湖北省级风景名胜区，湖北省重点文物保护单位。吴店镇是中国历史上"十大明君"之一的东汉开国皇帝光武帝刘秀故里，被东汉著名的科学家张衡赞誉为"龙飞白水、松子神陂"的圣地，是"光武中兴"的发祥地，白水寺为后人纪念汉光武帝刘秀而建。整座寺庙殿堂古朴典雅，雕塑精美；寺内古木参天，门前石阶壮观，充满着浓郁的梵宇气息。景区内主要有白水寺古建筑群、光武帝祠、白水碑廊、丽华花卉园及白水湖等景点。光武帝祠是为纪念汉光武帝刘秀而新建的祠宇，整个建筑为组群建筑，由光武大殿、二十八宿配殿、山门和倒座等组成。白水碑廊院内有四幢复制古碑，400余通镌刻，集当代书家名流之华翰。丽华花卉园汇集牡丹等多种名贵花木。白水湖湖光山色，交相辉映。

五、中国汉城

中国汉城位于枣阳城区东部，核心区项目占地1800亩，建筑80万平方

米，是一个集汉代建筑精华与古典园林景观于一体的大型复古建筑群，功能为影视拍摄、展示汉代文化、旅游观光、市民休闲娱乐、弘扬佛学文化、完善城市功能；外景基地占地3000亩，为影视拍摄外景地、旅游休闲养生地建设区。整个项目定位是中国汉文化核心地标、华夏汉文化展示中心、世界汉文化旅游目的地。其中，枣阳市民文化广场占地200亩，建有24300平方米的影视中心、光武大剧院、博物馆和城市印象馆"四大文化建筑"。以青铜刘秀塑像为核心，自西向东设"光武省亲、昆阳搬兵、真定喜宴、二十八宿"四组大型雕塑，是全国最大规模的青铜雕塑组团，全景再现东汉光武帝刘秀一生的重要节点，全方位展示东汉中兴历史文化风采。影视中心建筑面积5400平方米，是一个全民化、多语种、多播放形式的公共影视服务平台。光武大剧院建筑面积8400平方米，可容纳观众1500人。博物馆建筑面积5200平方米，以展示汉代文物为特色，充分利用枣阳市深厚的历史文化资源，全方位展现汉民族、汉文化（包括汉语言、文字等）的发展史。城市印象馆建筑面积5400平方米，利用多媒体互动展项，通过声、光、电等数十个设计门类的整馆设计与规划，全方位展示枣阳市城市建设规划、历史沿革与发展历程。

（执笔人：惠随琳）

枣阳雕龙碑遗址（枣阳市政府网站供图）

第四节　枣阳工业

　　枣阳市工业起步较早，新中国成立后，自行车厂、卷烟厂、麻纺厂等一批国营企业先后建立起来，为枣阳工业发展打下了一定基础。1979年党的十一届三中全会以后，枣阳县委、县政府把工作重心转移到地方经济发展轨道上，通过优化工业布局，不断推进经济体制改革，工业生产迅速发展壮大。经过几十年的沉淀和发展，枣阳市由一个农业传统县市转变成一个工业基础雄厚的百强县市。1979年，枣阳市工业产值仅有6590万元；到2022年，全市规模以上工业总产值首次突破1000亿元，达到1101.6亿元，全年GDP达825.8亿元，跻身赛迪县域经济百强第84位，前进6位，成为襄阳唯一一个连续6年跻身"全国县域经济百强"的县市。全市企业总数达1万多家，其中规模以上工业企业达到278家，高新技术企业发展到120家，累计培育国家级专精特新"小巨人"企业5家、省级专精特新"小巨人"企业31家。

一、主导产业

　　目前，枣阳市现代产业体系框架已初步形成，汽车及零部件、食品加工、纺织服装、医药化工四大支柱产业，电子信息、新能源新材料等产业快速崛起。汽车制造业、纺织业、农副食品加工业、化工产业是枣阳目前4个超百亿级的特色优势产业，生物医药、电子信息、新能源新材料、高端装备制造产业快速崛起，正成为枣阳工业主导产业。

二、产业集群

　　目前全市基本形成了汽车及零部件、农产品加工、精细化工、生物医药、电子信息、新能源新材料、高端装备制造七大重点产业集群，占全市工业总产值比重达75%以上，成为带动枣阳工业经济发展的重要产业领域。

（一）汽车及零部件产业

汽车及零部件产业是枣阳传统支柱产业，是七大制造业产业链之首，全市拥有汽车及零部件企业近150家，规模以上企业36家，是中国汽车产业集聚区、湖北汽车产业走廊、全国第二大汽车摩擦材料生产基地。2021年累计实现产值191.4亿元，占全市总量的20%以上。其中，专用汽车生产企业17家，摩擦密封材料生产及关联企业70多家，其他汽车零部件生产企业60多家。汽车配套产业完善，已形成了以海立美达为代表的专用车板块，以荆楚星为代表的改装车专用车板块，以飞龙、兴亚公司为代表的密封摩擦材料板块，以神驰、宏玛达为代表的汽车轮毂板块，以广创公司为代表的汽车核心零部件板块；培植了"福田""润阳""隆中""飞龙""兴亚""群益""中天"等知名品牌。

（二）农产品加工产业

全市农产品加工企业达230家，包含食品加工和纺织服装两个大类。全市规模以上食品加工企业44家，2021年累计实现产值167.5亿元。全市规模以上纺织企业57家，2021年实现产值184.7亿元。其中，湖北三杰粮油食品集团是农业产业化国家级龙头企业、湖北省最大的面制品生产企业、全国小麦粉加工企业50强企业，是中国粮油企业100强，旗下"三杰"牌、"久哥"牌商标被评为中国驰名商标，产品被评为湖北省名牌产品。倪氏国际玫瑰产业股份有限公司是国家林业重点龙头企业、湖北省林业产业化龙头企业，倪氏国际玫瑰产业股份有限公司依托"产香酵母筛选方法及应用"发明专利，向食品饮料、保健化妆品、医药化工产品等领域进军。维恩生物科技有限公司以猪血为原材料提取高附加值生物蛋白、食品材料和医药中间体，年实现销售收入3亿元。引进武汉兴达食品有限公司，投资3亿元新建黄桃罐头、果汁深加工生产线，日产100吨的黄桃罐头生产线已建成投产，年可实现产值1.6亿元。

（三）精细化工产业

化工产业是枣阳市四大支柱产业之一，枣阳也是襄阳市重要的有机硅材料基地。全市化工企业共有90家左右，其中，规模企业33家，总产值131.1亿元。化工产业主要有五大板块：一是以四海化工、新海鸿等为代表的硅系列板块，二是以枣化公司、聚鑫肥业等为代表的化学肥料板块，三是以金鹿公司等为代表的高危化工板块，四是以先飞高科等为代表的医药化工板块，五是以中盐公司等盐化工、食品添加剂、涂料、粘胶剂等为主的其他板块。

（四）生物医药产业

全市生物医药产业已形成了以湖北药昇中药科技有限公司为龙头的中药生产板块，以创力药业和福星化工为主的化学药品生产板块，以腾械健康产业园和伟立康防护用品有限公司为主的医疗器械生产板块，以襄阳维恩生物、赐祥医药为代表的生物医药板块，构建起多板块协同发展的良好格局。

（五）电子信息产业

全市已形成了以通信设备工业、家用视听设备工业、家电制造工业、电子测量仪器工业、电子元件工业、电子信息机电产品工业和电子信息专用材料工业七大行业为核心的整体构架，产业链日益完备，已形成较强的竞争优势。规模以上企业有9家，产值规模25亿元，重点企业包括湖北润阳新能源有限公司、湖北兰博泰新能源有限公司、枣阳市米朗科技有限公司、襄阳艾克特电池科技股份有限公司、襄阳市二二电气有限公司等。

（六）新能源新材料产业

新能源产业逐步形成了风力发电、光伏发电、电力储能、生物质能等完整的产业链和产业集群。全市新材料产业涉及有机硅新材料、建筑新材料、生物医学新材料等领域，形成了具有枣阳特色的新材料产业。重点企业有生产高端有机硅材料的隆胜四海，生产高性能储能电池的润阳新能源和从事有色金属冶炼和压延加工的平凡钒氮合金等。

（七）高端装备制造产业

目前全市装备制造企业共有24家，装备制造产业已形成大型汽车零部件、汽车注塑、精密机械等特色装备制造产业，并涉及金属制品业、通用设备制造业、通信设备及电子设备制造业、专用设备制造业、仪器仪表机械制造业等多个板块，生产产品达120多种。高端装备制造业有以立晋为代表的企业生产汽车轮辋钢年产能达70万吨、汽车挡圈年产能达2000万只，秦鸿新材料有限公司年生产大型耐磨件500套。

三、园区建设

（一）枣阳市经济开发区

枣阳市经济开发区1992年6月经襄阳市人民政府批准设立，1995年1月被省政府开发区管理办公室认定晋升为省管开发区（享受副县级待遇），1996年6月1日经枣阳市委、市政府决定实施封闭式管理。2004年8月在国家清理整顿开发区后，又被省政府晋升为省级开发区。2021年6月晋级为国家级经济技术开发区。枣阳市经济开发区定位为湖北省转型升级示范园区、襄十随地区重要的高新技术产业基地、枣阳市经济发展引擎，目前已经规划形成了"一区""三园"的工业园区布局。截至2021年，入驻枣阳市经济技术开发区的规模以上工业企业达185家，高新技术企业64家，形成多个产业集群，区内就业人数达5.26万人，成为全市最有活力、贡献度最大、带动性最强的经济发展"主战场"。

（二）枣阳市化工园区

枣阳市化工园区位于枣阳市西南部，总占地面积达3.56平方千米，其中建成区面积约2.69平方千米，是襄阳市四大合格化工园区之一；园区共建设完成道路6条，总长度6164米，供水环状网、污水收集管道、天然气管道、美化亮化绿化等基础配套设施已基本完成；新建及改造10千伏线路1.49千米，开辟电缆廊道0.42千米，实现了双电源供电保障；与化工园区配套建设的第二污水处理厂和"一企一管"已建成并正式运营；紧邻化工园区投资2000多万元的第一消防站已经建成使用；消防、气防和医疗急救等应急设施配置完善，"化工工业园区安全风险智能化管控平台"自2022年11月上线以来，对园区实行了封闭化管理；园区扩区工作已全面启动，扩区后总规面积3.56平方千米，目前居民搬迁工作一期258户（化工园区红线内）已搬迁腾地完成，2023年底二期征迁将全部完成。目前园区初步形成了以精细化工产品为基础，高端专用化学品、化工新材料为主导，危险废物处理为补充的产业发展格局。

（三）襄阳市汽车零部件（特种车）产业园

襄阳市汽车零部件（特种车）产业园是襄阳市政府确立的特色产业园区之一，位于枣阳市经济开发区内，规划用地面积25平方千米。共分为四大功能区：产业区17平方千米、综合服务区3平方千米、物流贸易区2平方千米、生活区3平方千米。园区内基本形成了九纵九横的道路，配套建有220千伏变电站2座，110千伏变电站1座，日供水能力10万吨的水厂1座，日处理能力6万吨的生活污水处理厂1座，设计日处理能力3万吨工业污水处理厂1座。现入驻产业园的企业200多家，其中规模以上工业企业103家，包括汽车及零部件企业65家。可生产自卸、半挂、厢式、油罐、高空作业等专用车10多个品牌，生产各类汽车车架、刹车片、车轮、变速箱、保险杠等零部件200多个品种，为东风、一汽、重汽、南汽、郑汽、柳汽等全国重点生产厂家配套。枣阳市立晋冶金钢铁集团汽车用型钢（特钢），可以满足汽车特种钢需求，节约物流运输成本。

（四）襄阳市农产品深加工（饮料食品）产业园

襄阳市农产品深加工（饮料食品）产业园位于枣阳市吴店工业园区，

规划用地面积6.67平方千米。已实现"七通一平"，基础设施完备，拥有充足的工业用地储备；规划了五横九纵路网结构。产业园区内已有11万千伏变电站1座，设计日处理能力3万吨污水处理厂1座。汉光酒业及倪氏玫瑰为代表的饮品种类齐全；麦面粗、精、深年加工能力200万吨以上，大米粗、精、深年加工能力120万吨以上；油脂加工主要以生产绿色粮油、特色山茶油为主；其他食品加工包括水产品、禽畜制品、果蔬食品及茶叶、乳制品、调味品和特色食品等应有尽有。

（五）枣阳市纺织服装产业园

枣阳市纺织服装产业园位于市区西部，拥有110万锭棉纺纱锭，有充足的原材料，还有大量的熟练技术工人，市场前景广阔。拟建成集纺织原料、产业用品纺织品、品牌服装、箱包、家纺及传统纺织项目的研发、生产、销售、会展、仓储于一体的一条龙配套性产业集聚区。总体规划2000亩，800亩作为服装加工区，600亩作为棉纺生产区，600亩作为织造生产区。服装加工区以500台左右平缝机及配套设备为一个单位，集群形成10000台平缝机的规模，年产服装1亿件（套）。产品以中高档时装和品牌服装为主，同时围绕服装展览交易市场加工配套，发展拉链、饰件、橡筋、纽扣等配件市场，做全做大服装产业链，推动枣阳市服装产业朝着专业化、规模化、高端化方向蓬勃发展。

（六）枣阳市新能源新材料产业园

枣阳市新能源新材料产业园在高技术陶瓷、特种纤维、高分子材料等领域占据国内优势地位，形成了具有枣阳特色的新材料产业，培育出了生产陶瓷刹车片的飞龙和兴亚汽车摩擦密封材料企业、生产硅系列产品的四海和华威硅氟材料有限公司、生产耐磨材料的秦鸿新材料有限公司、生产高低压电阻片产品的三三电器公司、生产特种金属材料的平凡、立晋、金兰等企业。枣阳市新能源产业主要有以生产动力电池为主的湖北润阳新能源有限公司和襄阳艾克特电池科技股份有限公司，主要研发生产新型蓄电池和其他新能源产品。新能源发电方面，以华润风电的风力发电、中国风电的太阳能发电、中民投的农光互补发电为代表。在生物质能发电和其他能源生产利用方面表现突出的代表企业有专注生物质发电的安能（枣阳）生物质发电有限公司、利用污水沼气发电的湖北天双健农业开发有限公司、可生产生物柴油的中兴绿色技术湖北有限公司、秸秆制气企业枣阳尚晶生物能源有限公司。

（七）湖北立晋钢铁集团有限公司及下游机械加工产业园

湖北立晋钢铁集团有限公司是湖北省一家大型股份制钢铁企业，居湖北省民营企业百强第35位，襄阳市企业十强第10位，是国内最大的汽车轮辋钢生产基地。现有6家子公司，占地面积1200余亩，员工1500余人；可年产连铸坯120万吨，汽车专用型钢（铁钢）70万吨，汽车车轮轮辋用热车型钢40万吨，热轧型钢、棒材45万吨，高强度钢棒材30万吨。该集团已与武汉科技大学达成产学研战略合作协议，与西南交通大学、北京交通大学等院校达成战略合作意向。湖北立晋钢铁集团有限公司及下游机械加工产业园项目是依托枣阳经济开发区内重点企业立晋冶金钢铁集团汽车用型钢（特钢）优势，引进5~10家下游生产企业，与立晋公司连成一体，形成机械加工园。届时，钢铁及相关产业年可创产值250亿元，并能为近5000人提供就业机会。

（八）枣阳市中小企业科技孵化园

枣阳市中小企业科技孵化园地处市区北部，距离市区1千米，交通便利、环境优裁。园区规划占地总面积2.0平方千米，总建筑面积40万平方米，共建成标准化厂房80栋。园区内水、电、气、道路、通信等主要设施齐备，初步形成了一个设施配套、功能齐全、景观优美的工业园区。已入驻中小企业26家，安置劳动力就业1.1万人，建成投产企业24家。园区与武汉大学、武汉理工大学等省内外9家院校达成了建设产学研基地。已建成的乘龙汽车、三杰麦面成为这个区域的重要支撑。

（执笔人：张光飞）

枣阳太平风电场（枣阳市政府网站供图）

第五节 枣阳农业

　　枣阳市位于北纬31°40′～32°40′，属亚热带大陆季风气候，日照充足、雨量适中、四季分明，自然条件优越，南北方众多农作物、水果在这里都可以生长，物产丰富。枣阳农业基础较好，规模较大，品牌优势突出。

　　十年来，枣阳市"鄂北粮仓"地位更加坚实，粮食总产量连续13年站稳120万吨台阶，夏粮产量连续10年稳居全省前三，连续7年冲上全省第2位，多次荣获"全国粮食生产先进县（市）""全省'三农'发展成绩突出县（市）""全国生猪调出大县"称号，是"中国桃之乡"和"中国玫瑰之都"以及全国优质小麦、大型商品粮基地。

一、种植业

　　枣阳是农业大市、产粮大市、国家现代农业示范区，农作物种植种类涵盖了稻谷、小米、玉米、花生、芝麻等粮油作物，以及水果、蔬菜、中草药等经济作物，种植种类丰富，特色产品突出。

粮油生产。粮油产量连续多年保持稳定，全市粮食面积达到304.22万亩，总产量达130.92万吨，居全省县市第2位，连续14年站稳120万吨台阶。其中小麦146.18万亩，单产374.04千克/亩，总产量54.68万吨。水稻75万亩，单产633.38千克/亩，总产量47.5万吨。玉米77万亩，单产352.1千克/亩，总产量27.11万吨。油料作物种植面积39万亩，单产203.08千克/亩，总产量7.92万吨。

水果生产。全市水果种植面积稳定在31万亩左右，其中桃种植面积在30万亩左右，全年桃产量近50万吨，种植面积和产量占比常年保持在90%以上，其他水果为葡萄、梨、李子等小水果。枣阳是全国四大桃主产区之一，作为"中国桃之乡"，桃产业被列为枣阳国家现代农业示范区的三大主导产业之一，生产规模不断扩大，形成了六大水果主产区。2022年全市优质桃面积达30万亩以上，其中早熟品种13.1万亩，中熟品种13.2万亩，晚熟品种2.6万亩，极晚熟品种0.2万亩，年产量超45万吨，产值超15亿元。

蔬菜生产。全市蔬菜播种面积10.5万亩，其中常年基本菜地6万亩，设施蔬菜播种面积0.8万亩，总产量21万吨，总产值45000万元。食用菌700万袋，产值1.4亿元。西瓜、甜瓜2.3万亩，总产量5.8万吨，总产值0.45亿元。

中草药种植。中药材产业覆盖15个镇，种植大户和合作社有57家，种植栀子、薄荷、连翘、丹参等26种中药材，面积达2万多亩，中草药种植成为农民增收致富的新路子。

二、养殖业

枣阳市养殖产业涵盖畜牧业养殖和水产养殖两大领域，特别是生猪养殖规模较大，已连续18年获评"全国生猪调出大县"。

畜牧业养殖：已发展畜禽规模养殖场1115家，现有襄阳市级以上畜离标准化示范场231家，其中国家级3家，省级18家。2022年全市出栏生猪104.24万头，存栏59.18万头；牛出栏10.4万头，存栏15.7万头；羊出栏35.3万只，存栏32.8万只；禽出笼3100万羽，存笼2922万羽。

水产养殖：全市水域面积35.2万亩，除水源保护水面外，统筹规划挖掘可用养殖面积21.2万亩，其中水库389座，养殖面积11.4万亩，堰塘19991口，养殖面积6.2万亩，精养鱼池5060口，养殖面积3.6万亩。从2018年起，在全市积极推广稻虾综合种养模式，通过政策扶持、产业聚集、技术推广等举措，全市稻虾共作面积迅速扩大，2021年，全市水产品产量4.5万吨，供应武汉、成都、重庆、西安等地市场，渔业总产值达11亿元。

三、农产品加工业

农产品加工业是枣阳四大支柱产业之一，市委、市政府围绕优质粮油、畜禽、果茶、蔬菜、淡水产品、中药材六大重点产业链，狠抓延链补链强链。2022年全市农产品加工产值达405.3亿元，同比增长12.71%，获评"全国农产品生产贡献力和县域经济基本竞争力双百强县（市）"和"省级农业产业化招商引资工作成绩突出单位"。目前，全市农产品加工企业达230家，规模以上食品加工企业44家，市级以上农业产业化重点龙头企业达72家，其中国家级1家、省级23家，规模以上农产品加工企业总数达到109家。累计认证26个"两品一标"、4个中国驰名商标和10个地理标志证明商标，2022年"枣阳皇桃"成功获批国家地理标志证明商标。重点企业有三杰粮油、中兴绿色技术湖北有限公司、枣阳市兴达食品有限公司、湖北药昇中药科技有限公司等企业。三杰粮油是农业产业化国家重点龙头企业，也是湖北省唯一进入全国小麦粉加工50强的企业。中兴绿色技术湖北有限公司是一家集粮油基地建设、收购、储存、加工、销售和研发谷维素、谷物保健油、生物能源、物联网技术于一体的大型企业，是全国放心粮油进农村进社区工程示范加工业、优质粮食工程示范企业。枣阳市兴达食品有限公司拥有中南地区最大的黄桃深加工基地，带动种植、加工、仓储、物流、交易全产业链联动发展。湖北药昇中药科技有限公司是集进出口贸易，中药材种植、科研、中药饮片及食品生产与销售于一体的科技型企业，中药饮片生产品种达 600 余种，可年生产常规中药饮片 5000 吨、毒性中药饮片 500 吨。

四、高标准农田

枣阳市深入实施"藏粮于地、藏粮于技"战略，稳步推进高标准农田建设，提升耕地质量，有效改善了全市农业生产条件，提高了农业综合生产能力，已建成的旱涝保收农田亩平增产粮食 100 公斤以上、增收 200 元以上，为枣阳粮食产量连续多年站稳 120 万吨台阶奠定了坚实基础。"十四五"以来，枣阳市高质量完成 37.83 万亩（2020 年 11.58 万亩、2021 年 14.45 万亩、2022 年 11.8 万亩）建设任务，全市累计建成高标准农田 170 万亩左右。

五、农业基础设施

枣阳市是有名的"旱包子"，人口多，耕地集中，降水量却偏低，过境客水少，蓄水能力差，地下水贫乏。十年来，枣阳市不断加强农业水利设施建设，建成了大中型灌区 15 处、水库 383 座、提灌泵站 760 座，同时随着鄂北地区水资源配置工程全线通水，有效解决了农业生产用水的问题，全市有效灌溉面积达 160 万亩，使粮食生产基础进一步夯实。全市农业机械化水平快速提升。至 2022 年底，全市农机总动力达到 182.6 万千瓦，主要农作物耕种收综合机械化水平达到 91.56%，在全省处于领先地位。湖北省一号水利工程——鄂北水资源配置工程于 2015 年 10 月 22 日全面开工建设，该工程在枣阳境内线路总长 56.03 千米，设 8 个分水口，年平均分水量 3.64 亿立方米，将从根本上解决枣阳境内干旱缺水的历史问题，有力补充解决枣阳 80 万亩耕地灌溉和 60 万人用水问题，极大地缓解枣阳供水矛盾，同时增强枣阳水资源调配能力和抗御自然灾害的能力。

（执笔人：惠随琳）

枣阳农田一隅（枣阳市政府网站供图）

第六节　枣阳服务业

一、文化旅游产业

（一）旅游资源较为丰富

枣阳市有具有开发价值的古遗址32处，古墓葬19处，革命纪念旧址6处，特别是汉城、白水寺、白竹园寺、熊河风景区、唐梓山、无量祖师殿、玫瑰海、雕龙碑古文化遗址均具有一定规模。在现有的景区中，汉城、白水寺已建成为国家AAAA级风景区，熊河、白竹园寺、唐梓山、无量台风景区已建成为国家AAA级风景区，建立非物质文化遗产国家级名录1项、省级名录5项、襄阳市级名录19项、枣阳市级名录56项，省级代表性传承人2人、襄阳市级代表性传承人18人、枣阳市级代表性传承人37人。2021年，"枣阳粗布制作技艺"被国务院批准入选第五批国家级非遗项目名录，古石雕大观园被襄阳市文化和旅游局命名为首批"民间文化展示馆"。

（二）旅游产业初步形成

枣阳市在原有的文化观光旅游、森林旅游、宗教旅游等产品项目基础上，休闲度假旅游、水上运动旅游、生态农业观光旅游、科考旅游、商务会议旅游、节事会展旅游等新兴产品项目不断兴起和发展壮大，多元化的旅游产品结构、旅游产业体系现已初步形成。枣阳连续举办五届"千古帝乡·花海枣阳"旅游推介活动，借助央视《走进县城看发展·湖北枣阳》特别报道等宣传媒介，对枣阳文旅资源进行推广，打造了3条以上乡村旅游精品线路，特别是每年的白水寺经贸旅游节期间，接待游客达10万人次；唐梓山农业边贸旅游节期间，游客量近12万人次；熊河之春旅游节也吸引众多的游客，游客近8万人次，形成了有一定影响的旅游热点。

（三）基础设施明显改善

枣阳市以316国道、335省道、寺沙省道为主轴；汉丹铁路横穿境内，往返的列车可直达北京、上海、广州、深圳、成都、郑州等大中城市；市区到达旅游各景区的道路全部实现了硬化，部分景区开通了旅游专线运营线路，如市区—白竹园寺的专线班车每天上午、下午各一趟；通信方面，全市各景区实现了移动、电信、联通、铁通信号全覆盖；旅游接待服务设施完备，现已形成风景区、旅行社、宾馆、旅游农家乐、旅游客运公司等包含行、游、食、住、购、娱的产业体系。全市旅游农家乐已发展到370家，其中五星级1家、四星级农家乐4家、旅行社12家、四星级旅游饭店2家，分别为枣阳国际大酒店和汉城酒店。新市镇火青村被省政府命名为第一批旅游名村，吴店镇被省政府命名为第二批全省旅游名镇，太平镇被省文旅厅命名为"湖北省民间文艺之乡"，2022年，琚湾镇喜获"湖北省首批非遗特色村镇、街区"称号。

（四）品牌效应日益明显

枣阳市围绕"一城两花"，建立了"一心两环线六大片"的旅游业体系。"一心"即枣阳旅游服务中心。"两环线"以玫瑰、桃花文化为主题的自然山水旅游环线，以城区—店—林—河—熊集—城区的交通道路为主线，串联枣阳南部主要旅游景区景点，形成枣阳旅游南线；以中兴文化为主题的历史文化旅游环线，以城区—鹿头—新市—太平—城区的交通道路为主线，串联枣阳北部主要旅游景区景点，形成枣阳旅游北线。"六大片"：中兴文化旅游区，玫瑰、桃花主题旅游区，农耕文化旅游区，森林生态旅游区，宗教养生旅游区，红色文化旅游区。游客规模与旅游收入呈现快速增长态势，年均接待旅游者人次保持10%以上的增速。

二、金融产业

截至2022年12月末，全市存款余额达到670.47亿元，比年初增加67.72亿元，同比增长11.24%；各项贷款余额404.98亿元，比年初增加65.79亿元，同比增长19.4%，增幅高于上年同期5.6个百分点，高于襄阳全市6.3个百分点。2022年新增贷款为近5年最高，一举突破65亿元，新增贷款远高于其他县市，超额完成全年信贷投放任务，全年贷款投放取得显著成绩。2022年贷存比60.4%。不良贷款余额4.2987亿元，比年初下降3247万元，不良贷款率1.06%，不良率下降0.3个百分点。建成金融精准扶贫工作站77个，惠农金融服务站427个，覆盖率达到100%；累计投放扶贫贷款2832笔，金额2.41亿元。2021年枣阳市信用县市创建工作获得全省第5名的好成绩，连续5年进入"湖北省金融信用县（市）20强"，截至2022年底，连续19年保持了"金融信用县市"的金字招牌。2023年1—5月，地方一般公共预算收入完成12.7亿元，增长14.1%，增速高于襄阳市10.6个百分点。其中，税收收入9.69亿元，增长19.4%，增速高于襄阳市13个百分点。

三、科技创新产业

十年来，枣阳市多次荣获"全国科技创新百强县市""湖北科技创新先进县市"称号。

（一）聚焦创新策源，激发创新活力

枣阳市以各级平台建设和创新人才培育为抓手，统筹推进各类创新要素集聚发展，夯实区域性科技创新中心发展基础。截至2022年底，枣阳市已组织认定13家枣阳市新农村振兴科技创新示范基地，全市科技型中小企业登记入库213家，完成技术合同登记额44亿元，组织五批次56家企业申报高新技术企业；组织获批省级重点科技计划项目3项、襄阳市级科技计划项目4项、省级"星创天地"2个、襄阳市"重点实验室"2个，米朗科技、卓普电子、新海鸿化工成功获批省科创"新物种"企业。

（二）深化平台建设，提升竞争优势

以产学研联盟为组织形式开展创新活动，着力深化各类创新平台建设，成功争取一批创新优势平台，不断提升创新主体竞争力。维恩生物等4家公司备案襄阳市企校联合创新中心，精致农业成功获批省级乡村振兴科技创新示范基地，米朗科技、一医院成功获批襄阳市"重点实验室"，实现襄阳市重点实验室"零"突破。以湖北工业大学枣阳产业技术研究院为依托，选派湖工大7名教授作为枣阳市七大产业链专家组长，聚焦企业重大技术需求开展科技创新服务。

（三）全力推进技改，加快产业升级

立晋钢铁、万通棉纺等企业开展了智能制造自评自估，组织港利制冷、百兰车轴等6家襄阳市工业企业智能化技改项目，筛选推荐申报32个2022年度省级制造业高质量发展专项技改项目，个数位列襄阳第一，立晋公司等8个项目获批省级制造业高质量发展专项资金1455万元。开展全市工业清洁生产技术改造、工业资源综合利用调研，全力推进清洁生产改造、工业资源综合利用项目，双登润阳荣获"湖北省绿色工厂"称号。

（四）加快智能改造，提高数字水平

枣阳加快5G网络部署和普及应用，建设5G基站560个，基本实现中心城区和镇（办、区）重要区域网络全覆盖。全市荣获国家级两化融合贯标示范企业2家、省级两化融合试点示范企业9家、襄阳市级智能化改造项目1个、襄阳市级智能制造示范项目21个。万通棉纺成功获批省级智能制造试点示范企业，百兰车轴入选2022年湖北省制造业单项冠军企业，米朗科技、隆胜四海、创力药业、秦鸿新材料、中意纺织5家企业入选2022年湖北省制造业单项冠军产品。

四、物流产业

全市注册物流企业441家，发展规模以上物流企业5家，涉及汽车及零部件、纺织、食品、化工、装备制造、电子信息等专业性物流领域。6家相对集中经营的物流园以零担货运、汽车维修和小型仓储功能为主。建有电子商务促进中心1个，镇级服务中心10个，村级电商服务网点253个，镇村级邮政寄递网点29个。

"十三五"期间，全市"一纵两横"高速公路网、"四纵五横"干线公路网、"八纵八横"城区交通网基本形成。开通市乡邮路4条，乡村投递段递61条，邮路段递深度已经全面覆盖各个村，物流通道日趋完善，物流服务能力显著提升。初步形成以矿石、水泥、建材、化工、大宗物资等生产性物流为服务对象的公铁联运模式，形成了以汽车及零部件、纺织、农副产品、中药材等综合物资为对象的综合物流网络体系。

五、房地产产业

"十三五"期间，出台《枣阳市商品房预售资金监管办法》《关于进一步加强房地产项目事中监管的意见》《房地产市场"双随机、一公开"联合检查制度》等规定，规范房地产管理，开展房地产中介市场整治、打击整治养老诈骗、项目问题化解专项行动，推行质量安全标准化创建活动，督促施工、监理单位全面起底危大工程风险，全面整治质量安全隐患，确保责任、措施、资金、时限和预案"五到位"；起草《关于加强和改进无物业服务老旧小区物业管理工作指导意见》，规范老旧小区管理，开展执法检查40余次，下达停工和整改通知40余份，共检查在建项目82个（次），整改隐患240余处，开展物业领域专项整治，对全市65家物业公司进行督办检查，对全市实施专业化物业服务的103个住宅项目实行项目收费公示，对发现的27家物业公司公示内容不全、2家收费不合理，以及5个小区"飞线充电"等问题进行整改；严格执行《绿色建筑设计与工程验收标准》，绿色建筑面积占新建建筑面积90%。实施既有建筑节能改造2.49万平方米，新增可再生能源应用面积0.67万平方米。认真开展"禁实"（禁止使用实心黏土砖）工作，全市19家页岩砖厂中有14家按要求正常生产，2家正在报请市政府审核，3家对淘汰工艺进行改造升级。推广应用磷石膏建材，大力发展装配式建筑，4个在建工业项目采用钢结构装配式建造，工程总面积4.78万平方米；加强在建人防工程监管，配合市行政审批局完成人防项目审批13个，面积4.43万平方米，2022年完成消防设计审查18项，消防验收备案126项，下发消防整改通知书25份，移交处罚10起，筑牢消防安全基础。先后有8个项目获得"隆中杯""楚天杯"等奖项，推进房地产市场健康发展。

六、商贸产业

（一）强化推动消费稳步增长

枣阳强化纳限调度，加强与职能部门及各镇（办、区）沟通联系，积极推进"个转法"工作，落实应统尽统，及时兑现年度商贸企业成长奖励资金；强化品牌培育，积极组织31家餐饮单位参加"来襄必点菜"美食打卡地图评选活动，推荐枣阳水氏针灸推拿、湖北香芝源绿色食品有限公司参加2022年度"湖北老字号"申报，组织枣阳灵鹿酒业有限公司参加襄阳市商务局和文旅局举办的"老字号嘉年华"集中展销活动；强化消费促进。

拟定《"湖北消费·智趣生活"枣阳家电家具消费券投放工作方案》，开展家电家具促消费活动，撬动消费活力。

（二）及时推动出口提质增量

枣阳及时兑现扶持政策，及时申请兑付外贸生产企业出口贴息299.3万元、物流补贴22.52万元；及时开展业务指导，指导全市65家企业及时入驻"楚贸通"平台享受一站式服务，举办RCEP协议、"提前申报"、"两步申报"和加工贸易等业务培训活动，为企业开展出口业务提供精准指导；及时推进"中信保"全覆盖，在襄阳地区率先完成2022年中信保全覆盖工作，枣阳14家符合条件企业全部纳入"中信保"范畴，降低国际贸易风险。

（三）深化推动外资有效利用

枣阳深化外商投资营商环境改革，加强职能部门信息共享，大力招引外商投资项目，增加全市利用外资储备；深化外资企业服务机制，实行"专业、专人、专线"的"三专"服务措施，积极跟进华润风电、华润燃气、红岸车辆、中广核清洁能源、中雪冷链、鼎圣科技、汉显达光电以及枣阳汉城吸纳境外资金等支撑项目，一对一开展保姆式服务；深化外资企业结构调整，鼓励外商企业对现有企业进行收购、兼并、股权融资等，积极培育"双外"（出口型外资企业）企业，推动外资外贸均衡发展，截至2022年，枣阳市已培育"双外"企业4家（红岸车辆、缅丰食品已发生出口实绩，视尔科技、鼎圣科技已完成出口备案）。

七、住宿餐饮消费产业

"十三五"收官的2020年，完成经济总量达220.58亿元，同比呈现19.4%的下降态势，于襄阳同类县市区中位列第二，彼时襄阳整体平均增幅下降19.8%。在具体行业方面，批发零售业完成200.24亿元，增速下降19.3%；住宿餐饮业完成20.34亿元，增速下降20.3%。该年度新增限上商贸法人企业仅9家，在库限上商贸企业（含大个体）为302家。

步入2021年，完成量提升至278.37亿元，实现同比26.2%的显著增长，在襄阳同类县市区中荣登榜首，襄阳平均增幅为25.5%。其中，批发零售业完成252.31亿元，增速达26%；住宿餐饮业完成26.06亿元，增速高达28.1%。该年新增限上商贸法人企业23家，在库限上商贸企业（含大个体）扩充至345家。

到了2022年，完成量进一步增长至289.17亿元，同比增长3.9%，继续在襄阳同类县市区中领跑，襄阳平均增幅为3.4%。批发零售业完成262.08亿元，增速维持在3.9%；住宿餐饮业完成27.09亿元，增速为4%。该年度新增限上商贸法人企业89家，推动在库限上商贸企业总数达430家，展现出强劲的商贸发展活力与潜力。

（执笔人：惠随琳）

枣阳市西赵湖村A级景区式村庄（枣阳市政府网站供图）

第七节 枣阳城乡建设

枣阳市坚持以人民为中心，统筹城市布局，以治理"城市病"、补齐民生短板、改善人居环境，积极推动公共服务设施提标扩面、环境卫生设施提级扩能、市政公用设施提档升级，优化街道公共空间和建筑布局，让城市有特色、有内涵、有质感、有灵气。

2012—2022年，枣阳市通过改造老旧小区，新建改建物流大道、中兴大道、迎宾大道、复兴大道等主次干道，建成横跨沙河东西的浕水大桥，形成"八纵八横"的城区交通网，宜居宜业宜游的"中兴之城"格局已经显现。市区新建改建中兴公园、啤酒文化广场、汉文化广场、浕水法治广场、浕水公园、人民广场等一大批公共休闲场地，建设"口袋公园"66个，建成区绿化覆盖率达41.81%，比十年前提升13.5个百分点。先后被评为中国最美休闲小城、全国新型城镇化质量百强县市、省级园林城市，连续六届荣获湖北省"楚天杯"城镇规划建设管理金奖。

一、市政设施建设

主城区建成面积达50平方千米，比十年前增加近一倍，城镇化率由十年前的近46%上升到56%，宜居宜业宜游的"中兴之城"格局基本建成。十年来，先后新建和改造了物流大道、人民路、新华北路、襄阳路等主次干道50多条，交通路网更加便捷；建成横跨沙河东西的浕水大桥，城市东西轴线全线贯通，"八纵八横"城区交通网已经形成；投资6.5亿元的汉十高铁枣阳站站前广场和公铁换乘中心建设项目全部投入使用，高铁直达"北上广深"。

2012—2022年，全市新增绿化面积近800万平方米，配套绿化35条主次干道，市区绿化总面积近1900万平方米，建成区绿化覆盖率41.81%，比十年前提升13.5个百分点。累计改造近130条背街小巷，新建、升级改造菜市场20多个。

二、公共服务

供水保障：全年城市供水稳定在2200万吨左右，水质合格率100%。

近年来，全市不断加强供水管网建设，新建供水管网近100千米，供水覆盖面不断扩大。

燃气保障：全年累计供应天然气已达到4000万立方米左右，完成市政中压管网建设44千米，实现与襄阳天然气管网的互联互通，城市管网输气能力得到极大提升。

市政设施维护：每年常态化维修破损路面、步砖、路沿石，年均维修、更换各类检查井50余座、雨水井110余座，清淤排水管道，疏通雨水井篦子，及时整治积水点，城区排水管网畅通，确保了城区安全度汛。

三、民生社会保障

（一）社会救助

2012—2022年，全市社会救助体系基本建成。年均保障低保人员2.2万人以上、特困人员0.67万人、临时救助人员21万人次左右，其中有0.88万建档立卡贫困人口纳入最低生活保障范围，对8.01多万低收入人口实施动态监测和常态化救助帮扶。2012—2021年，全市城乡低保平均标准分别增长了1.03倍和2.27倍，每人平均月补助水平分别由10年前的204元、65元提高到435元、317元，城乡特困人员年分散供养标准分别由6000元、1600元提高到16560元、11100元，年集中供养标准分别由6000元、2100元提高到16560元、11100元。十年来，累计发放社会救助资金14.5亿元，累计为13.2万人次的困难群众发放价格补贴5611万元。十年来，各级财政累计支出基本生活救助资金14.5亿元。

（二）住房保障

近年来不断扩大住房保障覆盖面，持续加大公租房建设力度，累计筹集公共租赁住房近5000套，解决了全市近1.3万人的住房困难问题，先后完成顺城湾、火车站、枣塘路、北关、光武市场等多个片区棚改征迁工作，实施老旧小区改造200多个，农村危房全面消除。

（三）教育

2012—2022年，全市义务教育补短板和能力提升步伐加快，学前教育普惠性公益性水平提高，普通高中教育、职业教育、特殊教育得到快速发展。新建义务教育学校5所，改扩建131所，学校布局不断优化，义务教育阶段"大班额"现象得到有效化解。全市现有各级各类学校378所，在校学生153158人，在编在岗教师7231人，其中有湖北名师1人，湖北省特级教师22人，隆中名师35人，隆中名校长1人，襄阳市优秀班主任40名，枣阳名师440人。学前三年毛入园率92%，九年义务教育巩固率达到100%，高中阶段教育毛入学率达93%以上。2013年11月，枣阳市顺利通过省政府义务教育均衡发展督导认定；2014年9月，顺利通过国家义务教育均衡发展督导认定，并确定为"国家义务教育发展基本均衡县（市、区）"；2017年12月顺利通过国家义务教育均衡发展整体验收。十年来，全市累计投入资金105768万元，新建教学楼、学生宿舍、食堂、运动场等项目544个，新改扩建校舍类项目面积173339平方米，改造运动场地项目面积586574平方米，围墙大门15755延米，护坎护坡1190立方米；建设教师周转房1462套；新建改扩建幼儿园57所；维修改造"两类"学校42所。

（四）科技

截至2021年，枣阳市有国家级研发机构5家，省级研发机构20家，省、市级科技企业孵化器各1家；省级生产力促进中心、创新创业示范基地各1家；省级企校联合创新中心、"星创天地"共7家；市级"众创空间"、"星创天地"、企校联合创新中心共25家；省级"科技副总"3名；省级专家院士工作站5个；枣阳市级科技创新平台74家；市级新农村振兴科技创新示范基地18家；国家级高新技术企业89家；科技型中小企业144家。引进科研院所合作机构10个，获批省级科技计划项目10项，新增高新技术企业22家，"隐形冠军"、专精特新企业达到9家。

（五）文化体育

全市拥有博物馆1个，公共图书馆1个，图书总藏量21.09万册；体育场馆1个，剧场影剧院5个。2021年占地200亩、总规模11万平方米的大型公共建筑群"七馆合一"项目（文化馆、图书馆、档案馆、史志馆、科技馆、妇女儿童中心和体育中心）开工建设，项目建成后，将成为枣阳市的新地标。全市广播节目综合人口覆盖率为100%，电视节目综合人口覆盖率为99.2%。

（六）卫生

十年来，枣阳市疾病预防控制体系改革和公共卫生体系建设深入推进，枣阳市第一人民医院成功创建三级甲等综合医院，公立医院综合改革受到国务院表彰。全市共有卫生机构（含村卫生室）574个，其中医院、卫生院29个，疾病控制中心（防疫站）1个，妇幼保健院1个；医疗卫生机构床位数6919张；医疗卫生机构人员6489人，其中医疗卫生技术人员5654人，执业（助理）医师1862人，注册护士2449人。全市共建立居民健康档案95.9969万份，建档率95.63%；免疫规划疫苗实种176648人次，接种率99.93%。全市基本医疗保险参保人数92.46万人，城乡居民医保实际医疗费用报销比例达到70.58%。

四、行政审批

（一）"放管服"改革

2019年新建设的政务服务大厅投入使用，进驻窗口单位21个，进驻服务事项1926项，已划转13个市直部门125项许可事项集中到审批局办理，设置各类窗口124个，设置4个分领域业务受理专区，自2013年以来共办理各类事项305万件；在全市18个镇（办、区）建立便民服务中心，开设窗口155个，在558个村（社区）设立便民服务站；梳理全市可网办"一事联办"主题事项189项，截至2022年底线下办件量16.05万件，网上办件量3337件；已与深圳福田区、河南唐河县和"襄十随神"城市群县市签订跨区域联办协议，截至2022年底共办理跨省通办业务4059件，"襄十随神"区域性通办业务252件，"全省通办"业务10878件；已出台"多评合一"、第二批次和第三批次"项目化"区域性统一评价实施方案，压缩工程项目审批时间；在2021年6大行业试点基础上，2022年拓展至19个行业，推行"并联"审批，创新准营方式，实现"一证准营"，共受理并制发证464件；深化"四减"改革，开展"免提交"专项行动，平均每个事项缩短15个工作日；已创新推行"无感审批"，采取"电话问询、短信提示、信息推送"等手段，为群众完成许可证照延续办理。

（二）数字政府建设

全市74个社区基础信息化设备统一配备和运维工作已完成，投资1473万元的"多网合一"项目将互联网、政务外网和部门专网全面整合，全市电子政务外网已实现省、市、县、乡、村五级联通，12个部门应用平台已实现市、镇（办、区）联通办件。2020年12月设立枣阳市政务服务和大数据中心，2021年枣阳市数据汇集管理平台和枣阳市模块化机房建成并投入使用，2022年12月1日枣阳市新协同办公OA系统正式运行。

（三）招投标监管

实现工程建设项目招投标100%全流程电子化，2022年完成56个限额以上工程建设项目远程异地评标。创新直接发包备案，2018—2022年招投标直接发包备案4322件，备案金额17.97亿元。2022年共抽查检查30个公开招标项目，18家招标单位，16家招标代理机构，项目金额共计4.69亿元。

（四）政务公开和12345政务服务便民热线

常态化开展政府网站政务信息发布工作，建立12345政务服务便民热线、监督二维码及"群众评"协同机制，创新报告方式，快速解决群众反映的疑难问题。自2018年8月襄阳市12345政务服务便民热线办理平台运行以来，枣阳共承办襄阳市12345政务服务便民热线转办工单12.7万个，办结率99.88%。

五、生态环境保护

十年来，枣阳市深入践行"绿水青山就是金山银山"的理念，坚决打赢蓝天、碧水、净土三大保卫战，加强生态环境保护力度，枣阳绿色发展基础进一步夯实，人民群众环境获得感、幸福感、安全感显著提升。

（一）大气污染防治

枣阳市相继出台了《枣阳市生态环境保护责任清单》，制定并启动实施《枣阳市大气污染防治攻坚战实施方案》等一系列规范性文件，建立健全了生态保护制度体系的"四梁八柱"，生态文明制度体系更加完善，刚性约束力进一步趋紧，为生态文明建设奠定了坚实的基础。2019年，枣阳市实现了空气质量PM_{10}、$PM_{2.5}$"双降"和优良天数"一增"目标，作为"空气质量同比改善最好的10个县市"，受到全省通报表彰，用实际行动交出了守护蓝天的亮眼"成绩单"。2021年枣阳市优良天数318天，优良率87.1%，比2019年上升14.2%；2022年，枣阳市在原有"蓝天卫士"监控平台的基础上将全市228个监控终端全部升级为智能监控平台，实现秸秆禁烧远程实时监控和自动预警。

（二）水污染防治

历届市委、市政府接续发力，关掉了60多家造纸、小化工、小塑料等污染企业，托起城市绿色发展的底色。2019年9月，枣阳市沙河流域城市水环境综合整治PPP项目开工，相继完成了护城河清淤截污、引水连通、生物改水、湿地景观，以及东、西冷水沟清淤截污及护岸工程、沙河城区段清淤及中兴桥至鄂北渡槽段截污等综合治理工程建设。历经两年多的建设，枣阳市护城河治理工程已经完成。2021年开展城区雨污分流改造工程，市一污、市二污提标升级改造项目，目前雨污分流第一期、污水处理厂建设升级改造工程已完工，枣阳市城区水系环境得到蜕变。"十三五"期间，枣阳城市集中式饮用水水源地水质达标率100%，主要河流水质明显改善，滚河出境断面年均值满足地表水Ⅲ类水质标准，"水清岸绿，鱼翔浅底"的美丽河湖不断呈现，增强了群众环境获得感、幸福感。

（三）土地污染防治

枣阳制定了产粮（油）大县土壤环境保护方案，对各类可能造成土壤污染的建设项目，要求建设单位在环境影响评价文件中必须包括对土壤可能造成的不良影响及应当采取的相应预防措施等内容，在建设过程中严格执行"三同时"制度；建立多部门土壤污染防治信息共享和工作协调机制，成立工作专班，生态环境、农业农村、自然资源等部门密切配合有序开展了农用地土壤污染状况详查工作，全市共计划定详查单元21个，核实农用地详查点位159个。2022年6月，枣阳17座已闭库尾矿库全部销库。全市土壤环境质量总体保持稳定，土壤环境安全得到有效保障。

（四）森林资源保护

2019年以来，枣阳累计完成造林15万亩，建成国家级森林乡村4个，省级森林城镇3个，省级森林乡村6个，襄阳市级森林乡村46个；开展以杨树舟蛾、美国白蛾、松材线虫等为主要目标的森林病虫害防治工作，累计防治面积80万亩；完成了对古树名木普查工作，枣阳市共有古树名木158株，其中一级古树9株、二级古树50株、三级古树99株；实现了林长巡林常态化，实行了森林分类经营改革，全市划定国家级、省级生态公益林16.8万亩，2.91万亩林地纳入天然林保护范围；从2018年起开展森林督查工作，以卫星监测为手段强化森林资源保护。

（五）野生动物保护

全市加强管理和宣传，同时加大违法违规案件查处力度，2022年全市共处理野生动物行政案件56起，移交刑事案件1起，收缴野生动物1700余只（头），清理野味招牌广告46个，关闭野生动物电商平台1家，注销含野生动物经营范围字样的营业执照21户，查处经销野生动物及其制品案件1起；5家野生动物养殖户通过补偿退出以食用为目的的养殖，全市共补偿养殖户资金286.89万元。

六、城乡融合发展

（一）城镇基础设施建设

截至目前，全市擦亮小城镇建设累计完成投资近8亿元，全市15个乡镇（集镇）全面铺开，新改建镇区道路80千米、游园广场71个、公厕20座、农贸市场10座，补植更换绿化苗木2.5万余株，新增停车位1000余处，完成管线入地改造160余千米，消除了空中"蜘蛛网"现象，使乡镇面貌更加整洁美观。

（二）美丽乡村建设和乡村振兴

枣阳累计整合资金26亿元，全域推进美丽乡村补短板强弱项建设，"美丽乡村建设三年行动计划"圆满收官，全市556个美丽乡村建设村全面完成建设任务，有效补齐农村基础公共设施和基本公共服务短板。继续实施新一轮农村"厕所革命"，高质量完成全年6024户农村户厕的建改任务。常态化推进村庄清洁行动，将每月19日定为全市"村庄清洁日"。全程230千米的枣阳市美丽乡村示范路线全线建成通车，全市"四好农村路"总里程突破700千米，全市所有建制村和20户以上居民点都已建设农村公路。依托"一城两花"旅游资源，累计培育休闲农业与乡村旅游示范点32家，成功创建三星级农家乐4家、一星级农家乐2家，吴店镇成功创建省级全域旅游示范区。2021年，枣阳市对产业奖补种类进行优化完善，全年拨付奖补资金1851.2万元，其中6789户脱贫户享受奖补资金1673.56万元。2021年新增注册登记农民合作社34家，累计达1820家，累计创建各级示范社473家；新增注册登记家庭农场295家，累计达1957家，累计创建各级示范家庭农场385家。创建"六有"合作社1276家，"六有"家庭农场852家。

（执笔人：惠随琳）

枣阳城市一隅（枣阳市政府网站供图）

第八节　枣阳基础设施

一、交通

（一）干线公路网持续完善

十年来，枣阳交通事业发生了翻天覆地的变化，骨干路网畅通、基础路网连通、物流网便通，互联、高效、安全的公路网布局基本成型。汉十高铁、汉丹铁路在枣阳穿境而过，汉十、麻竹、枣潜高速公路和三条国道、三条省道纵横贯穿，形成"两横一纵"高速公路网、"五横五纵"干线公路网、循环畅通农村公路网的综合立体交通格局。境内公路通车总里程达5200余千米，国省干线突破500千米，公路密度159.4千米每百平方千米，形成了区域对外交通快速化、城际交通便捷化、内部交通立体化的现代化综合交通运输体系，交通发展水平在鄂西北地区处于领先水平。2019年11月29日，汉十高铁正式开通，枣阳从此迈入"高铁时代"，成为中部地区唯一一个高铁直达北上广深的县级城市。"十三五"期间，枣潜高速襄阳北段、枣琚一级路起点环岛段和终点延伸段建设工程、272省道枣阳宋集至宜城流水段改建工程、423省道琚湾至熊集段改建工程、440省道枣阳城区至刘升段路面改造工程、316省道罗岗至徐寨段路面大修工程均已完工；316国道随阳店至肖家垱段、234国道枣阳吴店镇段两个一级公路改建工程已获批复；273省道耿集至车河农场段大修工程已报审待批。S335省道、S272省道、S440省道、S316省道、S423省道等通行条件得到全面改善。

（二）农村公路建设持续向好

近年来，先后完成农村公路共计307千米，重要县乡道建设35千米，路网连通、延伸68千米，农村公路提档升级138千米，"硬联通"44.6千米。枣北美丽乡村示范路建设工程项目已通过评审并招标挂网，新建农村公路桥梁9座172延米，完成"三年消危"县乡村道桥梁改造40座。太平镇新增"四好农村路"示范线路69千米，镇省级"四好农村路"示范乡镇创建已通过第三方评审。将"四好农村路"与美好环境与幸福生活共同缔造活动相结合，推进产业路、特色路的发展，以路美村、以村带路、路景融合。

（三）交通出行条件持续改善

抓好公交新场站建设工作，在公铁换乘中心建设完工智能集成式充电桩10个，充电枪头96个，有效解决了新能源公交车充电、补电问题，保障公交日常运营。对城区缺失的81座公交站台进行完善及建设，按项目建设进度安排，一期工程中的襄阳西路9座公交站台已全部改造完成，该建设项目的全部完成极大改善了市民候车环境，提升了城市品位。

（四）行业监管质效不断加强

严格执行"六个一律"的整治措施，联合相关部门整治超限超载，超限超载长管长治；客运市场整治持续开展。联合公安、城管、城区办事处联合发力，对机（电）动三（四）轮车进行专项整治，全市设置六个联合执法检查点，及时纠正和查处违反道路交通、城市客运、城市管理法律法规的行为。扎实开展客运市场专项整治暨打击"黑车"等非法营运集中整治行动；安全生产监管常抓不懈。全面开展交通运输"百日双扫"行动，集中开展道路交通安全专项检查和危险品运输综合整治；科技助力高效管理。引进枣阳市智慧交通综合平台建设项目，该平台的建成将实现行业部门对企业、企业对驾驶员的高效管理，确保了道路营运运输安全和人民群众生命财产安全。

二、信息技术

枣阳市顺应新一代信息技术和数字经济发展趋势，围绕以消费电子、云计算、汽车电子为主的智能终端产业，精准发力招引上下游企业，加快引进培育龙头企业，积极推动信息技术与枣阳传统优势产业深度融合。盘活北城办事处格林赛威项目闲置资产，建设电子信息技术产业园，计划到2025年形成百亿级信息技术产业集群。

发展重点消费电子、云计算和汽车电子，通过引进和培育一批整机、核心零组件、方案研发设计等产业上下游企业，积极发展智能机器人、智能家电等整机产品、配套零部件及相关服务业；推进云计算、行业应用软件、嵌入式软件以及信息服务业和数字内容产业的发展，推动政府及公共事业云和制造云服务应用，积极开展汽车、物流等行业应用试点示范；加快引进发展车载电脑、导航系统、防盗系统等车载电子产品以及牵引力控制、车身总线控制、智能仪表盘等汽车安全控制与车身电子产品，建立与智能网联汽车整车相适应的汽车电子产业体系。

三、能源

（一）农村能源发展

枣阳市农村能源建设始于20世纪60年代，当时成立了沼气办，重点以推广沼气池为主，逐步转向抓农村能源的开发利用和节能工作，并注重农业生态环境的改善和提高，与农村经济发展相结合，与改变农村卫生面貌相结合，与庭院经济建设相结合。进入21世纪，全市农村沼气建设在上级业务主管部门和各级党委、政府的重视和支持下，取得了长足的发展，到2022年底累计建设农村户用沼气池2.9万口、小型沼气工程106处、大型沼气工程5处，沼气用户3.155万户；总池容达24.51万立方米，年产沼气882万立方米，年处理污水粪便、生活垃圾约48万吨，畜禽粪便无害化处理和资源化利用率超过18%，农业面源污染防治稳步推进。在农村生活用能方面，推广生物质炉1.2万台，推广太阳能路灯2万余盏，推广太阳能热水器4.14万台，清洁能源用户5.3638万户，清洁能源入户率28.26%；"三沼"综合利用三处，辐射种植面积20多万亩，形成一批以沼气为纽带的农村能源综合利用生态农业特色村；2021—2022年全市秸秆综合利用114万吨，其中肥料化73.37万吨、饲料化40.83万吨，有力地加快了社会主义新农村建设步伐，受到农户的普遍欢迎，呈现又好又快的发展态势，经济、社会、生态效益显著。

（二）沼气管理服务

全市以县级服务站为龙头，以镇村服务网点为纽带，充分利用沼液沼渣抽排车辆的功能，积极开展农村能源建设和维修服务工作，及时为农户解决农村能源生产中遇到的问题。截至目前，全市已建立枣阳市汉和新能源有限公司后续服务总站1个，乡村服务站16个，共有专业技术人员18人，农民技术员365人，持证上岗238人，各服务站已全面开展巡查维护服务，沼气正常使用率达85%以上，秸秆综合利用率达94%以上。高度重视农村能源技术人员的知识更新和安全生产意识，利用春季农闲时节对全市沼农开展"大培训、大回访、大服务"活动。近3年来共排查各类沼气、秸秆综合利用等安全生产130余次，服务农户1100余户，维修安全服务160余户，开展农村能源安全宣传培训180人次，发放安全知识手册1300余本，安全挂图1300余张。

截至2023年5月，全市共有18个镇（办、区），有农户18.98万户，农业人口62.5万人。规模养殖场295处，全市每年可处理畜禽粪便150多万吨，生产沼气2100万立方米，节约薪柴7.2万吨，折3.6万吨标煤，约相当于保护20万亩林地。每年可生产优质沼肥75万吨，替代化肥6万~9万吨，满足25万~40万亩农田生产需要；减少了3万个户用烟筒的排放，每年减少CO_2排放9.6万吨、SO_2排放0.08万吨。

（三）新能源建设

目前，已有华润、华能、华电、湖北能源等大型企业在枣投资建设风电、光伏等新能源项目，总投资额达到百亿级别。华润大力枣阳风电钒液流电池产业园项目的开工，将进一步加快枣阳市绿色化、集群化、高端化新能源产业发展进程，为枣阳市工业经济高质量绿色发展奠定坚实基础。

结合枣阳市"十四五"农村能源建设规划，至2025年底需新建大中型沼气工程3处、小型沼气工程16处，供气农户500户；推广安装太阳能热水器0.5万台；推广安装太阳能路灯2500盏；新建秸秆综合利用示范基地20处；新建"三沼"综合利用10处；新建沼气后续服务体系（村级服务站）10处。全市清洁能源受益农户增加2.5万户，在农村建成的可再生能源替换一次性能源比例达25%以上。全市农村清洁能源入户率达到50%以上，农民生活用能更便捷、居住环境更卫生、生活环境更优美；后续服务网点覆盖率达到80%以上。将大幅降低农户的生活用能成本，形成一次性能源、农村优质可再生能源和其他能源三足鼎立的格局。

四、城市运营

围绕城市运行管理中的重点、难点、热点和群众急难愁盼问题，推进政府职能转变，按照"1+6+N"构建"全域感知、全息智研、全程协同、全时响应"的精准智慧城市治理体系，有效提升城市治理科学化、精细化、智能化水平。

（一）指挥场所建设

市城运中心指挥场所 2022 年 3 月 14 日动工建设，3 月 26 日建成使用，提前完成襄阳提出的"4 月 1 日建成使用"的目标任务。18 个镇（办、区）指挥场所在市城运中心有力督办下，3 月下旬开始建设；3 月 31 日，18 个镇（办、区）城运中心同步挂牌；4 月中旬全部建成，市、镇两级城运平台快速搭建完成。

（二）应用场景建设

围绕"观、管、防、处"四个维度和处置闭环开发标准，构建全要素闭环场景，推动政府流程再造和管理体制机制完善，搭建真正能够"高效处置一件事"的平台载体。先后收集 10 个部门 14 个应用场景（系统）建设需求，坚持"应用为要、管用为王"的原则，按照"急用先建""小切口、小而精"的要求，加快应用场景谋划、开发、建设。一是聚焦市委、市政府中心工作，积极谋划推进"化工工业园区安全风险智能化管控平台"（中国电子）、"城市管理和服务平台系统改造升级平台"（光谷技术）、"产业经济一张网"（融象科技）、"智慧电梯"（聆讯公司）等应用场景建设，"化工工业园区安全风险智能化管控平台"已建成，正在进行试运行。二是聚焦热点问题，如防汛排涝、疫情常态化防控、事件处置等，开发了"城市内涝调度处置平台""水库河道防汛监管平台""入返枣人员监管平台"等应用场景。三是聚焦部门需求，制定实施方案，市水利局提出的"建设城区易涝点监测预警系统"方案，纳入已建成的"城市内涝调度处置平台"；市文旅局提出的"文旅智慧监管平台",纳入"云上枣阳";市交通运输局提出的"农村公路综合管理平台""超限站自动化系统"和市司法局提出的"智慧社区矫正"平台分批实施、分期建设,提升了应用场景建设的系统性、全面性、实效性。

(三)数据接入汇总

围绕"一屏观全域"的要求,第一时间对全市在用信息化应用系统进行摸底调查,对接19个市直部门,梳理信息化应用系统81个,筛选出符合复用条件的应用系统25个,作为场景建设的基础。完善了12个固定板块数据,及时完成了首屏上线运行并和市级首屏实现互联互通,打通了事件交互枢纽等数字底座。目前,"城市之眼"接入视频5292路,其中固定的疫情防控隔离点16个点位104路视频,城市全市域内涝点18个点位18路视频。

(四)事件处置措施

主动发挥"联和管"的作用,指导乡镇(街道)城运中心发挥"统和战"的作用,注重抓处置、强实战,确保网格员、派单员、联络员"三员"到岗到位,及时分派,及时落实,实现工单的闭环处置。同时每天不定时进行巡屏检查,对发现的各类事件进行及时有效的整理、派发、处理,做到"勤、早、快、严"。全市共有派单员83人、联络员866人、网格员772人,下载使用政务微信App干部3107人。截至目前,共处置事件14万余件(145012),结案率98%以上,"两级平台、四级应用"体系逐步成熟,实现了"社区吹哨、部门报到"。

五、环保

持续开展环境空气质量改善、城乡水环境综合治理,深入开展土壤污染防治,切实加强源头污染防控,实施农用地铅、镉等重金属污染源头防治行动,完成了枣阳市重金属排放企业排查和矿区历史遗留固体废物排查工作,排查涉铅企业1家,无涉镉企业,对新建项目严格审查把关，杜绝引进涉镉等重金属项目。全面落实土壤污染重点监管单位责任，开展隐患排查，督促重点监管单位制定建立危险废物管理台账、土壤污染隐患排查计划、突发环境事件应急预案，开展了土壤污染隐患排查工作。

稳步推进农村生活污水治理，积极推广"321"（厕所粪污、餐厨污水、洗涤污水三水分流＋两级处理＋一片人工湿地）模式，全市556个建制村，2021年累计完成污水治理72个建制村，污水治理率12.95%，2022年累计完成污水治理195个建制村，污水治理率35.07%，提升率22.12%。累计建设大三格＋湿地等农村生活污水处理设施共490台（套），其中20吨以上的一体化处理设施3台（套），运行率100%。

科学有序推进环境质量监测，年完成酸雨监测12次；对划定的7座地表水型千人万吨饮用水源地和响水潭、大黄河2座重点水库每月进行监测，对太平水厂等4个地下水型千人万吨饮用水水源地每季进行监测；完成农村环境质量监测试点村庄（东郊村）环境质量状况（水、气）数据上报工作；完成沙河水库、熊河水库2个灌区农田灌溉水质监测。

持续优化生态领域营商环境，拓展环境影响评价审批正面清单行业类别和范围，在全市开展部分行业建设项目环评豁免管理和告知承诺制改革工作。对符合豁免试点范围19大类、45小类中的建设项目，全部实行环评豁免，无须办理环境影响登记表备案手续。对符合环评告知承诺制试点范围26大类、76小类中的建设项目，全部实行环评告知承诺制审批。

八、水电

（一）供水

枣阳市嘉源水务有限公司是一家市属国有公用服务型企业，始建于1969年9月，其前身为枣阳市供水总公司，2021年12月按照市政府要求完成企业改制工作并予以更名，注册资金4000万元，固定资产13961.26万元。

公司经营范围包含：生活饮用水供应及水质检测，二次供水设施安装、消毒、清洗，市政工程、建筑工程，管道安装、机电设备安装，水暖配件销售等。公司下辖一所、两厂、两站、两公司、三中心，即供水管理所，一水厂、二水厂，刘桥泵站、人民路加压站，供水工程有限公司、清泉水质检测公司，表务管理中心、客户服务中心、信息管理中心，现有在岗干部职工258人；设1个党委和4个党支部，共有党员123名。公司现有DN75以上供水管网长度319.13千米，形成了东至兴隆白土村、西至环城崔庄村、南至吴店高速路口、北至环城袁庄村的供水网络架构。全年日均供水量6.3万吨左右，供水覆盖面积约50平方千米，服务人口约40万人，供水普及率98.3%，水质合格率为100%。

（二）供电

国网枣阳市供电公司隶属国网襄阳供电公司管理，承担着服务枣阳市经济社会发展和人民生产生活的电力供应任务，供电区域面积3277平方千米，用电客户42万多户。枣阳境内拥有220千伏变电站2座，110千伏公用变电站10座，35千伏公用变电站21座，110千伏公用输电线路19条，35千伏公用输电线路31条（含分支线5条）。10千伏公用线路168条，总长度4078千米；10千伏专用线路19条，总长度280千米。0.4千伏线路总长度10875千米。10千伏电网公变4961台，专变3432台。

七、邮政通信

邮政：截至2022年12月，枣阳邮政共有邮路94条，其中城区投递段道15条，乡镇投递段道5条，乡邮路74条，邮路总里程4309千米。全市完成业务收入1.893亿元。县级中心采取"建租结合"方式，累计建成8157平方米的处理、仓储中心，全部投入使用；50平方米以上的乡镇中心已建设12个；村级站点496个，实现"一村一站"，覆盖率达到100%；叠加自提代投服务功能覆盖率100%。目前，全市农村汽车化投递段道51条，汽车化投递占比83%；农村投递周五班提升至49条，占比80.3%；逐日班段道

12条，占比19.7%。对部分网点增配了震动报警器60多台，更新消防灭火器材198具，购买消防灭火器材100具，购买消防应急灯100个，更新监控设备25台，全市邮政未出现因疫情导致生产经营受到较大影响的情况。全年金融资金零案件、安全生产零责任事故。

通信：中国电信股份有限公司枣阳分公司（曾用名湖北省电信有限公司枣阳市分公司），成立于2004年，是一家以从事电信、广播电视和卫星传输服务为主的企业。截至2022年12月，枣阳共建有5G基站248个，4G基站526个，光纤实现全覆盖，系襄阳市第一个实现光纤全覆盖的县级市，枣阳市总带宽宽带出口达到480G。

八、安防

公路安全防护：进一步加大对国省道、农村公路的安防工程建设。重点是对临河、陡坡等路段设置防撞护栏，在平交道口设置警示桩和减速让行标志。2017—2018年度国省道安防工程完成投资590万元，建成公路护栏25459米，标志牌311块，减速标线869.5平方米；通乡通村公路安防工程完成投资2375万元，建成村道护栏110064米，标志牌1605块，示警桩264根，减速带130米，挡墙2381.29立方米。

社会治安巡逻：重点加大了对辖区金融网点、居民社区、娱乐场所以及医院、校园周边等人流密集、治安情况复杂的路线、部位的巡逻防控，最大限度地提高了社会面见警率、管事率，及时发现和处置各类违法犯罪活动，最大限度地挤压违法犯罪空间。

安全隐患整治：组织警力深入金融网点、超市、医院、万象城等人员密集场所，以及中铁集团、立晋钢材等重点单位、要害部位开展安全隐患排查，全力剔除存在的隐患。对辖区烟花爆竹销售网点开展拉网式排查，最大限度消除安全隐患。

应急处突应对：严格执行值班备勤制度，严肃工作纪律，备足应急警力，全体民警保持通信畅通。加强应急处突队伍的管理，24小时在岗在位，从应急预案准备、应急装备准备、应急车辆准备等各个方面冲得上、打得赢。

节前安防宣传：组织民警深入辖区企业单位、学校、社区，以张贴告示，悬挂横幅，发放宣传资料等形式，向职工群众宣传"水、电、火"正确运用、烟花爆竹燃放及防"盗抢骗"等常识，结合典型案例讲解法律法规，进行安全防范教育，有效地提高了群众安全防控意识和遵纪守法意识。

（执笔人：惠随琳）

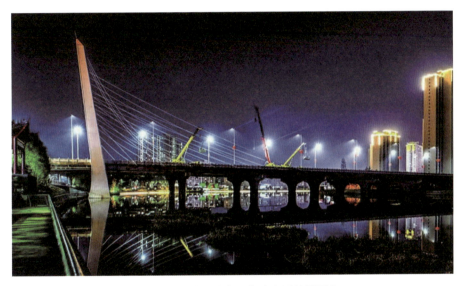

枣阳市沶水大桥（枣阳市政府网站供图）

宜城篇

第一节　宜城概况

一、历史沿革

宜城历史悠久，是"千年古县"。夏为邔国，周时为罗、都鄀地，春秋时并于楚，为邔、都、鄀三邑。秦时为鄀、邔、都三县，隶属南郡。汉惠帝三年（公元前192年）改鄀县为宜城县。后变更分合，至唐天宝七年（公元748年）又改名宜城县，宋、元、清名因之。1945年3月，为纪念抗日将领张自忠在宜城壮烈殉国，宜城县更名自忠县，隶属湖北省第五区行政督察专员公署。1947年12月以后，汉水以东地区隶属中共襄枣宜县。1948年7月后，汉水以西地区隶属中共荆钟宜县。1949年1月，宜城全境解放；5月，中共湖北省委撤销襄枣宜县、荆钟宜县，恢复宜城县建制，隶属湖北省襄阳行政区专员公署。1983年，宜城改属襄樊市，县政府驻城关镇。1984年3月，全县撤公社建乡镇，设11个乡、5个镇、181个行政村。1994年6月，经国家民政部批准撤销宜城县，设立宜城市（县级），以原宜城县的行政区域为宜城市的行政区域。2022年，宜城市辖8个镇、3个街道办事处、1个省级经济开发区、1个襄阳市级精细化工园区、44个社区居民委员会、190个行政村，常用耕地面积75.73千公顷，城区面积27.8平方千米。全市户籍总人口55.22万人，其中城镇人口23.59万人，农村人口31.63万人。

二、地形位置与气候

宜城市位于湖北省西北部，地处汉江中游，地形属于鄂中丘陵区，呈"三山两水五分田"格局。汉水将全境自然分割为东西两大部分，由东部向西部呈平原、丘陵、山地变势，阶梯式延伸。东西两面环山，中部为河谷平原，北高南低，向南敞开。东部属大洪山余脉，北端山脉呈东西走向，南端为低山丘陵区，西部属荆山余脉，多呈南北走向。地跨东经111°57′~112°45′，北纬31°26′~31°54′，东西长76千米，南北宽53千米，总面积2115平方千米，属亚热带大陆性季风气候，气候温和，雨量较多，光照充足，适宜各种动植物生长，全年平均气温约为16.3℃，年日照总时数约17000小时，年总降水量约780毫米。海拔在150米以上山地面积431.1平方千米，占总面积的20.38%；海拔在50~150米丘陵面积1622.9平方千米，占总面积的76.74%；海拔在50米以下平原面积61平方千米，占总面积的2.88%。北与襄城区相邻，东与枣阳市、随州市接壤，西与南漳县毗邻，南与钟祥市、荆门市交界。汉水由西北向东南直贯全境，焦枝铁路由北向南穿过市西境，207国道襄（阳）沙（市）公路纵贯市境中部。

迷雾西山风光（宜城市档案馆供图）

三、农业与工商业发展

宜城是"农业小胖子县"。1990年，宜城县启动"吨粮县"建设工程，当年有7个乡镇率先实现亩产年吨粮的目标。1992年7月，湖北省政府批准命名宜城为湖北省首家"吨粮县"。1995年，开展创建特产大镇活动和启动"双百棉"建设工程。新时代，宜城市加快推进农业产业化，聚焦优质稻米、菜籽油、小龙虾、蔬菜、生猪、西瓜、林果等10个重点农业产业链，着力培育壮大龙头企业和重点企业。2022年，全市农业总产值达330亿元，培育龙头企业83家，其中国家级2家，省级20家，襄阳市级29家。世界最高、单体面积最大的高楼养猪示范基地建成投产，郑集镇鸭产业获批"2022年国家产业强镇项目"，南营街道金山村被认定为全国"一村一品"示范村镇，飘扬食品入选2022年农业国际贸易高质量发展基地。粮食种植面积达到153.92万亩，粮食总产64.65万吨，粮食综合生产能力17.52亿斤。完善粮食仓储管理制度和粮食应急体系建设，全年平均安全储粮达到98%以上，"一符四无"粮仓达到99%以上，科学保粮率达到95%以上。

宜城工业于1978年调整指导思想，由以增加产量为中心向以提高经济效益为中心转变。1980年，全县工业优先发展轻纺工业，整顿调整机械工业，巩固提高化学工业，大力发展食品及矿产工业，积极发展乡镇工业。1985年，全县工业总产值首次超过农业总产值。2000年，全市全面推行以"卖、租、联、股"为主要形式的企业产权制度改革。党的十八大以来，全面完善制造业产业链链长制，对标襄阳13条先进制造业产业链和"144"产业体系，形成以农产品深加工、现代化工为主导，以装备制造、电子信息产业为两翼，以能源建材为补充的五大主导产业格局。提升创新能力和核心竞争力，打造创新型领军企业，带动产业链共同创新发展，2022年全市新增省级制造业单项冠军企业6家、省级制造业示范基地1家。山特莱成为宜城市首个国家级专精特新"小巨人"企业，新增省级专精特新"小巨人"企业7家，全市省级专精特新"小巨人"企业达到13家。

1984年，随着改革开放程度的逐步加深，国家"双轨制"体制出现，市内商品供应开始实行计划指导和市场调节相结合，商品经济部门开始大量采购计划外物资，以弥补计划内商品的不足。2000年，境内国营商业、集体所有制商业企业全部采用破产，卖断产权、经营权的方式进行体制改革。至2005年，个体私营商业急剧发展，完全占领商品市场，宜城市全部实行市场经济体制。聚焦襄沙大道、襄大商业广场、大虾城等商业中心区，打造商业聚集区，建成乡镇商贸中心41个。

构建现代物流体系，小河港先后开通长江航线、江海联运、跨国航线。谋划建设小河港智慧物流产业园、朱市铁路货场物流中心等项目建设。成功争取全省打通农村奇速物流"最后一公里"和"最初一公里"试点县。

四、基础设施建设

宜城市坚持城乡协调发展，浩吉铁路、麻竹高速、枣潜高速等一批重大交通枢纽建成通车，汉江大桥完成加固，雅口航运枢纽三台机组建成发电，小河港实现通江达海越洋，汉江二桥建成通车，新建高速汽车客运站，襄荆高铁开工，有效打通区域融合发展"大动脉"。城市框架有序拉开，鲤鱼湖新区和滨江新区框架拉开，鲤鱼湖公园建成使用，青创园、四馆两中心、九洲龙城等一批重大工程相继完工。城市更新行动持续发力，城区22条道路综合改造完成，城市供水厂日供水能力由5万吨提升至10万吨，连续六次荣膺省级文明城市称号，成功创建国家园林城市，获评"全国新型城镇化质量百强县市"。美丽乡村全域推进，建成醉美莺河、龙潭小镇等美丽乡村115个，18个镇级污水处理厂建成投产，获评全国"四好农村路"示范县。

五、文化建设

宜城是楚国故都、宋玉故里，楚文化的重要发祥地，湖北省十大文物大县（市）之一。楚国在宜城建都185年（公元前689—前504年），共有9代11位楚国君王活动于此。楚庄王在这里"三年不鸣，一鸣惊人；三年不飞，飞则冲天"，创造"饮马黄河，问鼎中原"的伟业，成为春秋五霸之一。宜城境内保留有大量楚文化的遗迹，有楚皇城遗址和郭家岗遗址两处全国重点文物保护单位。境内现有张自忠将军纪念园（馆）、革命烈士纪念馆、鄂豫边区革命纪念馆3处红色旅游地。其中，张自忠将军纪念馆（园）

是全国爱国主义教育基地和国家海峡两岸交流基地、中国华侨国际文化交流基地，被国务院和国家发展改革委列入"第一批国家级抗战纪念设施"名录和"全国红色旅游经典景区"名录。紧扣文旅融合主线，推动文化创新和旅游资源整合，形成"金山银河"抗战文化东线旅游风光带，"郢都长渠"楚文化西线旅游风光带；实施"文旅＋农业""文旅＋体育"等"业态延链"工程，拉动文旅消费。

（执笔人：习瑞芳）

第二节　宜城自然资源

一、土地资源

根据第三次全国国土调查以及国土年度变更调查，宜城市行政区域总面积211387.83公顷，其中：湿地964.34公顷，耕地104409.69公顷，种植园地7265.69公顷，林地53928.25公顷，草地1450.99公顷，城镇村及工矿用地14209.83公顷，交通运输用地2648.50公顷，水工建筑用地564.45公顷，水域及水利设施用地19391.23公顷，其他土地6554.86公顷。

二、矿产资源

宜城境内矿产资源丰富，矿产品种多。现已发现的矿产有铝土矿、磷矿、石灰石、白云石、硅石、耐火黏土、高岭土、砖瓦用页岩、煤、方解石、大理石、白云母、膨润土、铅、镓、矿泉水等20余种，已探明地质储量的有铝土矿、磷矿、石灰石等12种，其中铝土矿、磷矿、石灰石、白云石、耐火黏土、砖瓦用页岩等矿种得到开发利用。

三、生物资源

宜城市在全国植被区划上属鄂西北丘陵，马尾松、栎类阔（落）叶林植被区。有树种资源54科150种。从地理位置及行政区划上看，森林资源主要分布在河东丘陵和河西丘陵两大部分，中部岗地有少量的经济林分布。主要树种有马尾松、栎类、杉树、油桐、乌桕和女贞等。经济树种有桃、李、板栗、柿、梨、杏等；珍贵稀有观赏树种有银杏、雪松、白玉兰、广玉兰、紫玉兰、米兰、龙柏、香柏、凤尾柏、桂花、海桐、罗汉松、蜡梅等；罕见古树有长于流水镇杨棚村朝阳寺和杨林村松林寺，树龄在300~500年的银杏，有长于板桥店镇珍珠村石眼井，树龄在数百年的枫杨，有长于南营街道安垴村，树龄为200多年的古侧柏。境内植物资源丰富。竹有楠竹、青竹、水竹、斑竹、金竹、桂竹等，灌木有山楂、檀木、棠梨、茉莉、盐肤木、六月雪等，藤本植物有葛藤、紫藤、野葡萄、金银花、爬山虎等，药用植物有药牡丹、桔梗、麦冬、白鸡等，草本植物有白茅草、红茅草、翻白草、马鞭草、狗尾草、芦苇等。

动物资源丰富野生动物有野猪、刺猬、野兔、黄鼬、鼠、猪獾和水老鼠等70余种。药用动物有地龙、水蛭、蜈蚣、螳螂、红娘、九香虫等30余种。鸟类有麻雀、喜鹊、斑鸠、八哥、黄莺、布谷鸟、啄木鸟等。经济鱼类有草鲩、白鲢、花鲢、鲤、鲫、团头鲂、鳅鱼和黄鳝等。至2022年底，全市有国家二级保护陆生动物4种：豺、苍鹰、黄喉貂、斑羚。省级保护的陆生野生动物25种：狼、黄腹鼬、狗獾、猪獾、花面狸、小鹿、华南兔、赤腹松鼠、普通鸬鹚、大白鹭、华东环颈雉、董鸡、珠颈斑鸠、棕腹啄木鸟、八哥、灰喜鹊、喜鹊、大嘴乌鸦、戴胜、大山雀、王锦蛇、乌梢蛇、中华大蟾蜍、黑斑蛙、湖北金线蛙。

四、水资源

宜城境内水资源丰富，分为地下水和地表水两大类型。据2022年宜城市水利局最新发布的2021年水资源公报，全市地表水资源量7.19亿立方米，地下水资源量2.99亿立方米，水资源总量7.57亿立方米。全市产水系数0.33，产水模数35.8万米³/千米²。境内有灌田百亩以上的泉眼30处。

境内河流，以汉水为主干，构成扇形。汉水以东主要有莺河、落花河、蛮河、蛮水河、南洲河、府淮河、汉江河、黑石沟等支流，汉水以西主要

有蛮河、木渠沟、碑河等。流域面积在5平方千米以上的河流105条，全长
1096.3千米，其中流域面积在100平方千米以上（一级）11条，50～100
平方千米（二级）7条，5～50平方千米（三级）87条。境内河流已开发
57条，占河流总数的55.33%。汉江又称汉水，是长江中下游最大的支流。
汉江自王集镇联合村小冲口进入宜城境内，于郑集镇八角庙村芝麻滩流入
钟祥市境，宜城境河段长59千米，汇纳蛮河、莺河、落花河、牌坊河等
16条，支流流域面积2115平方千米，水能蕴藏量12540千瓦，最大洪峰
流量52400立方米/秒，为境内最大河流。蛮河古称鄢水、夷水，东晋时
改为蛮水、蛮河。蛮河经武安镇申家咀流入宜城境内，经过朱市后折向东
南，经雷河、孔湾、璞河至岛口流入钟祥市境，于钟祥市的转斗镇王家营
小河口汇入汉江。蛮河在宜城境内又称小河，是汉江最大的支流，境内河
段长63千米，汇纳大小河流24条，流域面积663.6平方千米，水能蕴藏量
4465千瓦。莺河又称南泉河，位于宜城市汉江左岸，自枣阳的包家湾流
入宜城市境，向西流经田家集再转西北经板桥店，经老君潭至雅口汇入汉
江，境内长59.4千米，汇纳大小河流23条，流域面积403.9平方千米。

（执笔人：习瑞芳）

山清水秀的小南河（宜城市刘猴镇供图）

第三节　宜城人文社会资源

一、出土文物

宜城是楚国180多年的都城，境内出土文物大都源自楚国，宜城市博物馆馆藏文物主要有石器、陶瓷器、铜器、铁器、石雕、金银器、玉器，共有11213件（套），其中，国家一级文物12件（套），二级文物60件（套），三级文物265件（套）。

铜方壶，国家一级文物，年代为春秋早期，通高53厘米，口径边长20.9厘米，边宽17.4厘米，腰径31厘米，重13千克，1975年冬出土于郑集楚皇城古城址内。长方形敞口，长束颈，溜肩，方形鼓腹，长方形圈足。口部饰回纹，颈部饰变体兽纹，腹部饰窃曲纹。

变体龙兽纹铜盏，国家一级文物，年代为春秋晚期，通高19.8厘米，腰径22厘米，重3.5千克。1979年春出土于孔湾台子岗凤凰山。承盖、直口、窄唇、鼓腹、圆底。盖顶呈弧形，上附3个环形陶索纹纽，盖口沿处有3个兽面卡扣，腹部有4个圆形耳。通体花纹系采用镶铸工艺铸镶而成。盖顶上分别饰云纹，两周变体龙兽纹，腹部饰两周变体龙兽纹，足部饰卷云纹。

变体龙兽纹铜墩，国家一级文物，年代为战国中期，通高34.2厘米，腹径21.6厘米，重5.6千克。1988年5月出土于孔湾镇台子岗村陶家洼子。器盖、器身相同，扣合成椭圆球体。器盖、器身口沿上部各有一圆板，盖沿处有3个兽面卡扣。器盖、器身花纹相同，均采用镶铸工艺。盖顶为涡旋纹，周围环绕3个变体龙兽纹，再向外分别是宽带纹、三角云纹和6个变体龙兽纹。

铜盖豆，国家一级文物，年代为战国中期，通高33.4厘米，腹径20.8厘米，重6.3千克。1988年5月出土于孔湾镇台子岗村陶家洼子。带盖，子母口微敛，豆盘呈深圆球状，柄较矮，喇叭形底座。器盖与器身口沿上各有一对环形耳。器盖呈半球状隆起，顶部有3个龙形纽。通体花纹除柄中部球状箍上为浮雕蟠螭纹外，其余均采用镶铸工艺铸镶而成。盖顶为涡旋纹，其外围依次为变体龙兽纹、三角勾连云纹，豆盘口部为三角勾连云纹、下腹部为蘑菇状云纹，器底座为变体龙兽纹。豆柄与器身为分铸焊接而成。

"竞之羡"铜鼎，国家一级文物，共两件，年代为战国晚期偏早，通高27厘米，口径18厘米、腹径22厘米，重4005克。1997年5月出土于龙头白庙村砖瓦厂。带盖，扁球体。子口内敛，浅腹，附两个长方形耳，三鼎腿细高，蹄形足，盖顶部中央有一兽首衔环，外围有三等距卧牛形钮。鼎耳饰两条连体龙纹，龙纹内填充三角纹。腹中部饰一周凸弦纹，一件器身内、一件器盖内各有一组相同铭文："藍之羡之少（小）鼎"，三足有补接痕迹。

舞蹈玉人，国家一级文物，年代为西汉早期，通高9.7厘米，宽3.1厘米，重25克。1993年7月出土于龙头白庙村砖瓦厂。玉人玉质呈淡绿色。造型为一翩翩起舞的仕女，女子身着连体右衽长袖长裙，裙摆呈鱼尾状，左手上举至头顶，右手至腰部向前曲至身子左侧下弯，下肢弯曲呈"S"形。该玉人是研究西汉前期舞蹈、女性服饰的珍贵资料。

二、古遗址

主要有楚皇城遗址、小河巴家洲汉魏六朝古墓群和郑集古楼岗、小胡岗两个大型东周古遗址等，共148处。

楚皇城古城址，全国重点文物保护单位。位于市区南7.5千米处的郑集镇皇城村境内，为东周（春秋战国）时期楚国的古城遗址，由内城和外城组成。内城位于外城内东北隅，高于外城1~2米不等，其东、西、南三面亦保存有夯土城垣的基址，被当地百姓称为"紫禁城""皇上岭"，应为当年的宫城。外城呈不规则长方形，四周现保存有土筑夯实的城垣，周长6420米。外城城垣外14米处是护城河。城垣由墙体和护坡组成，构筑时代为战国中期，西汉和东汉有增修；外城四周城垣共发现有6座城门，其中有1座水门；古城址内东及东南部为居民区，西部偏中段为手工作坊区，西南部为苑囿区，内城为宫殿区。城址总面积38万平方米，内存烽火台、紫金城、撒金坡、跑马堤、金银冢等遗迹。

郭家岗遗址，全国重点文物保护单位。位于市区西约7千米处的雷河镇官堰村境内。该遗址南北长1500米，东西宽750米，是境内仅次于楚皇城遗址、小胡阳遗址和楚望台遗址，属于东周战国时期的军事性存。1990年9月，县博物馆与武汉大学联合对其进行科学发掘，发现灰坑97个，房屋柱洞7个，土井7口，出土石器、陶器、铁器、青铜器300余件。通过对郭家岗遗址所发现的遗迹遗物的整理，认定遗址年代为从西周晚期到战国晚期，大致包括了楚国从武王迁都于郢前不久到楚国灭亡的历史阶段。

三、古墓葬

宜城是楚文化的重要发祥地，境内古代名人墓葬众多，现已探明古墓葬有111处，主要有宋玉墓、王逸墓、黄宪墓和罗家岗古墓群等。

车马陪葬坑。1989年，郑集镇护洲罗家岗出土春秋时期楚国大型车马陪葬坑。车马坑南北长22.2米，东西两端稍有不同。南端宽4.95米，北端宽4.1米，构思精巧高妙。坑内依自南向北顺序埋葬了7辆木结构的大车，有18匹驭马。车辕向西，马埋在坑内的西面，随车辕倒卧，车马排列非常整齐，酷似一排威武的车阵。其中，有5辆车由两匹马驾驭，两辆车由4匹马驾驭。车是独辕两轮车，辕端设一衡木，衡木的两端设轭。车为长方形，四周有围挡，车门在后侧。整个车子外表涂大红土漆，带有浓郁的荆楚地方特色。7辆车只有1辆配4件青铜构件，其他都是全木结构，连接部位用藤皮缠绕，制作工艺精湛无比，当年被湖北省列为全省十大考古发现之一。

罗家岗古墓群，湖北省文物保护单位。位于市区东南14千米处郑集镇护洲村境内。该地南北长300米，东西宽200米，台地高出东南平地3～3.5米，有古墓多座，名为罗家岗。1989年，县博物馆和省考古研究所联合对该地进行试钻探发掘，发掘古墓葬和大型车马坑各1座。车马坑为长方形，南北长22.2米，东西宽4.95米，内埋有7车18马，出土仿铜陶礼器鼎、敦、壶等文物，时代为战国中期。

黄宪集墓群，湖北省文物保护单位。位于鄢城腊树村境内。黄宪，字叔度，东汉汝南慎阳人，世人称其为"徵君"，即皇帝要将其征为己用的人。黄宪48岁来宜城拜访好友王逸，客死并葬于宜城，墓至今完好。清刑部尚书王士禛有诗《黄叔度墓》曰："落叶汉江上，樯乌初动时。一抔披马松，千顷拜牛医。吝啬消何用，清流本自危。如何无愧色，唯说蔡邕碑。"

宋玉墓，襄阳市文物保护单位。位于鄢城腊树村境内。清同治五年（公元1866年）重修《宜城县志·卷一》记载："楚大夫宋玉墓在县南三里，明嘉靖中建祠其旁，今宅已废，墓大及亩，兼置守冢者，冢以田，立碑记之。"据今腊树村村民回忆，中华人民共和国成立初期墓前立有多块石碑，称宋玉冢，后毁于"文化大革命"时，嘉庆二十一年（公元1816年）淮东陈廷桂在重修宋玉墓时所立石碑尚存于宜城市博物馆。

四、非物质文化遗产

全市有宜城市级及以上非物质文化遗产名录100项，其中国家级1项、湖北省级5项、襄阳市级10项。

襄阳花鼓戏。国家级非遗保护名录，由襄阳地区民间歌舞表演"打火炮"及其他说唱艺术逐渐演变而成，距今有近200年历史。各地习惯以剧种流行区域地名冠之，故有襄阳花鼓、宜城花鼓、枣阳花鼓，20世纪80年代统称襄阳花鼓戏。襄阳花鼓戏声腔以打锣腔为主，主要有桃腔、汉腔、四平、彩腔以及吸收外来剧种的杂调等，其中桃腔、汉腔、四平为板腔体音乐，彩腔则是由众多民歌小调组成的曲牌体音乐。襄阳花鼓戏音乐具有高亢粗犷、激情热烈，委婉细腻、明快活泼的特点。传统演唱形式为"一唱众合、锣鼓伴奏"，节奏鲜明，气氛热烈，富有浓郁的地方色彩和生活气息。

襄阳花鼓戏《醉美莺河》在襄阳剧院首演（宜城市文化和旅游局供图）

宜城兰花筒。湖北省级非遗保护名录，宜城兰花筒又名"楠竹筒"。宜城兰花筒流传时间可追溯到清道光年间（1821—1850年），宜城兰花筒的演唱形式为单档徒歌。演唱者怀抱兰花筒兼云阳板，右手三个指尖拍击兰花筒薄膜，边说边唱、说唱相间。唱腔板式严谨、字正腔圆，不能空口倒字、差音掉板。说白分散白与韵白，散白接近口语，韵白讲究排比、对偶。唱词的基本句式为七字句和十字句两种。兰花筒的音乐属于"一道腔"结构。主腔为平腔，其他不同的板式有板头、散板、苦平板、垛板等。平腔属徵调式上下句结构，具有浓郁的地方色彩和鲜明的音乐特点。

"赶象"。又名"大象舞"，湖北省级非遗保护名录，流传于流水镇杨林村一带，历史可上溯至明清前。"赶象"是模拟大象神态，包含着吉祥如意的内容，有万象更新之意。整个舞蹈以"象摆鼻""象走步""顺抬腿"等动作贯穿到底，构成刚健有力、风趣、诙谐的表演程式，象童上女双人持灯笼的造型画面，静中有动、动中求静。

邱氏医药。湖北省级非遗保护名录，邱家世代行医，邱氏炼丹术是祖传秘籍，只有邱氏门徒才能得到真传。邱氏医药在传承过程中历代研制的药物有七大类108种。

汉江磨调。湖北省级非遗保护名录，汉江磨调俗称"双鼻浪"，是中国现存的古老器乐曲之一，主要流传在王集镇、南营街道办事处及汉江东岸一带。汉江磨调最初由一人吹"双鼻浪"，一人吹笙，一人打梆子，三人演奏。现在仍然是三人演奏，但一人吹"双鼻浪"已演变成用十样乐器交替演奏"汉江磨调"。十样乐器交替使用，高、中、低音区层次分明。最精彩的乐段是用"双鼻浪"演奏三音列。将宫、商、角三音变换重复，形成三音列，音圈像推磨似的旋转，"汉江磨调"因此而得名。

（执笔人：习瑞芳）

第四节　宜城工业

党的十八大以来，全面建立产业链"链长制"，不断加大延链补链强链力度，深入推进产业链高质量发展。基本形成以农产品深加工（由食品轻工、纺织服装2个产业链组成）、精细化工（含生物医药、新材料、资源综合利用等4条产业链）为主导，以装备制造（含汽车零部件等2条产业链）、电子信息产业为两翼，以能源工业、绿色建材产业为补充的产业新格局。出台《关于支持工业经济高质量发展的若干措施》，设立工业经济高质量发展专项资金，用于支持企业成长、科技创新和技改提质，激励企业加大研发投入和向科技型企业转型发展。

一、农产品深加工产业

坚持工业化思维抓农业，大力发展精深加工，加快推动宜城市由农业大市向农业强市转变，实现农产品加工产业向"现代化、标准化、精细化、品牌化"转型。畜禽产品加工形成"种畜禽繁殖+工厂化养殖+专业化饲料生产+专业化服务+订单回收加工+配套企业深加工"的完整产业链条，农副产品加工形成"初加工+深加工+资源综合利用+大健康"的循环产业链。以襄大农牧为龙头的肉蛋制品加工产业集群，已跻身襄阳市重点特色产业园，成为湖北省重点支持的提升产业集群；以襄阳大山为龙头的食用菌加工产业集群，奋力打造全国第一食用菌品牌；以楚大鸭业为龙头的鸭制品产业集群，以"互联网＋农业"方式，促进一、二、三产业融合发展；以双兴工贸、绿秀粮油为龙头的精制大米产业集群，发展优质稻订单农业。农产品日趋品牌化，拥有襄大、燕京、楚谷香3个"国"字号中国驰名商标，玉珵、楚鑫、人山吉、学方忠、玉洁、洛化潭、新美、银垠木、馥端9个省名牌，"楚大"皮蛋、"李方忠"板鸭、"流水"西瓜3个产品被核准使用中国地理标志保护产品，31个农字产品分获绿色食品、无公害产地产品、有机食品认证。精制油、食用菌等已出口至亚、欧、非的10余个国家和地区，成为创汇主打品牌。全市农产品加工业企业中襄大、大山2家企业被认定为省级科研中心，13家企业分别获省级科技型、创新型中小企业，连续10年食品产业集群获评湖北省重点成长型产业集群，肉制品产业园被命名为襄阳市特色产业园。

二、纺织服装产业

纺织服装产业作为宜城市传统优势产业和重要的民生产业，在全市工业经济中占据重要位置，拥有棉花加工、纤维制造、纺纱、织造、印染、服装加工等企业，已形成纺纱—织布—印染—服装—针织—丝织—提花织造等较为全面的产业体系。宜城现有纺纱能力50万锭左右，其中天舒纺织15万锭，万众纱业12万锭，森语纺织5万锭，宇华纺织5万锭，佳成纺织、锦达纺织、华润纺织、众仁纺织、生升纺织均为3万锭。襄阳市列出的20多个重点项目中，宜城纺织企业有2个，分别是宜城市天舒纺织有限公司年产3万锭高端纯棉紧赛超柔纱智能化生产线项目和湖北旭美袜业有限公司年产5000双高档棉袜及3万锭高智能纺纱项目，天舒纺织公司在业内享有"湖北第一纱"称号。

三、精细化工产业

宜城市依托雷人工业园区，大力发展精细化工产业，形成以磷化工、煤化工、硝基化工、生物医药为主导的精细化工产业集群。具体如下：以东方化工、新鄂西化工为代表，以硝基甲苯、合成氨等为主导产品的煤化工板块；以嘉施利肥业、龙祥磷化为代表，以磷铵、硫酸等为主导产品的磷化工板块；以共同药业、阿泰克为代表，以医药中间体、化妆品添加剂等为主导的医药化工板块。东方化工属于国家布点的具有带动作用的唯一硝基化工企业。嘉施利化肥带动龙祥磷化、禹晖化工等一批磷化工企业转型升级。新鄂西化工由单一合成氨生产，改造提升后硝酸、硝酸铵、甲醇钠等产品相继问市，成为重要的基础化工原料基地。生物医药化工企业以阿泰克为特色，在日化产品产量质量上突破，美白剂产能国际领先。海宜生物、诺鑫生物、共同药业在食品、饲料、医药添加剂的配套、延伸上突破，产销量均居国内十强。

嘉施利绿色循环产业园（宜城市科学技术和经济信息化局供图）

四、装备制造产业

宜城市围绕汉襄十随汽车产业走廊建设，积极对接襄阳市重点产业链、主动融入湖北省重点产业链，加大招商引资力度，突出核心竞争力的提升，着力培育产业增长点。机加工、模具加工等地方配套能力不断提高，装备制造产业由单一零部件生产趋于向模块、总成方向发展，装备制造产业崛起加快。围绕襄阳市"一个龙头"（汽车和新能源汽车），着力于专业化生产、智能化制造，实现装备制造产业"无中生有"，先后引进"研发在城市、制造在县域"的银轮机械公司，完成汽车和新能源汽车冷却系统由"零部件—总成—模块—产业园"的升级，成为中部地区最大的冷却器基地。落户的台资企业小阳汽配完成生产线自动化升级，专业化生产塑料电镀件与汽车和新能源汽车配套。入驻的友谦汽车配件，专业化生产紧固件，产品可覆盖汽车、新能源汽车及机械、设备制造等多个领域。中振汉江装备科技专业化生产专用车辆、特种车辆。鑫鼎泰自动化科技专攻塑料焊接设备，研发的塑料震动摩擦焊接机可与进口设备媲美，可逐步实现进口替代。

五、电子信息产业

宜城市主动承接沿海地区产业转移项目，以引进清华同方主机制造为引爆点，辐射带动零配件企业集聚发展和产业延伸。聚焦电子信息产业链招商，以"建链、补链、延链、稳链、强链"为方向，着力提升项目质效和产业聚集度，力促产业链供应链稳定发展，带动整个产业上下游协同发展，吸引上下游配套企业落户。在智慧城市建设过程中，推广使用北斗系统，聚力发展北斗产业，引入芯片、设备、终端、应用服务及5G+等北斗全产业链优质企业入驻宜城，先后引进粤宜高科、顶点科技等手机、液晶显示器、手机射频天线、光伏配件生产等6家企业。产品线涉及LED背光模板、液晶显示器、手机、平板电脑、云盒子、射频和微波天线/终端、汽车用各类镜头等。在营企业中，部分已具规模，其中顶点科技、敦和电子等企业的部分产品通过ISO/TS 16949质量体系认证。

六、能源工业

宜城市坚持发展风电、光伏、余热、生物质发电等能源产业。华润天然气公司、晶盛光伏、绿鑫生态、阳光电源、同景光伏、华润风电等企业相继建成投产，全市新能源产业进一步发展，生物质发电、水泥余热发电、天然气输配、风力发电等领域日新月异。坚持创新、多元、绿色、安全的原则，通过推进一批重大能源项目建设，能源基础设施逐渐完善，能源结构不断优化，能源保障能力稳步提升。

七、绿色建材及其他工业

宜城市建材工业立足于提档升级和定位产业的配套发展，在绿色化改造上突破，新型干法水泥、特种水泥、商砼、新型墙体砌块等成为绿色发展的主体。宜城市葛洲坝宜城水泥公司成功入选"国家级绿色工厂"，其公司生产的"PO42.5普通硅酸盐水泥"入选"国家级绿色设计产品"；安达特种水泥依托宜城特有原材料优势，特种水泥产能位居国内前列，产品销往沿海地区并用于国家重点工程。

八、园区建设

襄阳（宜城）精细化工产业园是国家级化工园区、全省循环经济试点园区，规划面积24.31平方千米，范围包括雷河镇、孔湾镇部分用地及原大雁工业园区全境，集聚全市95%以上的化工企业。襄阳（宜城）精细化工产业园以精细化工为特色，利用国家布点企业人才技术、产品衍生优势、基础化工优势，前向拓展、后向延伸、侧向配套，集聚发展。现有企业31家，其中高新技术企业11家，精细化工产业是宜城重要支柱产业之一。园区水、电、路、气、污水处理、固废处理、危化物流等公共配套设施日益完善。2019年7月，园区被襄阳市人民政府确认为合规化工园区，成为襄阳市重点扶持的精细化工特色产业园区、省级循环经济试点园区。2021年4月，园区被确定为省级合规化工园区，安全风险等级要求降至C级及以上。2022年4月，经济开发区启动化工园区总体规划修编、产业规划及控制性详细规划编制，8月获批复。结合"三区三线"划定和扩区调区，推进"多规合一"。完成园区危化品停车场、实训基地、消防站和安全环保应急指挥一体化平台建设，完成污水处理厂、固体危废中心改造建设。设置6道封闭闸口及值守岗亭，实现化工园区封闭化管理。整合宜城市人民医院、雷河卫生院、东方医院等医疗资源，设立园区医疗急救中心。2022年12月，精细化工产业园安全风险等级达标、合规认定省级复核圆满通过。

（执笔人：黄小林）

第五节　宜城农业

宜城农业发展早于工业，但多旱灾，素有"七十二口泉，不救半亩田"之说。中华人民共和国成立后，宜城兴修水利，改善农业生产条件，农业生产发展迅速。开展"二品一标"认证，打造"宜城米"、流水西瓜、王集甘蓝、孔湾娃娃菜、郑集板鸭、刘猴葛根等区域农产品公共品牌，构建"一镇一业""一村一品"产业格局。全市现有"二品一标"13个，其中绿色食品8个，地标产品5个；拥有中国驰名商标2个（襄大、楚谷香）。"落花潭"大米、"葛百岁"食用葛根粉、"玉保"皮蛋等50余个产品获各类农业博览会金奖。

一、种植业

宜城种植业除传统的粮棉种植外，油料、瓜果和蔬菜也是全市农业的主导产业。其中，流水镇的西瓜、王集镇的油料和孔湾镇的蔬菜种植业，一直是引领湖北规模和品质农业的优势产业。

水稻种植。宜城市是全省粮食主产区之一，境内水稻全部是中稻，一年一熟，春种秋收，是宜城单产、总产排名第一的粮食作物，品种有兆优5431、粤禾丝苗等。水稻播种面积54.79万亩，单产612.52千克，总产33.56万吨。结合优质稻米产业链建设，大力推广优质品种，运用高产优质高效技术，加强田间管理和病虫监测防控，水稻产量、品质明显提升。

小麦种植。小麦全部为冬小麦，秋播夏收，是宜城市种植面积最大的粮食作物，品种有郑麦9023、西农979、鄂麦596等。小麦播种面积67.61万亩，亩产342千克，总产23.14万吨。

油料种植。宜城市大力发展油菜籽、花生、芝麻、大豆等油料种植。油菜籽主要品种有华油杂62、大地199、中油杂19等双低优质油菜。花生种植集中在王集镇、南营街道办事处、板桥店镇、流水镇，年种植面积约1万公顷。王集镇形成鄂西北最大的花生集散地，为全省"油料第一镇"，花生种植主要品种有白沙1016、远杂9102等品种。

蔬菜种植。全市蔬菜种植面积9733.33公顷，种植有大白菜、甘蓝、青皮冬瓜、食用菌等。大白菜产地位于汉江、蛮河沿岸，有"高丽金娃娃""高丽贝贝""福娃一号"等品种。甘蓝主产于汉江沿岸的王集、郑集、流水等镇，有"米亚罗""绿娃娃"等品种。青皮冬瓜主要分布在孔湾镇台子岗、杜岗等村，以及汉江沿岸的郑集镇何骆、茅草、郭海、护洲，鄢城街道办事处的南河、谭垱等村，有"黑霸王""黑将军""山水特长"等品种。食用菌集中在流水、板桥店、刘猴等镇，建立3个集中连片的原料生产基地，联结生产基地的龙头企业有8家，农民专业合作社29家。

西瓜种植。宜城市地处亚热带季风性气候，四季分明，温度适中，光热充足，土壤和气候条件适合西瓜生长需求。2021年，流水镇引进湖北佳禾农业发展有限公司，在莺河村三组建设占地25.33公顷的精品西瓜种植示范基地，示范带动更多农户自主发展大棚西瓜种植，推进西瓜产业提档升级。基地主要种植甜度高、口感好、耐运输的甘涌3号，采用每亩地800株的高密度种植技术，实现亩产过万斤，农户纯收入每亩过万元。2022年，全市西瓜种植面积达7666.67公顷，总产38.4万吨，主要分布在流水镇、板桥店镇、南营街道、王集镇、鄢城街道、郑集镇、小河镇大冲村、山河村等，主要种植品种有黑美人、8424、金城5号、绿裳、麒麟瓜等。有龙头企业3家，集约育苗示范场28个，育苗能力1600万株，西瓜交易市场52

个，专业合作社及协会20个，参与电商17家。流水镇被湖北省西甜瓜协会授予"湖北省西瓜第一镇"，"流水"牌西瓜商标已连续两次被湖北省工商行政管理局认定为"湖北省著名商标"、中国国际农业博览会名牌产品、中国地理标志产品，获"湖北名优蔬菜"银奖，入选2013年度全国"名特优新"农产品目录，被省农业农村厅授予"湖北省名优农产品"。

林果种植。有桃、李、梨、柑橘、软籽石榴等品种，种植面积8000公顷。桃总种植面积约6666公顷，早熟品种居多，主要分布在板桥店镇、流水镇等地区，南营街道也有栽种，品种有巨美佳桃、美脆桃、红桃、中油19、黄桃等。李子总种植面积666.67公顷，主要分布在板桥店、流水等东部丘陵地区，主要品种有红宝石、青脆李、味帝李等。梨产于汉江中游的南营街道三桥、官庄等村，种植面积约200公顷，主要品种有黄花、圆黄、华梨、翠冠等。柑橘主要分布于东部丘陵的流水镇讴乐片区和西部丘陵的刘猴镇陈湾等村，种植面积约200公顷，主要品种有国庆一号、尾张等。软籽石榴主要种植于东西两山丘陵区，规模较大的有安宁生态公司和天宝寨公司，种植面积约266.67公顷，主要品种为突尼斯软籽石榴。

土集镇万亩蔬菜种植基地（宜城市王集镇供图）

道地药材种植。全市有自然野生药用植物448种，其中属省重点品种的155种。其中山药、葛根、麦冬规模较大。山药种植面积266.67公顷，产量1.4万吨，主要种植于王集镇。麦冬为百合科山麦冬属植物，种植面积1000公顷，鲜麦冬产量2.15万吨，主产地为王集镇、南营街道和郑集镇。葛根是药食同源农作物，主要由刘猴镇葛百岁公司种植，产量2万吨。宜城市采取"公司＋基地＋村集体＋合作社＋农户"的方式，联合9个专业合作社，联系250余户农户，将胡坪村葛根种植基地扩大至333.33公顷，实现葛根育苗、葛根有机种植、葛根系列产品产业链全面发展，"葛百岁"葛根、葛根粉获湖北省名牌产品和绿色产品等称号。

二、畜禽养殖业

1982年，宜城被纳入湖北省生猪"四化"重点县建设，全县生猪养殖业发展提速。2008年，获"全国生猪调出大县"，连续保持至今。与生猪养殖业同时发展的还有肉牛、羊养殖等。逐步形成以海大集团为龙头，以流水镇、板桥店镇为核心，辐射河东片区的省级生猪现代农业产业园，年出栏生猪达50万头。以海大生物、襄大农牧、正大饲料、九鼎农牧、双胞胎饲料等龙头企业形成的饲料加工产业集群年产能达到150万吨。基本形成良种繁育、饲料供应、养殖示范、屠宰加工、冷链配送等较为完整的生猪产业链。

家禽产业走向全国。以楚大鸭业、康发食品、瑞翎等企业为引领，带动221个规模养殖场发展家禽生产。全市出笼家禽916.25万羽，规模养殖比重94.6%。以国家级农业产业重点龙头企业楚大鸭业、省级龙头企业康发食品等为龙头，已形成饲料加工10万吨、家禽屠宰2000万羽、皮咸蛋5亿枚、板鸭制品100万只的生产能力。农产品地理标志产品、湖北省名牌产品"宜城松花皮蛋"成功注册公共品牌，楚大鸭业的楚大、玉保，泓骅农牧的李方忠，康发食品的康发、陆鸭子，天垠农牧的皇凉坡等品牌均已形成各自特色。

三、水产养殖业

全市水产养殖面积13.95万亩，产量3.34万吨。其中，池塘养殖面积5.79万亩，产量2.26万吨；稻田综合养殖面积3.83万亩，产量3756吨；增殖渔业产量（水库）养殖面积4.33万亩，产量3470吨。小龙虾养殖面积3.14万亩，养殖户254户，合作社34家，现有襄阳市级小龙虾龙头企业楚绿虾稻科技有限公司以及湖北宜成福农业、襄阳兴壹虾稻等相关牵头企业5家，引进神品农业科技（湖北）有限公司年产2万吨小龙虾熟食生产加工项目，水产品加工取得有效突破。

四、农业基础设施建设

全市有水利工程26609处。大中型灌区7个：莺河一库灌区、莺河二库灌区、小南河水库灌区、陡沟水库灌区、朝阳寺水库灌区、湾河水库灌区、谭湾水库灌区。中型泵站8个：沽河口、南营、龚垴、龙头、南洲、官庄、安垴、野鸡城。水电站3个：莺河一库水电站、莺河二库水电站、小南河水电站。有水库127座，其中，大型1座、中型10座、小（1）型15座、小（2）型101座。

长渠渠首位于南漳武镇谢家台（武镇西3.5千米）。干渠自西向东到郑渠镇境内，全长49.25千米，号称百里长渠，在宜城灌溉面积23万余亩。1987年，湖北省水利厅、襄樊市水利局将长渠治理纳入水利建设计划，拨款50万元，开展长渠护工程建设。1989年，省批复预算资金60万元，地方配套67万元，对4处滑坡严重或基础薄弱渠段进行整治。1998年，管理处投资15万元，以重力式挡土墙形式对干渠杨河段20米长堤水高填方衬砌加固，同时对水毁程度严重的人沟泄洪道进行衬砌加固。1999年，长渠干渠整治工程纳入三道河水库灌区节水改造与续建配套工程项目建设，中央投资400万元，地方配套资金410.66万元，对长渠5处险段加固整治，总长2512米。2001年2月，中央投资400万元，地方配套418.61万元，整治项目7个，其中包括干渠衬砌和泥埂整修，整治后的长渠灌区支渠达31条

莺河一库位于板桥店镇田集村，拦截汉江支流莺河，地处枣阳、宜城两市交界处，距宜城市区45千米，是一座以灌溉为主，兼有防洪、发电、养殖等综合效益的大（Ⅱ）型水利工程。水库于1958年兴建，1959年建成为中型水库，1971年春扩建为大（Ⅱ）型水库，2011年12月完成水库最后一次加固。水库坝址以上承雨面积147.5平方千米，总库容12166万立方米，有效库容7631万立方米，防洪库容4173万立方米，死库容362万立方米。水库正常蓄水位132.70米，设计洪水位135.62米（100年一遇），校核洪水位136.89米（2000年一遇），死水位1162米。设计洪水位对应水面面积（管理范围）12.2平方千米，水域边界长度131.89千米，确权划界计划设置界址点3400个；水库有7条主要入库支流，分别发源于枣阳市梁家山、磺棋山、扇子坡、西老营岗、大娅子、吴家增和宜城市东湾。枢纽工程由主坝，一二三四副坝，溢洪道，高、低输水管，水电站等建筑物组成。主坝为黏土心墙坝，长466米，坝顶高程138.8米，最大坝高31.8米；一二三四号副坝合计长1117米。敞开式正槽宽顶堰型溢洪道，堰顶净宽30.0米，最大下泄流量391米/秒。高输水涵管进口高程123.2米、管径1.8米，设计流量10.0米/秒；低输水涵管进口高程116.2米、管径0.916米，设计流量2.0立方米/秒。水电站装机2台，总装机容量为250千瓦。水库设计灌溉面积7.3万亩，有效灌溉面积5.0万亩；可养殖水面面积8700亩；保护下游板桥店、流水镇5万人和15万亩耕地，以及莺河二库、316省道等重要基础设施的安全。

五、乡村振兴

"十三五"时期，宜城市把脱贫攻坚作为全市经济社会发展的底线任务，坚持"五级书记抓扶贫"工作机制，落实市委、市政府主要领导"双组长"责任制，联动调整市扶贫攻坚领导小组成员、"四大家"领导联系镇（街道）、贫困村和市脱贫攻坚指挥部13个工作专班，从各单位挑选29名党员干部担任"第一书记"。2020年底，全市29个建档立卡贫困村全部脱贫出列，建档立卡贫困户9544户、28590人全部脱贫退出。2021年6月8日，市乡村振兴局挂牌成立，全市"三农"工作重心由脱贫攻坚转移至全面推进乡村振兴。宜城市按照"产业兴旺、生态宜居、乡风文明、治理有效、生活富裕"的总要求，统筹推进农业高质量发展、农村人居环境整治、改革创新、强化保障、乡风文明治理有效、公共服务基础设施提升、"三乡"工程、"美味宜城"工程、"体育＋乡村振兴"工程等九大专项行动，助力全市乡村治理体系和农业农村现代化建设。美丽乡村建设全域推进，第一批、第二批共计115个省级美丽乡村示范村整治村通过验收。全市农村人居环境整治效果显著，农村生活垃圾、生活污水得到全面治理，农村户厕改造稳步推进，村容村貌显著提升。建成无害化厕所5.3万户，占应改农户82%。创建生活垃圾分类示范村5个，"拆通畅、码整齐、扫干净、保常态"目标基本实现。2022年，全市农村常住居民年人均可支配收入24322元，同比增长9.2%。宜城市入围"2022赛迪乡村振兴百强县"，居第79位。

（执笔人：黄小林）

第六节　宜城服务业

一、商贸

1979年，宜城粮、棉、油等农副产品，日用工业品、农业生产资料，甚至煤油、烟、酒等商品，一律实行计划凭票供应。1984年，随着改革开放程度的逐步加深，县内商品供应开始实行计划指导与市场调节相结合。20世纪90年代，个体私营经济迅速发展，县内国营商业、集体商业以及乡镇街道兴办的商业企业逐渐萎缩，计划经济逐渐退出经济生活。2000年，宜城国营商业、集体所有制商业企业全部采用破产、卖断产权、经营权的方式进行了体制改革。2001年，宜城市开始建设步行街，起于自忠路，止于东街，是集休闲、娱乐、商业于一体的城市街道。2015年，征迁市公安局原家属院、宜城宾馆原单元楼和大会堂，新建襄大商业广场。2022年末，全市有批发和零售业内资企业2401家，个体工商户15069户，住宿和餐饮业内资企业303家、个体工商户3762户，聚焦襄沙大道、襄大商业广场、大虾城等商业中心区，打造商业聚集区；建成乡镇商贸中心，全年实现社会消费品零售总额154.32亿元，其中限上社会消费品零售总额43.18亿元。

全市有电商平台11个，各类电商企业65家，新兴电商微店1500多家，167个村级电商服务点，覆盖行政村90%以上，带动就业20000余人。电商企业主营业务包括皮蛋、板鸭、香菇酱、葛粉、生鲜水果等，主要销售平台包括淘宝、拼多多、天猫、抖音、京东以及自建本地B2B平台企业宜鲜送，并在邮乐网、善融商务等App建有宜城乡村振兴馆。2022年，宜城首家跨境电商注册落户，电商销售总额超7.5亿元。

中农联鄂西北华农城举办宜城特色农产品展销会暨楚都美食节（李勤供图）

二、旅游

宜城市紧扣文旅融合主线，推动文化创新和旅游资源整合，形成东线"金山银河"抗战文化旅游风光带，西线"郢都长渠"楚文化旅游风光带；实施"文旅＋农业""文旅＋体育"等"业态延链"工程，拉动文旅消费。宜城可供观赏游玩的风景名胜有白起渠、张自忠将军纪念馆、张自忠将军殉国处纪念园、鄂豫边革命纪念馆和博物馆、长白山森林公园、万洋洲国家湿地公园、楚都公园、莺河乡村旅游区等，其中AAA级景区3处。2022年，接待国内游客人数452.49万人次，国内旅游经济收入37.72亿元。

白起渠。又名"白里长渠""荩忱渠"，始建于公元前279年，是战国时期秦将白起攻楚国鄢城时，在蛮河武安镇立碣壅水、引水围城作战而开凿的一项军事工程，故名"白起渠"。1939年，国民革命军第33集团军总司令张自忠奉命率总部驻节宜城，曾亲率官兵和当地百姓一起，对白起渠进行大规模的修复工程，但未能竣工。1949年后，中央拨付专款，宜城和南漳两地共组织4万民工参与白起渠修复工程，并于1953年修复通水，灌溉宜城和南漳共30万亩农田。2018年8月，"白起渠"被成功列入世界灌溉工程遗产名录。

张自忠将军纪念馆。张自忠将军是"二战"中世界反法西斯阵营战死沙场军衔最高的将领。1991年张自忠将军纪念馆在宜城市区襄沙大道51号建成开馆。纪念馆占地面积1.3万平方米，正厅以张将军生平事迹为主线，采用声、光、电展陈形式，通过《投笔从戎》《中华名将》《冀察从政》《驰骋沙场》《血染襄东》《同悼国殇》《将军与宜城》七个章节，全面展示了这位民族英雄的光辉形象。纪念馆先后被批准为"全国爱国主义教育示范基地""首批国家级抗战纪念设施""国家AAA级旅游景区""全国红色旅游经典景区"等。2016年，纪念馆和将军殉国处纪念园获批国家级"海峡两岸交流基地"。

张自忠将军殉国处纪念园。位于宜城城区东北约12千米的板桥店镇罗屋村境内，占地面积142亩，累计投入建设资金1.2亿元。纪念园建成项目主要有"张上将自忠殉国处"纪念碑佛龛碑、石牌坊、将军殉国广场、墓林广场、浮雕墙、文化长廊、将军主题雕塑、汉白玉群雕等。

鄂豫边革命纪念馆。位于板桥店新街村，占地面积5.8亩，建筑面积356平方米，布展面积1016平方米。文物陈列以"红星照耀鄂豫边"为主题，分为"星星之火""浴火重生""烽火连天""红色首府"四个单元。土地革命时期，鄂豫边属当时全国八大革命根据地之一，宜城新街是鄂豫边临时省委、省苏维埃政府机关所在地，也是豫南和鄂西北28个县土地革命的政治、经济、军事、文化中心。纪念馆2015年建成开馆。

宜城市博物馆。建于1982年，是宜城市属的地方综合类博物馆，总占地面积22544平方米、建筑面积5591平方米，展陈面积2800平方米，共有馆藏文物10111件（套），为国家三级博物馆、AAA级旅游景区。其中，国家一级文物12件，二级文物60件，三级文物264件，尤以青铜器数量众多、种类齐全。馆内文物陈列以境内出土的楚汉文物为主，分"车辖马萧""楚都雄风""陪都岁月""大汉名城""天地精华""群星璀璨"六个单元。

莺河娱乐度假区。位于汉江以东，距宜城市区35千米，依托莺河一库及南泉群岛景观而建。度假区内有著名的尖门山、磨棋山、南泉、大洪山、橙子河等景点；植被丰富，森林野生动植物较多；水域面积1万公顷，水质无污染，清澈透明，是集度假旅游、休闲娱乐旅游、会议旅游于一体的多功能旅游区。

落花潭温泉。位于宜城市区东南35千米处，距襄阳市区70千米，交通便利。温泉水温36℃，四季恒温，源源不尽。优质的泉水配以落花潭美丽的传说和楚文化的深厚底蕴，使温泉成为集旅游、疗养、休闲于一体的立体开发项目。

三、物流

2022年，宜城市注册的物流企业有272家，其中注册资金在1000万元及以上的物流企业16家，注册资金500万元（含）至1000万元的物流企业16家，注册资金在500万元以下的物流企业240家；注册物流托运部17家、信息服务部13家，初步形成具有一定专业分工、层次分明的物流市场服务群体。全年快递业务总量2890万件，其中，收件量1027万件，派件量1863万件，日均处理快递7.9万件。农村电商与快递物流协同发展，2022年宜城市被确认为全省打通农村寄递物流"最后一公里"和"最初一公里"试点县（市），实现快递网点与电商网点资源整合，完善市、镇、村三级物流体系，农产品线上销售额7.5亿元，同比增长10%。在农产品上市期间，寄递企业与电商企业开展合作，旺季期间黄桃、大米、红薯、皮蛋等日均发货量突破5万件。市邮政公司业务收入（不包括邮政储蓄银行直接营业收入）1.01亿元。

四、房地产

宜城市房地产业坚持房住不炒，调控房地产市场，加强对房地产市场监管。武汉建工集团、浙江东泰集团、宜城建联房地产开发有限公司、湖北鑫统领文化旅游开发有限公司等国内知名企业逐渐成为宜城市房地产市场主体。2022年，房地产业固定资产投资20.51亿元，同比下降33.03%。1—12月商品住房新增供应926套、10.83万平方米，批准预售套数及面积分别同比下降67.43%、69.18%。商品住房成交1316套、16.07万平方米，销售套数及面积分别同比下降60.79%、61.47%。商品住房实现销售收入7.94亿元，同比下降61.64%，完成税收收入12705.99万元（按照成交总额的16%计算）。商品住房成交均价4942.61元每平方米，同比下降0.44%。至12月底，全市可销售住宅1856套、23.89万平方米，商品住宅库存套数及建筑面积分别同比下降17.36%、18.04%。

五、金融

20世纪80年代以来，境内金融机构逐渐增多。1980年1月恢复县农业银行，1989年3月成立中国银行宜城县支行。1991年3月县邮政局恢复办理邮政储蓄业务，后组建邮政储汇分局、邮政储蓄银行。2005年，辖区内金融机构有中国人民银行宜城市支行、中国银行业监督管理委员会襄樊监管分局宜城办事处、中国工商银行襄樊市宜城支行、中国农业银行宜城市支行、宜城农村信用合作联合社、宜城市邮政储汇代理保险分局及中国人民财产保险股份有限公司宜城市支公司、中国人寿保险公司宜城市支分公司和6家保险股份有限公司设置的宜城营销服务部。2007年12月，中银富登村镇银行在宜城设立。2011年，湖北银行宜城支行成立。至2022年底，全市有金融办、人民银行宜城市支行、银保监组3家金融监管机构，有中国工商银行股份有限公司宜城支行、中国农业银行股份有限公司宜城市支行、中国银行股份有限公司宜城支行、中国建设银行股份有限公司宜城支行等9家银行。全市有中国人民财产保险股份有限公司宜城支公司、中国人寿保险股份有限公司宜城市支公司、中国太平洋人寿保险股份有限公司襄阳中支宜城支公司等20家保险公司。

（执笔人：黄小林）

第七节　宜城城乡建设

近年来，宜城城市框架有序拉开，鲤鱼湖新区和滨江新区框架拉开，鲤鱼湖公园建成使用，青创园、四馆两中心、九洲龙城等一批重大工程相继完工。城市更新行动持续发力，城区22条道路综合改造完成，城市供水厂日供水能力由5万吨提升至10万吨，连续6次荣膺"省级文明城市"称号，成功创建国家园林城市，获评"全国新型城镇化质量百强县市"。

鲤鱼湖风光（任红光供图）

一、城市建设

1985年，宜城城区建成面积6.5平方千米，是解放初期的6倍。同年，宜城县编制的城建总体规划得到襄樊市人民政府批复，界定县城规划控制区总面积为70平方千米。其中，城区14平方千米，近郊区20平方千米，控制区36平方千米。按照规划，城区陆续完成了燕京大道、中华路、振兴大道、襄沙大道等市内主要干线路网工程建设。1999年，政府采取土地资产置换、招商引资等方式加快城市建设进度。同年5月，位于中心城区的紫盖山广场建成开园。随后，燕京花苑、情侣路、自忠路、振兴广场、商业步行街、商业广场等市政工程相继竣工投入使用。2005年，城区建成面积12.7平方千米，比1985年增加1倍。2015年，宜城市获评"中国新型城镇化建设示范城市""全国最具投资潜力中小城市百强县市""全国中小城市新型城镇化质量百强县市"。2022年，城区建成区面积27.91平方千米，常住人口城镇化率54.92%。全市有快速通道1条，长3.76千米；主干道10条，长41.56千米；次干道26条，长54.97千米。城市道路面积3890平方米。中心城区建有公园、游园19个，在建4个，规划建设1个。建成区绿化覆盖率、建成区园林绿化面积、建成区人均公园面积分别为39.02%、1084.87公顷、13.86公顷。综合改造城区22条道路，老浆沟黑臭水体治理项目通过验收，获评国家园林城市和省级文明城市。持续推进以县城为主要载体的就地城镇化，居2022年全国新型城镇化质量百强县市第84位。

二、新农村建设

20世纪90年代，宜城村组建设逐步改变乱占耕地、盲目发展、粗放布局的自然村落状态，走上规划建设的道路，有9万农户新建、改建房屋，约占农户总数的90%。新农村建设逐步规范，至2005年，已建成一批规划一致、建房标准高、路沟配套的高标准新农村。2022年底，美丽乡村建设全域推进，已建成莺河、龙潭等115个省级美丽乡村示范村整治村，第二批74个村正在启动。全市有9个省级生态镇，60个省级生态村，10个销级污水处理厂建成投产，建成无害化厕所5.3万户。打造"四好农村路"示范线路34条290千米，获评"四好农村路"全国示范县。小河镇跻身"全国重点镇"，板桥店镇罗屋村获评"国家森林乡村"，雷河镇民主村入选"全省示范美丽乡村"。

三、生态环境建设

1992年，县环境保护委员会成立，全县17个乡镇（场）、36个重点企业都配备了专职环境保护工作人员，共配备环保人员200余人。2005年，城区大气环境中二氧化硫年日均值、氮氧化物年日均值、总悬浮微粒年日均值均在二级标准之内。境内两大主要河流汉江和蛮河宜城段，汉江仍然保持在二类水质标准，蛮河逐步向地表水三类水质标准转变。2020年7月1日起，宜城市汉江（蛮河）流域段实行10年全面禁捕退捕，禁捕范围为汉江宜城段（宜城市与襄城区交界处至宜城市与钟祥市交界处）及蛮河（宜城市与南漳交界处至汉江入口处）。2022年，全市生态环境质量持续改善。全市2个国考和1个省考地表水断面水质优良率达到100%，汉江（宜城段）水质保持在功能区划Ⅱ类标准，蛮河（宜城段）水质均值保持在功能区划Ⅲ类标准，集中式饮用水水源水质达标率100%，水环境质量全面提升。大气环境质量保持稳定，优良天数连续三年保持在300天以上。市区区域等效声级符合城区噪声控制标准。受污染耕地安全利用率和污染地块安全利用率均达到100%，地下水达标率达90%。

四、教育

1978年，全县集中力量创办重点小学，除县南街小学外，各公社均办1所重点小学，另创办2~4所中心小学。1984年，县办重点小学、乡镇办中心完成小学和村办完全小学基本配齐教育设施和师资，全县基本扫除青年文盲。1986年，宜城被国家教育委员会授予"全国基础教育先进县"。2000年，全市教育投资的重点转入城区中小学校建设，先后成功地实施宜城市第一高级中学整体搬迁、城关初级中学整体搬迁、宜城市第二高级中学整体搬迁等10个大的教育投资工程。教育管理的重点转入对教师队伍的管理，教师聘用制在全市开始实施。至2022年底，全市有各级各类学校151所，在校学生70067人。其中，普通小学49所，在校学生29262人；普通中学23所，在校学生23835人；幼儿园78所，在园幼儿14079人；特殊教育学校1所，在校学生222人。全市九年义务教育巩固率达99.99%，全市高中阶段毛入学率95.6%，高考上省线3046人，上线率99.6%。

五、科技

强化企业创新主体地位。出台《关于支持工业经济高质量发展的若干措施》，提高企业科技创新积极性，加大企业研发投入。加快科技创新平台建设，加强与科研院校合作，共建成果转移转化中心和重点实验室。宜城市被确定为第四批湖北省创新型县（市、区）建设单位。开展"大众创业，万众创新"活动，宜城楚创汇众创空间提档升级为省级众创空间，楚金山星创天地提档升级为省级星创天地。新建1家创新创业服务平台——宜城市楚宜青创园。2022年，高新技术产业增加值占地区生产总值的比重达到17.3%，全社会研发经费投入达到5亿元，技术合同成交额达到24.17亿元。

挖掘培育科技型企业。至2022年底，全市规模以上高新技术产业企业87家，实现增加值80.4亿元。支持企业开展技术研发，推进科技金融深度融合，落实科技创新支持政策，2022年财政支付工业高质量发展奖励资金2458.64万元（其中科技项目及创新平台奖励60万元，高新技术企业奖励200万元，科技中小企业奖励200万元）。实施产学研"鹊桥工程"，推动企业与高校、科研院所深度合作，争取省、襄阳市科技项目立项20余项，建立省、襄阳市级研发机构和创新创业服务平台39家，为企业开展技术创新和成果转化应用提供强大支撑。

坚持筑巢聚才汇智。大力实施"双招双引双促双争"工程，投资3000多万元建设宜城青年创业产业园，新引进140名急需紧缺人才。推动建成湖工大产业技术研究院等双创平台，聚集各类人才380余人；举办首届创新创业大赛，12个优质项目脱颖而出，被30多家媒体平台转载推介；举办"金点子"大赛，郑集镇"水果莲藕"等20多个"金点子"项目落地生"金"。调配人才公寓158套，全方位保障人才住房需求。实行"四大家"领导联系帮带机制，举办企业人才"早餐会"、引进人才座谈会，市委主要领导与广大人才面对面、心交心，倾听呼声、解决难题。

推进知识产权转化专项项目与知识产权试点企业申报工作。持续开展知识产权培训，组织开展企业专利挖掘、商标培训、知识产权维权培训等活动。出台《关于建立重点企业知识产权保护直通车制度实施方案》，建立宜城市知识产权保护重点企业库。至2022年底，全市专利授权量387件，其中发明专利授权33件；有效发明专利总量117件，万人发明专利拥有量2.49件；新注册商标量达445件，有效注册商标总量3579件。已创建2个中国（襄阳）知识产权保护（宜城）工作站，分别是襄阳知识产权保护（宜城经济开发区）工作站、襄阳知识产权保护（宜城捷仕达）工作站。

六、文化体育

统筹推进城乡一体化公共文化设施建设，总投资6.4亿元的文化场馆标志性建设项目"四馆两中心"，2023年完成主体部分施工。全市11个镇（街道）、234个村（社区）综合文化服务中心面积全部达标，完成10个省级示范性文体广场，60个特色文化社区，20个图书馆（文化馆）分馆，32个村（社区）文化服务点，8家民间文化展示馆。举办"灵秀湖北·四季村晚""宜城大虾虾王争霸赛""民俗闹春"大型巡演、"食全酒美"稻香节、"非遗进景区""乡村网红培训"等各类大型公共文化活动，送服务、送活动进农村、进社区，培养基层文化人才，年均提供各类文化服务500余次。

《看稞》《长山壮歌》《醉美莺河》三部戏获国家艺术基金扶持并由中宣部、文化部调演，是省内唯一一个连续获此荣誉的县级市。宜城兰花筒《瓜乡笑瓜》参加湖北省、襄阳市第三届社会文艺团体展演，均荣获一等奖。落实图书馆、文化馆（站）、体育馆、博物馆免费开放配套资金及公共文化服务经费。

夯实体育阵地基础，先后实施"新全民健身示范工程""体育设施强弱项补短板措施"，9个乡镇（街道）配套建有运动健身中心，所有乡村实现健身设施全覆盖，重点建设10个省级示范性文体广场，20余个新全民健身示范工程健身场地，400多套健身路径设施，所有乡镇和行政村基本实现"一场一路径"全覆盖，满足群众"15分钟健身圈"所需。支持各类协会、俱乐部开展体育活动，发挥社会体育团体力量，结合乡镇（村）区域特色，组织开展常规性群众赛事，组织各类群众喜闻乐见的跑步、广场舞、太极拳、象棋等娱乐性活动。鼓励乡镇举办农民趣味运动会、乡村广场舞、乡镇篮球比赛，扎实推进"五进五项"送体育下乡，一系列赛事活动有效促进全民运动积极开展。引导青少年竞技体育发展，支持宜城市青少年业余体校及青少年游泳队备战参赛。

七、卫生健康

加强县级医疗机构能力建设，全市创建湖北省县级医院临床重点专科18个，襄阳市级重点专科25个。签订襄阳市级联盟59个，省级联盟32个。加快推进公卫补短板项目建设，市人民医院发热门诊及感染性疾病科综合楼建设项目、市妇幼保健院综合业务楼装修改造工程及设施设备配套工程、市疾控中心业务楼及公卫应急指挥中心建设项目竣工交付使用，市中医医院病房医技楼建设项目已启动建设。推进院前急救"一张网"建设，完成120急救中心及11个急救站点改造，对接襄阳市120指挥调度平台并运行。进一步提升基层服务水平，选派35名专业技术人员到35个薄弱村卫生室担任第一村医。不断完善中医药服务体系，全市70%村卫生室能提供中医药适宜技术服务，100%村卫生室能开展中医药健康管理服务。县域内就诊率达到90%以上。开展国家卫生乡镇创建，创建国家卫生乡镇数占总数的44%。创建2个国家卫生乡镇，复审5个省级卫生乡镇。创建8家无烟单位、18个健康社区、65个健康村、35个健康机关、38所健康学校等。至2022年底，全市登记注册医疗卫生机构318家，其中医院44家（含乡镇卫生院、民营医院）、个体诊所（门诊部、医务室）84家、村卫生室188家、疾控中心1家、监督局1家；公立224家，民营（个体）94家。公立医院19家，占比43.18%；民营医院25家，占比56.82%。卫生机构床位数3619张；卫生机构人员4286人，其中，卫生技术人员3507人，执业（助理）医师1322人，注册护士1853人。每千人口拥有执业医师数2.8人，每千人口医院床位数7.7张。

八、政务服务

市政务服务大厅有22个部门进驻，设立办事服务窗口35个，实现政务服务事项"应进必进"。持续开展"五减"工作，推行政务服务"一网通办"、政务大厅"一窗受理"、关联事项"一事联办"、异地事项"跨省跨域通办"。深化"放管服"改革，推进"一窗通办"改革，提升政务服务效能；推进"承诺即入"改革，激发市场主体活力；推进"全市通办"改革，促进城乡办理"一体化"。宜城市级政务服务事项1948项，其中"零跑腿"事项1529项，"零跑腿"比例78.5%。市本级1624个事项实现"一窗通办"，政务服务大厅实现"一件事一次办"70个主题式叫号服务。实现"掌上办"事项54个，"全程网办"事项1866个。实施营商环境革命，创新推行政务无休日、首席专员制度，率先成立金融服务中心、企业一站式服务中心、首贷中心，探索创建"一业一证""市场准营承诺即入"改革先行区，政务服务环境稳居襄阳前三。

九、民生保障

宜城市逐渐完善多层次社会保障体系。完善基本养老保险制度，促进多层次医疗保障体系发展，实施全民参保计划。2022年末，全市114854人参加城镇职工养老保险，41972人领取城镇职工养老金；260737人参加城乡居民基本养老保险，89695人领取城乡居民养老金。全市城镇职工医保参保43158人，城乡居民医保参保427497人。全市居民最低生活保障对象12040人，其中，城镇居民最低生活保障对象3051人，城市低保标准705元/（人·月），农村居民最低生活保障人数8997人，农村低保标准540元/（人·月）。对人均居住面积在15平方米以下、月收入人均1410元以下家庭发放租赁补贴。全面落实就业、教育、医保、社保、退役军人等惠民政策。推动社会力量参与养老服务，落实民办养老机构无申请兑现补贴制度，做好养老服务设施和居家适老化改造工作，全市养老服务机构17所，其中农村福利院13所，市社会福利院1所，民办养老机构3所；设置床位2167张，其中护理型床位1096张，养老机构护理型床位占比50.6%。

（执笔人：黄小林）

第八节　宜城基础设施

一、交通

　　宜城境内207国道、襄荆高速由北向南穿城而过，麻竹高速和346国道横贯东西，呈"两纵两横"交通格局，5分钟可以进入全国高速路网，30分钟可到襄阳市区，50分钟可达襄阳火车站和襄阳机场，2.5小时可达武汉和天河机场。境内交通由公路、铁路、水路组成。

（一）公路

　　2022年末，境内公路通车里程4023.35千米，其中等级公路3852.53千米，占比95.75%；其他非等级公路170.82千米，占比4.25%。按技术等级分，高速公路91.4千米、一级公路71.33千米、二级公路298.34千米、三级公路353.87千米、四级公路3037.59千米；按行政等级分，国家级公路（含高速公路、国道）185.56千米、省级公路168.06千米、县级公路370.05千米、乡级公路1206.28千米、村级公路1922.58千米。公路密度为58.89千米每百平方千米。城区市政道路、街坊路总长度193.59千米。2022年，公路货运量233.36万吨，货运周转量24.63亿吨千米；公路客运量99.08万人，公路客运周转量7563.48万人千米。

宜城倚天大桥（彭新明供图）

（二）水路

境内有汉江、蛮河两条可供航运的河流。蛮河航道宜城段全长74千米。汉江渡口9个，蛮河渡口10个，港口1个。有1家港口经营企业、1家水路运输企业，各类船舶80艘，其中长水运输船11艘，短途运输船18艘，渡船30艘，工程船11艘，囤船6艘（执法囤船3艘，取水泵船3艘），海巡艇4艘；港口最大靠泊能力1000吨，年吞吐能力233万吨，通航能力1000吨级船舶、2000吨级船队。全年完成港口吞吐量134870.87吨。完成港口货运量53.85万吨、货运周转量1.11亿吨千米，完成港口客运量6.8万余人次。2021年9月27日，湖北省港口集团襄阳小河港区综合码头开通。小河港设计年通过能力1510万吨，规划建设21个泊位，以件杂货、散货（含砂石）、集装箱为主，兼有LNG加注、水上加油、船舶污染物接收转运、水上综合服务和船舶修造等功能，港区占用岸线长度2495米，占用陆地面积136万平方米。2022年3月，襄阳（小河）港开通直达长江的三条航线，4月实现江海联运，5月近洋跨国，在通航不到3个月的时间内，实现"三级跳"。作为汉江流域规划建设最大的港口，小河港的建成投运，标志着襄阳水运发展开启新篇章。

（三）铁路

2022年末，宜城市境内有焦柳铁路、蒙华铁路2条铁路，全长53千米，焦柳铁路在宜城设1个客运站，4个货运站。2022年，开始筹建呼南高铁之襄阳至荆门段，简称"襄荆高铁宜城段"，线路全长116.7千米。全线设车站4座，分别为襄阳东站（既有）、宜城北站、双河站（越行）、荆门西站。项目总投资185亿元，建设工期3.5年。襄荆高铁是连接襄阳市和荆门市的一条高速铁路，其中宜城段线路总长46.1千米，线路从襄阳东站引出后，从王集镇联合村进入，从刘猴镇邓冲村驶出，途经5个镇（街道）、19个村，总投资约80亿元，设计速度350千米/小时。襄荆高铁宜城段在宜城市区西北部设宜城北站，是呼南高铁襄阳至荆门段（简称"襄荆高铁"）四大站点之一。高铁通车后，10分钟可至襄阳，1.5小时到武汉，成为通往襄阳中心城区、荆门、荆州、宜昌等城市的城际短途快速客运通道，以及前往山西、河南、湖南、广西等地区的省际长途快速客运通道。

（四）桥梁

2022年末，境内有311座桥梁，其中1座高架桥（襄荆高速跨线桥），市区有汉江一桥、倒天人桥、铁湖大桥3座大型桥梁。1990年10月，汉江公路大桥竣工通车，大桥全长1887米。2016年6月，宜城市鲤鱼湖大桥正式建成通车。鲤鱼湖大桥是城区连接城市景观轴线和主干道中华大道中段与西段的重要连接点，是集交通枢纽和滨湖景观于一体的跨湖大桥。大桥东起鄢城街道七里岗村，西至雷河镇七里村，全长696米，其中土桥长428米，桥高32米，双向六车道。2022年7月9日，宜城倒天大桥正式建成通车。大桥起于南营街道南洲村，经安垴村、韩公村、龚垴村和鄢城街道太平村，止于 G346 鄢城街道铁湖村，线路全长 17.98 千米。

二、邮政通信

宜城市区内设有中国邮政宜城分公司、中国电信股份有限公司宜城分公司、中国移动通信集团湖北有限公司宜城分公司、中国联合网络通信有限公司宜城市分公司。全市拥有固定电话用户 2.73 万户，移动电话用户 45.19 万户，计算机宽带互联网用户 17.20 万户。建设 5G 基站 260 余个，实现主城区、全部镇及大部分农村区域 5G 网络覆盖。建设 4G 基站 10000 余个，实现 4G 信号全覆盖。通信铁塔站址 717 处，其中电信 205 处，移动 342 处，联通 170 处。

三、供电

1985 年底，宜城电网已由建设初期 1 台 60 马力柴油发电机发电（日供轧花厂生产，夜供县直 63 个单位照明）发展至 2 座 110 千伏变电站、7 座 35 千伏变电站向宜城全区域供电，村、组通电率达 100%。2005 年，35 千伏变电站由 7 座增至 13 座，110 千伏变电站从 2 座增至 4 座，35 千伏线路由 8 条计 116.11 千米增至 17 条计 227.92 千米，110 千伏线路由 2 条增至 6 条计 105 千米，售电量由 1985 年底的 2.23 亿千瓦时，增长至 2005 年底的 6.32 亿千瓦时。2022 年底，宜城电网建成以 220 千伏变电站为电源，110 千伏输电线路为骨架，110 千伏变电站为中心，35 千伏变电站为网点，10 千伏配电线路为辐射的供电网络。辖区内有 220 千伏变电站 2 座，110 千伏变电站 6 座，35 千伏变电站 14 座；220 千伏输电线路总长 120.01 千米，110 千伏输电线路总长 247.79 千米，35 千伏输电线路总长 297.27 千米。水电、火电、光伏等各类电源 25 个，总装机容量 63.34 万千瓦，全年发电量 8.68 亿千瓦时，其中新能源发电 5.92 亿千瓦时。全年全社会用电量 15.21 亿千瓦时，其中，工业用电量 8.95 亿千瓦时。湖北能源襄阳（宜城）2×1000 兆瓦超超临界燃煤机组工程总投资78亿元，年设计发电量超90亿千瓦时，将在鄂西北地区电力供应中发挥"稳定器""压舱石"的兜底保障作用。

四、供水

1977年，城区第三次筹建自来水厂，同年12月打成第一口井。1981年，城区深水井扩建到6口，日供水1.17万吨。1986年，打9号、10号深水井，日供水量增加1.6万吨，城区日供水量3.8万吨。1990年，采用租赁方式，将鄂西化工厂汉江边闲置的6号井及配套管网与城区管网连接，日供水量增加至4.3万吨。2000年，中国水利投资公司与宜城供水股份有限公司共同出资组建股份制企业，在太平村一组汉江边破土动工兴建，12月28日建成投入运行，日供水量5万吨，城区居民开始饮用清洁的汉江水。2003年，改造和延伸市区供水管道，城关规划区供水全覆盖。2021年，平流沉淀池建成投入使用，日供水能力由5万吨提升至10万吨，供水用户67304户20万余人，最高日供水量约8.4万吨。2022年，完成供水量2202.59万吨，水质综合合格率99.99%。宜城市三达水务有限公司处理生活污水1100余万吨，排放水质全部达到国家一级A排放标准，合格率为100%。

五、供气

2002年之前，宜城人民使用石油液化气。2002年，宜城抓住"西气东输"工程经过市区的机遇，通过招商引资，中国石化大明集团股份公司（现为华润燃气有限公司）落户宜城，12月30日在宜城注册，从事城市天然气项目建设与经营。2004年，天然气覆盖面达城区居住面积90%以上。2005年底，通气用户4761户。2022年，全市有天然气居民用户7.16万余户，通气用户数5.6万户，工业用户160户，商业用户872户，学校、养老福利机构等公福用户44户，CNG车辆300余辆，LNG车辆152辆。华润燃气公司建成具有独立门站的城市供气系统，年供气能力1亿立方米，实际日最高供气量突破17万立方米。有楚都大道门站一座，楚都大道LNG/CNG

合建站一座，雷河新集高中压调压站一座，板桥LNG储配站一座，铺设高压管道9.2千米，中低压管网771千米。主城区内天然气输送实现全覆盖。

六、能源

全市完成新能源项目建设投资81.69亿元，至2022年，已建成能源项目20个，总装机规模73.16万千瓦，其中风电装机41.3万千瓦、光伏装机22.99万千瓦、水电装机7.5万千瓦、小火电装机1.23万千瓦、生物质发电装机0.14万千瓦。年发电量11.73亿千瓦时，年创产值5.9亿元，税收5500万元。宜城市在建能源项目3个，分别是湖北能源襄阳（宜城）2×1000兆瓦超超临界燃煤机组工程项目、湖北能源宜城新能源百万千瓦基地、申宜宜城谭湾水库100兆瓦光储一体光伏发电项目，总投资144亿元，装机规模达到610万千瓦。

七、城市运营

宜城市在城市管理中，实行主干道严禁、次干道严控、小街巷规范，坚持集中整治与常态管理相结合，围绕主次干道、背街小巷、公共广场、校园周边等区域，进行精细化管理。市区施划机动车泊位4000余个、非机动车停车标识400余个。2022年，市、镇（街道）、经济开发区城市运行管理中心全部建成运行，实现襄阳、宜城、镇（街道）三级联通。全市聚焦"一屏观全域、一网管全城"目标，推进市域范围"一网感知态势、一网纵观全局、一网决策指挥、一网协同共治"。市城运首屏汇聚指挥体系、融合指挥等17项指标版块，完成江河、大气等50项指标数据，对接、设计出12345政务服务便民热线、一网通办等16个弹窗，集成市委政法委、水利局、行政审批局、经济开发区、国投公司等各类业务系统功能，接入固定点位视频2800路并完成编目工作，将城市体征整合在市级城运中心"一张屏"上，实现运行状态数字化呈现。

（执笔人：习瑞芳）

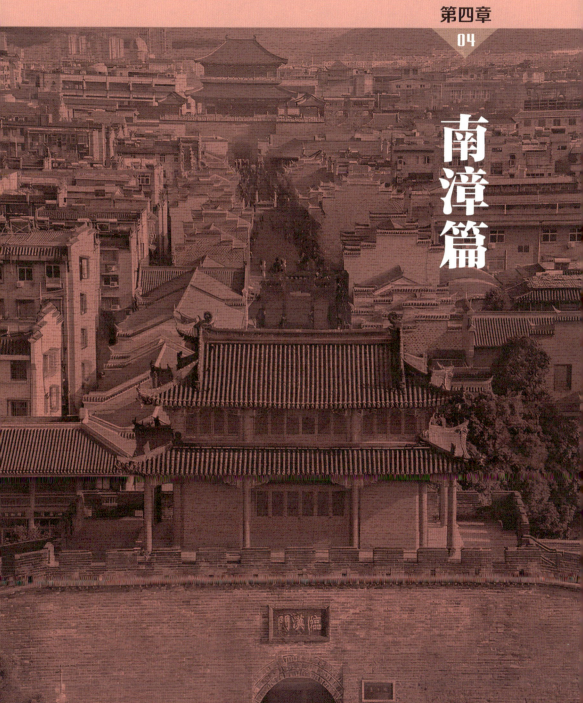

南漳篇

第一节　南漳概况

一、历史沿革

南漳历史悠久，是楚文化的发祥地、和氏璧的故乡、三国故事的源头，文化遗存极为丰厚。全县共登录文物点744处，其中世界灌溉工程遗产1处，国家重点文物保护单位2处，省级文物保护单位34处，市级文物保护单位4处，县级文物保护单位45处，是湖北省文物大县之一。在这些丰厚的文物遗存中，修建于公元前279年的世界灌溉工程遗产白起渠是世界较早的水利工程之一，被誉为"华夏第一渠"；古山寨分布密集，数量众多，被誉为"中国古山寨之乡"；端公舞被誉为原汁原味的楚人"遗舞"；呜音喇叭被誉为楚乐的"活化石"。第三次全国文物普查后，被新华社誉为"民间文化遗产廊道"。

南漳山清水秀，生态旅游资源丰富，有各类景点100多处，部分景点景观国内罕见、湖北特有。有"华夏第一寨"春秋寨、"中南第一瀑、楚人九寨沟"香水河2家AAAA级景区，水镜庄、天池山、楚桑丝博园、翡翠峡、襄阳野生动物世界5家AAA级景区。现已开发景点中既有历史遗址、人文景观，也有国家级森林公园、省级地质公园，先后获"中国最具魅力文化生态旅游县""全国休闲农业与乡村旅游示范县"等荣誉。

二、地理位置

南漳县位于鄂西北，汉水以南，荆山山脉东麓。长江支流漳河发源于境内，为区别于北方山西省境内的清漳、浊漳两河，中国古代称"南漳（河）"。隋开皇十八年（公元598年），南漳县因此而得名。

南漳县东邻宜城市，东南与荆门毗连，南依远安县，西接保康县，西北与谷城县接壤，东北与襄阳市襄城区相邻。东距武汉市404千米，东北距襄阳市43千米，地理坐标为北纬31°13′~32°1′，东经111°26′~112°9′。全县面积3859平方千米（约38.9万公顷），其中山场面积28.4667万公顷，水面2.12万公顷，耕地8.3133万公顷，地貌特征为"八山半水分半田"。

南漳城区全貌（南漳县档案馆供图）

三、地形地貌

南漳县地形呈阶梯状分布：西部为一级阶梯，属高山区，海拔800~1200米，约占全县总面积的17.6%；中部为二级阶梯，属低山、丘陵地带，海拔300~800米，约占全县总面积的32.9%；石门、二道河、云台山水库以东为三级阶梯，属平畈、岗地，海拔65~300米，约占全县总面积的29.5%。县境最高处为县西三尖山（与保康县交界），最低处为县东的界碑头（与宜城市交界）。

南漳山脉属秦岭、大巴山余脉荆山山系。山脉由县西的保康、谷城入境，入境处九支，由西向东和由西北向东南走向呈平行排列，山间的走向、主要有蛮河以北的三列支脉，北边支脉由李庙镇赵店油金山沿南漳、谷城边境东延，止于九集镇仙女山；中间支脉由长坪镇过风垭东走，止于九集镇龙门南垭；南边支脉由长坪镇铁匠树垭东走，至城关镇的毛狗垭后，分为北、南两条小支脉，由西北向东南走向，主要有漳河南北的六列支脉。漳河以北有三列支脉，北边的一列由长坪镇二分顶起至薛坪镇高顶寨，止于城关镇胡营牛头山；中部的一列由薛坪镇三景起，至武安镇刘集何家寨；南边的一列由薛坪镇三景高脚顶起，进入肖堰镇后分为二条小支脉，一条由肖堰至转弯头聂家包，另一条由肖堰冯家山至东巩九里岗。漳河以南有两列支脉，北边的一列由板桥十家坡至巡检大岭，南边的一列由巡检镇峡口大垭到香炉垭入远安县境。沮河南岸山脉由保康入境，跨西南边境进入远安县在境内不成系列走向。境内较知名的山脉有主山寨、清溪山、玉溪山、过风垭等。

四、气候条件

南漳地处亚热带季风性气候区。气候温和、雨热同期，四季分明、夏短冬长，日照充足、雨量充沛。气候有明显的地区差异和垂直差异。春季气温升高明显，变暖速度加快；降水夏、冬两季增多，春、秋两季减少；日照春、秋增多，夏季明显减少。夏季局部暴雨频繁，冬季时有暴雪影响，春、夏、秋时遇低温阴雨，一年四季均可能出现干旱。

（执笔人：傅思源）

第二节　南漳自然资源

一、土地资源

全县土地总面积385597.48公顷，其中农用地332009公顷，占总面积的86.11%；建设用地15593.1公顷，占总面积的4.04%；未利用土地37995.38公顷，占总面积的9.85%。

境内土壤可分为黄棕土壤、石灰（岩）土、紫色土、潮土、水稻土5个土类，13个亚类，34个土属，117个土种。

二、生物资源

南漳野生动物、植物资源丰富，保有门类多，珍稀程度高，属国家保护的动植物56种，属省级保护的动植物87种。

三、水资源

全县河流总长1960.1千米，流域面积3833平方千米。年平均流量18.53亿立方米，水能蕴藏量约14.3万千瓦。2007年已建成大、中、小型水库132座，尚有80%的水能资源待开发。境内大小河流分布，其中九集镇双池寺矿泉水日流量1175吨，含有人体所需的铁、钙硫盐酸、碘等20多种物质，具有极大的开发利用前景。

四、矿产资源

已发现探明矿种37种，主要有煤、磷、铁、瓷土、重晶石、铝土、方解石、钙石、硅石、碳石。稀有矿种有累托石、伊利石。赤铁矿、铜矿石、煤矿和磷矿具有开发和利用潜力，是湖北省八大矿产基地县之一。

（执笔人：傅思源）

第三节　南漳人文社会资源

南漳是楚文化发祥地、三国故事源头、和氏璧的故乡、中国古山寨之乡，南漳县有文字记载的历史达3100多年。自隋开皇十八年（公元598年）始改思安县为南漳县。境内有古卢戎国、罗国遗址，战国时期修建的军事水利工程白起渠（世界灌溉工程遗产），闻名中外的和氏璧产地玉印岩，三国故事的源头水镜庄，中国古县观村落漫云村，传统村落麻城河，最大、最险、最美的古山寨群，神奇的土碉楼等国家、省、市文物保护遗址，呜音喇叭、薅草锣鼓、端公舞、东巩高跷等国家级、省级非物质文化遗产更是丰富了南漳历史文化，也使这片古老的土地声名远扬。

花鼓戏《情醉清凉河》(南漳县档案馆供图)

一、楚文化

楚先民的发祥地在南漳，和氏璧的故事发源于南漳。境内现存楚文化遗迹众多，主要有李庙镇主山寨、城关镇临沮城遗址、武安镇白起渠、安乐堰古墓群、洪山寺村古罗国城遗址、九集镇旧县铺古卢戎国城遗址、肖堰镇楚山寨、东巩镇门泉楝树坪遗址、巡检镇玉印岩、指山岩。出土和发现的不同时代的文物和遗址有南漳湖北鳄化石、旧石器时代石斧石凿、春秋蔡侯朱之缶、唐代古庙群、宋代古县城、明清老县衙、清代文笔峰塔等。

二、三国文化

中国第一部章回体长篇小说《三国演义》中多次写到有关南漳的故事情节，第三十五回"玄德南漳逢隐沦，单福新野遇英主"，叙述的就是刘备马跃檀溪，于襄阳脱难后逃至南漳，在水镜庄与司马徽相遇，司马徽举荐"伏龙""凤雏"（诸葛亮与庞统）与刘备的故事，从而引出"三顾茅庐"的千古佳话，演绎出魏、蜀、吴三国鼎立的历史。

三、古建筑（古山寨）文化

全县有古山寨遗址 1000 余座，面积达 800 万平方米。2013 年，以卧牛寨、春秋寨、张家寨、樊家寨、青龙寨和尖峰岭寨为代表的南漳古山寨群，被国务院确定为第七批全国重点文物保护单位。2015 年 7 月，南漳县被中国民间文学艺术家协会授予"中国古山寨文化之乡"称号。2020 年，南漳县政府启动了古山寨群申报世界文化遗产工作。

四、民俗文化

南漳民俗文化源远流长，积淀深厚，展现了千百年来勤劳智慧的南漳人民在这片沃土上的创造和传承。古老而富有特色的民俗文化有鸣音喇叭、端公舞、薅草锣鼓、阴锣鼓、高跷花鼓、南漳剪纸、苞茅缩酒、皮影戏、漳河鱼灯、秧田歌、闹年锣鼓、升号匾、喊彩、民歌等共 60 余个，涵盖了传统音乐、美术、体育、曲艺、戏剧、方言、歌谣和游艺、技艺、竞技等人民生活的各个方面。2008 年 6 月，民间唢呐艺术"鸣音喇叭"被国务院公布为国家级非物质文化遗产。全县有 108 个项目被列为非物质文化遗产各级保护名录。

五、红色文化

南漳是革命老区，为了建立人民政权，南漳无数优秀儿女，同帝国主义、官僚主义、封建主义进行了艰苦卓绝的斗争，用鲜血和生命谱写了一曲曲动人心弦的英雄壮歌。在革命斗争中，南漳经历战斗无数，涌现了胡明政、李协一、张道南等家喻户晓的英烈人物。无产阶级革命家萧楚女、董必武，革命家、军事家贺龙，党的二大代表邓中夏，著名作家、革命家马识途、中共特别党员、国民党高级将领何基沣、张克侠，解放军高级将领王树声、文敏生、刘子厚、刘昌义、张才千、张秀龙、王定烈、张廷发等一些在党史、军史上的重要人物、领导人，曾经影响和领导了南漳的革命斗争，在南漳这片热土上留下了丰功伟绩。

六、馆藏文物

南漳现有南漳县博物馆、水镜地质博物馆2处博物馆，另有多处乡村和个人建立的民俗博物馆。南漳湖北鳄化石1976年出土于巡检白鹤船村，该化石保存在中生代三叠纪石灰岩中，生活年代距今约1.8亿年。化石标本长764毫米，高130毫米，除尾部稍残外，整个骨骼保存完好。该化石的发现，为鉴定中生代地质时代、研究生物演化史、寻找石油和开采矿藏提供了新依据、新资料。化石标本现存中国古动物博物馆，县博物馆藏有化石仿品。

蔡侯朱之缶。1954年出土于武镇安乐堰，鉴定为春秋战国时期青铜器皿。文物形状像坛子，有盖，坛上刻有"蔡侯朱之缶"五字，考定是蔡侯用于煮饭的器皿。文物出土后保存在长渠管理处内，1958年移交襄阳地区文物管理委员会时盖子丢失。专家考证，文物在南漳出土，可能是蔡国送楚国的贡品或是楚国的战利品，现藏于湖北省博物馆。

石斧、石凿。1956年出土于武镇安乐堰周围农田中，鉴定为旧石器时代的石器。石斧形状似斧，由人工磨成；石凿形状如同一条石，凿口很薄。现藏于南漳县博物馆。

雕化陶坛。1956年出土于安集罗家营，鉴定为春秋战国时期陶器。坛子有三道圈，图上刻有人物、禽兽图形，精致美观。坛高约0.5米，出土时，刻有图形的外圈已损坏。现藏于南漳县博物馆。

七、文物保护单位

文物保护单位中，"白起渠"是襄阳首个世界级文化遗产；以"春秋寨"为代表的古山寨被专家称为"古山寨王国";"安乐堰古墓群"被专家称为"湖北第二大楚墓群",对研究楚国历史文化具有重要意义;"玉印岩""罗国城遗址""卢戎国遗址"为研究楚国历史文化提供了实证;"徐庶庙""水镜庄"等为"三国故事源头"提供佐证;其他遗址见证了南漳悠久的历史文化。

白起渠又称武镇百里长渠、襄阳百里长渠。战国时由秦将白起修建的以水代兵、水淹楚国鄢城的战渠。战后,此渠不废,成为引水灌溉渠。唐、宋以来,前后10次进行大规模维修、扩建和改建。渠首在武安镇谢家台,东至宜城市赤湖,全长49.25千米,有支渠38条,渠身建筑物126处,连接10座中小型水库、2671口堰塘,故有"长藤结瓜"工程之说。灌区包括宜城、南漳6个镇及4个农场,面积达278.28平方千米。"白起渠"是中国古代一项伟大工程,建设时间比都江堰早23年,与都江堰、郑国渠并称"秦代三大水利工程"。武安镇渠首建有白起碑亭,保存有大量碑记及名人题字,2018年列入世界灌溉工程遗产名录。

古山寨群,清同治、民国版《南漳县志》收录山寨(堡关)170多个,第三次全国文物普查一共查清山寨、石洞寨和平原地区的城堡775处。南漳古山寨群入选"第三次全国文物普查百大新发现",现存建筑主要为明、清时期遗存。2013年,以春秋寨、卧牛寨、张家寨、尖峰岭寨、樊家寨、青龙寨为代表的古山寨群,被列为"全国重点文物保护单位"。

八、革命遗址遗迹及纪念地

南漳共有革命遗址遗迹及纪念地30处,其中重要党史事件和重要机构旧址9处,重要党史事件及人物活动纪念地4处,革命领导人故居1处,烈士墓7处,纪念设施9处。

张公祠又称张公陵园,位于武安镇,是抗日民族英雄张自忠将军的衣冠陵园。1940年5月16日,国民革命军33集团军总司令兼第五战区右翼兵团总司令张自忠将军,在宜城南瓜店前线以身殉国,衣冠葬于武镇北郊。

陵园内有蒋中正题"气壮山河"、冯玉祥题"万古不朽"石刻大碑及国民党高级官员题写的匾额。今仅存门楼、演讲厅、自忠堂、烈士祠和部分石碑。1985年南漳县政府修复衣冠冢，重立"张上将自忠衣冠冢"碑，是湖北省文物保护单位。

板桥乡公所旧址，位于板桥镇新集村，房屋为院落式建筑，东西北为两层建筑房屋，西角建有五层的碉堡，1937年，时任国民党南漳板桥乡乡长冯达夫修建并作为乡公所办公地点。1947年中原突围时，中共鄂西北第四突围所部路过板桥，冯达夫为部队提供方便，并把部队伤员安排到乡公所养伤。中华人民共和国建成后改为学校，2008年列为省级文物保护单位，2009年被国家文物局公布为"重要发现"，入选全国新发现名录，是湖北省三处"重要发现"之一。建筑占地面积3000平方米，保护范围面积6000平方米。

首届中共南漳县委旧址，位于城关镇狮子巷19号。清末建筑，时为招民客栈。1927年10月，中共南漳县党组织在此秘密召开第一次党员代表大会，成立中共南漳县委。旧址年久失修，损坏严重，占地面积200平方米。1984年列为襄阳市文物保护单位，保护范围面积500平方米。

张道南故居，位于薛坪镇张家沟村下石槽，建于清末，属荆山农民起义领导人张道南住宅。土木结构，"明三暗五"的普通民居，分上下两层，共10间，占地面积240平方米。1959年列为县级文物保护单位，保护范围面积500平方米。

红三军经理处旧址，位于东巩镇铁家垭村杨家坪，属聂氏民居。1931年4月，贺龙率红三军从荆门、保康进入南漳，驻扎在巡检、东巩、肖堰一带，在此设立红三军经理处。房屋主体建筑完好，墙体上红军标语11条，其中至今完整清晰可见的有6条。建筑占地面积600平方米。1984年被列为县级文物保护单位，保护范围面积1000平方米。

荆山农民暴动烈士陵园，位于薛坪镇薛家坪村，1984年修建并立碑。2005年被列为南漳县文物保护单位，2006年被确定为南漳县爱国主义教育基地。建筑占地面积2000平方米，保护范围面积2500平方米。

肖堰烈士陵园，位于肖堰镇肖家堰村，在距肖堰集镇800米处一小山坡上。1940年11月20日上午，国民革命军33集团军179师537团在南漳肖堰遭侵华日军飞机袭击，炸死官兵150余名，战后，在此修建烈士陵园。1968年，南漳县人民政府在义园的基础上修建烈士陵园。陵园前面是砖砌门楼，正对门楼的是照壁，两边有台阶进入陵园，主体建筑包括纪念塔、烈士冢、八角纪念亭等，1984年列为县级文物保护单位。建筑占地面积4000平方米，保护范围面积6000平方米。

（执笔人：傅思源）

第四节　南漳工业

南漳县化工产业发展起始于20世纪90年代，通过近30年的发展，已成为南漳县支柱产业。全县已建成化工企业7家，正在建设企业4家。2022年全县化工产业产值61.3亿元，税收3.03亿元。2022年，根据国家六部委和省、市相关文件精神，以及相关法律政策，经县政府研究，将城南工业园和襄阳循环经济产业园进行整合，成立南漳经济开发区化工园区，分城南片区和襄阳循环经济产业园片区，总规划面积3.87平方千米。

一、园区建设

南漳经济开发区是2006年经省政府批准成立的省级开发区。现有总面积32.2平方千米。其中，涌泉工业园现有面积15.88平方千米，城南化工园现有面积4.9平方千米，武镇循环经济产业园现有面积11.42平方千米。县委、县政府先后斥资10亿元修建了园区道路、供水管网、双回路供电、变电站、天然气站、污水处理厂等配套基础设施，满足了企业生产生活需要。

园区入驻企业145家，其中规模以上企业79家，逐步形成了精细化工、新型建材、农产品精深加工、现代装备制造四大支柱产业，产业链条不断延伸，产业集群效益初显。目前园区已入驻和在建龙佰襄钛、川发龙蟒、兴发集团等化工企业15家，在谈项目多个。

二、产业集群

2017年，南漳经济开发区共有入驻企业105家，其中磷化工企业8家、新型建材企业30家、机电加工企业32家、纺织服装企业9家、农产品加工企业22家、新能源企业2家、第三产业2家。企业总数比2011年底的51家增加一倍。2018年新引进的宝顺食品、锦亿农业、茂发食品、乾宇食品、正荣和等公司设备搬迁已完成并投入生产。2019年，普耐姆项目、再生铝项目、伊纳斯生物科技项目已经全部建成投产。2020年，新建牧兴食品屠宰场项目、闽钱食品加工项目、浩镕食用菌加工、盖德环保四个项目。2022年，全力推进川发龙蟒20万吨/年新能源材料项目、龙佰襄阳钛业有限公司15万吨电池级磷酸铁锂和10万吨钛白粉后处理项目、襄阳兴发化工有限公司8万吨/年纳米碳酸钙项目、10万吨磷酸铁锂电池回收项目等重大项目建设，以及华新水泥新型建材、浩镕二期、名泰三期、金彩峰印务、鑫昀印务、鑫西能扩能等30多个重点项目和新引进项目的落地建设。

湖北闽钱科技产业园香菇生产线（南漳县档案馆供图）

2022年，南漳经济开发区完成规模以上工业总产值246亿元，同比增长11.14%；完成固定资产投资58.06亿元，同比增长22.49%；完成规模以上服务业营业收入104317.4万元，同比增长32.3%；完成社会消费品零售总额16459万元，同比增长2.64%。培育规模以上工业企业12家，培育商贸企业4家。

（执笔人：吴佳晃）

第五节　南漳农业

南漳县全力推动农业全产业链发展，重点打造优质粮食、生猪（家禽及蛋制品）、食用菌、茶叶、桑蚕、特色淡水产品、道地药材、蔬菜、油料、林果10条农业产业链，全部实行链长制。

一、种植业

自2012年以来，南漳县农业种植业始终坚持粮食生产安全和重要农产品稳产保供底线，不断稳定面积，调整种植结构，提高单产水平，确保粮食总产。截至2022年底，全县粮食面积始终稳定在118万亩，粮食总产稳定在9亿斤左右，其中水稻面积稳定在39万亩、小麦面积稳定在51万亩、玉米面积稳定在25万亩、油菜面积稳定在10万亩以上。

自2013年以来，农业部门不断争取上级主管部门支持，大力实施水稻、小麦、玉米等大田作物高质高效示范项目，由示范引领，带动种田大户和分散农户提高科学种田水平，从标准化基地建设、推广优质品种、配方施肥、绿色防控、机械收割等技术入手，提高粮食单产和总产水平。尤其是近几年，水稻主要推广优质杂交稻广兆优5431、金优1号、晶两优华占、C两优华占，常规优质香稻主要推广玉针香、南京香占、华夏香丝等品种，杂交优质稻主要推广野香优莉丝、肯香优莉珍、野香优果珍等品种。南漳杂交水稻单产提高到1300斤/亩，优质水稻单产提高到 1000 斤 / 亩以上。小麦主要推广西麦、郑麦系列和鄂麦系列，酒用专用有机小麦主要推广泛麦 6 号系列。小麦单产由 2012 年的 520 斤 / 亩提高到 700 斤 / 亩。

近年来，农业农村部门发挥自身职能，积极培育社会化服务组织。仅 2022 年就完成发放购机补贴 1800 多万元，积极撬动农机增量。截至目前，全县农机总动力达 76.6 万千瓦，农机拥有量达 17.7 万台（套），主要农作物机械化水平达到 87%，农机年作业面积达 415 万亩，农业社会服务组织 350 家。2021 年争取农机社会化服务资金 35 万元，扶持农机合作社建设，提高机插秧、机直播、蔬菜种植等机械化水平，不断扩大农机社会化服务面积。

2020 年，南漳县九龙湖牌卢绒湖香米、南漳华茂牌"南漳官米"被授予"荆楚好粮油"产品称号。其中，华茂牌"南漳官米"已于 2018 年、2020 年两届被授予"荆楚好粮油"产品称号。同年，"南漳官米"成功注册地理标志农产品，荣获第十八届中国国际粮油产品及设备技术展示交易会"金奖产品""中国好粮油"产品称号。全县已经形成了"南漳官米 + 企业品牌"的双品牌运营模式。

近十年来，南漳粮食产业链在科技创新中取得了重大成绩，目前南漳县粮食企业有田园乐活和华贸 2 家专精特新企业；有华贸、田园乐活、九龙湖、欣援公司 4 家国家级高新技术企业；有田园乐活和欣援公司 2 家省级专家工作站；2022 年寨子米有机黑米茶开创了湖北省以大米为原料的冲泡式代用茶的先河，市场销售非常火爆，涉及的两项发明专利也正在申报中，并取得《湖北省黑米茶企业标准》，获得襄阳礼物三等奖；优质水稻新品种审定 2 个；功能性稻米——免抛低糖米，获得了国家级稻米联盟"产品创新奖"。

南漳县共完成 2019 年度 4.91 万亩高标准农田建设任务、2020 年度 4.83 万亩高标准农田建设任务、2021 年度 6.07 万亩高标准农田建设任务、2022 年度 5.58 万亩高标准农田建设任务。

二、畜牧业

（一）畜牧业发展概况

南漳县是农业大县，空闲地多，饲草资源丰富，水热温光条件适宜，发展畜牧业具有得天独厚的优势。2022年全县猪、牛、羊、禽出栏（笼）分别达到94.38万头、4.66万头、25.29万只、663万羽，并于2007年开始纳入生猪调出大县的"笼子"。2022年牧业总产值53.07亿元，占据农业总产值的43%，省级龙头企业1家，市级龙头企业3家，生猪A类定点屠宰企业1家。

（二）畜牧业发展历程

2022年全县规模养殖场874家，其中生猪规模养殖场558家、蛋禽规模养殖场169家、肉禽规模养殖场71家、肉牛规模养殖场105家、肉羊规模养殖场71家。

2017年，规模养殖场粪污处理设施装备配套率达到66%；畜禽粪污资源化利用率达到64%。2018年，南漳县积极争取了国家畜禽粪污资源化利用整县推进项目，项目于2019年11月底全面完成了建设任务。全县畜禽规模养殖场基本上都进行了干湿分离、雨污分离，配套建设了粪污收集处理设施，全县畜禽粪污综合利用率达到95.38%，规模粪污处理设施装备配套率达到了100%，提前一年实现了"十三五"畜禽粪污资源化利用目标任务。

（三）畜牧产业项目

从2007年开始南漳县正式纳入全国生猪调出大县；从2012年到2022年，十年累计获得生猪调出大县奖补资金7000万元左右。同时，在2018年全县争取了国家畜禽粪污资源化利用整县推进项目4500万元。

建成50万头生猪屠宰深加工项目，南漳牧兴食品有限公司投资1.2亿元，于2020年12月底建成投产，是全市唯一一家生猪A类定点屠宰企业，年产值可达3亿元，实现了生猪屠宰加工从小作坊到标准化工厂的华丽蝶变，年深加工2万吨猪肉的二期肉食品加工项目于2022年11月动工兴建，建成投产后全县生猪产业产、加、销一体化格局基本形成。

建成600头公猪站建设项目。由湖北好一坡猪种改良科技有限公司投资2500万元，2020年5月已建成投产，年可向社会提供鲜、冻精液300余万份，有效推进南漳县生猪良种化发展进程。

万头奶牛生态养殖示范牧场项目。2022年南漳县通过"以商招商"形式成功引进投资12亿元的云上牧歌万头奶牛项目，2023年被省发展改革委确定为省级重点项目。该项目分两期建设，一期投资7亿元，建设奶牛场及饲料基地；二期投资5亿元，建设乳制品加工厂。2023年12月正式投产。项目建成后可年产鲜奶6万吨以上，提供就业岗位100人以上，销售收入3亿元以上。

三、农产品加工业

2022年底，全县规模以上农产品加工企业91家，比2012年增加了61家；农产品加工业产值达113.78亿元，比2012年增加了60亿元。农业产业化重点龙头企业数量增加。截至2022年底，全县省、市级龙头企业达到55家，其中省级22家，市级33家。比2012年增加了31家。

围绕十大产业链，引进培育龙头企业，构建产业集群，确保1个产业多个企业带动。粮油产业，重点培育华茂、荆楚源、荣禾、育超为龙头，以"南漳官米"为主导品牌，以质量安全、口感优异为主攻方向，以订单生产形式，加快优质稻种植，为大米加工提供丰富原材料。食用菌产业，以裕农、君涵达、润景、栎乐园为龙头，持续扩大出口基地建设，配套基地相关服务设施，打造东巩镇全国食用菌产业强镇、鄂西北香菇产业集群。茶叶产业，以竹林翠峰、香耳山为龙头，整合茶叶小、散品牌，借襄阳高香茶东风，引进茶叶加工人才，强化产品研发能力，打出"优质鲜叶资源＋优秀加工技术＋优良加工设备"组合拳，竹林翠峰积极拓展出口销售，

2022年出口额达1000万美元。生猪产业，重点以牧兴、福升为龙头，打造生猪精深加工项目。

峡口橘子（南漳县档案馆供图）

以"中国有机谷"品牌为统领，依托万头奶牛牧场、"珍珠液"酒、有机茶、有机菌耳、寨子米，打造"一杯奶、一瓶酒、一壶茶、一株菌、一袋米"，形成"一县多品"发展格局。大力推进"二品一标"认证步伐，全县"二品一标"有效认证证书共78张，是全省名副其实的"有机农产品大县"。湖北楚天传媒珍珠液酒业获评"湖北老字号"企业。11家茶企获得"襄阳高香茶"公共品牌使用权，"水镜庄"牌获得中国驰名商标认证，"磨坪贡茶"获得国家地理标志证明商标。依托旅游商品营销团队，对特色农产品进行整合，开发了"有机套餐""南漳山珍""南小漳"等特色有机农产品套餐及旅游文创产品。从"品牌+电商"入手，建成县镇村三级电商服务站144个，接入阿里巴巴、京东等主要交易平台10个，开设网店1.6万个，电商企业快递每日总单量突破10万单，年线上销售额达11亿元以上。组织农业主体参加中国农民丰收节（谷城茨河镇）、襄城首届农特产品电商博览会、南漳农民丰收节（东巩镇）、中国农交会（广州市）等，推介南漳特色农产品，不断扩大知名度，逐步实现从"卖资源"向"卖品牌"转变。

全县共发展食用菌2亿袋，油料12万亩、茶园面积10.2万亩、林果6.5万亩、中药材6万亩、高山蔬菜3万亩、桑园5万亩、优质水稻面积种植39万亩、特色淡水养殖6万亩，生猪存栏量54.2万头、出栏量达到43.3万头、能繁母猪存栏5万头，野菊花种植面积近万亩；建设南美白对虾、中华鳖、牛蛙等各类特色养殖示范基地13个，成功申报3个国家级生猪产能调控基地，基本实现了"一村一品"。

南漳县是全国休闲农业和乡村旅游示范县，2022年，被农业农村部认定为全国休闲农业重点县。累计投入资金15.3亿元，用于景区建设和乡村旅游发展，"相约樱桃红，悠然见南漳"线路入选农业农村部60条美丽乡村精品景点线路之一，峡口社区、冯家湾村、陆坪村先后被农业农村部授予"中国美丽休闲乡村"称号，香水河、春秋寨景区入选省文旅厅"荆山楚水庆丰收"十条旅游精品线路，成功入围第二批"湖北省全域旅游示范区"创建单位。全县拥有2个国家AAAA级旅游景区、4个国家AAA级旅游景区，天池山休闲农业观光园、四贤庄生态园、印象老家乡村旅游度假区、楚桑丝绸文化博览园、南漳樱桃谷5个休闲主体被省农业农村厅认定为"休闲农业与乡村旅游重点园区"，星级农家乐56家，星级酒店5家，直接从业人数近万人。成功举办有机采摘节、有机年货节、农民丰收节等农旅节会活动。乡村旅游年接待游客400多万人次，占全县旅游总人数的七成以上，综合收入达18.5亿元。

2022年，农村常住居民人均可支配收入达21303元，比2012年增长13203元。农产品加工企业通过"龙头企业+合作社+基地+农户"的产业化经营运作模式，带动农户13.5万户，带动合作社305家，家庭农场420家，签约各类优质订单基地近60万亩，保证生产原材料的供给。每年农户通过发展产业、参与务工、土地流转分红等带动人均增收3000多元。

（执笔人：曾志坤）

第六节　南漳服务业

一、物流

目前，全县拥有大型专用货车1343辆，建成1家规模化物流园区、6家大型专业市场、40家乡镇快递超市、263家村级寄递物流服务站、50家村级农村物流示范点以及1200多家电子商务平台，"立足南漳、速通中部、联网全国"的现代物流体系基本形成。

即高物流园区快递分拣生产线（南漳县档案馆供图）

二、房地产

2013—2022年，南漳房地产新建商品房施工面积达327.64万平方米，28709套。年均新施工面积32.7万平方米，2870套。

2013—2022年底，全县商品房共成交25610套，295.39万平方米。年均销售2561套，29.5万平方米。

从商品房销售价格总体上看，趋于平稳，稳中有升。2013年全县商品房销售均价2650元/米^2，同比上升6.8%；2017年全县商品住房销售均价为3320元/米^2。同比上升7.7%；2022年全县商品住房销售均价为4550元/米^2，同比上升6.5%。

三、商贸

（一）城乡消费

2012年以来，全县新增2000平方米以上大型批发市场2家，建设了龙鹏大厦、军翔商场、水镜广场等一批综合购物中心，万山路购物一条街、食为天民俗餐饮一条街等特色街区。雅斯购物广场、美联购物广场、永鲜超市、百佳福超市连锁店遍布城乡。全县在库限额以上企业存量达到291家，2022年全县实现社会消费品零售总额154.44亿元，年均增长率9.73%，略高于全市年均增速。

（二）对外经贸

2012年以来，南漳外贸出口不断壮大，呈现量质兼取、结构优化的良好局面，增速稳居全市前列。2022年进出口总额53.34亿元，其中，出口43.31亿元，同比增长86.9%，进口10.03亿元。外贸依存度14.09%，居襄阳市各县市区之首。成功创建国家级食用菌出口转型升级基地及省级精细化工出口转型升级基地，龙蟒磷化工产品、浩镕食用菌荣获"襄阳市出口名牌产品"称号。

（三）电子商务

2012年以来，深入推进电子商务进农村省级示范工程，逐步完善"一个中心、五大体系"建设，2022年南漳县农产品上行达15亿元。接入阿里巴巴（天猫、淘宝）、京东、苏宁易购、拼多多等主要网络交易平台10个，建成县级电子商务服务中心1个、镇级电商运营服务中心6个、村级电商服务站75个。培育电商领军企业50家，9家企业入选"襄阳市电子商务示范企业"。湖北栎乐园食品有限公司入选"湖北省电子商务示范企业",全县41个省级贫困村接入电商平台,覆盖率达到100%。水镜蜂情蜜蜂养殖专业合作社在全县21个贫困村发展土蜂养殖,扶贫案例被国务院扶贫办《电商扶贫经典案例汇编》收录。

(四)市场体系

2012年以来,全县逐步构建布局合理、竞争有序、功能完善的成品油零售服务网络体系,全县在营加油站(点)81座(加油站47座,加油点34座),高速公路站2座,国道省道20座,县乡道44座,城区15座。47座在营加油站均完成油气回收改造、设置地下双层油罐或防渗池。2022年全年销售汽柴油4.59万吨,其中汽油2.86万吨,柴油1.73万吨。完成水镜农贸市场、徐庶庙农贸市场改造升级面积8500平方米。

(执笔人:刘丹 刘微)

第七节 南漳城乡建设

一、南漳教育

全县共有各级各类学校91所,在校学生63466人,专任教师4023人。2016年,获评"湖北省县域义务教育均衡发展基本均衡示范县""全国县域义务教育发展基本均衡县"。2018年,跻身"国家级农村职业教育和成人教育示范县""全国中小学校责任督学挂牌督导创新县"。南漳县实施责任区督学制度荣获第二届湖北省地方教育制度创新奖三等奖,创立的挂牌督导"三零"工作法被录入《教育督导决策参考》向全国推介。

(一)办学条件

2012—2021年教育投入稳步增长,财政性教育经费从4.561亿元增加到6.3856亿元,增长40%。2021年,全县教育总投入占财政总收入17.27亿元的36.98%，2021年度公共财政教育支出比2020年度增加420万元，增长0.7%，2021年生均财政教育经费拨款比2020年增加28元。2022年，义务教育（小、初）、高中教育、职业教育、幼儿教育均达省定标准，分别达到650（850）元、1000元、1500元、500元标准。

2012年以来，办学条件大幅改善，先后投入约10.3亿元，开展了以"着力改善薄弱学校办学条件、消除城区大班额大校额、扩大学前教育资源"为重点的办学（园）条件和能力提升建设工程，大力推进县域教育资源优质均衡发展。通过徐庶学校新建、凤凰中心小学迁建等35所学校改扩建，新增学位达4600余个。近十年累计投入8397万元，实施县第二中学扩建工程、新建县第一中学教学楼、县职业教育中心实训基地建设等工程，新增学位2500余个。采取新建独立幼儿园、改（扩）建附属园等措施，先后在11个镇（区）新建独立公办园15所，在人口相对密集乡镇新建附属幼儿园10所，打破了南漳县无独立公办幼儿园的现状。

全县所有学校教育装备全面更新，配齐了计算机教室、体音美教室、理化生实验室等各项功能室，配套了相关的教学仪器设备，教师人手一台备课计算机。教学班级配齐了多媒体教学设备，683个班级更新为新式触控一体机。22所中学建有符合新中考要求的"三合一"机考考场。全县中小学都建起了网络课堂，每个教学班级搭建了襄阳教育云平台客户端，学校和学生参与率达100%。2022年，南漳获批"信息化与基础教育均衡发展省部共建协同创新中心实验区"。

（二）师资队伍

2012年以来，全县公开招聘各类教师1519人，其中义务教育学校教师1213人，高（职）中教师210人，幼儿教师96人。十年来，累计培养"荆楚教育名家"1人、"隆中名校长"6人、"南漳名校长"6人；在岗特级教师5名、"隆中名师"23名，享受市政府津贴2人，"南漳名师"220人，骨干教师376人。全县教师学历达标率100%，25138人次参加省级以上培训，27569人次参加市级以上培训，每年所有教师参加一次县级培训，教师职业

素养和业务能力普遍提升。

（三）教学质量

从2011年开始，南漳成功实施三期《学前教育三年行动计划》，学前教育从无到有，步入普及普惠。目前，全县11个镇（区）共有幼儿园136所。其中公办幼儿园59所，15所为独立中心幼儿园，实现了每个镇（区）至少有1所公办幼儿园的目标；44所为义务教育学校附属幼儿园。77所民办幼儿园均取得了办园许可证，其中70所为普惠性民办幼儿园。全县在园幼儿12601人，其中公办幼儿园在园幼儿3348人，公办幼儿园在园幼儿占比为26.57%；民办幼儿园在园幼儿9253人（普惠性民办幼儿园在园幼儿7631人），学前教育普惠性资源覆盖率为87.1%。学前三年入园率达92%以上，学前一年入园率达97%以上。

南漳职业教育持续深化"产教融合""校企合作"，合理设置专业，实施"技能、学历双提升工程"，加大"双师型"队伍建设力度，全面推进职业教育融合发展。县职业教育中心5个专业被认定为市级重点专业，高星级饭店运营与管理被省教育厅认定为省级特色专业，近3年该校一直位于襄阳市中职学校第一方阵，被省教育厅立项为建设省级优质中等职业学校。南漳县职成教育"1234"模式荣获"襄阳市教育工作创新一等奖"。

（四）教育环境

学生资助政策全面落实。十年来，在学前教育阶段，累计资助家庭经济困难在园幼儿13740人次，共发放资助金687万元。在义务教育阶段，发放家庭经济困难学生生活补助108788人次，补助金额5808.3125万元。在普通高中教育阶段，发放国家助学金28751人次，资助金额2852.85万元；免学杂费6371人次，金额达535.05万元。在中等职业教育阶段，发放国家助学金13774人次，资助金额1349.05万元；免学费18176人次，金额达1817.6万元，向8名符合政策条件学生发放国家奖学金4.8万元。在高等教育阶段，普通高校家庭经济困难新生入学资助项目共资助869人，发放资助金50.95万元；生源地信用助学贷款共办理6291笔，贷款金额达4746.5318万元；普通高校毕业生到艰苦地区基层单位就业学费补偿319人次，共发放补偿金198.6163万元。

二、南漳文化

"南条荆山，漳水出焉"，南漳得名于隋开皇十八年（公元598年），位于湖北西北部、汉水以南、荆山山脉东麓，是镶嵌在荆楚大地上的一颗绿色明珠。这里有两亿年前的"孙氏南漳龙""湖北南漳鳄"，是楚文化发祥地、和氏璧故里、三国故事源头、中国古山寨文化之乡、世界灌溉工程遗产长渠所在地。这里有以玉印岩、白起渠、端公舞、鸣音喇叭为代表的楚文化，以水镜庄、徐庶庙为代表的三国文化，以春秋寨、卧牛寨为代表的古山寨文化。南漳还是"中国高跷艺术之乡""中国锣鼓艺术之乡"，被新华社誉为"中国民间文化遗产廊道"。

（一）文化活动

十年来，南漳坚持以活动丰富群众文化生活、以活动调动文艺家创作激情、以活动锻炼队伍发现人才为宗旨，每年举办闹元宵文艺展演、"华新杯"影像南漳全国摄影、"水镜杯"文学大赛、"览胜香水河"文学笔会、建党百年歌咏会、"红心向党"书画展等大型赛事活动。先后邀请全国、省市著名文艺家40余人次来漳讲学、辅导，先后输送骨干180余人次到北京、上海、新疆等地参加培训班、改稿会、采风团。2013年11月，中国著名作家、评论家和期刊主编70余人到南漳采风并举行笔会；2021年，全省70名散文作家在南漳东巩参加"湖北优秀散文作品颁奖会"和"建党百年散文笔会"；2022年6月，"荆风楚韵·中国著名作家南漳行"采风团在南漳进行了5天的活动，对促进"文化强县"和提升南漳软实力起到了重要助推作用。十年来，推出"南漳文化旅游""南漳作家""沮漳摄影""荆山诗韵"等公众号，拓展了文化文艺人才培养的渠道。还在水镜公园开设南漳剪纸非遗传承工作室，在峡口中学建立鸣音喇叭传承基地，一举实现文艺事业有队伍、有阵地、有刊物、有活动。

2021年南漳县4·23全民阅读活动启动仪式暨城市书房揭牌仪式（南漳县档案馆供图）

（二）文艺作品

南漳不断完善文艺精品创作扶持、激励机制，除每年举行文学、书画、摄影赛事外，还制定《关于促进南漳文学艺术创作事业发展的实施意见》，就繁荣南漳文艺出台了具体扶持奖励政策。十年来，南漳县共在市级以上报刊发表、在各种平台展演各类文艺作品2000余件，其中文学作品1200余种，其他艺术作品800余件。先后成立县作协、县书协、县民协、县音协等10多个文化文艺协会，会员达700人。精心办好《水镜文艺》《水镜诗刊》等公益性刊物，编辑出版了《筚路蓝缕创伟业》《建党百年南漳英模人物》《南漳爱国主义教育故事集》《建党百年南漳文艺作品集》等10多部南漳文化力作，为南漳文化活动增光添彩。其中，中国作协会员、南漳车旅作家、南漳文艺创作室原主任刘久初先生创作了《古卢铁车》《卡魂》《相举之战》；农民作家谷春华出版《风流的凤凰村》《流过村庄的山泉》《女村官》，其中《流过村庄的山泉》获襄阳市第六届"孟浩然文艺奖"提名奖。短篇小说《乳香》获得第六届湖北文学奖，开启了南漳县历史上获得全省文学最高奖的先河；短篇小说《焐脚》入选湖北省作协全省乡土题材短篇小说精选集；《亲和酒》《何有味的故事》荣获襄阳市第六届孟浩然文艺创作奖。小品剧本《翁婿相会》获中南五省财税文艺赛演优秀剧本奖。大型现代花鼓戏《情醉清凉河》荣获湖北省第十一届屈原文艺奖，2022年9月被省文旅厅推荐参加第八届江西艺术节暨第十二届江西玉茗花戏剧节展演。大型花鼓戏《水镜先生》入选省舞台艺术2022年重点题材创作扶持工程。

三、南漳卫生健康事业

（一）全民健康水平

全县人均预期寿命由2015年的77.05岁提升至2022年的78.34岁。孕产妇死亡率自2014年开始为零，婴幼儿死亡率至2022年降低为1.8‰，各项健康指标逐年改善，均优于国家平均水平。2022年，全县每千人口执业（助理）医师数达到了2.97人，注册护士数达到了3.62人。

（二）健康南漳战略

积极开展健康知识科普宣传，居民健康素养水平自开展测评以来逐步提升至30%。全面推进"323"攻坚行动，从"宣、筛、管、治、创"五个方面入手，组建9个专病办公室，围绕重大疾病、基础疾病及突出公共卫生问题全面开展攻坚治理，2022年完成各种专病防治筛查总数达到224077人次。

（三）爱国卫生运动

将爱国卫生运动融入社会健康治理的方方面面，全县于2020年正式被国家爱卫办授牌为全国卫生县城，东巩镇、清河管理区、李庙镇成功创建国家卫生乡镇。扎实开展健康细胞创建工作，创建健康学校66所，健康医院14家，健康机关90个，健康食堂18个，健康超市2个。

（四）医疗服务质量和能力

启动了公立医院综合改革工作，不断推动医院高质量发展。县人民医院正式进入三级医院序列，县中医院完成二级甲等中医医院创建工作，县妇幼保健院完成二级妇幼保健院创建。加大重点专科建设，至2022年，全县公立医院共有省级重点专科15个，市级重点专科27个。推动在县人民医院、县中医医院建立胸痛中心、脑卒中中心等机构，提升重点疾病的救治能力。

（五）医保制度改革

大力推动新农合制度建设，2012年全县新农合参合率已达到99.98%，极大地保障了群众就医权益。2019年，原县卫计局农合办正式合并至县医疗保障局，标志着全县医疗保障事业进入了新阶段。优化医保支付方式改革，推行医保总额预付制度，改革"DRG付费"业务，加快医保电子凭证使用，全面加强医保资金管理。

（六）县级医疗机构建设

县人民医院城北新区于2019年3月正式投入运行，在新冠疫情期间承担了大量的危重症救治任务。县妇幼保健计划生育服务中心于2022年1月完成整体搬迁工程。县人民医院新建外科大楼项目于2022年6月正式竣工启用，标志着县医院在硬件上达到了三级医院标准。组建南漳县的120急救中心，建成一个县级120调度中心、16个急救站，搭建完成"市、县、乡"三级急救网络，院前急救体系粗具规模。

四、南漳民政

（一）居民低保

2012年南漳县城市居民最低生活保障标准为350元/月，农村低保保障标准为1320元/年。2022年南漳县城市低保、农村低保月保障标准分别达到705元、540元。十年间，城市低保标准增长达101%，农村低保标准增长达391%，兜底保障水平大幅提升。2016年，南漳县建立完善了低保和五保死亡按月报告制度、低保渐退制度和近亲属享受低保备案管理制度等，全面开展城乡低保年度核查和大数据比对反馈问题整改工作，有效防止"错保、漏保"现象。截至2022年12月，南漳县城市低保在册1161户1685人，农村低保在册6326户10937人，特困供养人员在册4902人，有效实现了应保尽保、应退即退。自2019年7月残疾人"两补"资金发放工作移交至民政部门以来，累计保障生活困难残疾人和重度残疾人服务对象56.5228万人次，发放补助资金4816.735万元，残疾人两项补贴实现跨省通办、全程网办。

（二）养老服务

完善涉老工程建设技术标准体系和实施监督制度，无障碍设施建设加快推进，养老机构场所无障碍率达到100%。大力发展社区照料服务，全县共建设老年日间照料中心35个，农村养老互助中心182个。加大财政投入和社会筹资力度，推进集供养、养护、医护于一体的养老机构建设。目前，南漳县公办养老机构有14家，民办养老机构有3家，全县现有各类养老床位4298张，每千名老年人拥有养老床位达到40张。2021年9月，南漳县失能特困集中照护养老机构已投入使用，已收住119名失能特困人员。建立完善老年社会保障体系，认真落实高龄优待政策，为南漳县80岁以上高龄老人发放普惠型补贴，80～89岁老人每月50元，90～99岁老人每月100元，100周岁以上老人每月200元。2013年以来，共发放高龄津贴4190620人次7317.795万元；发放生活困难高龄补贴9806人次291.25万元。老龄优待证实现"襄十随神"跨市通办，共计发放43162张；60岁以上老年人进旅游景点门票减半，70岁以上老年人进旅游景点门票全免；65岁以上老年人乘坐市内公交车免费。

（三）福利院管理

十年来，先后开展了"服务质量建设年""服务质量提升年"等行动，按照"先急后缓，分步实施"的原则，共筹集资金5765万元，对13所农村福利院进行维修改造。投资3000万元，新建社会福利院院民大楼、失能半失能老年养护楼、儿童福利院各1所。投资1460万元，完成了13所农村福利院消防设施、"冬暖工程"和"平安工程"等建设任务，福利院风险管控能力进一步增强。全县17家养老机构定期开展养老护理、消防安全技能培训和消防安全演练活动，养老机构服务管理标准化、规范化和专业化水平显著提升。

（四）未成年人保护

健全完善县镇村三级关爱保护队伍，在全县各镇（区）、村（社区）配备12名儿童督导员、304名儿童主任，覆盖率达到100%，并借助"金民工程"系统和组织参加各级各类业务培训。截至2022年，全县共有留守儿童779人，困难儿童2047人。同时，根据省市统一安排部署，采取未保站和社工站双站合一的方式，在全县11个镇（区）建设11个未保站，并先后投入使用。

（五）慈善和社会工作

十年来，慈善会共募集善款3654.36万元，接受物资捐赠价值534.78万元，争取省市慈善项目扶持资金达1357.2万元。2012年至2018年（2019年1月1日起，福利彩票销售管理工作由湖北省福利彩票发行中心襄阳管理站垂直管理）全县累计销售福利彩票1.4亿元，募集福彩公益金约1400万元，主要用于南漳县社会福利基本设施建设项目、社会福利服务项目等公益项目支出。加强社工队伍建设，新成立"春晖""春雨"两家社会工作服务中心和南漳县社会工作者协会。认真落实社会工作者职业补贴。截至2022年，全县共有81人取得社会工作资格证，连续2年发放社会工作人才津贴16.74万元。

（六）优抚安置

2012年至2018年，下拨优抚定期生活补助资金9961万元；落实"两个补齐"资金186.8万元，为义务兵发放优待金3946.9万元；共接收退役军人1589人，其中，符合政府安排工作条件的57人、自主就业1527人、复员5人。技能培训1165人，发放1527名自主就业退役士兵一次性经济补助1932.49万元。为853名自主就业退役士兵，发放一次性经济补助1290万元；组织694人参加技能培训，为退役士兵创业就业、提高技能创造环境；为42名符合政府安排工作条件退役士兵通过公开选岗全部安置到岗，安置率达100%。

五、行政审批

（一）政务服务

南漳县完成了县政务服务中心改扩建工程，中心现有服务面积约8000平方米，县级事项全部进驻。推进镇（区）事项"应进必进"，镇级事项进驻率达95.2%。建设"24小时自助服务区"，进驻行政审批、税务、市场监督管理等10余台自助终端，实现政务服务24小时"不打烊"。全县314个镇、村便民服务中心（站）的电子政务外网建成投入使用，11个镇（区）便民服务中心、35个社区便民服务站信息化终端全部配备到位。在县、镇政务大厅全面推行一窗受理和集成服务改革，在各级大厅设立"办不成事"反映窗口，解决企业和群众办事过程中遇到的疑难事项和复杂问题。着力推进政务服务"好差评"体系建设，开通了湖北政务服务网、12345政务服务便民热线、鄂汇办App等平台评价渠道，"好差评"系统共评价3.7万件。

（二）行政审批制度改革

将人社、卫健、医保等9部门15个业务专网整合到电子政务外网，县直部门39个省垂系统、483个事项已实现了湖北政务服务网和部门系统的对接。

（三）"一网通办"改革

按照县镇村依申请及公共服务事项网上办事指南要素"四级118同"要求，印发《南漳县政务服务事项要素梳理工作实施方案》，组织4个专班，对全县11个镇（区）、304个村（社区）进行政务服务事项要素梳理培训，工作经验在全市进行推广。利用"两微一端"等新媒体加强对已上线的"一事联办"事项的宣传，突出重点，引导群众办理。全县"一事联办"主题事项上线79个，线上线下累计办理1.14万件。南漳县政务服务网通办全国18个省（市）174个县（市、区）111项事项，"襄十随神"四地可跨区域通办126项政务服务事项，完成跨省通办3543件，省内通办1059件，"襄十随神"四地通办60件。梳理上线"一业一证"事项19个，每个行业只需要领取一张行业综合许可证即可经营。政务服务事项全流程网办率达95.09%，即办件比例达到95.07%。

（执笔人：胡楚玠 冯青松）

第八节　南漳基础设施

一、交通状况

（一）总体概况

县交通运输全面形成"五横五纵"骨架交通网、"循环互通"农村公路网。2012　2022年，全县公路交通结构发生根本性转变，由单一的普通公路建设转向高速公路、客货铁路、高铁建设。麻安、保宜高速、浩吉货运铁路及郑万高铁建成通车，结束了南漳不通高速、铁路的历史，南漳迈入高铁高速时代；11条国省干线提档升级，所有建制镇和重点旅游景区通二级以上公路；农村公路创优提速，100%建制村、扶贫村、20户以上自然村（组）通水泥路（沥青路）、通客车。

截至2022年底，全县公路总里程5933.35千米，其中，高速公路2条66.55千米，国道2条86.7千米，省道8条458.8千米，县道22条386.5千米，乡道1826千米，村道3108.8千米。客运班线224条、公交线路8条。水上运输拥有各类船舶75艘（其中渡口渡船33艘、旅游客船2艘、非营运船舶40艘），建有12个农村渡口、2个旅游渡口。

目前，全县已经建成通车麻安、保宜两条高速，襄阳至南漳高速正在加紧建设，襄阳至宜昌前期工作进展如火如荼，老河口至谷城至南漳超前谋划，届时，全县所有建制镇、重要旅游景区将全部通高速公路。铁路建设方面，浩吉货运铁路建成投入营运，郑万高铁完工通车，南漳跨入高铁时代。

（二）铁路建设

浩吉货运铁路（原名蒙华铁路）是蒙西至华中地区煤运铁路通道工程，也是国家新的"北煤南运"战略运输通道。北起内蒙古浩勒报吉，途经内蒙古、陕西、山西、河南、湖北、湖南、江西7省区，止于江西省吉安市，正线全长1814.5千米，南漳境内全长19.11千米，途经武镇界碑头、申家嘴、花门楼、回龙寺、罗家冲等8个村，紧邻全县循环经济产业园和石材工业园。2015年7月正式开工，2019年10月建成通车。

郑万高铁北起郑州东，途经河南许昌、平顶山、南阳，湖北襄阳、南漳、保康、兴山、巴东，南至重庆万州北，正线全长818千米，建设工期6年，南漳境内全长55千米。途经全县九集、经济开发区、城关、李庙、长坪5个镇（区）23个村（社区），并在麻安高速南漳城北出口以东约700米处设置高铁站。2016年正式开工，2022年建成通车。

郑万高铁南漳站（南漳县融媒体中心供图）

（三）高速公路

麻安高速（原名麻竹高速）起于湖北麻城市，经红安、大悟、广水、随州、宜城、南漳、保康、房县、竹山、竹溪，止于陕西安康县。国家高速公路网线路编号G4213。境内全长53.55千米，横贯武安、九集、城关、李庙、长坪5镇20村，境内设3个互通和1个服务区。2013年3月21日开工，2016年2月6日通车。

保宜高速（线路全称"呼北高速"）起于湖北保康县城，经保康县后坪、歇马、马良、店垭进入南漳县巡检镇峡口，再由远安、当阳接荆宜高速直达宜昌。国家高速公路网线路编号G59。境内全长13千米，途经巡检镇通城河、文家垭、峡口、雁落坪、百福头5个村，在峡口设互通1处。2012年12月底开工，2016年2月6日通车。

襄南高速是襄阳绕城高速东南段延长线，也是湖北省"十三五"交通发展规划重点项目。项目起于襄城区尹集乡熊庙村，对接襄阳绕城高速公路南段，设熊庙枢纽互通与二广高速相连，止于南漳县九集镇方家集村，设方家集枢纽互通与麻安高速相接，后期将与纳入国家"十四五"规划的襄阳至宜昌高速公路对接。项目全长17.508千米，估算总投资19.2亿元。南漳境内长约12.3千米，设九集互通、方家集互通、九集服务区。通车后将形成襄南"30分钟经济圈"，促进沿线地区旅游资源开发和区域经济协调发展。

襄阳至宜昌高速公路（南漳段）项目起于襄阳市南漳县九集镇方家集附近，顺接襄阳至南漳高速，设方家集枢纽与麻安高速相连，经九集镇、清河管理区、城关镇、肖堰镇、巡检镇，止于巡检镇小漳河村，对接襄阳至宜昌高速宜昌段。推荐方案主线全长55.554千米；主线拟建桥梁17919.5米/43座，隧道8408.5米/9座，桥隧比约47.4%；主线设互通式立体交叉5处，其中枢纽互通1处、一般互通4处；服务区1处，匝道收费站4处。全线采用100千米/小时设计速度，双向四车道的高速公路设计标准，路基宽26.0米。该项目总投资约为92.3944亿元。项目建成通车后襄阳至宜昌将由3小时缩短至1.5小时，南漳将处于两大省域副中心城市直线连接点。

（四）国省干线公路

"十一五"时期，全县无国道，仅有4条省道：250省道宜远线、251省道南荆线、305省道襄关线、306省道随南线，国省干线总里程仅247千米。国省干线仅通九集、城关、长坪、武安、肖堰、东巩6个乡镇。

经过积极争取，"十二五"期间，全县大批国省道纳入了国家的路网规划，国省道达到10条，覆盖全县所有乡镇，包括以前不通国省道的李庙、薛坪、板桥、巡检，尤其向交通不便的西南山区进行了延伸，新打通峡口、保康龙坪、两峪、谷城赵湾、蒸洞等方向的交通，极大方便了群众出行。

到2022年底，全县普通公路拥有G346、G347共2条国道（G207国道为2022年新开工项目），总里程86.7千米；拥有S305、S251、S224等8条省道，总里程458.8千米。

目前，全县初步形成以高铁高速、国省干线为支撑，覆盖全县、内畅外联的"五横五纵"骨架交通网，"襄南宜"和丘陵镇"30分钟交通圈"、山区镇"1小时交通圈"。

（五）农村公路

2004—2015年，是南漳县农村公路规模化发展的重要时期，南漳县抢抓国家"村村通水泥路、通客车"政策机遇，采取政府配套、村民自筹、社会捐助等方式筹措资金，大力实施村级公路建设，农村公路取得长足发展，100%的建制村、30%的自然村通了水泥路（沥青路）。

近十年，全县农村公路迈入高质量发展的重要机遇期。新建村级公路820.7千米，完成县乡道改造163.27千米、村道提档升级732.2千米，建成"四好农村路"示范路、美丽农村路24条301千米。到2022年底，全县农村公路总里程居全省前列，是全省首批"四好农村路"示范县、襄阳市唯一的全国"四好农村路"示范县、全国深化农村公路管理养护体制改革试点县。

（六）城乡客运

截至2022年，全县拥有1个二级站、3个乡镇级交通综合服务站、8个农村五级站，8条城区公交线、224条客运班线，新能源公交车22辆、客车225辆、出租车107辆，全县所有建制村全部通客车。

二、能源状况

（一）南漳县能源发展现状

发电电源方面。全县发电总装机59.21万千瓦，年发电量约为15.17万千瓦时，折合标煤18.67万吨。具体情况如下。

小水电资源开发情况。现有水电站25座，总装机52.81万千瓦，是"全国小水电开发利用示范县"。

光伏资源开发情况。襄阳茗峰光伏电站位于湖北省襄阳市南漳县九集镇，属于农光互补型光伏电站，总装机容量为3万千瓦。建成扶贫光伏电站62个，装机0.4万千瓦，全县光伏总装机3.4万千瓦。

南漳县有3家企业建设了余热发电机组，装机3万千瓦。

电网建设方面。220千伏变电站1座，即水镜变电站；110千伏变电站4座，分别是南漳站、卞和站、花庄站、冯湾站；35千伏变电站21座（含6座简易站）。2022年全县用电总量为17.72亿千瓦时。

天然气建设方面。天然气高压管线16.8千米，2022年度总销气量为1531万立方米，其中工商业合计为925万立方米，居民为532万立方米，CNG车辆为73万立方米。

（二）南漳县能源发展成就与规划

南漳县将风电、光伏、抽水蓄能电站、氢能等产业作为重点，开展规划工作，并将能源资源开发与乡村振兴结合起来，建立了"南漳县能源项目库"，编制了《南漳县能源发展空间布局专项规划》《南漳县新能源新材料产业链建设三年行动方案》等多个能源专题规划。

资源情况及普查结果。根据《襄阳市重大能源发展空间布局规划》普查数据，南漳县风能、光伏、小水电、抽水蓄能、生物质能等可再生能源资源丰富，是能源资源富集区。南漳县风能可开发资源装机96.1万千瓦，光伏可开发资源133.7万千瓦，小水电蕴藏装机容量70万千瓦，抽水蓄能资源已纳入湖北省普查成果站点总装机400万千瓦，生物质能年产200万吨。

南漳县风能资源概况。南漳县风功率密度范围为120～250瓦/米²之间，风资源分布呈现南高北低的趋势，南漳县开发风电项目的资源条件较好，主要在肖堰镇、薛坪镇、板桥镇、东巩镇、巡检镇、武安镇、九集镇等地区。经计算，南漳县风能资源近期可开发总量为93.9万千瓦，远期可开发总量为2.2万千瓦，风能资源技术可开发总量为96.1万千瓦，技术可开发量占全襄阳市的20%，全市区县排名第二。在《襄阳市重大能源发展空间布局规划》中，明确提出了可优先考虑在南漳县进行风电项目开发。

南漳县太阳能资源概况。经计算，南漳县土地资源实际可用面积总计106941亩，开发潜力总计133.7万千瓦，开发潜力占全襄阳市的19%，全市区县排名第二，南漳县光伏项目资源主要集中在九集镇和武安镇。

襄阳循环经济产业园于2019年6月获批成为国家发展改革委、国家能源局第四批增量配电业务改革试点，是全省唯一县级园区试点。襄阳循环经济产业园"源网荷储一体化"低碳智慧示范园区项目是响应国家"3060"双碳目标，旨在降低园区能源消耗和成本，优先使用可再生资源，节约常规能源，降低终端用户的能源使用成本，打造源网荷储一体化的示范项目，项目总投资120亿元。

南漳县抽水蓄能电站项目。南漳纳入国家"十四五"抽水蓄能规划的装机总容量达300万千瓦，居湖北省各县市区第一，占全省装机总量的20%以上（襄阳其他县市区均无进入国家"十四五"规划的抽水蓄能项目）。

南漳县张家坪抽水蓄能电站项目。张家坪抽水蓄能电站位于南漳县李庙镇，因符合国家抽水蓄能选点布局、高度切合湖北省发展战略、具有距用电负荷中心近、地理地质条件优越和技术指标优良等优势，根据国家能源局统一部署，经南漳县人民政府申报和中国电建集团中南勘测设计研究院有限公司论证推荐，成为襄阳市唯一纳入国家《抽水蓄能中长期发展规划（2021—2035年）》的"十四五"重点实施项目，承担着维护鄂西北电网安全稳定、促进区域清洁能源发展的使命。该抽水蓄能电站装机180万千瓦，居全省第二。鉴于抽水蓄能电站承担着维护电网安全稳定和保障清洁能源发展（作配套储能）双重使命，国家对建设抽水蓄能电站按装机容量给予2倍风电、光伏指标奖励，仅张家坪项目南漳县就获得了360万千瓦的风电、光伏指标。

南漳县石门集抽水蓄能项目。襄阳循环经济产业园增量配电网业务改革试点项目石门集抽水蓄能电站已经国家发展改革委、国家能源局批准，是依据《国家发展改革委　国家能源局关于开展"风光水火储一体化""源网荷储一体化"的指导意见》要求，配套自建的储能电站。南漳县石门集抽水蓄能项目装机120万千瓦，预留用地"三区三线一张图"已上报自然资源部。

南漳县卓阳储能生产基地+农林风光储一体化项目。该项目由上海卓阳能源有限公司投资建设，总投资100亿元，其中储能生产基地建设项目总投资约24亿元，占地约150亩，选址于南漳经济开发区，主要建设厂房、办公楼、仓库、食堂、员工宿舍及配套设施等。项目分两期建设，一期建设6吉瓦时储能电池模组及储能系统智能工厂；二期建设6吉瓦时储能电芯智能工厂。

南漳县氢能产业及配套新能源项目。引进新天绿能股份有限公司联合东方电气和大唐科技，由央国企三强联合投资101亿元，开展氢燃料电池示范生产线（打造氢能产业园）、风电制氢等项目建设。2022年10月30日，襄阳市在南湖宾馆举办重大项目集中签约活动，南漳县政府与新天绿能股份有限公司签订了投资协议。

三、城市运营状况

2022年3月21日，南漳县编委印发《南漳县城市运行管理中心机构编制方案》，成立南漳县城市运行管理中心，对外加挂网格化管理中心牌子，明确为县政府办公室所属公益一类事业单位，机构规格为正科级。其主要职责为整合全县网格管理、大数据、住建、城管、应急管理、公安等部门承担的与城市运行管理相关的职责，同时将全县网格化管理服务职责，以及12345政务服务便民热线涉及城市运行管理的工单派单和督办、考核职责划入县城市运行管理中心。

同步成立城关、九集等10个城镇运行管理中心，县镇两级共核定城运工作人员编制85名（县城运中心21名，10个镇64名），2022年4月下旬，县、镇两级城运中心机构陆续完成组建。

2022年4月底，南漳县"一网统管"建设攻坚战正式打响，县镇两级城运中心指挥大厅、信息化等项目建设全面铺开。为加快建设进度，南漳县委、县政府采取县领导分区督、成立专班重点督、日常工作常态督等超常规举措，坚持"建设统筹、人员统筹、资金统筹"三个原则，一体化推进县镇两级城运平台建设。即按照"统一规划设计、统一建设"的原则，高标准、高质量建设到位；人员统筹，全县统一招录工作人员；资金统筹，将县、镇两级城运中心建设经费纳入县级财政预算，全县共投入3000余万元，高标准新建场馆及配套信息化等基础设施。

2022年5月底，县镇两级11个城运平台建设已全部完成，实现了与市、县、镇三级平台的互联互通。"两级平台、三级联动"的城运体系已经建立，县、镇、村（社区）三级应用初步实现。县镇两级城运平台正式步入实体化运行轨道。

（执笔人：鲁娜）

保康篇

第一节　保康概况

一、历史沿革

保康是楚国源头和早期楚文化发祥地，寓意"保靖康民"。据史书记载：春秋战国时期，楚王熊绎首封于此，筚路蓝缕，以启山林，奠定楚国800年伟业根基。保康建县始于明弘治十一年（公元1498年），距今有500多年历史。汉时，今保康南部为临沮县辖，属荆州南郡。三国时期，魏置沶（yí）乡县，属荆州新城郡。东晋时期，置沮阳县，属荆州沮阳郡。南北朝时期，北魏置潼阳县，西魏置大洪县。北周改大洪县为永清县。唐朝武德元年（公元618年）置受阳县。武德二年（公元619年）置土门县、归义县、重阳县。宋开宝二年（公元969年），永清县并入房陵。

明弘治十一年（公元1498年）4月，析房县〔元至正二年（公元1342年）省房陵县入房州，明洪武十年（公元1377年）降州为县，称房县〕东境宜阳、修文二里，置保康县。清朝时期，县域无变化，属郧阳府管辖。

民国二年（公元1913年），由郧阳专员公署划归襄阳专员公署管辖。1949年5月，南漳县辖的重阳、马良、店垭3乡所属928平方千米的区域划归保康县管辖。至此，县域范围扩大，隶属湖北省襄阳地区行政公署。

1983年，撤销襄阳地区行政公署，设襄樊市，保康县属襄樊市管辖。

保康享有"中部磷都""牡丹故里""蜡梅王国""紫薇之乡"等美誉，属于秦巴山区生物多样性生态功能区，是国家重点生物多样性保护区。进入新时代以来，保康坚持"生态优先、绿色发展"理念，大力实施生态立县、旅游兴县、工业强县战略，着力推进绿色发展、高质量发展，全力打造开放繁荣精致典雅的绿色保康。先后荣获"全国文明县城""国家卫生县城""全国绿化模范县""国家生态文明建设示范县""中国最美乡村百佳县"等多项荣誉。

二、地理位置

保康地处鄂西北山区，东依古襄阳、西连神农架、北交武当山、南接大三峡，是湖北省"鄂西生态文化旅游圈"的重要组成部分、襄阳荆山生态旅游圈的核心区，也是襄阳市唯一的全山区县。全县面积3225平方千米，辖11个乡镇、1个经济开发区、257个行政村、19个社区，总人口26.40万人。

三、地形地貌

保康县境内山峦重叠，沟壑纵横，地势起伏多变，素有"八山一水一分田"之称。荆山山脉自西向东横贯县境中部，自然将保康分成南北两部：保南山势平缓，河谷较宽；保北山势高突，河谷较窄。全县有大小山头3100余个，大小山沟3300余条，平均海拔910米，享有"襄阳的西藏"之美誉。境内最高点欧店关山，海拔2000米；最低点过渡湾枫桥，海拔194米。按海拔高度，全县可分为5种类型：海拔500米以下的平畈占11.3%，500～800米的半山占34.3%，800～1200米的高山占35.3%，1200～1500米的高山占14.6%，1500米以上的大高山占4.5%。

四、气候条件

保康县属副热带大陆性季风气候，境内复杂的地形造就了多样化的气候，素有"高一丈，不一样，阴阳坡，差得多"之说。低山河谷四季分明，冬夏长、春秋短，半高山地区冬长夏短，1500米以上的高山和1400米以上的阴坡山地冬长无夏，春秋相连。

云雾中的保康（保康县融媒体中心供图）

第二节　保康自然资源

　　保康自然资源丰富，其中矿产、水电、林特、旅游四大资源最具优势，昔日曾以"三龙齐舞"享誉荆楚大地。所谓"三龙"，是20世纪八九十年代依托本地资源优势发展起来的矿业经济（"石龙"）、水电产业（"水龙"）和森工企业（"木龙"）。随着时代的发展、政策的调整，特别是封山育林、退耕还林政策的实施，保康作为长江防护林管控区之一，"木龙"便退出了历史舞台，如今只有"水龙"和"石龙"继续在舞，水能资源不断得到开发利用，矿业经济不断做大做强，成为保康经济的擎大柱。

一、矿产资源

　　保康已发现矿产有57种，其中已探明储量的24种，正在开发利用的有磷矿、煤矿、硫铁矿、铁矿、硅矿、萤石矿、重晶石、地热、高岭土、石灰石、方解石、铅锌矿、砂、黏土14种，这些矿产主要分布在马桥、城关、寺坪、过渡湾、龙坪、两峪、马良、歇马等乡镇。

磷矿是保康优势矿种，已开发的有洞河、马桥、寨沟、峰山、毛河、观音岩、白竹、石灰山8个磷矿区。在进入21世纪前，全县以马桥为中心共探明磷矿地质储量3.98亿吨、保有储量3.37亿吨、远景储量10亿吨，位列全国八大磷矿第四。随着探矿工作的持续深入，探矿工作者深入马良镇段江和歇马镇白水河一带实施勘查，勘查面积138.33平方千米，又已初步探明储量20亿吨，实现了找矿新突破，为全县磷化工产业发展提供了资源储备，也使保康磷矿储量排位升至亚洲第一、世界第二。

二、水利资源

全县境内有大小河流248条，承水面积在10平方千米以上的河流84条，总长950千米。过境客水15.2亿立方米，径流总量27亿立方米，径流深430毫米。水位落差大，水力资源丰富，水能蕴藏量多达19万千瓦，可供开发利用的有17万千瓦，已开发利用13.2万千瓦。全县大小河沟均从属于沮河、南河、蛮河三大水系，三大水系在境内流长155.8千米，流域面积2971平方千米，平均流量96米³/秒，其中：南河境内流长67.5千米，流域面积1517平方千米，平均流量80米³/秒；沮河境内流长71.3千米，流域面积1283平方千米，平均流量13米³/秒，洪水季节可达3200米³/秒；蛮河境内流长17千米，流域面积171平方千米，平均流量3米³/秒，洪水季节100米³/秒。地下水资源丰富，有较大泉眼71处，日出水量达30余万立方米，地下水总补给量1.15亿立方米，可开采量27.93亿立方米，已引用47处。地热温泉3处，常年水温39.5℃，日出水量8000多立方米，其中汤池峡温泉得到开发利用。

丰富的水利资源为水产养殖业的发展创造了有利条件。全县有水域面积10.74万亩，水产养殖面积9000亩，其中水库面积为8000亩，主要是寺坪电站水库、过渡湾电站水库、马桥一级水电站水库等，加上大小池塘总计1000亩的水面，淡水养殖总产量超万吨，产值达250万元。全县水产品主要有鲤鱼、草鱼、鲫鱼、花鲢、胡子鲢、罗非鱼、武昌鱼、鳜鱼、三文鱼、虾类等。

三、林特资源

保康具有亚热带与中温带气候兼备特征，动植物品种繁多，生物多样性凸显，林特资源富饶。据统计，境内有植物资源288科2400多种。其中，乔灌木树种102科742种、农作物15科415种、草种14科200余种、药用植物157科1019种。森林覆盖率达84.09%，以松树、栎树、杉树为主的用材林达83.46万亩，以核桃、油桐、油茶、茶叶、杜仲、银杏、板栗、蓝莓为主的经济林达80多万亩。珍稀保护树种有珙桐、楠木、冷杉、银杏、红豆杉等22种；珍稀花卉品种主要有野生蜡梅、原始牡丹、古桩紫薇、云锦杜鹃等；名贵中药材主要有金钗、天麻、白及、灵芝等，食用菌主要有香菇、木耳、猴头菌、牛肝菌、羊肚菌、茶树菇等。

动物资源品种多是保康生物多样性又一特征。境内已发现证实的陆生脊椎动物268种，无脊椎动物200余种，微生物数量多、分布广。全县有国家重点一级保护野生动物4种，即金雕、林麝、云豹、金钱豹；国家二级保护野生动物44种，包括褐冠鹃隼、鸢、苍鹰、赤腹鹰、凤头鹰、棕尾鹰、大鵟、普通鵟、灰脸鵟鹰、白尾鹞等。国家保护的有益或者有重要经济、科学研究价值的野生动物120种（兽类26种、鸟类94种），湖北省重点保护动物77种（兽类18种、鸟类36种、两栖类13种、爬行类10种）。列入中国濒危动物红皮书的野生动物45种（兽类18种、鸟类10种、两栖类5种、爬行类12种），其中极危1种（大鲵）、濒危6种（云豹、金钱豹、林麝、滑虎蛇、尖吻蝮、中国小鲵）。列入国际贸易公约的濒危野生动物53种（兽类20种、鸟类29种、两栖类2种、爬行类2种），中日候鸟协定鸟类31种，中澳候鸟协定鸟类9种。

四、旅游资源

保康全境皆山，山水相依、处处皆景为旅游业发展提供了先决条件。据统计，全县拥有各类旅游景（区）点以及可开发旅游资源多达100余处。按照资源分类标准，保康旅游资源有7个主类，21个亚类，103个基本类型，居全省乃至全国同类县市前列。其中，最具代表性的有四大类：第一类是以九路寨、五道峡、温泉为代表的山水资源，第二类是以野生蜡梅、原始牡丹、古桩紫薇、云锦杜鹃为代表的珍稀花卉资源，第三类是以早期楚文化为代表的人文资源，第四类是以中华紫薇林、蜡梅公园、樱桃谷等为代表的人造景观资源。目前已开发建设并不断完善配套、能够正常接待游客的景区主要有九路寨、五道峡、横冲、汤池峡温泉、梅花寨、朝元山、蜡梅谷、尧治河、黄龙观、万年山等，正在开发建设和即将启动开发建设的景区主要有愚公洞漂流、皇界垭顶、楚源古镇、千家坪、天子湖、南顶草原、亢家岩等，其中九路寨、五道峡、横冲、尧治河属国家AAAA级旅游景区，黄龙观属国家AAA级旅游景区。

（执笔人：龚小云）

第三节　保康人文社会资源

保康历史悠久，人文社会资源丰富。涌现了众多载入史册的历史人物，诞生了十分宝贵的早期楚文化，留下了大量引以为傲的历史古迹和革命战斗遗址，传承了中华优秀传统文化，保存了许多珍贵文物和史料。

一、历史文物

保康历史文物、古遗址、革命战斗遗址较多，但由于历史的原因，文物遗失偏多，古迹毁损严重，革命战斗遗址保护不够，现存数量极其有限。2002年，《中国文物地图集》湖北分册中录入保康县的文物点仅83处，其中古遗址11处、古墓葬17处、古建筑10处、古石刻18处、古墓出土点16

处、铜鼎出土点1处、革命战斗遗址6处。现有馆藏文物300余件。

（一）出土现存的主要文物

经文物专家鉴定，保康馆藏文物中，有国家一级文物1件、国家三级文物9件，2002年部分文物已移交襄阳市博物馆托管。

（二）价值较高的古遗址

保康流传有古遗址的民间传说，像龙王寺、黄连寺、水池垭、南河船舶停靠点、龙坪古寨、"小武当"古建筑群等。既有文字记载又可以发掘考证的相当稀少，主要有张氏祠堂、穆林头遗址、杨泗庙等。

马良镇紫阳村穆林头遗址2017年发掘探方全景图（保康县博物馆供图）

穆林头遗址位于马良镇紫阳村原申阳中学校园内，面积约2000平方米，遗址最早为屈家岭文化，最晚为宋元时期。1990年发现宋元时期陶器1件。目前还在进一步发掘。

（三）流传后世的革命斗争遗址

保康作为革命老区，革命战斗遗址众多。除黄堡、寺坪、歇马三个重点老区乡镇外，还有马良官帽山、城关堰塘和土门、黄堡庙垭、龙坪集镇等。

1.车峰沟战斗遗址

该遗址位于保康县城南约15千米处，为一条长3.5千米、沟底宽不足10米的山谷，属后坪镇辖地。1946年12月13日，鄂西北军区司令员王树声、副司令员刘昌毅、副政委刘子久等率军区直属机关、警卫团和一纵二旅七团约1000人从武当山地区进驻保康。转移途中，部队在车峰沟被国民党军队包围，战斗从上午8时一直持续到傍晚，刘昌毅指挥担任前卫的警卫团和殿后的三旅七团，利用沟底的山包石头做掩体，顽强阻击，最终掩护军区首长和直属机关人员成功突围。

2.九路寨战斗遗址

该遗址位于保康西南部，方圆15平方千米。九路寨主峰海拔1426.5米，平均海拔1200多米，四周多为悬崖峭壁，因有九条道路可通到寨顶，故名"九路寨"。1949年10月底，解放军第四野战军一部西进四川，途经保康，县剿匪指挥部决定借四野军威，集中兵力，拿下天险九路寨。10月31日，解放军剿匪部队兵分四路将九路寨包围，于次日在走马岭和钻天洞发动总攻，一举攻下九路寨，俘获残匪近百人。

3.马桥街红军标语遗址

该遗址保留于保康县马桥镇奎星街城门洞，残存城墙为砖石结构，门洞呈拱形，门洞上方可见"消灭军阀混战"六字标语，落款为"工农红军第三军七师政治部"。后因石灰脱落，仅"消灭"二字清晰。字为楷书体，标语横书，字体大；落款分两行竖写，字体小。1982年，马桥城门洞红军标语遗址被公布为"市级文物保护单位"。

4.吴德峰革命业绩陈列室

该室坐落在保康县城关镇三溪沟村岗岭，紧邻大山脚下，属保康县林业局管理的蜡梅山庄范围。陈列室为砖木结构，仿古式样，建筑占地面积421.9平方米。陈列的珍贵实物有吴德峰同志长征时用过的毛毯、自制的座椅及拐杖等，以及周恩来、王震、黄火青、萧克等革命元老的纪念题词和悼念文章。

吴德峰革命业绩陈列室（中共保康县委党校供图）

二、名胜景区

悠久的历史渊源、奇特的山水风貌、科学的规划建设为保康造就了众多的名胜景区，随着历史古迹、革命战斗遗址、自然风景的开发与保护，美丽乡村建设、乡村振兴的加强与推进，早期楚文化发掘、优秀民俗文化传承的深化与创新，保康旅游业形成了以名胜景区为支撑的自然风光旅游、红色旅游、文化旅游、乡村风貌旅游等崭新局面。

（一）横冲景区

横冲景区位于保康县后坪镇境内，为国家森林康养基地、国家AAAA级旅游景区。景区平均海拔1700米，最高峰海拔1946米，素有"荆山之巅"之称。景区拥有近10万亩原始森林，其中野生樱桃、千年芝麻栎和云锦杜鹃最具特色，珍稀植物资源达300多种，各类千年古树500余株，中草药800多种，野生紫斑牡丹600多亩，珍稀飞禽走兽150余种，被林业部门列为天然"动植物基因库"。横冲国际滑雪场、红楼客栈、石垴岭氧吧等景点为景区增色添彩。

（二）汤池峡温泉景区

汤池峡温泉景区位于保康县城关镇陈家河村，距县城17千米。景区拥有优质的天然矿泉资源，泉水四季恒温39.5℃，富含锶、钼、硒、锌等30多种有益人体健康的微量元素，对治疗风湿性关节炎、心脑血管疾病、肿瘤等疾病均有良好效果，其理化指标优于国家矿泉水标准，被誉为"华中第一泉"。景区由襄阳新中昌集团投资10亿元打造，是集休闲度假、康体疗养、商务会议、悟道养生于一体的中国首席峡谷温泉旅游目的地项目，主要分为七个功能区，即第一形象区、精品会所区、世界温泉区、温泉风尚区、楚源民风区、温泉疗养区、问道养生区。

（三）九路寨景区

九路寨景区是国家AAAA级景区，位于保康西南边陲，地跨歇马、马良两个乡镇，与宜昌、兴山等县市接壤，距县城128千米，平均海拔1200多米，最高海拔1426米。景区内战口河、唐坪河、南门河、霸王河、锣鼓

国家AAAA级旅游景区——九路寨景区（保康县融媒体中心 供图）

寨河等河流径流山川峡谷之中，黄龙洞、象鼻山、佛祖望瀑、柳簸坪等一批具有代表性的景点相映生辉，原始森林浩瀚，峡谷溪瀑壮观，独特的山水风光、良好的生态环境、丰富的物种资源构成了一幅壮美的画卷，是人们旅游观光、探险猎奇的理想之地。

（四）五道峡景区

五道峡景区位于保宜、保神高速公路交会处，郑万高铁过境保康后坪站附近，是连接三峡、神农架、武当山的旅游黄金要道和重要节点。景区由五道峡、麻坑林场、横冲药材场三个部分组成，总面积88平方千米。五道峡集奇、险、雄、幽于一体，山寨、溶洞胜景为特色。麻坑林场和横冲药材场以高山森林、小型草场、奇峰异石等自然风光为主，遍布箭竹、天麻、玉竹、云锦杜鹃等80余种珍稀植物和中药材，加之卞和得玉历史传说，使该景区成为融自然景观与历史文化于一体的综合旅游景区。

国家AAAA级旅游景区——五道峡景区（五道峡景区供图）

（五）尧治河景区

尧治河隶属马桥镇，地处保康西北部，是房县、神农架与保康三县（区）交界处的一个行政村，距马桥集镇30千米，距县城104千米，总面积

33.4平方千米。20世纪八九十年代以前，该村经济十分落后，村民普遍贫穷，守着富饶的矿产、水能和旅游资源却过着少吃缺穿无钱用的苦日子。后来在孙开林的带领下，村党支部号召全体村民发扬愚公移山精神，修公路、建电站、开矿山，一步一步地把经济发展了起来，先后成为全县、全市、全省、全国的一面红旗村，村容村貌得到翻天覆地的改善，村民提前10年过上了小康生活。当村集体经济发展壮大、村民实现整体脱贫并走上富裕之路后，孙开林等便以超前的思维、极富远见的智慧在可持续发展、生态修复与保护、红色与生态旅游、磷矿产品精细加工等方面做起大文章，充分利用历史人文资源、经济发展成果、自然山水风光等优势，大力发展旅游业，如今已形成以龙门广场、老龙宫、中国磷矿博物馆、尧帝神峡四大核心景区及滴水岩、太极养生馆、地质公园、尧治河水库等具有代表性景点为支撑的国家AAAA级旅游景区，并先后获"全国休闲农业与乡村旅游示范点""国家生态旅游示范区""国家森林公园""中国十大山区幸福村"等多项荣誉。

国家AAAA级旅游景区——尧治河景区（尧治河景区供图）

（六）黄龙观景区

黄龙观是马桥镇靠矿业经济致富的行政村之一，村党支部借助美丽乡村建设机遇，把目光转向绿色发展、可持续发展，充分利用地处保康与神农架、房县、兴山交界地，境内自然风光优美、人文资源丰厚、道教历史悠久等优势，做起了乡村旅游文章。目前，景区拥有龙道观和夫子岩两个主要景点，加之黄龙观古建筑群、观尖、彭祖养生馆、悬崖餐厅、黄龙滑索、道教弘法、生态农业园、太极广场等其他景点，使景区成为民俗文化与自然风光相得益彰的旅游之地，是国家AAA级景区。

国家AAA级旅游景区　　黄龙观景区（黄龙观景区供图）

（七）蜡梅谷景区

蜡梅谷景区由野花谷景区演变而来，地处距县城仅20千米的过渡湾镇境内，是中国第一个野生蜡梅自然保护区。景区内植被保存完好，有20余万株野生蜡梅、3万多株原始牡丹、10万株以上云锦杜鹃等珍稀花卉，森林覆盖率达97%，是一座颇具科研价值、开发潜力的生物基因库。现由郑州邦和集团投资6.5亿元在此打造集蜡梅精油萃取、生态产品开发、养生食疗、蜡梅养生SPA、会议度假于一体的蜡梅谷综合旅游景区。

（执笔人：刘席敏）

第四节 保康工业

保康工业起步晚、基础差、底子薄。保康真正意义上的工业起步于党的十一届三中全会以后，改革开放推动了保康工业从作坊式、粗放型经营逐步走向规模化、精细型发展。经过40多年的发展，保康初步建立起了以水电为根基，以磷化工为引擎，以机械、建材、轻工、农产品加工为枝干，其他工业为枝叶的工业体系，走出了一条具有地方特色的发展路子。党的十八大以来，保康县工业经济转型升级，磷化工、农产品加工和新能源、新材料产业多元支撑的发展格局初步形成，工业总产值由2012年的53.5亿元增长到2022年的168.12亿元，年均增长21%，县域经济分类考核稳居全省三类县（市）第一方阵。全县规模以上工业企业达到112家，高新技术企业发展到16家，培育2024年高新技术后备企业10家，省级专精特新"小巨人"企业3家，正在培育5家企业申报省级"专精特新"企业；在已拥有的3家省级"专精特新"企业中，拟筛选1家企业申报国家级"专精特新"企业。

一、主导产业

磷化工是全县工业发展的骨干和支撑。2022年，磷化工产业园建设全力推进。"十四五"时期，保康将以建设鄂西北磷化工业走廊为重点，围绕兴发、新洋丰、龙蟒、尧化股份等龙头企业，实施大规划，落实大项目，建设大园区。对马桥工业园进行改造升级，建设磷矿采选清洁生产示范基地；依托保康县新发现的马良段江磷矿资源，积极引进新的战略投资者规划建设集磷矿"采选加"于一体的保康县磷化工产业园和物流园，把开发磷化工产品从初级推向终端，努力打造多产业耦合、上下游关联的磷化工循环经济产业链，实现多方战略合作的典范，形成多赢格局，力争到"十四五"末全县磷化工产业总规模突破200亿元。

二、园区建设

（一）湖北保康经济开发区

2008年6月，湖北省人民政府批准筹建保康经济开发区，2010年4月，省编委正式批复为省级开发区，下辖襄阳余家湖保康工业园、保康城区精细磷化工业园、保康农林特产品加工工业园、马桥矿化工业园。2010年5月，襄阳市编委下发批复，成立"中共保康县委经济开发区工作委员会、湖北保康经济开发区管理委员会"，为县委、县政府派出的副县级机构，实行一套班子，党政合署办公。保康经济开发区内设"四办二局"等6个正科级机构。截至2020年底，开发区已入驻企业65家，其中规模以上工业企业30家，产值超1亿元的企业达到24家，产值超5亿元的企业达到5家；开发区拥有中国驰名商标3个，省级著名商标1个，省级知名商标3个。楚烽化工、尧治河股份、丰利化工3家公司获得省级两化融合示范企业。楚烽化工、泰山石膏、荆楚水泥、楚磷公司、凯裕机械5家企业入选襄阳市智能制造示范企业，其中泰山（襄阳）石膏公司被工业和信息化部评为"绿色工厂"。

保康楚烽化工有限责任公司全景（保康融媒体中心供图）

（二）襄阳余家湖保康工业园

襄阳余家湖保康工业园位于襄城区经济开发区内，是襄阳市唯一的"飞地园区"。建成区面积3.4平方千米，主干道、自来水、污水雨水管网、蒸汽管网、天然气管网、变电站、通信、绿化等基础设施完备。目前，登记注册企业50家，落户工业企业30家，其中精细化工企业14家、新材料新能源企业8家、建材企业4家、机械加工企业4家，基本形成以精细化工、新材料为主，建材和机械加工为辅的产业发展格局。目前，园区规模以上企业17家，其中产值过亿元规模企业12家，有7家企业被认定为高新技术企业，授权发明专利5个。

（三）保康县城关农产品加工园区

保康县城关农产品加工园区位于城关镇土门村牌坊湾，园区占地808亩，入园企业12家，其中农业龙头企业10家、血浆单采企业1家、电商产业园区1个，分别是湖北尧治河楚翁泉酒业有限公司、襄阳佰蒂生物科技股份有限公司、湖北圭萃园农林股份有限公司、大山合集团保康绿生现代农业有限公司、湖北澳立生物科技股份有限公司、湖北美莱丝绸家纺有限公司、湖北荆山锦茶业有限公司、保康聚鑫源纺织有限公司、襄阳富襄现代农业开发有限公司、湖北千立农业有限公司、保康县莱士单采血浆有限公司和保康县创新创业产业园区。湖北尧治河楚翁泉酒业有限公司位于保康县城关镇发展路1号，注册资本1.8亿元，占地面积158亩，年可产优质酱香型白酒5000吨、五粮酒2000吨、包装酒2万吨，年可实现销售收入30亿～40亿元，实现利税10亿～15亿元。大山合集团保康绿生现代农业有限公司是上海大山合集团有限公司的全资子公司，是一家从事食用菌科研、基地培植、菌类产品加工和销售的重点出口创汇企业。公司以华中农业大学和上海农科院食用菌研究所为技术依托，以"公司+基地+农户"的模式，在全县建立了500余户专业合作社、标准化生产示范户，逐步形成"候鸟式"的"菌芯产业一条龙"。公司年加工食用菌

100万吨，产品销售到日本、韩国、美国、新加坡、欧盟地区等29个国家和地区。保康县创新创业产业园由湖北广经天下农业科技有限公司负责对外运营，总建筑面积8600平方米。园区建有"5大中心"，即电商运营中心、综合培训中心、旅游接待中心、产品展销中心、物流配送中心。已入驻企业达51家，上行下行营业额达6.2亿元。全县投资农村电商社会资本金达8000多万元，农村电商网店达400多个，电商从业人员达5000多人。园区已建成国家第三批电子商务进农村综合示范县。

（四）城区精细磷化工业园

城区精细磷化工业园位于保康县城规划区内北部，占地面积500亩。园区内有兴发集团楚烽公司、襄阳巨力公司、荆楚水泥等工业企业。该园区以磷化工为主，其产业导向是加快工业级化工向食品级、医药级、饲料级等精细化工产品转型升级，打造精细磷化工业园。

（五）马桥矿化工业园

马桥矿化工业园位于马桥镇境内，由周湾工业园和横溪工业园合并而成。该园区实施集"采选加"于一体的发展模式，以黄磷、磷酸为基础原料，开发工业级、饲料级精细磷酸盐产品，重点建设黄磷、磷酸氢钙、精细磷酸盐等项目。

（六）马良磷化工产业园

2023年上半年，襄阳市政府批复园区建设。2023年1月5日，与新洋丰集团达成合作协议，拟投资182亿元建设精细磷化工新能源、新材料项目。2023年1月10日，与广州天赐集团、华强集团签订了投资120亿元的锂电正极材料前驱体及配套项目入园合作框架协议。把马良磷化工产业园打造成中西部精细磷化工循环经济产业示范园区，推进磷酸盐开发由工业级向食品级、医药级和电子级转化，由正磷酸盐向亚、偏、次磷酸盐转化，由普遍磷酸盐向功能性磷酸盐转化，由大规模单一品种向系列化多品种转化，不断调整产品结构，扩大产品规模，延长加宽产业链条，重点发展高纯黄磷，食品级、医药级、电子级精细磷化工高端产品。

（执笔人：徐红萍）

第五节　保康农业

一、农业概况

保康是一个传统的农业县，长期以粮食、蔬菜、茶叶、烟叶、干鲜果、食用菌、中药材等生产和牲畜、家禽养殖为主，但大多没有形成规模化经营、产业化发展，"小打小闹"特征突出。20世纪90年代后期，地方党委政府从市场占领、生产效益等多方面考虑，把适应本地发展、具有地方特色的优势项目纳入到规模化、产业化发展范畴，通过政策激励、资金扶持、市场拓展、技术指导、部门帮扶等多种措施，使烟叶、茶叶、核桃、蔬菜、中药材等一批种植业项目和畜禽、水产等养殖业项目开始扩规模、增产量、提效益，为保康实现农业现代化发展、农产品加工业提质增效开始夯实根基。2022年，保康县农产品加工产值达到68.39亿元，同比增长11.95亿元，同比增幅21.2%。全年实现农业总产值51.06亿元，农民人均可支配收入达到16129元。

二、农产品供给

落实粮食生产各项补贴政策，累计兑付种粮补贴资金189.24万元、耕地地力补贴资金2591.02万元。全县粮食总面积46.66万亩，总产量13.27万吨。其中：小麦7.82万亩，产量2.02万吨；马铃薯8.96万亩，产量2.20万吨；水稻3.21万亩，产量1.85万吨；玉米22.01万亩，产量6.53万吨。猪、牛、羊、禽存栏分别达到20.7万头、1.1万头、4.9万只、86.2万只，出栏分别达到26.9万头、0.6万头、9.1万只、203.1万只。

三、特色农业

经过多年探索积累，特别是党的十八大以来有效实践，保康特色农业初具规模，核桃、中药材、烟叶、茶叶、蔬菜、水果等逐步发展成为农业支柱产业。其中，核桃面积达到35万亩，中药材面积17.5万亩，烟叶面积3.8万亩，茶叶面积20.1万亩。为了加快特色农业发展步伐、提升特色农业发展质量，保康印发了《保康县重点农业特色产业链建设推进工作机制》，制定了《2022—2025年重点农业特色产业链建设实施方案》，建立了全县重点农业特色产业链建设工作联席会议制度，形成了县、乡（镇）、村三级联动、共促发展的工作格局。

推进道地药材产业链建设，重点打造以襄阳欣禾丰农业有限公司为示范，以保康县鹏兴药材种植专业合作社、保康县新星养殖专业合作社等5家经营主体为重点的"1+5"药材产业链特色党建品牌。全县中药材种植面积达到17.5万亩。其中，草本中药材种植面积达到9.2万亩，年产量1.5万吨左右，年产值达到6亿元以上，初步形成了马桥镇、寺坪镇两个中药材专业镇，中药材专业村达到50余个。苍术面积达3万余亩，年产优质苍术5000吨，林下天麻300万窖、林下野生菌200吨。保康茶叶产业高质量发展取得阶段性突破。截至2024年底，全县茶叶基地面积达到20.1万亩，年生产加工干茶8800吨，加工产值达9.5亿元，保康入选全国"2024年度茶业重点（原百强）县域"。全县烟叶面积达3.8万亩，烟农1617户，出售烘烤干烟8.8万担，烟农售烟总收入达1.42亿元，户平种烟收入9.3万元，上缴烟叶特产税3125万元。保康是全省规模最大、品种最纯、单产最高、服务体系相对健全的核桃产业县，先后被评为"全国核桃产业示范县""全国核桃产业先进县""国家核桃栽培综合标准化示范区"，获"第四届中国林业产业创新奖"，全县核桃保存面积35万亩，核桃干果总产量达2405万斤，综合产值4.5亿元。

四、龙头企业建设

2022年，全县农业龙头企业已达43家，其中省级龙头企业9家，市级龙头企业达到19家，年产值两千万元以上的规模农产品加工企业29家，其中产值过亿元的农产品加工企业21家，规模以上农产品加工企业年加工产值达到68.39亿元。结合山区实际，加强了全县药材、核桃、蓝莓、葛粉、茶叶、蔬菜等特色产业的基地建设服务。截至2022年底，全县两品一标认证总计49个，认证产量30012亩，认证产量2.5万吨。

保康茶叶集团外景（保康融媒体中心供图）

五、农村重点领域改革

完成257个村集体资产清产核资，共清查核实集体资产19.2亿元、新增2.03亿元，资源性资产385万亩、新增67万亩，确认集体经济组织成员7.14万户、21.55万人。运用农村土地确权数据成果，为54914户下发耕地地力保护补贴311493.73亩，兑现补贴资金2591万元，亩平83.18元。全年新发展农民合作社69家，新增家庭农场96家。推动"厕所革命"，建改厕所569座，全县累计建改户厕达50644座，全县无害化卫生厕所覆盖率达90%以上。全县规模养殖场畜禽粪污资源化利用率达到97.8%，设施装备配套率达到100%。

六、农机概况

2022年,省财政厅、省农业农村厅下拨保康县中央农机购置补贴资金267万元,结转上年157.84万元,使用市级农机购置补贴资金6.9705万元,总农机购置补贴资金431.8105万元。共实施农机购置补贴资金241.8765万元,补贴农机具1969台,受益农户1758户。全县拥有农机总动力40万千瓦,其中拖拉机7848台、75109千瓦。

（执笔人：张可）

第六节　保康服务业

党的十八大以来,保康县服务业快速发展,新型服务业贡献持续提高,结构调整优化,发展势头强劲。2022年,全县服务业增加值81.06亿元,同比增长3%,占GDP比重44.7%,与2012年相比,服务业增加值年均增长6.45亿元,年均增长率为13.4%。服务业在转型升级、动能转换、促进就业、拉动消费、改善民生等方面发挥了重要作用,成为拉动经济增长的新引擎,有力推动了全县经济社会平稳健康发展。

一、生态旅游

近年来,保康县牢固树立"绿水青山就是金山银山"的发展理念,把生态旅游业作为转型发展的主抓手和县域经济的新引擎,坚定不移地实施全域旅游战略。2019年,全县接待游客共计306.8万人次,实现旅游综合收入28.06亿元,同比分别增长18.2%、14.0%。同时,大力发展文化产业,把文化元素与生态优势紧密结合起来,增添生态旅游的吸引力,至2019年底,文化产业增加值达到5.1亿元,占GDP的4.8%。2021年,全县又新增文化产业项目14个,新落地文化产业项目6个,新增规上文化企业9家,全县规上文化企业总计40家,文化产业增加值7.1亿元,占GDP的5.6%。成功创建尧治河、荆山玉2家省级文化产业示范基地,保康县各景区累计接待游客453.34万人，实现旅游综合收入37.09亿元。2022年全域旅游亮点纷呈，"楚源保康号"品牌专列开通运行，横冲成功创建国家AAAA级旅游景区，四星级旅游饭店实现零的突破，保康成功入围全省全域旅游示范区，被纳入荆楚文旅名县创建序列。

（一）实施景区提升工程，做足生态文章

生态是保康最大的优势，绿色是保康最亮的底色。近年来，保康合理开发利用生态资源，构建旅游县城＋核心景区＋风情小镇＋美丽乡村"金字塔"式的全域旅游发展新格局。加快实施城区大绿化、蜡梅公园等重点项目建设，打造保康旅游"会客厅"。纵深推进尧治河、五道峡、九路寨等核心景区延伸开发，抓好梅花寨、花千谷等新建景区提档升级，推进横冲滑雪场、南顶草原等旅游项目建设，培育健康、养老、休闲、度假、运动、研学、影视等旅游新业态。因地制宜，突出特色，打造生产、生活、生态有机融合，兼具旅游功能和社区特征的风情旅游小镇，推动城乡一体化发展。加快推进歇马至白竹旅游公路绿化工程，打造旅游示范带和风景廊道，让保康处处是景区。

（二）实施要素配套工程，做优服务文章

在硬件方面，完成旅游集散中心规划，尽快启动项目建设；建设旅游咨询中心，加快完善高速旅游标识系统建设，推进24座旅游厕所建设；积极对接高速高铁"大动脉"，开通县城至九路寨景区旅游公交，加快推进马良西山至九路寨、过渡湾至梅花寨等旅游公路建设。在软件方面，围绕"吃"，深入挖掘保康美食资源，打造地方美食文化品牌；围绕"住"，扶持发展一批星级酒店、商务酒店和特色民宿；围绕"游"，策划并推广保康四季游精品线路，培育一批旅行社；围绕"购"，实施旅游后备箱工程，开发具有保康特色的旅游商品，加快建设完善旅游商品展销中心；围绕"娱"，深入挖掘早期楚文化内涵，加快楚城文化旅游综合体、文体中心等项目建设，推进特色文化表演进景区。

（三）实施品牌创建工程，做活营销文章

深化景区创 A 工作，加快推进尧治河申报国家 AAAAA 级旅游景区和国家旅游度假区，九路寨景区挂牌国家 AAAA 级旅游景区，创建一批国家 AAA 级旅游景区。打造保康旅游品牌，坚持政府主导、企业主体，整合资源组建营销联盟，从景区营销向旅游目的地整体营销转变。在"楚国故里·灵秀保康"基础上策划提升保康旅游主题形象，坚持一个品牌、一个声音、一个主题对外宣传。创新营销宣传方式，继续举办"一镇一节"文化旅游活动；加强公众推广，推动旅游品牌形象宣传进机场、进地铁、进商圈、进社区；加强媒体推广，坚持全媒体、立体化宣传，利用影视植入、新媒体传播等途径，持续提升保康生态旅游的知名度和美誉度。

二、金融

县委、县政府不断加快金融改革步伐，发展多层次资本市场，加快要素交易平台建设，推动投融资模式创新，加强金融对外交流与合作，同时采取多种举措加大金融风险防控，维护金融安全稳定，进一步优化金融发展环境，使保康金融业在健康轨道上快速发展。

（一）银监服务经济发展

2019 年 7 月，中国银行保险监督管理委员会襄阳监管分局保康监管组（以下简称保康银保监组）成立揭牌。保康银保监组是中国银保监会的派出机构，按照湖北银保监局和襄阳银保监分局的授权，履行对辖区内银行保险金融机构的市场准入事项、业务经营情况的管理和监督职责；受理并调解辖区内金融消费者投诉，保护金融消费者合法权益；配合襄阳银保监分局开展银行保险金融机构现场检查工作。

（二）落实货币政策传导

全县金融部门认真贯彻上级和县委、县政府决策部署，全面落实稳健的货币政策要再加灵活精准、合理适度工作要求，在后疫情时代继续实施金融支持稳企业保就业系列措施，有效落实各项优惠政策，不断加大信贷投放力度，积极防范化解金融风险，持续优化金融服务，为全县经济高质量发展提供有力的金融支撑。到2021年12月末，全县共报账利用央行低成本政策资金6.92亿元，其中，支农再贷款2.05亿元，支小再贷款0.82亿元，扶贫再贷款4.05亿元（含展期2亿元）。用好两项政策工具，充分利用政策窗口期，抓好普惠小微企业贷款延期支持工具和信用贷款支持计划两项政策工具的运用，发挥好杠杆撬动作用，引导金融机构进一步加大对涉农、小微企业和民营企业信贷投放力度。到2021年12月末，使用信用贷款支持计划额度3666.55万元，惠及企业1504户。使用贷款延期支持工具额度339.06万元，惠及企业525户。

（三）大力服务乡村振兴

2021年，农行精准扶贫贷款余额5.1亿元，扶贫重点县贷款增量4.1亿元，当年带动贫困人口2005人。开展驻村帮扶，帮助农民积极创收增收。协助镇政府、村两委开展产业验收、换届选举、防灾减灾、疫情防控、异地搬迁、农作物抢收、产业培植等，争取政策资金20余万元，维修公路15千米，发展茶叶、水果、蔬菜、药材等产业270余亩，帮助解决了农民出行难、就业难、增收难的现实问题；加强整村推进，打通农村金融市场"最后一公里"。立足保康县地区特色及产业特点，组建工作专班，扎实开展"信息建档、整村推进、重点授信、综合服务"工程。整村推进覆盖全县11个乡镇257个村，累计签约白名单851户，累计投放"惠农e贷"1.83亿元，"惠农e贷"余额达1.33亿元，农户信息建档模式贷款比年初净增6433万元，同时，实行"1+N"组合营销，为农户提供"一揽子"金融服务，有效支持了农民育苗育种、蔬叶种植、商超零售等经营发展；加大信贷投放，金融支持乡村振兴发展。大力推进传统磷矿产业、乡村旅游、特色农业等项目发展，对尧治河化工、楚烽化工、尧神旅游、保康特色茶叶等提供近10亿元信贷资金支持。

（四）做好财险承保理赔

2021年，财险公司保康支公司理赔已决案件2350件，累计赔款1750万元。上缴各类税收322.82万元，实现利润680万元，利润计划完成率191%，同比增加170万元。车险、农险、意健、财产、船货超额完成年度利润目标，车险、农险分别实现利润321.30万元、284.10万元。仅财产险经营亏损，其他条线均盈利。综合成本率81.70%，同比下降2.7%；综合赔付率59.32%，同比增加3.82%。全年无一起安全事故和违法乱纪现象发生，连续5年被市分公司评为"优秀标杆支公司"。2021年，农业保险累计提供风险保障90.7万元，财产险39.51万元，责信险241.43万元，意健险95.36万元。

三、科技创新

近年来，全县各级各部门认真贯彻落实全省关于加快科技服务发展的实施意见，有力推动科技服务业快速发展。

（一）快速推进科技服务业

2018年全年实施技改项目30个，完成投资5.4亿元；新增高新技术企业2家、高新技术产品6个，尧治河化工"清洁生产工艺关键技术开发"获省级重大专项立项。2019年实施工业技改项目12个，完成技改投资12.4亿元；开展产学研合作项目10项，新增高新技术企业4家，泰山石膏公司成为全市首家国家级"绿色工厂"。2020年开展产学研合作86项，转化科技成果14项，新增高新技术企业8家，5家企业入选襄阳市智能制造示范企业。2021年科技创新成果丰硕，高新技术产业增加值占GDP比重达到

13.5%。2022年科技创新加力提速，成立产业研究院2家，认定通过高新技术企业8家，入库科技型中小企业47家，高新技术产业增加值占GDP比重达到13.7%。

（二）积极申报科技项目

加强与上级科技部门汇报、沟通，2022年完成组织申报市级校企联合创新中心2个，市级重点实验室1个，省级新型研发机构1个，市级星创天地3个，新增星创天地入孵企业30家，众创空间入孵企业15家，县级科技创新示范基地11家，省级乡村振兴科技创新示范基地1家、市级2家，省级企校联合创新中心2家；抓好科技创新平台绩效考核工作，已完成组织推荐2家省市级众创空间、2家省级星创天地、1家国家级星创天地平台绩效考评工作；狠抓组织企业申报省市科技计划项目，已完成组织申报省级重点研发计划项目1项、省级农业领域重大科技计划项目1项、市级科技计划项目申报9项、湖北省揭榜制科技项目1项。

（三）加大科技创新投入

2022年出台《中共保康县委 保康县人民政府关于加强科技创新引领高质量发展的实施意见》等文件，完善工业企业关键性技术供需创新链，减免加计扣除和高新技术企业税费700余万元，对20名享受政府津贴人员进行考核，并发放津贴12万元，进一步激发各类市场主体的创新创业活力，加速培育高新技术企业，对泰山石膏、楚磷、攀源等高企培育企业跟踪服务，在研发投入、发明专利、科技成果转化等方面补短板。引导龙蟒、亚克等规上企业加入高企培育行列，建立企业研发机构，加大研发投入，扩充和优化保康县高新技术企业动态储备库。

四、房地产

随着城乡一体化发展的推进、农村人口不断向城镇的转移、区域经济进一步开放转型的需要等大势所趋，保康房地产业成为进入21世纪以来对增加国家和地方财政收入、拉动地方经济发展、创造城乡居民就业机会的亮点产业之一，同时，也为改善城乡居民居住环境、满足城乡居民住房需求、提升城镇发展形象发挥了巨大作用。

（一）持续发力规范房地产市场监管

2017年与行政审批局对接，及时将新许可的项目入网，保证了信息的实时性和准确性，确保了合同网签的进度。进一步规范完善合同内容，规范交易双方权利和义务，并督促双方及时备案；启动了商品房预售资金监管，通过与银企协作，为商品房后期建设提供了保障；加强房地产营销人员培训，及时为他们提供培训平台，更好地维护了交易双方合法权利，销售行为进一步得到了规范。2017年1—8月新入网项目3个，新入网批准预售面积为2.55万平方米205套，其中新入网住房预售面积为2.08万平方米163套，非住宅0.47万平方米42间，办理商品房预售合同备案362份。2018年新入网项目6个，分别为凤凰新城H17号楼、艺苑一期住宅楼、马桥车站及汽修厂、凤凰新城二期（k13、k15、k17、k19、k21）、保康县社会福利中心综合楼，总建筑面积11.39万平方米，其中批准预售住宅751套（9.48万平方米），非住宅174间（1.708万平方米）。加强开发资质管理，为企业提供优质服务，全年受理2宗房地产开发资质申报、完成2家企业的资质年检初审上报。加强预售资金监管，保障买卖双方合法权益，受理核准预售资金使用申请27次，完成商品房预售合同备案664份。2019年开展房地产物业服务中介机构专项整治、非法集资和房地产开发项目风险防控等工作，处理信访纠纷60件，送交未经验收交房入住处理函1份。全年新入网项目5个，建筑面积22.54万平方米，批准预售住宅1569套（20.67万平方米），非住宅145间（1.78万平方米）。完成新建商品住房销售950套，销售面积12.1万平方米，同比增长138.3%，商品房预售合同备案1000份。办理商品房交易397套，交易面积4.76万平方米，其中存量住房交易157套，成交面积2.13万平方米，同比增长93.9%。2020年新入网项目5个，建筑面积629万平方米，批准预售住宅460套（5.44万平方米），非住宅59间（8500平方米）；完成商品房预售合同备案720份，办理存量商品房房产交易300套，交易面积4.25万平方米。

（二）加快建立多主体供给、多渠道保障、租购并举的住房制度，促进房地产市场平稳健康发展

租赁备案系统已建立并投入使用，完成6份租赁合同网上备案工作，商品住宅库存消化周期为13.8个月。2021年，全县申报纳入中央预算内投资计划小区23个，申报改造计划23个，完成改造29个，争取政策资金3362万元，完成投资3684万元。全县新建商品房批准预售378套，批准预售面积4.819万平方米，新建商品房销售752套、销售面积8.959万平方米。存量房成交80套，成交面积9710万平方米。

五、商贸

保康城乡居民经济收入逐年递增，商业、餐饮网点密集，为人们消费提供了便利，为消费逐年增长奠定了基础。

（一）促进消费稳步增长

2017年完成社会消费品零售总额54.14亿元，同比增长10%，其中限上企业完成销售额46.6亿元，继续实施商贸企业成长工程，培育发展新增限上企业。全县共有限上企业143家，为全县"社消额"的稳步增长提供了强有力支撑。2018年，全县实现社会消费品零售总额60.63亿元，比上年增长12%；其中城镇市场实现零售额50.98亿元，增长12.37%；乡村市场实现零售额9.65亿元，增长10.09%。2019年完成社会消费品零售总额67.97亿元，同比增长12.1%，其中限上企业完成销售额43.74亿元，占比64%。2020年，受疫情影响，保康县商贸流通受到巨大影响，1—12月实现社会消费品零售总额59.29亿元，同比下降20.40%，低于全市平均水平0.6个百分点；批发业、零售业、餐饮业、住宿业分别下降7.44%、4.65%、11.15%、1.48%。从城乡消费情况来看，城镇消费品市场实现零售33.54亿元，同比

下降 5.85%，占比 56.57%；乡村消费品市场实现零售额 2.16 亿元，同比下降 1.16%，占比 3.64%，城镇消费降幅低于乡村消费 4.69 个百分点。全县共有 165 家限上商贸企业，其中批发业 4 家，零售业 104 家，住宿业 20 家，餐饮业 37 家。2020 年，限上商贸企业累计完成社会消费品销售总额 40.97 亿元，同比下降 5.5%，占全县社会消费品零售总额的 69.10%。新增入库企业 20 家，其中法人 4 家、大个体 16 家。全年实现社会消费品零售总额 59.29 亿元，新增限上商贸企业 20 家。2021 年，全县完成社会消费品零售总额 74.47 亿元，同比增长 25.6%，培育新增限上企业 33 家。2022 年城乡消费加快复苏。开展消费提振活动 6 轮次，新增限额以上商贸企业 26 家，实现社会消费品零售总额 78.2 亿元，同比增长 5%。

（二）外经外贸高位增长

2017 年，实现外贸出口 7419 万美元，同比增长 18.2%；完成利用外资 2260 万美元，同比增长 12.38%。2018 年，实现外贸出口 9344 万美元，增长 25.6%；实际利用外资 2470 万美元，增长 9.3%。2019 年，实现外贸出口 13302 万美元，同比增长 42.36%，保康县出口总额突破亿万美元；完成利用外资 2733 万美元，同比增长 10.65%。2020 年，全县完成外贸出口 14982 万美元，增长 12%；完成实际利用外资 2959 万美元，增长 8%。2021 年，完成外贸出口 2.1 亿美元，同比增长 40.2%；完成利用外资 3338 万美元，同比增长 12.8%。2022 年，引进外向型市场主体 8 家，预计完成外贸出口 3 亿美元，同比增长 40%。

（执笔人：王发渡 靳儿丽）

第七节　保康城乡建设

近年来，保康县城乡一体化步伐显著加快。聚焦完善功能、提升品质的城镇规划建设管理"十条意见"适时出台，美丽县城建设三年行动的有效实施促进了城乡人居环境的明显改善。

一、城乡融合发展

（一）城镇建设

近年来，保康县突出规划引领、组群发展，致力建设绿色保康。城区大绿化、旅游客运站新建、清溪河二桥改建与紫薇桥扩建、清溪河景观带与步行桥配套、河西路改造、沿河景观公园延伸、全民健身中心建设等项目相继竣工，蜡梅公园建设、棚户区改造、老旧小区改造等专项整治项目梯次推进，官山环山路、紫薇路改造、山洪沟治理、河西污水管网和环境整治等项目相继实施，环清溪河休闲步道全面贯通；四条高速建成通车，郑万高铁顺利开通，国省干线改造升级，环保水利、电力通信等设施全面提档换代，使保康形象焕然一新。

郑渝高铁保康县站（保康县融媒体中心供图）

（二）集镇建设

近年来，后坪高铁新镇建设取得重大突破，风情小镇基本成型、各具特色。黄堡、网略、龙坪等"撬点小城镇"试点建设初见成效，来凤中田

最美乡村百佳县市。郑渝高铁保康县站建成运营，国省干线改扩建工程接续推进，建设"四好农村路"182千米，配套旅游公路118千米，新建公路桥梁14座。金盘洞水厂设施更新，白峪沟水厂开工建设，五道峡水库完成可研批复，岩头溪水库大坝成功封顶，"屋面集雨"工程有序推广。新建通信基站557个，新增改造配变电设施20台、电力线路60千米，集镇应急水源建设全面启动，乡镇污水处理厂有序运行，可再生资源回收利用中心投入使用，建成村级垃圾分拣站120座。

（三）新农村建设

保康县始终把精准扶贫、精准脱贫作为重大历史使命和政治责任，聚焦聚力"六个精准"，统筹推进"五个一批"，全力打好产业扶贫、易地搬迁、安全饮水、危房改造"四场硬仗"。认真落实健康扶贫、金融扶贫，326支驻村工作队默默扎根一线，7021名党员干部倾力结对帮扶，夺取了精准攻坚的全面胜利。共计发放产业奖补和小额贷款资金8.35亿元，实施易地扶贫搬迁12065户、农村危房改造5063户，新建、改扩建农村公路1970千米，建成各类饮水工程2638处，资助贫困学生12.5万人次，落实政策兜底1.4万人。全县8.3万贫困人口全部脱贫销号，65个贫困村全部脱贫出列。2019年4月，省政府批准保康退出贫困县。保康扶贫开发成效考核连续3年排名全省第一，如期实现了整县脱贫摘帽的目标。2019年7月，保康代表湖北高质量通过国家评估抽查。

保康县脱贫摘帽后，严格落实"四个不摘"要求，健全防止返贫动态监测和帮扶机制，实施"十三大巩固提升工程"，消除"三类户"风险355户1025人，全面推动巩固拓展脱贫攻坚成果同乡村振兴有效衔接，"三农"工作开创新局面。2021年，保康县探索建立"14532"防返贫动态监测和帮扶机制，识别监测对象879户2611人，落实产业发展资金1.3亿元，发放小额信贷6.8亿元，提供就业岗位2万余个，组织外出务工3.2万人次，返贫致贫风险及时消除，守住了不发生规模性返贫的底线。

保康县乡村建设各具特色。以美好环境与幸福生活共同缔造活动为抓手，推进建设美丽乡村示范线6条，建成美丽乡村综合试点56个，尧治河入选全市首批"A级景区式村庄"。小沟、刘家坪、陈家湾等美丽乡村亮点纷呈，马良镇陈家湾村、后坪镇车峰坪村等一批美丽乡村各具特色，"擦亮小城镇"试点工作有序开展，荣获中国最美乡村百佳县市。

二、民生保障

（一）教育

保康县推进以"生本德育、生本课堂、生本活动、生本服务、生本管理"五大模块为主要内容的"生本教育"改革，教育质量稳步提升。全县现有各级各类学校116所，在校学生29111人，在编教职工3557人。实施名师名校长名班主任培养工程，2017年以来，共开展各级各类教师培训29817人次。全县县级以上名师、名校长、名班主任达169名，省特级教师6名，2名教师被评为"襄派教育家"，10名教师被评为首届"保康名家"，1名教师上榜"襄阳楷模""全国模范教师"，1名教师被评为"荆楚好老师"，4名教师获"马云乡村教师奖"。2017年以来，累计招聘教师562名，649名教师参与城乡交流，乡村学校教师紧缺和村小教学点师资力量薄弱问题有效缓解。全县学前三年教育毛入园率92.5%，九年义务教育巩固率为100%，高中三年毛入学率97.7%，适龄残疾儿童少年入学率100%。2017年以来，共发放国家和地方资助政策资金12459.33万元，资助家庭经济困难学生180996人次，保障了家庭经济困难学生不因贫失学。近5年来，累计投入4.7亿元，新建、改扩建校舍20万平方米，改造运动场11万平方米。全县标准食堂配备率、寄宿制学校一生一铺配备率、学生宿舍沐浴率、如厕率达到四个100%。调整优化中小学校布局，后坪镇集镇学校整休迁建，新建县直机关第二幼儿园等重点项目，2022年9月顺利开学。新建熊绎小学、一中扩容、中职产教融合等项目有序推进。累计投入1533.93万元用于教育信息化建设，教育信息化水平进一步提升。教育教学质量逐年攀升，高考上线率达到99.6%。

（二）文化体育

全县拥有博物馆1个、公共图书馆1个（图书总藏量17.3万册）。体育场馆1个、剧场影剧院1个。保康县文化中心（三馆）建设项目建于土门村牌坊湾城中村改造中心区，2022年建成投入使用，为县文化馆、图书馆、博物馆、档案馆同幢复合体建筑，总投资6500万元，占地21.27亩，总建筑面积1.7万余平方米。新建全民健身路径40条，成功举办民俗文艺节目展演、尧治河马拉松赛等文体活动。

（三）卫生健康

保康县推动实施健康保康战略，以治病为中心转向以人民健康为中心，为人民群众提供全方位全周期的健康服务。2021年末，全县共有医疗机构319家，其中县直二级医疗机构3家，乡镇卫生院（含地名卫生院）14家，社会办医医疗机构3家，村卫生室299家，实际开放床位2231张。县、乡两级医疗机构在岗人数1888人，其中卫生技术人员1587人，卫生技术人员占总人数的84%。全县医疗机构在岗执业（含执业助理）医师519人，在岗注册护士689人。县医院外科大楼、中医院肿瘤中心、疾控中心综合楼、乡镇发热门诊相继建成使用。县医院传染病区二期、县健康管理中心项目稳步推进，急救中心改造和3个实验室、17个发热门诊建设竣工投入使用。新建、改扩建薄弱农村卫生室207家，创建国家"慢性病综合防控示范区"通过复审。成功创建省级食品安全县，食品药品安全群众满意率全省领先。近3年来，全县县、乡两级医疗机构诊疗人次201.96万人次，出院17.04万人次，手术22693例，收入11.33亿元。全县医疗机构平均住院日为7.665天，药占比为27.95%，诊断符合率为97.76%。

推动疾控体系改革。印发《保康县疾病预防控制体系改革和公共卫生体系建设工作领导小组工作规则》《保康县疾病预防控制体系改革和公共卫生体系建设工作领导小组成员单位职责》，构建了以疾控中心为主体、医疗机构为依托、村卫生室为网底，全社会协同的"四位一体"疾病预防控制体系。

（四）行政审批

保康县持续深化"放管服"改革，行政审批事项、审批流程大幅精简，企业开办"210"、办电用水"321"、用气"010"服务高标准落实，全流程电子交易常态化运行，"双随机、一公开"监管全面推开。推进政务服务"一网、一门、一窗、一次"改革，持续优化政务环境。2020—2022年，保康县投入资金1.57亿元建成县政务服务中心。1900余项政务服务、便民服务审批事项全面展开。自助办、掌上办、就近办等便民措施全面推广，政务服务体系实现系统性重构。落实"一业一证"行业改革19项、"一事联办"主题事项272项、"跨省跨域通办"事项512项，100类电子证照实现"免提交"；政务服务"四减"行动成效显著，事项办理时限压减95%，"零跑动"事项达到98.3%，新增工业用地实现"五证同发""拿地即开工"。全流程电子化招投标全面推开。

（五）民生

1. 燃气管理

保康县现有10家燃气企业，其中液化气站8家，液化气供气量为1200吨；天然气2家，城区中压管网18.5千米，马桥镇中压管网3.2千米，庭院低压管网约4千米。

2. 城市供水

湖北保康林江水业有限公司所属金盘洞水厂为城区的主要供水设施，供水水源为金盘洞水库。金盘洞水库位于清溪河上游城关镇金盘洞村，距城关镇约8.5千米。坝址以上控制流域面积166平方米，水库正常蓄水位401.5米，总库容926.6万立方米，近年日供水2万吨/天，城区现有供水主管网28千米。

3. 污水处理

全力贯彻河库长制，改善清溪河水质，先后完成了黄湾小区2372米的污水管网建设工程、土湾片区10235米的污水管网建设、�塔路片区及政府大院3号楼北侧污水管网工程。先后启动土门片区3455米污水管网建设工程、黄氏女沟污水管网、河西社区常青队片区、尚万凸等污水收集管网建设。与湖北汉江益清环保科技有限公司签订《保康县乡镇污水管网巡查维护委托合同》，负责保康县13个镇（村）290多千米污水管网巡查维护工作。

4.住房管理

规范房地产市场监管，加快建立多主体供给、多渠道保障、租购并举的住房制度，建立租赁备案系统，大力推行住房保障常态化申报、即时分配机制。保康县已基本实现公租房和租赁补贴保障随时、就近申报，即时进行分配。

5.棚户区改造和老旧小区改造

出台《保康县城区老旧小区改造实施方案》，将91个老旧小区改造任务分解成3年实施。

6.社保就业

5年来，民生支出占财政支出比例达80%。新增就业2.5万人，城镇登记失业率控制在3%以内。社保五险扩面5.1万人次，医保参保率稳定在97%以上，居民养老保险待遇提高80%。

三、生态建设

保康县相继出台《保康县委和县政府机关有关部门生态环境保护责任清单》《保康县环境保护"一票否决"暂行办法》。河湖长制、林长制全面落实，大气污染、非法采砂等综合整治纵深推进，蓝天碧水净土保卫战、污染防治攻坚战取得关键进展，"四个三重大生态工程"超额完成目标任务，自然保护区建设全面加强，空气优良率稳定在90%以上，主要河流断面水质保持Ⅱ类标准，农业面源污染得到有效控制；国土绿化、森林资源管护成效显著，森林覆盖率达到84.09%，成功创建全国绿化模范县、国家生态文明建设示范县。

持续加强生态环境保护，完成生态红线勘界定标工作，加快推进荒漠化、石漠化和水土流失综合治理，抓好地质灾害防治。强化资源开发监管，严格落实产业准入负面清单制度。健全环保信用评价制度，强化排污者责任，严密防范环境风险。

牢固树立"绿水青山就是金山银山"的发展理念，以更高标准推进生态文明建设，永葆绿色发展的优势和底色。2021年，全县空气优良率达到95.5%，位居全市第一；汨河、南河、蛮河三大流域断面水质稳定在Ⅱ类以上；金盘洞集中式饮用水源地水质达标率100%。

（执笔人：吴杰 薛良琼）

第八节 保康基础设施

一、交通

（一）基本概况

全县公路总里程4901.56千米，路网密度151.99千米每百平方千米；高速公路123.11千米，二级公路301.33千米，三级公路116.54千米，四级公路3065.7千米，等外公路1294.89千米。渡口6个。客运站16个，其中二级客运站1个，三级客运站1个，五级客运站14个，货运站1个。

（二）专项治理

对非法营运车辆进行治理。广泛开展宣传。充分利用广播、电视、宣传横幅、微信公众号等渠道宣传"黑车"危害，倡导市民拒乘"黑车"。在日常执法巡查过程中，向广大市民和从业人员发放宣传资料，引导和倡导广大市民乘坐正规交通工具出行，教育和提醒"黑车"从业人员停止非法营运行为，大力营造拒乘"黑车"的良好氛围。加强部门联动。开展日常巡查和驻点执法，对执法过程中出现的不听劝阻、暴力抗法等违法行为，启动协同执法处置预案，第一时间联系公安和城管部门赶赴现场联合处置。坚持流动巡查，紧盯违法行为，安排执法车辆上路开展流动巡查执法，及时发现并制止非法营运行为，让"黑车"无法停靠候客。强化驻点执法，组建驻点盯防小组，驻守"黑车"高频停靠区域，对"黑车"占用出租车、公交车车位停车候客行为进行劝离，对广大市民乘"黑车"行为进行劝阻并引导其乘坐正规出租车。

（三）安全管理

认真贯彻落实"党政同责、一岗双责、齐抓共管、失职追责"和"三个必须"要求，加强领导、周密部署，狠抓责任和防范措施落实，以高度的思想自觉、政治自觉和行动自觉抓好安全工作落实。强化监管，抓好安全隐患整治，定期开展安全生产大检查工作，全面加强"两客一危一货"、道路交通、城市、农村客运、水上运输、交通项目建设施工、公路管养、消防等行业重点领域安全监管，督促企业落实主体责任。有效保障了全县交通运输安全生产平安稳定。

二、能源

（一）推进清洁能源入户

开展农村能源项目建设。2017年以来，开工建设小型沼气工程26个，推广太阳能热水器400余台，安装太阳能路灯350盏，建设投资1010余万元。2019年新开工沼气工程1处，完善续建工程6处，铺设沼气主管道3200米，管网入户85户；配送安装太阳能热水器123台，安装太阳能路灯40盏；巩固沼气利用示范村15个，巡访沼气用户7693户。多种方式摸清全县户用沼气底数，完成建档立卡，掌握户用沼气使用现状；管好、用好、巩固好原有沼气利用示范村，切实提升沼气利用效果，持续加强农村能源项目建设管理。

（二）推广节能产品入户

以提高广大群众生活品质为主旨，积极组织节能项目产品组件，协调安装施工人员，开展实施服务，加快续建太阳能热水器和路灯项目建设步伐。2019年，在寺坪七里扁、李家湾、樟木沟、店垭锅厂、老街、龙坪大阳坡等村配送安装太阳能热水器123台，在寺坪岗子村安装太阳能路灯40盏，全面完成节能产品装配任务。

（一）加强安全使用管理

以做好年末岁初农村能源安全生产工作为契机，强化安全生产责任。组织业务技术人员、后续服务人员，对户用沼气、小型沼气工程、太阳能工程等进行安全大检查。以安全生产月活动为契机，提高安全生产意识。按照各级"安全月"活动的要求，制订活动计划，加强安全生产宣传，印制安全宣传标语，在11个乡镇（村）醒目位置、重点位置张贴，广泛深入开展宣传。同时，以强化沼气工程安全生产为重点，加强安全生产防范，每年对全县沼气工程进行安全检查。

三、城市运营

坚持把全生命周期管理理念贯穿城市规划、建设、管理全过程，打造安全、宜居的城市环境。深入开展"城市病"综合整治，重拳治理出店经营、乱停乱放、乱搭乱建现象，解决噪声扰民、无处停车、物业管理缺位问题。加强智慧城市建设，推行"大数据+网格化"，实现城市运行"一网统管"。探索政府主导、市场运作、社会参与的城市治理新路子，盘活城市资源资产，实现城市可持续发展。制定完善市政道路、园林绿化、市容环卫、城管执法、数字城管标准规范，在市民之家和11个乡镇分别建立城运中心，不断加快推进城市治理现代化。

（执笔人：李兴华）

谷城篇

第一节　谷城概况

一、历史沿革

谷城地域古属豫州，公元前 11 世纪，周时封嬴姓（名绥）为谷伯，建都城于谷山，名谷伯国，又称谷国。春秋时谷国为楚附庸。秦时依筑水立筑阳县，属南阳郡，后设置扶风郡、义成郡、泛阳县、义成县、万年县等。隋开皇十八年（公元 598 年）更名为谷城县，县名沿用至今。隋、唐、宋、元、明、清时期，谷城先后隶属南阳郡、襄阳郡、荆州都督府和襄阳府。民国时期，谷城县先后隶属湖北军政分府安襄郧荆道招讨使署、襄阳道、湖北省第四绥靖区、湖北省第八行政督察区、第五行政督察区。1931 年 10 月，成立谷城县苏维埃政府，隶属鄂豫边区革命委员会和湘西苏维埃省政府。1947 年 12 月，在谷城县汉水以东的黑龙集（今属襄州区）成立谷城县爱国民主政府，属桐柏行署三专署。1948 年 7 月 3 日，谷城县解放，属桐柏行署汉南办事处。同时，将汉水东北之太平店镇划归襄阳县，将仙人渡、张家集二镇和大冲乡划归光化县，把汉水西南原属光化县的伍员乡划归谷城县。1949 年 9 月，改谷城县爱国民主政府为谷城县人民政府，隶属湖北省襄阳行政区专员公署。1956 年更名为谷城县人民委员会。1968 年成立谷城县革命委员会，隶属襄阳地区革命委员会。1981 年 1 月恢复谷城县人民政府。1983 年 10 月，隶属襄樊市人民政府。2010 年 11 月始，隶属襄阳市人民政府。

谷城县辖城关、冷集、石花、五山、紫金、南河、盛康、庙滩、茨河 9 个镇和赵湾乡，设谷城经济开发区和薤山旅游度假区，240 个建制村、50 个社区居民委员会。2022 年，全县户籍户数 20.85 万户，户籍人口 58.56 万人。其中，男性 30.17 万人，女性 28.39 万人；乡村人口 29.25 万人，城镇人口29.31万人。全年出生人口2989人，人口出生率5.02‰，符合政策生育率99.67%，出生人口性别比110.19%。全县人口由汉族、回族、蒙古族、藏族、维吾尔族等21个民族构成，其中汉族占总人口的99.8%，其他少数民族占总人口的0.2%。

根据地区生产总值统一核算结果，2022年，全县实现地区生产总值478.63亿元，按不变价格计算，比上年增长5.9%，增速高于全市平均水平0.5个百分点。分产业看，第一产业增加值57.58亿元，增长4.9%；第二产业增加值217.27亿元，增长9.4%；第三产业增加值203.78亿元，增长2.7%。2022年，全县完成社会消费品零售总额168.62亿元，比上年增长3.7%。从行业看，批发业、零售业、住宿业、餐饮业分别比上年增长12.2%、3.9%、5.9%、5.2%。分区域看，城镇市场消费品零售额109.38亿元，比上年增长3.6%；乡村市场消费品零售额59.24亿元，比上年增长3.9%。2022年，全县招商引资项目403个，其中新建231个，完成招商引资372.24亿元，比上年增长15.3%；实际外商直接投资6840万美元，比上年增长10%。

2022年，全县地方财政总收入20.39亿元，地方一般公共预算收入11.9亿元，其中，税收收入9.65亿元，地方一般公共财政预算支出51.24亿元。全县城镇常住居民人均可支配收入42542元，比上年增长7.1%；人均消费支出26509元，比上年增长3.6%。农村常住居民人均可支配收入21826元，比上年增长8.4%；人均消费支出16955元，比上年增长7.1%。全县居民消费价格指数99.6%，其中食品烟酒96.9%，服装99.4%，居住100.1%，生活用品及服务100.4%，交通和通信103.1%，教育文化和娱乐100.7%，医疗保健99.9%，其他用品和服务98.7%，商品零售价格总指数100.2%。

二、地理位置

谷城县位于湖北省西北部，地处武当山山脉东南麓，汉水中游西南岸，地跨东经111°07′～111°52′，北纬31°53′～32°29′。以县城为中心，间东4.5千米（直线，下同）至城关镇粉水社区，以汉江主航道为界与老河口市仙人渡镇隔江相望；向北28.5千米至冷集镇王家康村，与丹江口市三官殿接壤；向西38.5千米至紫金镇观音堂村百步梯界石，与房县沙河店毗邻；向南46.7千米至赵湾乡青龙山三管石，与南漳县长坪镇和保康县过渡湾镇相连。南北最大纵距66千米，东西最大横距69千米，总面积2553平方千米，约占全省面积的1.37%。其中陆地面积2434平方千米，占县域总面积的95.34%；水域面积119平方千米，占县域总面积的4.66%。

三、地形地貌

谷城县位于鄂西北山区，属秦岭、大巴山东延余脉与江汉平原接壤地带，主要山脉线走向受地质构造控制，呈近东西向展布；南靠高山、北滨汉水。整体地势由西南向东北降低，呈向东北方向开口的"C"形地势，形成西南、中部、东北三级阶梯地貌特征。坡度倾斜1∶2，呈折扇形。最高点为西南部赵湾乡青龙山，海拔1584米，最低点为东南部茨河镇九道湾，海拔71米，相对高差1513米。

山地：县西南部为海拔1000～1500米的构造侵蚀溶蚀中山区，包括赵湾乡、紫金镇及五山镇北西部，山势陡峻，切割深度为500～1000米，河流、冲沟多呈"V"形谷。主要分布有震旦系–志留系碳酸盐岩及碎屑岩。区内山地切割强烈，峰峦栉比，谷涧纵横，人类活动相对较少，地表多为植被覆盖。

丘陵：县中部为海拔500～1000米的构造侵蚀溶蚀中低山区，大致包括茨河镇西南部、薤山林场至赵湾乡一带及五山镇西南部，最高峰为位于薤山林场1099米的女儿峰。山势浑圆，切割250～500米。以青峰断裂为界，其南分布震旦系–志留系碳酸盐岩及碎屑岩，其北分布中元古界武当岩群变质岩系及震旦系–志留系碳酸盐岩及碎屑岩。区内地表多为植被及农田，人类活动相对较多。

平原：县东北部为海拔小于500米的构造剥蚀丘陵区及盆地，包括城关镇、茨河镇、庙滩镇、石花镇、冷集镇、盛康镇等大部分地区。丘陵高程一般为100~300米，主要为白垩系地层组成的垄岗状丘陵地貌，山顶浑圆，地形平缓。盆地则为海拔在100米以下的沿汉江西岸及南、北河下游间断性的小平原，主要分布在冷集镇、城关镇的东北部、庙滩镇东部及石花镇周围。该区土地肥沃，沟渠密布，人类活动频繁，为境内经济发达地区。

四、气候条件

主要天气气候特征：全年平均气温16.9℃，年均降水量1034.4毫米，日照时数1557.8小时，年极大风速19.3米/秒。

（执笔人：韩双玉）

第二节　谷城自然资源

一、水资源

谷城县境内有5千米以上河流107条，分属汉江、南河、北河三大河流水系，其中流域面积100平方千米以上的12条。汉江为界河，傍县北折东流，从谷城县沈湾王家坎进入谷城境内，于茨河高家垭子入襄阳，境内流程85千米，流域面积606.56平方千米，最大行洪流量61000米³/秒，最小流量572米³/秒，年径流量563亿立方米。南河发源于神农架东南麓，为汉江中游西南岸一大支流。干流全长303千米，流域面积6490平方千米，流域内多年平均降雨量1031.7毫米，年径流总量24.7亿立方米。由紫金镇坞瑙观村入境，至城关镇格垒嘴村注入汉水，境内流程74千米，流域面积1051.3平方千米。北河发源于武当山南麓房县南进沟，干流全长103千米，流域面积1212平方千米，流域内多年平均降水量997.5毫米，年径流量4.6亿立方米。由紫金镇彦家洲村入境，于城关镇安岗村入汉江，境内流程59.6千米，流域面积991.71平方千米。全县建成大、中、小型水库87座，其中大型水库1座、中型水库7座、小（1）型水库12座、小（2）型水库67座，堰塘8575口。30千瓦以上灌溉提水泵站99处，总装机119台，总容量7191千瓦，年提水能力3000万立方米；机电井651眼，总装机651台，年取水量511万立方米。

二、野生植物资源

全县有野生植物183科735属1574种，分别占湖北总科数的75.94%，总属数的50.62%，总种数的26.15%；占全国总科数的51.85%，总属数的23.13%，总种数的5.65%。野生植物中，国家珍稀濒危保护植物27种。其中国家重点保护野生植物15种（1级2种，2级13种），国家珍贵树种8种（1级2种，2级6种），国家珍稀濒危植物15种（2级4种，3级11种）。

三、野生动物资源

全县有野生脊椎动物30目89科219属297种，其中鱼类有4目9科33属38种，两栖类有2目8科16属21种，爬行类有3目9科23属31种，鸟类有13目40科94属134种，兽类有8目23科53属73种。野生动物中，有国家重点保护动物55种（Ⅰ级6种，Ⅱ级49种），列入中国濒危动物红皮书的有39种，属于中国特有种的有30种。其中两栖动物中，有国家重点Ⅱ级保护动物2种，列入中国濒危动物红皮书的有4种，属于中国特有种的有10种；爬行动物中，列入中国濒危动物红皮书的有11种，属于中国特有种的有5种；鸟类中，有国家Ⅰ级保护鸟类3种，Ⅱ级保护野生鸟类35种，列于中国濒危动物红皮书的有9种，属于中国特有鸟类的有5种；兽类中，有国家Ⅰ级保护动物3种，国家Ⅱ级保护动物12种，列于中国濒危动物红皮书的有15种，属于中国特有种的有10种。

四、矿产资源

全县有铁、钛、金、铜、钼以及硅石、白云石、石灰石、辉绿石、重晶石等各类矿产 37 种，以非金属矿为主。37 种矿产中，能源矿产 1 种（煤），金属矿产 14 种，非金属矿产 22 种。其中硅石矿资源丰富，资源储量和品位等均居全省第一，尤以优质硅石矿大规模集中连片分布为特色。硅石矿主要分布在谷城县中部的盛康镇、南河镇及东南部的庙滩镇、茨河镇，累计查明硅石矿资源储量 1998 万吨，远景资源储量的 2 亿吨，硅石矿资源品位均为大于 60% 的富矿；白云岩矿则集中分布在盛康镇、南河镇一带；花岗岩以北部冷集镇资源最为丰富；石灰岩矿虽分布较广，但仅石花镇、赵湾乡有较好储量；辉绿岩矿分布在北部冷集镇兴隆观东北部，有大量的中元古代基性岩出露；重晶石矿则主要产于茨河镇，大多以零星矿点分布。金属矿产中，铁矿分布在冷集镇，铅锌主要产于盛康，铜矿主要产在石花镇。有各类矿床 89 处，其中已查明资源储量上表矿区（床）7 处，包括大型矿床（钛铁共生矿）1 处、中型矿床 2 处、小型矿床 4 处；未上表矿区中有大型矿床 1 处、中型矿床 3 处；可能成为大型矿床 1 处、中型矿床 3 处。开发利用矿区 44 处，其中大型 1 处、小型 43 处。

五、土地资源

土地总面积 254097.32 公顷。按三大类统计，其中农用地 228856.78 公顷，占土地总面积的 90.07%；建设用地面积 15088.3 公顷，占土地总面积的 5.94%；暂未利用的面积 10103.83 公顷，占土地总面积的 3.98%。按土地利用现状分类统计，全县各地类面积分别为：耕地面积 38969.27 公顷，占土地总面积的 15.34%；园地面积 4822.92 公顷，占土地总面积的 1.9%；林地总面积 177351.87 公顷，占土地总面积的 69.8%；草地总面积 1093.65 公顷，占土地总面积的 0.43%；城镇村及工矿用地面积 12211.46 公顷，占土地总面积的 4.81%，人均城镇村工矿用地 202.54 平方米；交通运输用地面积 3670.41 公顷，占土地总面积的 1.44%；水域及水利设施用地面积 13610.46 公顷，占土地总面积的 5.36%；其他土地面积 2367.28 公顷，占土地总面积的 0.93%。

（执笔人·韩双玉）

第三节　谷城人文社会资源

谷城县是楚文化发祥地之一，民族民间文化遗产厚重。1980年，县文化局组织专班人员编辑出版《中国民族民间文艺十套集成·谷城卷》七套。2004年8月，成立谷城县非物质文化遗产保护中心，负责全县非物质文化遗产普查、收集、整理、保护、传承工作，收集非物质文化遗产线索1116条，完成调查项目318项。之后，县政府公布"谷城县非物质文化遗产保护名录"32项。其中《紫金山歌》《南河套曲》《高公喜神》《滚灯舞》《石花奎面》《伍子胥传说》《黄杨木雕》7个项目被襄樊市列为市级非物质文化遗产保护名录，《南河套曲》《石花奎面》被湖北省列为省级非物质文化遗产保护名录。

谷城历史悠久，文化积淀深厚，名胜古迹遍布全县。主要有千年古刹承恩寺、沈垭天主教堂、薤山革命旧址群落、鄂西北区党委、鄂北手纺织训练所旧址等。

一、谷城名胜概况

谷城因神农氏在此尝植五谷而得名。《拾遗记》记载："时有丹雀衔九穗禾，其坠地者，帝乃拾之，以植于田，食者老而不死。"上古时期，炎帝神农氏在这里斫木为耜、揉木为耒、植五谷、兴百业，开创了华夏文明。2008年，人类早期活动遗址考古，在谷城下新店发现新石器时代的谷壳。西周封谷伯，立谷国，"九州独此谷为名"。谷城或曰神农城，神农山、神农寨、神农洞等历史印迹遍布其间，古风犹存。老百姓建房中间正房总是往里缩进三尺，称为"拜望池"，拜望池上面有一块"照门方"，上面悬挂的是当年收成最好的谷物，进进出出的人们都要拜一拜，即使不拜也要"望"，即行注目礼。谷城，地处襄阳古城与武当山之间，生态好是谷城最大的特色。"八山半水分半田"，森林覆盖率72%。汉江与其两大支流南、北二河在此交汇，特色景区风光旖旎，生态宜人。"三水绕城、湿地风光""天然氧吧，薤山度假""山水画廊、南河'小三峡'""茶乡五山、堰河乡村""千年古刹，休闲薤河""紫金十字山，汉家茶博园""赵湾户外游，体验八里荒"，生态谷城令人神往。

薤山云海（谷城县融媒体中心供图）

二、大薤山风景区

大薤山风景区位于谷城县城西南40千米处，是国家AAA级旅游景区、国家森林公园、省级旅游度假区，素有"中国南避暑山庄"之称，是闻名遐迩的避暑胜地、度假天堂。核心景区面积3.2平方千米，主要特点是山奇峰峻、林海苍茫、鸟语花香，森林覆盖率达93%，夏季平均气温22℃。早在1857年，意大利旅游家在薤山避暑时著文介绍薤山，从此，薤山被中外人士知晓。1903—1910年，英国、美国、意大利、挪威、加拿大、丹麦、荷兰、葡萄牙8国在华传教士在大薤山陆续建起西洋别墅52栋737间，是外国人在湖北建设的唯一别墅群。薤山山峰奇秀，美如匡庐，有景点60余处。自然景观主要有女儿峰秀、梳妆台峻、林海绿涛、鬼斧岩险、神农洞幽、鸳鸯石奇、楠竹苍翠、古枫醉秋、油茶飘香、朝看日出等，人文景观主要有神农洞、神农峡漂流、李宗仁别墅、朗宁别墅、奥黛莉别墅、沙麻别墅、丹尼别墅、布朗别墅、红军司令部旧址等。

三、南河小三峡风景区

南河小三峡风景区位于谷城县城西南23千米处、湖北旅游名镇南河镇境内，国家AAA级风景区。南河景区由小三峡景区、五龙山景区、香炉石景区、温泉娱乐区、白水峪景区五大景区组成，与大薤山国家森林公园毗邻相连。南河之水发源于神农架，流淌在深山幽谷之中，清澈见底，纯净无瑕，相传为汉丞相萧何夫人脂粉之水，故又名"粉水"。"粉水澄清"为谷城八景之首。南河蜿蜒于峡谷30多千米，山清水秀，景色宜人，自南河大坝建成之后，形成高峡平湖的壮丽景观，两岸悬崖峭壁，层峦叠嶂，河面碧波荡漾，湖光山色，酷似长江三峡。以山青、水秀、洞幽、石奇、树古而享誉华中地区，主要景点有黄龙洞、娘娘洞、青龙盘树、香炉石、农家博物馆、月亮湾温泉等100余处。

南河小三峡风景区（《谷城年鉴》供图）

四、五山堰河乡村旅游区

五山堰河乡村旅游区位于谷城县五山镇境内。景区面积16平方千米。堰河村是湖北省新农村建设的典范，先后获"全国文明村""全国生态文化村""全国先进基层党组织""全国农业旅游示范点"等多个国字号殊荣，是湖北省唯一的"绿色幸福示范村"，享有"生态堰河""最美乡村"的美名。景区精髓——茶叶主题公园包括"三区一带"，即以七坪为中心的茶产品商贸区、以堰河为中心的茶产业休闲区、以田河为中心的茶文化祭拜区以及沿河风光带，形成了独具特色的"道家寻踪游、田园风光游、茶色生香游"三条精品线路。景区有百日山、夹板洞、鸡鸣观、五山茶坛、十石神遗址、黄山垭烈士陵园等景点，银杏山庄、堰河接待中心、百日山庄、天艺茶庄、茗香苑等"农家乐"以及"三和居"奇石馆、杜权成书画收藏馆、农博馆、民俗收藏馆等。

五、千年古刹承恩寺

承恩寺位于谷城县城南部茨河镇境内五朵山阴。国家重点文物保护单位、国家AA级景区、省级森林公园。始建于隋，初盛于唐，鼎盛于明，至今已有1400多年历史。承恩寺是隋炀公主隐居疗疾之地。明朝时期兴建大雄宝殿、钟鼓楼和毗卢大佛、弥勒石佛以及万斤铜钟等。襄阳简史记载，天顺年间，英宗为报答叔父，对该寺进行修缮，改其山为"永乐山"，改其寺为"大承恩寺"，承恩寺因此而得名。寺旁金子山、狮子峰、玉石碑、卧牛池、青丝泉、玉带水、锁风桥、万斤钟，素有八景之称。万斤铜钟制作精细，造型美观。现存"金刚般若波罗蜜正经"是国家二级保护文物。其建构雕梁画栋，气势恢宏。植被丰厚，无山不绿，风水极佳，被誉为聚气藏风、练功修行的宝地。

六、沈垭天主教堂

沈垭天主教堂位于谷城县城西70千米处的紫金镇沈垭村木盘山上，坐落在龙凤山、磨盘山、铜锣观三山鼎立的茶园沟盆地西沿，是一座占地30亩的西式建筑群。教堂雄伟壮观，富丽堂皇。教堂所在地有千株古栎树、百株古银杏、千亩香茶园，沧桑磨盘山、风雨十字山、恩怨玉皇顶等一批生态文化资源，自然风景秀丽，人文资源丰富，宗教文化浓厚，是理想的休闲避暑胜地。

七、县城老街明清古建筑群

县城老街明清古建筑群位于谷城县城东部、南河岸边，距今已有640余年历史，是湖北省内现存面积最大、历史最为悠久、保护最为完好的县级治所古建筑群。谷城老街明清古建筑群始建于明代初年，形成于明代中叶，兴盛于明末清初，鼎盛于清代和民国。明洪武二年（公元1369年）谷城知县方文俊创建谷城土城时，城东南靠河边之地已形成街道，并建成南河码头。明成化年（公元1465—1487年）间，南河码头相继建成上码头、中码头、下码头、老街七街一巷（老街、五发街、五福街、中码头街、米粮街、河街、新街、三神殿巷子），成为谷城经济文化中心和名闻荆楚的鄂西北最大的商品集散地之一。谷城老街明清古建筑群，街道呈"四横三纵"布局，占地面积1.2平方千米，现存古建筑共214座（三进41座、二进173座）。古建筑所有房屋面向街道，建筑形式为穿斗式和抬梁式砖木结构。整体建筑仍然保持明清古建筑的风貌，整个建筑群以徽派风格（天井院、马头墙、白墙黑瓦）为主，兼有北方四合院和本地特征。

八、汉江国家湿地公园

汉江国家湿地公园位于谷城县城东北后湖社区，南水北调中线源头湖北丹江口水库下游，福银（汉十）高速、襄渝铁路武康复线穿境而过。汉江在这里与其两大支流南北二河交汇，形成河流湿地38.3平方千米。2009年12月国家林业局批准进行试点建设，是千里汉江6省78县第一家，也是唯一一家以汉江命名的国家级湿地公园。公园核心区面积21.88平方千米，有"生态保育""神农农耕体验""湿地生境游赏""汉水文化展示""科普宣教""管理服务"六大功能区。汉江、南河、北河二河三水环绕、荷塘飘香，万鸟嬉戏、渔歌唱晚，"神农五谷""仙人古渡""粉水溶清""后湖夜月"人文故语千年传颂，"湿地八景"风光旖旎；建设汉江国家湿地公园，有利于构筑城市绿心，涵养水源，调节气候，打造人类与动植物和谐共生的乐园。

九、石花霸王醉酒

石花霸王醉是鄂西北唯一的百年老店——湖北石花酒厂（前身为石花街著名的"黄公顺酒馆"，始创于1870年）的镇厂秘藏酒。其以"上好原酒、二十年窖藏、原汁灌装"三大独特工艺和70度无与伦比的独特口感，荣获"中国第一高度""湖北极品酒"等美誉。中国白酒协会副会长、中国白酒评酒委员会专家组专家、中国白酒界号称"北高"的中国著名白酒专家高景炎老教授评价霸王醉时说："石花霸王醉清香、纯正、细腻、香气袭人、香而不厌，完全是自然发酵的香气，没有任何人为添加元素；石花霸王醉酒体醇厚、丰满，酒精度虽高达70度，在全国少见，但度高而不腻，饮后口不干、头不疼，是真正的好酒。"

十、茨河贡米

茨河贡米是国家地理标志保护产品，产于谷城茨河承恩寺周边优质稻田，自然生态环境优美，稻田由山中泉水浇灌，水中富含人体必需的钾、钙、碘、硒等20多种微量元素，稻米严格按照无公害农产品生产标准组织生产，米质优良，口感独特，香气四溢，营养丰富。明朝永乐年间被谕封为"朝贡御米"。

十一、黄杨木雕

谷城黄杨木雕技艺是襄阳市非物质文化遗产。黄杨木雕历史悠久、风格淳朴。明清时期黄杨木雕就在谷城县兴起，兴盛于清乾隆年间。黄杨木雕是以黄杨木作为雕刻材料的民间工艺品，它利用黄杨木的木质光洁、纹理细腻、色彩庄重的自然形态取材。黄杨木雕木质坚硬细密、色泽黄润，精雕细琢的作品构图新颖、玲珑别致、生动逼真；主题突出，意义深刻，表现出民间艺人创作思想的真、善、美，具有粗犷、自然的美感。

十二、石花空心奎面

石花空心奎面是湖北省非物质文化遗产，通过 QS 质量体系认证，是传统工艺制作的面食，已有 250 多年历史。按祖传工艺操作，把空气揉进面条之中，形成只有大头针大的空心。"人要忠心，面要空心"。石花奎面一直坚持"奎星悬天"夜晚制作。做面师傅一是净，即干净卫生；二是诚，即心胸真诚；三是正，即意念纯正。面粉在拌、和、揉、搓、拉等工艺中，如蚕抽丝，工艺精湛。此面宜炒宜煮、久煮不煳，吃起来清、鲜、爽，色、香、形皆妙，为老、幼、病、妇及体弱者食用之佳品。

十三、谷城茗茶

谷城县处于神农架、武当山交界地带，以及神农架和随州历山茶文化覆盖区域，全县平均海拔 600 多米，森林覆盖率 75.6%。谷城茗茶色泽绿亮、香气持久、味道甘醇，主要品牌有"汉家刘氏""玉皇剑""薤山毛尖""观山云峰"等。

十四、谷城野菜

谷城野菜主要以深山野林中的野生植物为原料，将传统的酱、腌、泡、热风干燥工艺与现代真空保鲜和脱水保鲜相结合进行加工。主要产品有野韭菜、苦菜（天香菜）、蕨菜、香椿、薄荷、葛花、槐米、香木瓜、护生草、长寿菜等 10 多个品种。

十五、茨河豆腐乳

茨河豆腐乳选用茨河镇生产的新鲜豆腐，经自然发酵，运用香麻油、辣椒、生姜、花椒等10多种原料精制而成。产品富含多种人体所需的乳酸蛋白和氨基酸,具有开胃健脾、抗衰老、防癌症等功效。其因色泽鲜艳、味道鲜美、质地细腻、厚味绵长的特点受到广大客户的青睐。

十六、赵湾香菇

赵湾香菇是无污染、纯天然的保健和功能性食品,富含人体所必需的多种氨基酸、鲜嫩爽口、容易消化吸收,还具有独特的药疗作用。香菇富含的"香菇多糖",对肝病有独特的预防和治疗作用,还具有降血压作用。

十七、南河葛粉

药物学专著《神农本草经》指出,葛有如下功效:主消渴、身大热、呕吐,解诸毒。经科学检测,富含丰富的微量元素、氨基酸、葛根素、黄酮素、淀粉等多种营养成分及钙、铁、铜等10多种人体必需的微量元素。具有清凉解热、生津止渴、升阳发表、抗菌解毒、降低血压、治疗冠心病的功能,对咽喉痛疾、口舌生疮、小孩清火、泻痢有特效。

十八、南河银鱼

银鱼,俗称面条鱼、面鱼,隶属鲑形目、银鱼科。据测定,鲜银鱼的蛋白质含量为10.75%,脂肪为1.37%;干银鱼的蛋白质为76.76%,脂肪为9.75%。由于银鱼繁殖力强,生长迅速,适应性强,生活周期短,其繁殖、生长、产卵均在同一水域中进行,是一种优良的放流增殖鱼类。

十九、薤白

薤白属百合科植物,又名薤白头、野蒜、小独蒜。《本草纲目》记载:"其根煮食,糟藏、醋浸皆宜。"其味辛、温,无毒;根白色,可入药。加白糖做成薤白粥食用,具有止咳平喘功效。加陈醋做成糖醋薤白,具有开胃、健脾、醒酒、帮助消化作用。

二十、汉江奇石

　　环绕谷城的汉水、南河、北河蕴藏着丰富的奇石，种类繁多，千姿百态。主要有水墨石、红碧玉、玛瑙石、玉带石、图案石等。汉江石，石质优良，图案清晰，色泽艳丽，颇受旅游者和奇石爱好者青睐。

（执笔人：韩双玉）

五山镇堰河村年货节（谷城县融媒体中心供图）

第四节　谷城工业

一、工业概况

2022年，全县规模以上工业增加值比上年增长11.7%；规模以上高新技术产业实现增加值106.5亿元，比上年增长16.5%，占GDP比重达22.3%。从行业大类看，汽车制造业增加值比上年增长17.6%，电气机械和器材制造业比上年增长18.9%，农副食品加工业比上年增长96.8%，非金属矿物制品业比上年增长16.9%，计算机、通信和其他电子设备制造业比上年增长16.8%。从产品产量看，布、十种有色金属、纱、饮料酒、铅酸蓄电池、水泥等产品分别比上年增长6.3%、34.2%、18.5%、8.1%、15.0%、27.4%。从效益指标看，规上工业企业营业收入比上年增长9.9%，利润总额比上年增长19.9%，税金总额比上年增长1.8%，营业收入利润率比上年提高0.65个百分点，每百元营业收入中的费用减少0.41元。

二、市场培育平台建设

谷城县加强省"两化融合"试点示范和智能制造试点示范项目培育，300余家企业和单位上云，省级基于互联网的制造业"双创"平台（企业）试点示范项目2家，省上云标杆企业2家，国家企业上云典型案例1个。骆驼集团以255亿元的营业收入入围2021年中国民营企业500强第441位。在湖北省民营企业百强中，骆驼集团名列第16位，美亚达列第60位。在襄阳市工业企业百强中，谷城9家，纳税百强企业0家（均含骆驼集团），金耐特机械、洪伯车辆、东华机械、美亚达等19家企业成为省级专精特新"小巨人"企业，其中，金耐特机械、洪伯车辆同时升级为国家级专精特新"小巨人"企业。四批次获批省支柱产业细化领域隐形冠军示范企业4家，科技"小巨人"9家，培育企业11家。新晋全国单项冠军产品1项，累计2项；获批国家绿色工厂2家，累计达5家。

三、科技信息化建设

谷城县建立了中小企业成长工程信息库，全力推进小进规，把100家成长性好的规下企业纳入小进规培育计划。截至2022年，规上企业总数达176家。谷城高新技术企业总数达65家，入库科技型中小企业92家。石酒公司、富仕纺织、金耐特机械成功获批市级重点实验室，全县拥有市级以上创新创业服务机构及研究开发机构63个，其中，省级以上37个，国家级2个。与湖北工业大学联合共建谷城县汽车产业技术研究院正式挂牌。深入推行科技特派员制度，县级以上科技特派员达110人。完善省级创新型县建设，启动国家级创新型县建设，谋划科技创新示范基地及农业科技园区建设，高端装备制造、再生资源、高端纺织等领域创新一批具有自主知识产权的核心技术和产品。

四、县域经济综合考评

谷城扎实落实《襄阳市"一县一品"特色产业集群促进县域经济高质量发展三年行动计划（2019—2021）》和《谷城县域经济工作考核奖励办法》，加快发展集中度高、关联性强的块状产业集群，打造特色增长极，落实提高各职能部门联动推进县域经济发展的动力，坚持县域主要经济指标监测分析工作机制，保持全县县域经济工作成绩突出单位称号，位居二类县市第6名，全力冲刺中部县域经济50强。

五、汽车及零部件产业概况

谷城县汽车零部件产业以三环车桥、三环锻造、洪伯金福源、金耐特等企业为龙头，大力发展铸件类、锻件类汽车零部件生产基地。实施延链强链战略，引进朗曜科技、朗宏动力、科洛德阀门等一批优质汽车零部件生产企业。按照"零件做全、部件做精、总成做强、市场做大、品牌做响"的要求，积极融入省市区域协同发展布局和"襄十随神"一体化发展格局。全县48家规上企业完成工业总产值224.56亿元。产品涵盖10多类300多个品种，与东风、一汽、北汽、上汽等汽车集团配套，产品出口美国、日本、英国、意大利、韩国、印度等20多个国家和地区，成为支撑湖北乃至中部地区汽车产业带发展的资源保障项目。规上汽车及零部件企业总数占谷城县规上企业总数的26.8%，完成主营业务收入占37.5%。三环锻造成为国家智能制造示范工厂、国家绿色产品设计示范企业、国家质量标杆企业；骆驼塑胶、三环车桥、三环锻造、金耐特机械、东华科技成为湖北省智能制造试点示范企业；骆驼集团、三环锻造、金耐特机械成为省隐形冠军示范企业，三环车桥、东华机械、石花维福、双虎机械、锐丰机械成为省级支柱产业细分领域隐形冠军科技"小巨人"企业，恒源宇塑胶成为省级支柱产业细分领域隐形冠军培育企业；骆驼集团荣获"湖北省第八届长江质量奖提名奖"；三环车桥、三环锻造、骆驼华中成为国家级绿色工厂；三环锻造获湖北省科技进步奖一、二等奖；洪伯车辆、金耐特机械、东华机械等19家成为湖北省专精特新"小巨人"企业，其中洪伯车辆、金耐特机械连续升级为国家专精特新"小巨人"。谷城县汽车零部件产业集群已连续15年被列为全省重点支持的成长型产业集群。主要产品有前轴、前桥、后桥、转向节、转向臂、蓄电池。实现年产前轴120万件、车桥总成25万台、转向节260万件、蓄电池1000万kV·Ah、桥壳等各类铸件80万吨生产能力。

六、资源再生利用产业概况

谷城县再生资源产业以发展循环经济为基础，充分发挥国家"城市矿产示范基地"和"国家新型工业化产业示范基地"国牌效应，重点发展再生铅、再生铝、再生钢铁、再生塑料等城市矿产四大产业和生物质能源产业，延伸发展再生铜、再生正极材料产业链。骆蓄华中、金洋、美亚达、金耐特车辆、凯迪、洪伯车辆、洪伯金福源、双虎、立强机械、东风威立雅、一汽凌源等一批骨干龙头企业，形成完整的、合作共生的循环经济产业链，回收网络系统及环境污染处理公共设施初步建立。截至2022年，73

家规模以上企业完成产值344亿元，同比增长22.6%。园区规上工业企业总产值179.9亿元，入驻园区的废旧金属加工利用企业100多家，规上企业42家。产品产量：年内回收各类再生资源300多万吨，生产钢铁铸造件200万吨、铅及铅合金23万吨、铝及铝合金制品25万吨、纸制品12万吨、玻璃制品3万吨。

七、轻工食品饮料产业概况

谷城县农产品深加工产业依托特色产业和农产品加工业优势，加大扶持培植企业力度，大力开展技术创新，提高产品科技含量，增强发展后劲，全县农副产品深加工企业发展到300余家，就业人员12000余人。其中规上企业68家，1亿元以上企业41家、5亿元以上企业11家、10亿元以上企业2家。有机基地标准化示范企业1个，累计开发"三品一标"标识认证52个，石花酒、汉家刘氏茶、玉皇剑茶、人人康茶油获得中国驰名商标。银纺公司是全国纺织行业效益50强企业，石花纺织公司成为高档服装面料全国同行业10强企业，富仕纺织公司是襄阳百强企业。各类织布机8000余台，其中，喷气织机近1500台，箭杆织机400台，75型布机4600余台；平缝机2000余台。

八、绿色建材产业概况

谷城县建材行业按照国家"控制总量，调整结构"的方针，加快传统产业技术改造升级、优化产业结构、创新发展机制，以美亚达为龙头，大力推进建筑节能改造，发展绿色建材，推进环保智能化建材技术，推广应用具有超低粉尘排放、操作环境无污染、节省成本、产品质量稳定可靠等特点的保温材料、墙体材料、保温装饰等新型建材。围绕新型建材产品"专精特新"，引进加盟企业，建设集精深加工、新型建材交易、新型建材物流、产品信息服务于一体的新型建材产业园，主要生产合金涂镀板、铝合金型材、建筑钢构材料等。完善配套产业链，补充生产建筑陶瓷、给排水管、新型墙体材料等，推进新型建材企业技术进步和产品升级换代，加快实现新型建材产业的集群集聚集约发展。产品产量：谷城县绿色建材产业规上企业建材24家，年工业总产值81.8亿元。主要产品产量：水泥10万吨、熟料134.5万吨、建筑铝合金16万平方米、铝合金涂镀板8万吨、建筑钢结构26万吨、新型墙体砖8.5亿块、炉衬材料21万吨、建筑陶瓷125万平方米。

九、电子信息产业概况

　　谷城县围绕工业化和信息化，以加快5G网络建设为核心，全面提升新一代信息基础建设与应用水平，打造数字经济发展新引擎，推进工业化和信息化深度融合，促进企业加快智能化、数字化、信息化改造。申报湖北省智能制造试点示范项目4家，批准2家；申报省"两化"融合示范试点企业13家，通过5家；3家企业成功申报为省上云标杆企业，一家企业申报工业互联网平台。全县电子信息类规上企业17家，年产值52.6亿元。"千企登云"行动：谷城县先后组织多家企业参加市、县企业上云培训，加快推进工业互联网平台建设，推动企业"上云"工程。谷城多家企业、单位相应的服务器、存储设备、交换机等部署在谷城云平台。谷城三环锻造、三环车桥、华润燃气、一飞汽车制造等110多家企业接入中国电信天翼云，开通企业云主机、云桌面1000多核；中小企业开通天翼云会议应用20余家、开通企业云盘50余家、开通云办公20余家；谷城移动公司上云集团单位196家。推进5G+移动云应用，实现政企集团客户降本增效，全面推进谷城县5G"企业上云"工作，69家单位和企业办理联通云业务。宽带普及：全县固定宽带用户达1633225户，占32.06%；移动宽带用户数达到384574户，普及率达75.48%。移动公司4G网络已覆盖240个建制村，建制村覆盖率达到100%。5G网络建设：全县共完成城区和主要乡镇5G基站（含微站）建设447个，其中城关镇、石花镇、谷城经济开发区实现全覆盖。同时，完成4G无线信号盲点补盲工程98个，小区建设覆盖158个小区17611户。

十、现代化工产业概况

　　谷城县精细化工产业根据省、市关于加强沿江化工企业关改搬转工作督查整改的要求，督办完成项目改造及评审验收组提出的整改内容，富园化肥、天鹅涂料、祥源、国泰气体4家关闭企业设备已切割售卖、场地清理干净。天友科技、吉星化工2家搬迁企业生产设备全部拆除并清理，并在谷城化工园区取得新厂建设用地，新和、福兴、三雷德、宏泰4家就地改造企业完成项目改造及评审验收，达到环保和安全要求。对全县10家化工企业全部通过国家、省、市专家联合审查组审查验收。产品产值：谷城县精细化工产业规上企业7家，完成工业总产值17.4亿元。主要产品产量：工业硫酸钡1.8万吨、工业硫化钠9000万吨、环氧防腐漆3000吨、丙烯酸面漆2200吨、水性环氧防腐漆1500吨。

谷城三环锻造公司车间（《谷城年鉴》供图）

（执笔人：皮思纯）

第五节　谷城农业

一、农业概况

2022年，全县农林牧渔业实现总产值100.7亿元，可比增长5.4%；实现增加值59.62亿元，比上年增长5.2%。农作物播种总面积97.12万亩，比上年增长0.1%。种植业：全年粮食面积69.10万亩，比上年增长0.1%；产量26.77万吨，比上年下降1.0%。蔬菜及食用菌面积14.09万亩，比上年增长3.0%；产量34.07万吨，比上年增长0.8%。油菜籽面积5.42万亩，比上年增长5.6%；产量0.82万吨，比上年增长6.1%。茶叶面积12.83万亩，比上年增长9.1%；产量0.46万吨，比上年增长2.9%。畜禽产能：全年生猪出栏68.72万头，比上年增长2.2%；牛出栏2.62万头，比上年增长4.0%；羊出栏12.53万只，比上年增长15.6%；家禽出笼744.93万只，比上年增长22.4%；猪牛羊禽肉产量7.12万吨，增长7.4%；禽蛋产量7.38万吨，比上年增长3.5%。渔业：全年水产品产量1.32万吨，比上年增长2.6%。

二、种植业概况

全县小麦种植主要推广鄂麦006、襄麦35、西农979等优质品种，马铃薯以早熟品种中薯5号、费乌瑞它为主，水稻主要种植兆优5431、兆优6377、晶两优1377、晶两优8612、荃优丝苗等优良品种，玉米主要种植鲲玉、蠡玉和同玉系列。以茨河镇为核心区打造"谷城贡米"品牌，以冷集镇为核心区打造"稻丹谷"品牌。粮食生产：全县夏粮种植面积28.43万亩，年产8.36万吨；秋粮种植面积40.63万亩，年产18.68万吨；全年粮食种植面积69.38万亩，总产27.04万吨。油料生产：全县油料播种面积11.16万亩，产量1.97万吨。其中，花生播种面积3.33万亩，产量0.85万吨；油菜籽播种面积5.13万亩，产量0.77万吨；其他油料播种面积2.47万亩，产量0.33万吨。花生上栽品种有花育20、罗汉果、白沙1016、远杂9106和四粒红等，芝麻主栽品种有禧芝六号、巨芝油王和节节高一号等。

三、畜牧业概况

谷城县大力推进全县畜牧兽医事业发展，畜禽粪污资源化利用工作取得突破性发展，实现畜牧业健康持续发展，无重大动物疫情、畜产品质量安全事故和重大畜牧业污染事件发生。全县畜禽粪污综合利用率达92.64%，规模养殖场粪污处理设施装备配套率达100%。全县猪、牛、羊、禽年出栏（笼）分别为67.27万头、2.52万头、10.84万只、608.83万只；肉类总产量达到6.63万吨，禽蛋产量达7.13万吨。全县猪、牛、羊、禽存栏量分别为36.68万头、6.13万头、9.13万只、855.44万只。全县生猪规模养殖场总量达122个，全县家禽规模养殖场144个，其中最大的单体鸡场达到65万只。动物疫病防控：每年分别于5月下旬和11月下旬开展春秋两季畜禽免疫抗体集中监测工作，抗体监测合格率均达到并且超过农业农村部规定的70%标准。持续开展羊布病净化工作。完成两个血防区血吸虫病查治工作任务，并且完成血防区相应的预防性投药任务。畜产品质量安全监管：开展"瘦肉精"专项整治行动，对全县规模养殖场开展监督检查，重点对存栏50头以上猪场、10头以上肉牛场和30只以上羊场，进行地毯式抽样检测，检测结果全部呈阴性。实施屠宰检疫与"瘦肉精"检测同步。按照每季度一次监管频率对动物规模养殖场开展监督检查，对发现的问题及时责令整改。生猪定点屠宰管理：不定期开展生猪产品专项整治，检查农贸市场、超市、肉品经营户，销毁不合格生猪产品，查处未经定点从事生猪屠宰活动案件和经营未经检疫肉品案件。在全县81所寄宿制学校、5所福利院食堂开展放心肉网络配送工作，并把该项工作拓展到骆蓄、金洋、三环锻造等5家大企业食堂及县医院、看守所食堂。全县生猪产品质量安全监管形势总体平稳并逐步向好的方向转变。粪污资源化利用：对全县养殖规模20头（猪当量）以上的养殖场（户）开展雨污分流设施、粪污存储池、皮带清粪改造等13项粪污配套处理设施建设，养殖场粪污处理设施装备配套率达

100%，有机肥替代化肥的比例达40%。以庙滩、石花为区域中心，建成畜禽粪污深度处理中心2个、粪污收集处理中心9个，每个处理中心覆盖100个以上养殖场（户）。畜禽遗传资源普查：组织开展第二次全国畜禽遗传资源普查工作，并顺利通过各层级审核。全县290个村全面完成普查，普查率100%，其中有资源的普查数据村264个，占比91%。其有华中中蜂、郧巴黄牛、郧阳大鸡、马头山羊等性状的多个传统畜禽品种和梅花鹿、鸵鸟、番鸭等特种畜禽品种。

四、水产养殖业概况

谷城县围绕乡村振兴战略，充分发挥谷城县优质水源优势，推动渔业绿色、高质量发展，着力发展特色渔业。水产养殖面积4181公顷，其中精养鱼池面积2528公顷、水库增殖养殖面积1653公顷，稻虾共作面积1343公顷，繁育各类鱼苗6.2亿尾，投放鱼种2610吨，水产品产量1.3万吨，渔业产值4.6亿元，渔业养殖户1533户，渔民3592人。渔业发展：对全县养殖水域功能区进行划定，落实84座水库禁投工作。建立水库大水面高质量绿色发展机制，根据水库生物资源情况，开辟水库养殖与休闲娱乐、水库科学放养与合理捕捞、水库增殖渔业发展新路子。在团湖、狮子岩等4座中型水库开展养殖与休闲娱乐，3座小型水库开展科学投放与捕捞，生产效益明显增强。渔业养殖推行工厂化循环水养殖、"零排放"圈养、流道养殖等现代养殖方式，全县共有水产健康养殖示范场5家，其中部级水产健康养殖示范场2家，省级水产健康养殖示范场3家。渔政管理：按属地管理原则，实行护渔区域网格化管理，实现汉江谷城段、南河、北河监管全覆盖。对重点水域、重点场所、重点区段开展明察暗访专项突击打击非法捕捞行动，严厉打击惩处各类非法捕捞行为，严肃查处涉渔船舶（排筏）、全面清理"地笼网"、打击违规垂钓行为和野生鱼销售行为，依法严管严处。加强渔政执法队伍建设，配齐护渔员队伍，建立谷城县禁渔水域网格化管理体系，将长江"十年禁渔"工作纳入乡村振兴战略实绩考核范围，全县组建"一江两河"渔政协助巡护员44人，其中汉江谷城段17人。配备执法车、渔政船艇、无人机等现代化执法装备，建立人防与技防并重、专管与群管结合的监管机制。对退捕渔民就业、社保和安置情况进行动态监控，严格落实禁捕退捕渔民安置补偿政策。稻虾综合种养：按照稳面积、控总量、提质量的要求，严格遵守边沟等面积不得超过10%的技术标准，坚守"非粮化"底线。立足现有规模，推进设施改造，积极支持稻田综合种养标准化建设，打造小龙虾优势特色产业示范基地3处，组建稻虾共作企业11家、专业合作社22家，企业面积达6548亩，带动农户1000户，全县稻田种养模式快速发展。渔业特色养殖：谷城县冷水鱼养殖面积达1100亩，产量400吨。其中庙滩镇冷水鱼养殖基地3处，养殖中华鲟、达氏鲟、杂交鲟鱼，年产鲟鱼100吨，总产值达130万元。湖北五合特种水产有限公司利用谷城县八仙洞水库底层低温水，坝下修建22亩高标准流水式精养鱼池投放中华鲟、达氏鲟养殖试验，形成一个中华鲟、达氏鲟的驯养、繁育、保种、养殖综合性基地。两栖动物养殖：全县开展大鲵养殖场5处，规模化养殖场4家，总养殖面积近3万平方米，其中谷城县汉丹大鲵科技有限公司养殖面积2万多平方米，投放苗种50万尾，年产量500吨，商品鲵远销广州、深圳和北京，是鄂西北乃至全省最大的大鲵养殖基地。热水鱼养殖：谷城县南河镇温坪村有大小两处地热温泉，出水口水温38℃，昼夜流量1002立方米，属国家一级优质矿泉水，水质符合养鱼标准，适宜热带鱼的越冬繁殖。现年产罗非鱼14吨，苗种25万尾。开展名优品种养殖。建设一批特色化、标准化、规模化繁育生产基地5家，养殖鳜鱼、鲈鱼、泥鳅等名优品种，补齐发展短板，提升特色苗种批量化供应水平，进一步提高名特优品种养殖比重。

五、水利概况

谷城县围绕《谷城县水利发展"十四五"规划编制》，各项水利工程建设顺利进行。加强对水库责任主体的监督检查，做到雨情巡查记录规范，水库日常管理到位。对全县饮水不安全问题进行现场实地踏勘、调查核实，巩固农村饮水现有成果，确保农村饮水安全有保障。全面实施水资源消耗总量和强度双控行动，实行用水总量控制制度、用水效率控制制度、水功能区限制纳污制度和水资源管理责任及考核制度，开展计划用水监督管理。做到以水定需、量水而行、因水制宜。全县用水总量控制在年度计划以内，在水资源论证、取水许可和节水载体认定等工作中，严格执行用水定额，计划用水管理率、农业灌溉用水计量率、工业用水计量率均达到100%，农业水价综合改革、水价精准补贴、梯级水价、水资源费（税）征缴等工作全部按要求完成。全县共有中小型水电站22处，装机45台，装机容量10.66万千瓦，年平均发电量达4.83亿千瓦时。

六、林业概况

谷城县持续开展全县国土绿化工作，"矿山修复"、林下经济发展、生态建设、乡村振兴持续推进；山林长制进一步完善，野生动植物、森林资源得到有效保护；林业执法持续有力，林木限额采伐和林地限额管理全面落实，携带、贩卖野生动物和木材违法行为得到有效制止，虫病枯死疫木逐年减少，森林防火能力基础设施建设更加健全。林下经济：通过"公司＋合作社＋基地＋农户"经营模式，实现一、二、三产业融合发展，油茶、山桐子、苗木花卉等林业产业逐步扩大，林业龙头企业、示范家庭林场和农民林业专业合作社等经营主体发展迅速。军旅班河生态旅游开发有限公司被国家林草局认定为国家林下经济示范基地，即谷城军旅班河森林景观利用林下经济示范基地。森林资源管护：全县管护人员208名，生态护林员1390名，全县天然林和生态公益林得到有效保护。严格落实林木限额采伐和林地限额管理制度，全面落实森林资源保护发展目标责任制，年均实现森林覆盖率增长0.55%，森林蓄积量增长3.23%。野生动植物保护：按照《陆生野生动物疫源疫病监测防控管理办法》，经省林业局批准成立谷城县省级野生动物疫源疫病监测站，全县共设固定监测点3个。同时，根据《谷城县自然资源和规划局关于进一步加强全县古树名木保护管理工作的通知》，以全省第二次古树名木资源成果数据为基础，对全县古树名木树体倾倒、腐朽、枯枝、病虫害等问题进行全面排查，做好古树名木保护与管理。通过复查，全面准确地掌握全县古树名木资源现状与动态，为古树名木保护和管理提供科学依据。积极开展野生动植物保护执法专项行动，强化野生动植物资源保护管理。认真组织开展世界湿地日、湖北省"爱鸟周"、世界野生动物保护日、生物多样性国际日、湖北省野生动物保护宣传月等主题活动，结合野生动植物保护工作重点和有关野生动物保护法律法规开展科普宣传。加大执法监管力度，围绕"清风行动""网剑行动"，对全县大型超市、农贸市场、冻库等开展执法大检查，进一步加强野生动物保护管理工作，持续巩固禁食野生动物成果，实现禁止非法猎捕、非法交易、非法运输、非法食用4个目标。依托汉江湿地公园越冬水鸟同步调查，摸清全县越冬水鸟资源状况，掌握越冬水鸟资源动态变化，在重点季节、重点时段开展野生动植物保护巡查巡护，共观测到水鸟种类29种，总数达到3900只，生物多样性日趋丰富。其中，国家一级保护鸟类中华秋沙鸭连续3年达到上百只。

七、农产品加工业

全县有石花霸王醉、汉家刘氏等中国驰名商标4个，茨河腐乳、玉皇剑绿茶等湖北省名牌产品11个，获得绿色食品认证2家、有机食品认证4家、无公害食品认证14家、地理标志产品4家、QS认证农产品9个，有10个农产品在全国、全省各类博览会上获奖。

八、特色农业产业

谷城县印发了《"十四五"特色产业可持续发展规划》《农业特县建设实施方案》，确立茶叶、食用菌、油茶、优质粮、特色养殖、中药材产业为全县农业六大主导产业，建立"一村一品"产业项目库，设置产业发展指导员，指导各村因地制宜发展特色产业。2022年，干毛茶产量7352吨，实现产值5.99万元，综合产值突破20亿元。油菜种植面积5.13万亩，产量7730吨，制种面积稳步扩大至8000亩。渔业养殖面积6.27万亩，养殖产量1.3万吨，产值3亿元。

九、高标准农田

强化耕地保护主体责任，落实最严格的耕地保护制度。严格执行"六个严禁"，深入推进农村乱占耕地建房专项整治行动，对违法违规乱占耕地建房零容忍，坚决遏制耕地"非农化"、防止"非粮化"。大力开展土地综合整治，推进新一轮高标准农田建设，提高建设标准和质量，健全管护机制，已建成高标准农田3.26万亩。加强耕地保护执法监督，依法依规使用土地，确保耕地数量不减少、质量不降低，提升高标准农田建设水平。以创建高标准农田示范区为目标，统筹推进项目建设，力争到2025年建成高标准农田面积30万亩。加强农田基础设施建设。筑牢农业发展根基，在高标准农田、两区划定、农业机械化等方面持续发力。

十、农业机械化概况

谷城县利用春耕备耕、"三夏"、"三秋"等重要农时季节，推广适合谷城县发展的实用性农业机械，大力开展农业机械推广服务，全县农机作业水平和服务水平得到逐步提高。农机购置补贴、农机报废更新补贴和农机深松作业整地项目惠民政策得到落实。以培训新型职业农民为主体，扎实开展农机（农技）人员等技能培训活动。严厉查处拖拉机违法驾驶、操作行为，全县农机安全生产工作整体平稳。全县农机总动力达345693千瓦，完成机械耕整76.44万亩，机械播种48.25万亩，机械收获65.05万亩。技术推广：围绕"三夏""三秋"农时季节开展农机化技术服务，以"田间日"活动为主题，组织协调农田作业机械和农机社会服务力量开展技术服务，宣传推广机插秧、玉米、小麦、油菜、大豆等机播和机收等实用性机械技术，在主要农作物生产全程机械化补短板、攻弱项上下功夫。围绕全县提出的水稻生产行动方案，坚持农机农艺融合，加大水稻机插秧的宣传推广力度，组织协调、技术指导全县13个农机合作社、41个家庭农场和20多户种田大户，开展水稻机插秧作业服务，机插秧面积15万亩；在庙滩汪家州村、盛康双堰村、五山田河村等建立5个示范点，示范面积370亩，开展玉米机械化播种技术示范。推行"插秧机+互联网"，全县28台插秧机安装北斗监测设备，农机社会化作业服务涉及盛康、茨河、庙滩、五山、冷集等7个乡镇47个村14642户，完成作业服务面积8.2万多亩，实现农机深松作业服务面积4800亩。冷集、庙滩等5个乡镇13个村实施小麦机械播种、开沟一体化作业示范2000亩，小麦种肥同播示范面积1000亩。

十一、中国有机谷谷城示范区建设

建成"中国有机谷"五大园区，初步形成"一心主导、五极融合、多点支撑、全域覆盖"的发展格局。谷城成为国家级电子商务进农村综合示范县，电商产业园荣获全国十佳优秀电商园区。大力培育区域公用品牌，打造知名企业品牌，积极注册认证"三品一标"、地理标志商标。

十二、农业装备水平

持续改善农村生产条件，提升耕地质量。严格落实农机购置补贴政策，用好补贴资金，提升农业综合机械化率。大力提升农业科技推广水平，持续开展农业科技"五个一"行动，做好新品种、新技术、新模式试验示范。

十三、农村改革

持续推进农村集体产权制度改革，完成全县村集体经济组织登记工作，成立股份经济合作社220个、经济合作社62个，集体经济登记证书全部发放到村，印制股权证108027本，成为全省深化集体林权制度改革示范县。积极化解村级债务，全县10万元以下债务31个村全部化解完成。全县共申报享受耕地地力保护补贴农户 94475 户，补贴面积 41.67 万亩。

十四、农村经营管理概况

继续深化农村承包地"三权分置"改革，建立健全农村承包地日常管理服务机制，巩固拓展确权登记颁证成果，成为全国农村承包地确权登记颁证工作典型地区。开展大数据比对：运用"乡村振兴和民生领域政策落定监察系统"开展监察工作，比对耕地地力保护补贴发放情况。农村集体"三资"管理：印发《谷城县关于对农村集体"三资"管理开展监督检查的工作方案》，对乡镇农村"三资"服务中心人员进行线上培训，各乡镇、开发区对"三资"管理违规行为进行整改。

十五、统筹规划

谷城县以"五个示范"创建为抓手，重点打造沿江汉南春色生态示范带、沿河谷水画廊康养示范带两个精品示范带，扎实推进 67 个美丽乡村示范村建设。城关镇老君山樱花谷、冷集百花岛、石井冲桃花谷等一批乡村振兴特色景点和精品线路完成。五山镇堰河村、田河村、下七坪村、黄山垭村和熊岗村 5 个村连片建设。全面深入推进"四好农村路"建设，五山镇成为全省"四好农村路"示范镇。大力推进城乡客运一体化，全县 290 个建制村通客车率 100%。持续推动农村客运、货运、邮政快递物流融合发展，建设集运输、电商、快递于一体的农村运输服务和物流配送网络。产业发展：五山镇作为"擦亮小城镇"行动第一批试点镇，在乡村振兴工作上整镇推进，茶业产业有规模、有品牌，乡村旅游有亮点、有经验。今后将重点围绕"最美茶旅小镇"建设目标，加快茶旅融合步伐。盛康镇稻虾小镇形成一定规模，茨河镇蕊得蜂蜜成为鄂西北最大蜂蜜生产加工企业，"三线记忆·航空小镇"特色旅游，蛋鸡生态养殖基地规模逐步扩大。环境治理：建立健全垃圾治理体系，推动农村生活垃圾分类示范创建。扎实开展"健健康康抗疫情、干干净净迎新春""美丽谷城·干干净净迎国庆"等活动，乡村旅游效益初步显现。其中庙滩镇河道整治、开发区微景观建设基本完成。全县通过种植油茶、花红、药用牡丹等，初步形成融种植与观赏为一体的乡村旅游。紫金、石花成为省级森林城镇，茨河金牛寺等8个村成为国家森林乡村，城关青山等72个村成为省级绿色示范村。

十六、气象服务概况

谷城县深化农业气象服务，拓宽专业气象服务，修订完善《决策气象服务方案》、重大灾害性天气预报服务流程、突发性天气事件应急预案和预报服务人员岗位职责，确保重大天气预报不失误，重大决策服务不缺位，重大灾情不漏报。运用综合智能网格预报、气象业务服务一体化、智慧农业等平台，实现业务系统集约化，气象数据高效应用。提升业务人员气象服务能力，配合上级完成观测质量体系认证工作，实现区域自动站社会化保障，确保国家气象观测站和区域自动站平稳运行、观测准确。收集完善谷城县气象灾害、气象灾害风险、气象防灾减灾重点单位、防灾减灾救灾设施、气象防灾减灾救灾人员五大类数据。在地理信息系统和气象防灾减灾数据库的基础上，完成谷城县集成气象防灾减灾图集，实现气象防灾减灾"一张图"显示。依托湖北省突发事件预警信息发布平台、一体化平台和现有气象预警信息传播渠道，实现气象信息"一张网"综合发布。完善气象防灾减灾数据综合显示分析、超阈值自动报警、服务产品制作、预警服务信息发布、系统自动留痕、预警设施监控、服务信息监控等功能，完成谷城县气象服务产品"一平台"制作。气象科普宣传：通过开展主题日纪念进社区、应急演练进学校、防雷安全宣传进企业、科普宣教进农村等众多活动，积极开展防灾减灾知识宣传，推动气象科普宣传进村入户。人工影响天气服务：组织作业人员参加上级部门的岗位及技能培训，不定期对作业人员进行培训并现场考核，确保人员按照安全制度规程操作。与管理人员和作业人员签订安全责任状，明确安全责任，定期组织检查考核，确保弹药出入管理、设备维护保养、安全作业责任落实到位，无安全事故发生。制作农业气象周报，开展农作物产量趋势调查，指导高温天气下农事活动及农业生产，减缓因高温造成的农业生产损失，积极开展增雨工作，有效缓解谷城县旱情。

五山镇《班河晒秋》（《谷城年鉴》供图）

（执笔人：皮思纯）

第六节　谷城服务业

一、文化旅游概况

谷城县以党的建设为统领，坚持"宜融则融、能融尽融、以文促旅、以旅彰文"的总要求，以改革创新、融合发展为主线，以进一步提升文化旅游在全县人民群众中的满意度、在经济社会发展中的贡献度为目标，文化旅游工作实现新突破。2022年，全县有体育场馆1个，景区9个，旅行社1家，接待游客352.07万人次，比上年增长11.3%；旅游总收入17.6亿元，比上年增长23.9%。谷城县民间传统体育项目有武术、风筝、舞龙、舞狮、扔口袋、跳绳等，参加体育锻炼的人口约14.9万人。

谷城县越调《滚灯谣》入围第十届黄河戏剧节（谷城县融媒体中心供图）

二、科技创新概况

谷城县围绕"五县建设"目标，全面落实县委"打造工业强县，实现绿色崛起，建设美丽谷城"战略要求，坚持自主创新、重点跨越、支撑发展、引领未来，全力推动国家创新型县（市）建设，连续2年入围全国科技创新百强县，连续4年获全省科技创新先进县。100多家规模以上工业企业研究与试验发展经费支出达到9亿元，占主营业务收入的比重达到2.1%。创新型县建设：谷城县2019年获批全省创新型县（市、区）创建单位。同时，启动国家级创新型县建设，引导企业加强与湖北工业大学谷城产业技术研究院合作，帮助企业切实解决重大技术难题，推动重大科技成果转移转化。创新创业平台建设：谷城县为全面推动"襄十随神"城市一体化发展，主动对接高校，引进高端人才，5家企业成功牵手"科技副总"，建成国家级企业技术中心1家、省级企业技术中心7家、博士后创新实践基地5家、院士（专家）工作站13家，湖北省石花酿酒股份有限公司、襄阳富仕纺织服饰有限公司、襄阳金耐特机械股份有限公司成功获批市级重点实验室。拥有市级以上创新创业服务机构及研究开发机构63个，其中省级以上37个、国家级2个。创建"星创天地"6家，其中国家级1家、省级2家、市级3家；企校联合创新中心14家，其中省级3家、市级11家；孵化器6家，其中省级2家、市级4家；市级"众创空间"2家；市级重点实验室4家。与湖北工业大学联合共建谷城县汽车产业技术研究院正式挂牌。科技特派员选派：根据《湖北省科技特派员"百县千镇万人"工程实施方案》和襄阳市《关于认真落实科技特派员制度的通知》，为推进乡村振兴战略实施和农业农村现代化，实现区域协调可持续发展，认真开展市级科技特派员申报与县级科技特派员备案、管理工作，全县县级以上科技特派员达到105人，其中省级1人、市级22人、县级82人。2022年，全县科技创新取得专利授权643件，其中，发明专利56件，实用新型专利543件，外观设计44件；累计获得发明授权175件，万人发明拥有量达到3.62件。

三、房地产概况

2022年，全县资质以上建筑企业55家，实现总产值43.06亿元，比上年增长15.2%。房屋施工面积145.3万平方米，比上年下降33.9%，其中新开工面积49.5万平方米，比上年下降8.3%。建筑业竣工产值22.7亿元，比上年增长4.0%。全县有房地产开发企业30家，从业人员1033人，住房销售均价每平方米4137元，房价控制在每平方米4500元以内。物业管理：谷城县城区有住宅小区326个，实行专业化物业管理51个、单位自管218个、居民自管12个、社区托管45个。印发《关于加强物业小区安全隐患排查整治工作的通知》《关于加强物业服务行业疫情防控工作的通知》《物业小区安全排查整治、创建国家卫生县城工作推进方案》，开展物业备案工作，办理物业管理区域备案5个，物业招标备案7个，前期物业服务合同备案4个，业委会备案9个。组织创建美好家园活动，其中正洪春天、春天珑府、南电小区、盛世中华城物业小区被评为市级"美好家园"。

四、商贸概况

谷城县社会消费品年零售总额约为162.57亿元，其中城镇108.83亿元，乡村53.75亿元。电子商务年线上交易额14.9亿元，农产品年线上交易额4.47亿元，年出口交货值3.41亿元。招商引资概况：2022年，全县招商引资项目403个，其中新建231个，完成招商引资372.24亿元，比上年增长15.3%；实际外商直接投资6840万美元，比上年增长10%。

第七节　谷城城乡建设

一、教育概况

谷城县通过实施中小学教师"县管校聘"、高中学校去行政化等改革举措，全县教师队伍不断增强，教育质量得到提升；办学条件进一步改善，新建县第二实验小学，扩建粉阳路小学、北辰小学、城南小学，谷城县一中迁建项目奠基仪式在谷城县冷集镇塔湾村举行，谷城县青少年校外活动中心研学旅行项目正式开工兴建。2022年，全县各级各类学校（含幼儿园、托儿所）147所。其中，中等职业学校1所、普通中学25所、小学53所（含特教学校1所），在校学生59478人；幼儿园、托儿所68个，在园幼儿16372人。核定全县中小学、幼儿园教职工编制总量4578名。农村义务教育专任教师本科及以上学历比例达64.31%，学龄儿童入学率达100%，九年义务教育完成率达98.6%，高中阶段教育毛入学率98.5%。

二、文化概况

谷城县以党的建设为统领，坚持"宜融则融、能融尽融、以文促旅、以旅彰文"的总要求，以改革创新、融合发展为主线，以进一步提升义化旅游在全县人民群众中的满意度、在经济社会发展中的贡献度为目标，文化旅游工作实现新突破。全县有文化馆（站）11个，农村文化书屋294个，文化广场290个，专业演出团体1个。全年演出150场次，观众11.2万人次。

谷城县数字文化馆图书馆总分馆制已初步完成，全县2个总馆、10个分馆已全部挂牌。县曲剧团创作排演湖北越调大型红色革命现代戏《滚灯谣》入选第四届湖北艺术节展演剧目。创作排演红色情景舞蹈《点亮中国》、诗朗诵《永远跟党走》、音乐快板《一镇一品促振兴》、廉政小品《有礼说不清》、湖北越调小戏《杀狗惊妻》、湖北越调大戏《墙头记》。向襄阳市群艺馆报送第四届湖北艺术节暨庆祝中国共产党建党100周年群众文艺作品共计115件，其中书法作品11件、美术作品12件、摄影作品73件、戏曲作品5件、音乐作品12件。底申曦的诗歌《未见之地的馥郁》在湖北《荆楚群文》发表。詹秀丽的摄影作品《助力乡村振兴》获全县庆祝建党100周年"交通杯"摄影大赛二等奖，摄影作品《年年有余》《手艺》入展"庆建党百年·颂时代华章"襄阳市优秀群文美术书法摄影作品展，《手艺》获优秀奖。郭红的美术作品《荷花》入展县委组织部和县老年书画家协会主办的《五县建设谱新篇迎国庆书画展》。2021年10月13日，文化广场健身队戏曲舞蹈《谷歌越舞》参加襄阳市第四届重阳大舞台暨非物质文化遗产展演荣获金奖。

谷城"五馆四中心"（谷城县融媒体中心供图）

三、卫生健康概况

全县医疗卫生机构380个（含诊所）。其中，医院9个，卫生院13个，疾病预防控制中心1个，妇幼保健院1个。医疗卫生机构床位3957张；医疗卫生机构技术人员3822人，其中执业（助理）医师1200人，注册护士1668人。2022年，全县基本医保参保48.8万人，其中职工医保5.13万人，城乡居民医保43.67万人，按常住人口计算参保率101%，高于"十四五"全民医保参保率不低于96%的目标要求。职工住院14005人次，总费用12626.32万元，统筹支付8916.82万元，报销比例达70.62%；城乡居民住院93098人次，总费用61647.2万元，统筹支付35786.45万元，报销比例达58.05%。城乡居民门诊统筹就诊1048398人次，总费用5092.29万元，统筹支付2310.15万元，报销比例达45.36%，住院和门诊报销比例均达到省市考核要求；同时将47757人纳入"两病"管理，新审批纳入门诊慢特病患者2252人，职工、城乡居民享受特殊门诊慢特病待遇的患者分别累计为30936人次、49971人次，统筹支付4815.51万元，医保政策红利不断释放。

四、基层卫生概况

基层公共卫生体系建设全面推进，乡镇医院提质扩容，为乡镇卫生院配置移动医疗卫生服务车13辆，为274所村卫生室配备299个智能健康服务包。全县13家乡镇卫生院达到"四化"标准的占70%，国家级"群众满意乡镇卫生院"达到5个。

（一）脱贫人口和"三类户"基本医疗保障

全县防返贫动态监测信息系统中48183人已全部参加基本医保、大病保险，全部纳入医疗救助、防贫保险保障范围。除参军、服刑等73人按政策不享受补贴外，其余48110人全部享受参保个人缴费财政补贴政策，补贴金额617.7万元。

（二）贫困人口大病救治

按照"就近便民、安全有效、分类救治、全程覆盖"的原则，确定县人民医院、县中医医院和第二人民医院为县级定点救治医院，并成立专家组，制定个体化治疗方案。

（三）村医待遇落实

全面落实一般诊疗费、基药零差率补助、基本公卫服务项目补助、村卫生室公用经费等乡村医生待遇政策，全县有424名村医人均收入达到3.43万元。按照《谷城县村卫生室财政定额补助方案（试行）》，对服务人口500人以下的村卫生室，每年给予9600元补助；服务人口501～1000人的村卫生室，每年给予6000元补助。

（四）基本公共卫生服务项目

适龄人群国家免疫规划疫苗接种率保持在90%以上；肺结核病患者管理率达90%以上；65岁及以上老年人健康管理率达70%以上，体检率达80%以上；中医药健康管理服务目标人群覆盖率达65%以上；居民健康档案规范化电子建档率达90%以上，档案使用率达55%以上；高血压糖尿病患者规范管理率均达60%以上；严重精神障碍患者规范管理率达80%以上；0～6岁儿童健康管理率、孕产妇健康管理率均达到85%以上。

（五）家庭医生签约服务

积极增加家庭医生签约服务供给，扩大签约服务覆盖面，对有诊疗需求的基本公卫服务重点人群、建档立卡贫困人口、残疾人、计生特扶等人群，实行家庭医生签约服务"应签尽签"，重点对高血压、糖尿病、结核病、严重精神障碍等慢性病患者规范管理和健康服务，做到签约一人、履约一人、做实一人。

五、行政审批概况

全县年均受理行政审批事项3200余项，办结率100%；全县可在湖北政务服务网上网办事项21913项，开通网办事项率99.73%；转办"12345"政府公共服务热线工单17085件、政风行风信箱工单1379件，按时办结率100%，满意率93%以上。

（一）政务服务

全年围绕"一网通办""一窗通办""一事联办""就近办""跨省通办""自助办"政务服务建设，实现自助终端集约化、智能化，提高线上"综合受理平台"和线下综合窗口办事能力，全面提升办事效率，减少办事中间环节。其中，"一网通办"实现网上办理，现场核验、签字领取；"一窗通办"县本级实现1483个；"一事联办"可办理企业29个，自然人25个事项中22项已挂网运行；人社、医保等首批58个高频政务服务事项在镇、村（社区）实现"就近办"；"跨省通办"实现襄阳、十堰、随州、神农架共27个县（市、区）行政审批局、71个县级政务服务事项跨区域通办，与深圳福田区实现"跨省通办"政务服务高频事项75个，全年办理跨区域业务4128件次；在政务服务大厅设置自助终端30台（套），实现群众办理税务、公安、市场监管、人社、公积金等部分"自助办"政务服务事项。

（二）简政放权

推进政务服务减时限、减环节、减材料、减跑动次数，县本级政务服务事项办理时限压减比例达86.68%。其中，承诺时限为1天的945个，占比63.72%；县本级政务服务事项共有3867个环节，减少425个；县本级政务服务事项共"减材料"2101份，减材料比例达到32.56%；开通更多事项网上办、掌上办，大幅减少群众跑动次数，县本级"最多跑一次"事项比重达92.45%。按照国务院和省、市政府有关要求，落实精简、取消、下放行政许可事项，县本级保留行政许可事项553项、取消7项、审批改备案4

项、承接下放事项25项。乡镇保留政务服务事项174项，村（社区）保留政务服务事项59项。落实省级证明事项取消7项，严禁超清单（目录）审批和各种变相审批。

（三）数据共享

全县各相关单位创建政务数据资源目录113个，及时做好数据汇聚更新工作，并将共享数据应用到实际场景中。

六、民政概况

2022年，全县持续推进养老保险参保，企业职工基本养老保险参保人数61396人，扩面人数3405人，其中在职职工参保人数38297人，离退休参保人数23001人，实际发放养老保险待遇59887万元。机关事业单位养老保险参保人数20151人，其中在职人员为11571人，退休人数为8580人，办理新增参保321人、恢复参保311人、终止社保关系195人（死亡）、中断缴费390人、在职转退休639人。城乡居民基本养老保险参保人数28.67万人，为115.27万人次享受城乡居保待遇人员发放养老金1.53亿元，为3868名领取待遇期间死亡的参保人员发放丧葬补助费434.63万元，养老保险各项待遇发放率100%。失业保险参保人数28496人。工伤保险参保人数38682人，扩面人数为2271人。2022年，全县提供住宿的民政服务机构15个，床位2547张；本级政府创办的养老机构11个，收养和救助878人；城镇居民最低生活保障883人，农村居民最低生活保障7853人，城乡特困救助供养4945人。全年为13681名救助对象发放各类社会救助金13340.6万元。

七、环保概况

以建设"全国生态文明先行示范区"为目标，坚决履行"共抓大保护、不搞大开发"的政治责任，牢固树立"绿水青山就是金山银山"的理念，把生态文明建设作为美丽谷城建设的第一任务，正确处理经济社会发展与人口、资源、环境的关系，坚守耕地、生态环保"红线"，大力倡导清洁生产、绿色生产和低碳消费，大力推动国家园林县城创建工作，实施最严格的环境保护制度，重点抓好国土绿化、森林资源保护、"一江两河"治理、节能减排和城乡环境整治等，着力建设生态、和谐、美丽谷城，让人民群众更多更好地共建共享绿色福祉，努力让城乡因环境而美、群众因生态而富，努力把绿水青山打造成谷城最大财富、最大优势、最大品牌。相继开展环保执法大练兵、在线监控设施专项检查、建设项目环境保护"三同时"、集中式饮用水水源地专项检查、大气污染防治监管执法、污染源自动和自主验收专项执法检查、排污许可证专项执法检查、环境安全风险隐患排查、危险废物收集处置情况专项排查、重点污染源强化检查等专项执法行动。加快推进生态文明建设示范县创建，稳步推进生态乡镇、生态村创建工作，创建一批国家、省、市生态镇（村）。加强生态红线管控，做好生态红线的勘界和落实工作，加大对生态保护重要区域日常监控力度。全面推进大气、水、土壤、固废等污染防治工作。统筹推进工业企业达标排放、机动车尾气排放整治、扬尘治理、秸秆禁烧等重点工作，强化大气环境监测信息平台建设；持续开展"一江两河"水环境管控、完善城镇污水处理设施建设、强化饮用水水源地环境管理，做好工业园区污水达标排放、强化水生态流量调度。实施禁捞退捕常态化管控，确保实现汉江十年禁渔成果；制定尾矿库领域总体规划，严格落实准入条件审查和项目审批；加强农用地分类管理和建设用地准入管理，对全县未污染、正受污染和已污染的土壤实施防治和风险管控措施，有效防治土壤污染。按照《饮用水水源保护区划分技术规范》，定期对全县集中式饮用水水源地水质进行监测，全县集中式饮用水水源地水质达标率为100%。2021年12月，湖北省生态环境保护委员会授予谷城县"湖北省生态文明建设示范县"称号、5个村荣获"省级生态村"称号。

（执笔人：郭莹莹）

第八节　谷城基础设施

一、交通运输概况

　　全县有公路总里程4090.60千米，路网密度159.42千米每百平方千米，其中高速公路103.21千米、一级公路81.28千米、二级公路271.81千米、三级公路130.99千米、四级公路3035.87千米、等外公路467.44千米。内河航道通航总里程182.5千米，其中汉江三级航道82千米，内河七级航道102.5千米（南河97.5千米、北河5千米），港口2个（南河码头、白水峪码头），渡口19个。客运站10个，其中二级客运站1个、三级客运站1个、五级客运站5个、农村综合运输服务站3个。客运企业7家；客运线路93条，其中跨省13条，跨市、县24条，县内56条。营运客车329台，客运出租汽车104台，持证营运货车1361台；公交线路15条，其中城区8条，城乡7条，公交车147台。

（一）运输服务

　　公路旅客年运输量达870.76万人次，公路旅客年周转量55294万人千米；公路年货运量757.82万吨，货运年周转量49425万吨千米。港口客运量6.87万人，港口客运周转量116.44万人千米；港口货运量168.89万吨，港口货运周转量1827.93万吨千米。

（二）河谷汉江公路大桥及接线工程

　　G316国道河谷汉江公路大桥及接线工程全长12.838千米，起点位于老河口市城南开发区白鹤岗南，跨汉江，穿谷城汉江国家湿地公园至吴家营，终点位于汉十高速谷城互通与国道G316现状平交口以北1千米处，为一级公路标准。项目采用政府和社会资本合作（PPP）模式实施，采取"BOT+政府补助"的方式运作，由中交一公局襄阳投资建设有限公司承建，初设批复总投资12.629亿元，建设期3.5年，运营期（收费期）不超过30年。

（三）紫金至赵湾段公路改扩建工程

S467省道紫金至赵湾段改扩建工程全长42.93千米，全线按二级公路标准建设，工程概算总投资6.34亿元。

（四）谷城至丹江口公路改扩建工程

谷城至丹江口公路改建工程起点位于汉十高速谷城互通匝道口与S303平交口处，止于丹江口市东环路，路线全长29.4千米，谷城境内总投资54486万元，设计速度80千米/小时，双向四车道，　级公路标准。建设单位为谷城县路路通公司。项目采取分年分段建设实施，已完成一期工程K0～K5段（汉十高速公路匝道口至陈家庄）5千米建设，完成光化桥头至沈湾段16.8千米建设。

（五）交通改革

稳妥推进交通运输执法体制改革，人员划转得到县委审核批复，相关工作正在落实办理。启动农村公路管养体制改革，出台《谷城县深化农村公路管理养护体制改革实施方案》《"路长制"实施方案》，形成"政府牵

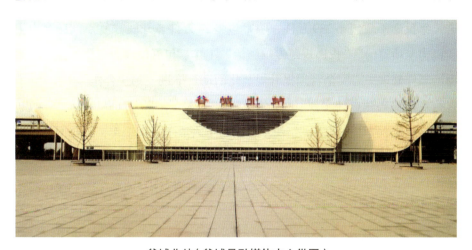

谷城北站（谷城县融媒体中心供图）

头、部门齐抓、三级联动、全民参与"的综合管理机制。扎实推进"放管服"改革，推动交通政务事项上线手机 App，"我要开物流公司"事项在全县公开承诺，道路运输从业资格证、普通货运车辆年度审验业务实现"全市通办"。

二、能源概况

加强清洁安全能源保障，大力发展和保障新能源供应，提升天然气、电力和可再生能源利用水平，形成煤、油、气、新能源、可再生能源多轮驱动的能源供应体系。继续加大电网建设投入，优化电网结构，开展配网网格化建设，全面推进城乡配电网升级改造。加强县城电源点建设，建成220千伏玄德变电站、110千伏筑阳变电站，全面提高谷城区域供电可靠性。大力推进天然气基础设施建设，提高管道天然气在乡镇燃气中的比例，增加天然气应急错峰储配设施，完善城市天然气输配系统设施，扩大燃气管网覆盖范围。鼓励和支持光伏发电、风电、生物质发电项目建设。大力宣传普及节约能源意识、知识。

三、邮政概况

谷城邮政分公司坚持"质量第一、效益优先"，坚持智慧引领，进一步转变发展观念、创新发展模式、提高发展质量，全县各项经营工作有序推进，年投递邮政包裹239万件，收寄包裹24万件。开展"重点问题突出生产机构专项整治""投递规范专项整治"工作、包裹快递服务质量提升季活动、邮件处理中心安全管理提升规范化活动。推进"邮快合作"工作，8个省直乡村振兴驻点外实现100%邮快合作建设。推进"自提代投点"建设，在全县建成267个自提点。组织星级窗口（人员）评创工作，石花网点被省公司授予"全国邮政服务示范窗口（省级）"称号。

四、电信概况

谷城电信分公司以加快5G网络建设为核心，加快规模发展，深化转型升级，提升新一代信息基础建设与应用水平，打造数字经济发展新引擎，奠定谷城数字化发展和智慧城市建设基础，全力服务地方经济建设。宽带、天翼高清、云数据、物联网等新兴应用得到迅速普及。全县宽带端口容量突破13万个，建制村通光宽率达到100%，移动用户达11万余户。

五、移动通信概况

谷城移动公司通信用户数累计达25万户，县城自办营业厅1个，移动专营渠道107家，全县290个村（社区）完成智慧党建、数字乡村、智慧旅游等综合信息化；与三环锻造、骆驼集团等10家单位，签订战略合作协议，扩展数字化服务新空间。以大带宽、低时延、高安全特性，采用固线方式为各单位提供互联网专线接入，为县直、企业单位提供系统、高速、稳定、安全的运行环境。其中为县财政接入专线200条、为国土局接入专线31条、为税务局接入专线7条。

六、联通通信概况

联通公司谷城分公司在全县各乡镇开展以"平安乡村"为目标的"数字乡村"体系建设工作。对安装、维修人员开展上门服务注意事项培训，有效提升综合服务水平。在装机和故障处理中加入安装和维修预约、规范、回访等流程，提高装机效率和质量，增强用户满意度。不断增强全体员工安全意识和处理应急事件能力，通过OA、工作群等方式时刻提醒员工重视安全生产工作。每月对公司办公楼、营业厅、基站开展安全大检查，对发现的安全问题责令整改，定期复查，确保问题的解决。

七、安防概况

谷城县按照人防设施"应建必建"，人防易地建设费"应缴必缴"要求，人防工程规划编制与自然资源规划局、水利局、交通局、统计局等单位进行对接，人防工程专项规划初稿通过专家评审。每季度参与市办组织的全市人防指挥通信单位机动通信拉练活动。积极参加全市民防干部职工业务集训活动，参训率达100%。对全县地震预警与烈度速报及地磁台正常运行进行维护排查，对不能正常工作的地震预警与烈度速报系统进行修复，以确保地震预警工作正常工作。建立"三网一员"地震群测群防工作体系，其中应急联络网人员61人、灾情速报网络人员290人，地震宏观观测点19个。

根据国务院第一次全国自然灾害综合风险普查工作会议和全省第一次全国自然灾害综合风险普查工作会议要求，成立谷城县自然灾害风险排查工作领导小组，下设建设工程、燃气安全、农村拆建房、地震灾害4个安全专项整治专班。通过与省地震局和武汉地震工程研究院有限公司对接，谷城县地震灾害综合风险普查工作全面完成。谷城县住房和城乡建设局荣获省地震局"防震减灾工作优秀奖"。

（执笔人：郭莹莹）

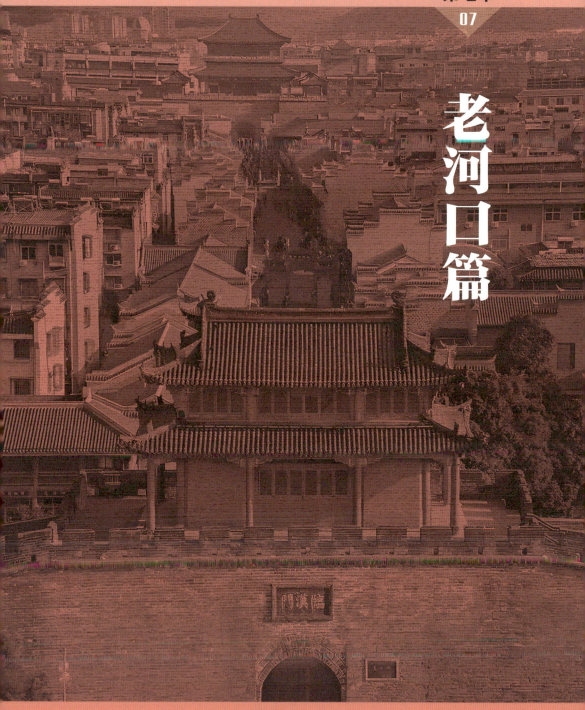

老河口篇

第一节　老河口概况

一、历史沿革

老河口市历史悠久、人杰地灵，是春秋名将伍子胥故里——市博物馆存有"周伍子胥故里"碑，是汉初三杰之首、著名丞相、政治家、酂侯萧何封地，东汉名将、酂侯邓禹封地，北宋政治家、文学家欧阳修治所。北宋仁宗朝三次拜相、诗人张士逊的故乡。北宋科学家沈括在此隐居著书。著名诗人、《黄河大合唱》词作者光未然（张光年）的故乡。胡绳、姚雪垠、臧克家、碧野等文化名人在抗战时期在此从事革命活动和抗战文艺宣传工作。袁冲乡诞生了鄂北最大的红色革命家族——袁氏红色革命家族（袁书堂、袁氏四姐妹等），其革命事迹广为传颂。

老河口战略位置重要，"挟大江以为池，负崇山以为固""襄郧要道、秦楚通衢""挟蜀汉、扼新邓，枕太和、通秦洛"，进可入主中原、退可据山守险，为历代兵家常争之地，曾是宋金、宋蒙对峙前沿。抗战时期，国民党第五战区司令长官部入驻老河口达6年之久，老河口机场为国内三大抗战机场之一，拱卫西南、保障西北，守护中国半壁江山，为中国抗战最终胜利作出了不可磨灭的贡献。

清末民初，老河口城是汉江中游重要商埠、码头城镇，呈现"商贾辐辏、烟火万家""五方杂处、百货交集"的繁荣景象。老河口街道短而繁华，窄而紧凑，路面一律用青石条铺砌。南北长七八里，有"七十二条街、八十二条巷"之说。商业、金融业已形成，山货行、药材行、皮革店、广货铺、钱庄、银楼遍布全城。民谣口"天下十八口，数了汉口数河口"，"小汉口"声誉远播豫、川、陕。

老河口市农业生产发达，建成高标准农田57万亩，是国家商品粮生产重要县（市），常年粮食产量维持在7.1亿斤左右。是水果之乡、水产大县（市）、全国生猪调出大县（市）。脱贫攻坚如期完成。2019年大力实施"五个一"示范工程，竹林桥镇入选国家农业产业强镇建设名单，仙人渡镇被评为全国重点镇。2019年，被列为全省农村住房建设试点县（市），城镇污水处理厂提标改造有序推进，全域开展城乡环境综合整治，乡村面貌整洁亮丽。李楼镇张庄村、大张沟村等森林村庄不断涌现，薛集镇马岗村、孟楼镇李河村、仙人渡镇李家染坊、袁冲乡下四河淤（夏诗荷语）、洪山嘴镇洪山嘴村、竹林桥镇韩家大堰、张集镇油坊湾村、光化街道西关村、酂阳街道王府洲等美丽乡村不断涌现。老河口市2022年获全国乡村振兴示范县（市）。2022年开展美好环境与幸福生活共同缔造活动，推进"一带两片三线"建设，建设30个美丽乡村示范村，打造以袁冲乡夏诗荷雨村、李楼镇张庄村为代表的12个共同缔造示范点，孟楼镇获评省级擦亮小城镇建设美丽小城镇称号。推进农村"两基"提升，完成1640户农村户厕改建。

老河口市是湖北省老工业基地，工业起步早，机械、建材、化工、纺织、汽车等行业门类齐全。特别是改革开放后，1979年全国首批在县城基础上建市，1985年列为湖北省计划单列市。20世纪八九十年代，老河口经济社会综合实力稳居全省县域第六七名，襄阳市县域第一二名。2012年重返全省县域经济第一方阵，主要指标止跌回升，进入全省县域经济二类县市先进行列，在中部地区县域经济百强中排名第73位。2019年全市实现地区生产总值388.7亿元，财政收入43.6亿元。拥有国家资源循环利用基地、国家区域性大型再生资源利用基地、国家新型工业化产业示范基地、国家级农产品示范园区、省级新型工业化产业示范基地、省级高新技术开发区等多项国牌省牌，以湖北老河口高新区为依托，建立了以循环经济、装备制造及汽车零部件、木业家居、光电信息、食品加工等为主导的现代产业体系。

老河口市交通便利，基本形成了以高速公路和普通国省道为主体，以水运及铁路多种运输方式为补充的综合交通运输体系。316国道、328国道穿境而过，紧邻襄阳、南阳、武当山3处民用机场。老河口城乡水泥公路密度居湖北省各县市首位，在全省率先实现了唯一乡镇通水泥路的"1小时交通"快速公路网。随着河谷大桥、老谷高速的开通和汉十高铁的全线通车，可实现半小时内上高速、高铁，辐射范围将进一步拓展。

老河口始终把城市建设放在突出位置，1989年被誉为"全国小城市建设的一面旗帜"。实施"精致城市"建城理念，光化大道、梨花大道、滨江景观带（公园）北延南伸、环梨花湖旅游公路、河谷大桥、汉江绿心公园、改扩建老城区等城建项目日新月异，令人耳目一新，"东工西居、南拓北优"的城区建设布局取得有效进展。2020年，城市人均公园绿地面积13.20平方米，超过国家标准（人均12平方米），建成区面积突破31平方千米。2022年末全市常住人口42.11万人，常住人口城镇化率为59.32%。城市功能不断提升，"智慧城市"建设走在全国前列，荣获"全国新型城镇化百强县市"称号。

老河口境内古迹大多在抗战时期遭侵华日军飞机轰炸而损毁殆尽。境内有"汉水连天河"的奇异景色，有现存规模最大的明清庙校合一建筑——光化黉学，有风格独特的明清建筑太平街街区，有以霸王坟墓群为代表的文物古迹，有42平方千米湖面堪比西湖的省级风景名胜区梨花湖。百里生态引丹大渠列入国家级水利风景名胜区；是全国优质砂梨生产区，有"梨花之都"美誉。有天主教、基督教、伊斯兰教、道教、佛教五种宗教。天主堂、清真寺建筑风格独特，历史悠久。非物质文化遗产丰富多彩。城南新建的图书馆、档案馆、科技馆、群众艺术中心等"五馆五中心"陆续投入使用。

民生福祉不断增进。污染防治有力有效，空气质量明显改善，2002年被国家环保总局列为"国家级生态示范区"。教育事业全面发展，改扩建农村学校，城乡教育资源配置更加均衡。就业形势稳中向好，社会保障坚实可靠，"五险"不断扩面，企业退休人员养老金按时足额发放，2022年城、乡低保标准分别提高至705元/月、540元/月。"健康老河口"惠民利民，荣获第七届全国"万步有约"职业人群健走大赛国家第一名、湖北省排名第一，体育场及多功能运动场改建项目完工。建成城区"10分钟"、乡镇"30分钟"急救圈，成为襄阳市首家县域急救网络全覆盖的县（市、区）。李楼镇获"全国卫生乡镇"，全市医共体建设位列襄阳首位，先后荣获"全国紧密型医疗卫生共同体建设试点县""全国优秀健走示范区""湖北省卫生健康监督工作规范化建设先进县市"等称号。扫黑除恶满意度达到97.86%，居全省前列，社会大局平稳安定。

改革创新纵深推进。营商环境持续优化，获湖北省优化营商环境先行区称号。认真落实减税降费惠民惠企，2019年发出了第一张"先建后验"施工通知单。重点领域改革持续发力，深入推进政务服务，不断优化审批流程、动态调整。农村产权交易机制被批准为国家级整市推进农村集体产权制度改革试点县（市）。科技创新更具张力，被列为全国第三批国家智慧城市试点，荣获"中欧绿色和智慧城市奖"。被列为全国第三批国家新型城镇化综合试点、财政部县级财政管理绩效考核全国先进县市、湖北省科技创新先进县市。

老河口市积极探索社会治理新模式。2018年、2021年两度荣获全国文明城市提名城市，获全国社会治理创新典范城市，2022年老河口市大数据中心《城市社区精细化治理和精准化服务中的创新应用》荣获"2022年数字中国创新大赛·大数据赛道"一等奖。老河口市自治德治法治一体化推进，共建共治共享的社会治理新格局逐步形成，广大人民群众获得感、幸福感、安全感等指数大幅提升，正阔步迈向富强民主文明和谐美丽的社会主义现代化康庄大道。

如今的老河口，利用处于武汉都市圈、中原城市群、西安都市圈和成渝经济圈交会中心区位之优势，着重融入湖北省加快构建全国新发展格局先行区、襄阳市构建"一体两翼三带"区域发展之布局，全力打造襄阳市域副中心河谷组团重要一极、汉江流域滨江精致城市典范、城乡共同繁荣样板，冲刺中部地区县域经济50强，为重振老河口雄风而努力奋斗。

二、地理位置

老河口市位于湖北省西北部、汉水中游东岸，扼鄂、豫、川、陕四省之要冲，东北部与河南省邓州市、北部与河南省淅川县、西北部与湖北省丹江口市接壤，西部与湖北省谷城县隔汉江相望，南部与襄阳市樊城区、东部与襄阳市襄州区接壤。东南至省会武汉市418千米，南距襄阳市71千米，西至十堰市133千米。地势由西北向东南倾斜，东部、中部为岗地，南部为平原，海拔最高点462米、最低点74米，地理坐标东经111°30′~112°00′，北纬32°10′~32°38′。市境东西最宽47千米，南北最长51千米，全市面积1051.68平方千米。全市辖10个乡镇（街道），2022年末全市户籍人口50.24万人。

三、地形地貌

老河口市由丘陵、岗地、平原、河流和湖泊构成，处华北陆台与扬子陆台之间，秦岭地槽东端，武当地隆起东北部。成土母质多种多样，如砂岩、页岩、石灰岩以及近代河流中冲积物、湖积物等。

老河口地处华北陆台与杨子陆台之间，西北部因受北面挤压力作用，形成了断裂少、褶皱多的构造形态。其褶皱均为向南倒转的复式褶皱，地层多为上元古界震旦系及古生界寒武系，其次为新生界地层。汉水中游地区在老岩层上部沉积了较厚的下第三系白垩系砂岩，由于风化侵蚀作用，形成低丘陵地带，后又沉积了第四系沉积岩。

老河口地处秦岭支脉伏牛山南支尾端，位于汉水中游东岸，南阳盆地边缘，地貌形态多变。地势北高南低，由西北向东南倾斜，呈若干条"鸡爪子"状丘岗伸向东南，形成丘陵、平岗、平原三种地形。平岗地高程在100~150米，其面积占老河口总面积的42.94%；丘陵地高程在150~450米，其面积占老河口总面积的39.17%；平原地高程在100米上下，其面积占老河口总面积的17.89%。

境北朱连山东西横断，与河南省淅川县、邓州市相隔，为境内最高山脉。自西向东，高庄寨高346米（黄海高程，下同）。彭家寨高451米，煤铁垭高402米，青杠扒北岭高462米（为境内最高点），吴家庄东岭高408

米，大山寨高393米，至六官营北岭高239米，再向东即为岗坡地带，高程在200米以下。朱连山以南之岗岭均为自北向南走向。其主岭自二劈山向南经淄关市、岗庄、孙家洼西岭、繁岗、卢冲、郝岗、杨陈扒、韩家人垱、石碑岗、九里岗、张岗、晋公庙、土地岭、西张湾西岭、杨家川，再回南入襄阳县境，岭长57千米，沿线岭高159～186米。这道岗岭，将境内水系分为东西两片，岭西地形起伏较大，属丘陵地带，其间大小河流均直接汇入汉水；岭东属平岗地带，其河流则分别汇入排子河、红水河，再入小清河，至襄阳市北入汉水。自傅家寨以下至仙人渡镇崔家营村沿汉水为一狭长冲积平原。朱连山主岭以西的支岭，均为自东向西南走向，由主岭直至汉水边。

四、气候条件

老河口市属亚热带季风气候，雨量丰沛，日照充足，四季分明。夏冬各4个月，春秋各2个月。即3月中旬至5月中旬为春季，5月下旬至9月上旬为夏季，9月中旬至11月中旬为秋季，11月下旬至次年3月上旬为冬季。

由于地处南阳盆地南缘低凹地带，冬季冷空气长驱直入，穿境南下，是湖北省冬季最干冷的地区之一，也是温差最大的地区之一。春季冷暖气流频繁交替，受冷空气袭击，常造成温度骤降，间或出现霜冻现象。夏季炎热多雨，秋季暖寒适中，冬季寒冷干燥。年平均气温15.3℃，近20年最高气温41℃，最低气温−13℃，年平均降水量845.6毫米，最多年降水量为1245.0毫米，最少年降水量仅为473.8毫米，年均蒸发量高达1318.2毫米，年均日照时数1914.7小时。年平均风速1.4米/秒，最大风速17.7米/秒，冬季多东北风，春夏季为东南风，秋季为西北风，东北风向频率多达41.8%。无霜期年均240天，适宜水稻、小麦、棉花、芝麻、玉米、红薯、烟叶、桃、梨等农作物生长。

老河口市全景（老河口市摄影家协会供图）

（执笔人：老河口市委党校 老河口市档案馆）

第二节　老河口自然资源

一、河流水库

老河口市水资源丰富，可分为地下水和地表水两大类型，总蕴藏量308.27亿立方米。地表水资源又分为地表径流、汉水过境客水和引丹大渠客水三类。新中国成立后，老河口人民在党的领导下，改造穷山恶水、整治旱魔，先后修建了孟桥川大型水库1座，中型水库7座，小型水库73座，堰塘4000余口，总承雨面积500多平方千米，总有效库容近3亿立方米。1971年，纵贯全市南北，过境44千米长的引丹总干渠，以及总长95千米的3条干渠相继建成通水，年均引水量12亿～16亿立方米，可引水3亿～5亿立方米。全市沿引丹总干渠、干渠修建支渠、小渠、泵站和大、中、小型水库，基本形成了引丹总干渠、干渠为骨干，提水、机井为补充，蓄、引堤水相结合的"西瓜秧"式水利灌溉系统，使部分丘陵、岗地水利条件得到改善。全市地下水蕴藏量8291万立方米，自西向东由浅至深；沿汉江平川区域为丰水区，地下水一般深度在14～20米，易于开发利用，丘陵地区因地形限制，开发利用的难度大。

汉江是老河口市最大河流，除此以外，境内还有小河26条。流域面积在25平方千米以上的河流有10条，流域面积在100平方千米以上的河流有2条，流域面积在50～100平方千米的河流有3条；其他河流源小流短，属季节性河流。

二、土地矿产

老河口市成土母质多种多样，如砂岩、页岩、石灰岩以及近代河流中冲积物湖积物等。全市土壤划分为丘陵土壤、岗地土壤、平原河地土壤三个基本类型，系统分类共计5个类、10个亚类。22个土属，103个土种，土壤种类繁多，适于多种林木生长。土壤不利因素是普遍缺氮，大面积缺磷，沿河部分地区缺钾。酸碱度大部分呈中性（pH值6.5～7.5），少部分呈碱性（pH值7.5～8.0），极少部分呈微酸性（pH值5.5～6.5），土壤有机质含量都很低。

土壤分布规律：丘陵土壤主要分布在本市北部、西北部和中部带状脊岭，以石灰土、紫色土为主，成土母质多为泥灰岩、硅质灰岩与红色砂岩等；岗地土壤主要集中分布在东部和东北部，以黄土类为主，成土母质为第四纪黏土；沿河平川地主要分布在傅家寨至崔家营沿汉水东岸一带，其土壤由近代河流冲积物发育而成，以潮土、灰潮土为主，成土母质为近代河流冲积物。pH值为5.83～7.08，为微酸至微碱性土壤。

据2021年土地调查资料，全市总面积105168.72公顷，其中耕地57929.07公顷，园地2018.4公顷，林地12208.57公顷，草地200.76公顷，湿地702.5公顷，城镇村及工矿用地11598.79公顷，交通运输用地1542.26公顷，水域及水利设施用地14353.18公顷，其他土地4615.19公顷。

老河口市矿产资源较少，已初步探明的有11种，除黏土矿、河道砂石外，其他资源主要分布在市域西北部。西北部多为古生界和元古界沉积岩分布，在古生界地层中多为石灰岩，下部有赤铁矿和古煤，沿构造断裂带有宽达5米以上的方解石脉；在元古界地层中以白云岩及白云质灰岩为主，夹有较宽的白云质大理石。白云岩矿总储量500亿吨，河道砂石、石灰岩矿1亿吨以上，其中镁矿白云岩矿具有很高的价值。袁冲乡和洪山嘴镇境内以非金属矿产为主。现被开发利用的主要矿种有水泥用灰岩、建筑石料用灰岩、制灰用灰岩、水泥配料用炭质页岩、水泥添加用页岩、白云岩、建筑用砂等非金属矿产资源。

三、动植物

老河口市属于北亚热带常绿、落叶阔叶混交林地带，鄂西北山地丘陵栎类林、巴山松、华山松植被区。

主要乔木树种有马尾松、湿地松、火炬松、加杨、川柏、刺槐、檫、栓皮栎、麻栎、杉木、水杉、皂角、三角枫、黄连木、乌桕、桑树、香椿、臭椿、楸、榆树、楝树、枫杨、构树、旱柳、山合欢、君迁子等。主要灌木及木质藤本有瓜木、八角枫、马桑、胡枝子、木半夏、盐肤木、紫穗槐、化香、黄栌、芫花、算盘子、山胡椒、柘木、酸枣、马棘、棠梨、竹叶椒、悬钩子、山葡萄、葛藤等。主要经济林树种有梨、桃、胡桃、板栗、山楂、花椒、柑橘、柿、枣、苹果、茶、葡萄、杜仲、银杏等。作物类主要有50多个物种类型，其中粮食和经济类作物包括水稻、小麦、玉米、高粱、芝麻、花生、棉花等，蔬果类作物主要有9种豆类、12种瓜果类、6种根茎类、16种叶菜、4种香料类等。

境内野生脊椎动物171种，其中兽类24种，鸟类56种，爬行动物19种，两栖类18种，鱼类54种。其中，有国家一级野生保护动物东方白鹳、中华秋沙鸭、黑鹳等，国家二级野生保护动物鸳鸯、长脚秧鸡、小杓鹬、白额雁、虎纹蛙等，省级野生保护动物60种（兽类10种、鸟类33种、爬行动物8种、两栖类5种、鱼类4种）。

（执笔人：老河口市委党校　老河口市档案馆）

第三节　老河口人文社会资源

老河口即古阴国，始于唐虞时期，《路史》载阴长生诗曰"维予之先，佐命唐虞"，乃阴姓始祖发祥地，历经夏商周。曾设郧、阴二县，在市境内，可谓历史悠久、源远流长，文物古迹丰富多样。市境地处中华腹地，乃东西南北交会之地，"挟大江以为池，负崇山以为固"，诚水陆形胜之区、南北冲要之地，境内山清水秀，风景殊异。

一、文物

经过三次全域文物普查和一次可移动文物普查，老河口市境内共发现文物点422处，其中全国重点文物保护单位2处，湖北省文物保护单位9处，市县级文物保护单位261处。各类馆藏文物4067件套，其中一级文物11件，二级文物47件，三级文物107件。不可移动文物涵盖了古遗址、古墓葬、古建筑、古石刻、近现代重要史迹等多个门类。这些都构成了老河口市较为完整的文化遗产体系。

二、古迹

（一）国民党第五战区司令长官部旧址

国民党第五战区司令长官部旧址位于老河口市北京路南段东侧。抗战时期，1939年5月至1945年2月国民党第五战区司令部长官李宗仁驻此，是当时全国抗战重要指挥中心之一，指挥了随枣会战、枣宜会战、豫南鄂北会战等著名战役，歼灭侵华日军10万余人，粉碎了侵华日军巩固华中、图霸西北的阴谋，达到了保卫鄂北豫南大片国土的目的，为抗战最终胜利作出了突出贡献。旧址建筑一井三院青砖灰瓦，前、中院为典型砖木结构北方民居，后院为砖木结构仿欧式建筑，现建筑面积为824平方米，占地总面积为2530平方米。陈列了以"勿忘历史·警钟长鸣"为主题的图画展，恢复了"高级将领军事会议室""李将军书房、卧室"等。现为湖北省重点文物保护单位、湖北省海峡交流基地、爱国主义教育基地。

（二）太平古街

太平古街位于市光化街道太平街社区，东接两仪街，南临乐盛街，西北靠太平码头，属清代建筑。始建于清代道光二年（公元1822年），民国时期有增修，占地面积约21400平方米。整条街为东西向，路宽6.6米、长196米，共有38家店行分布南、北两侧，如天生行、鸿昌行、万昌行、豫西盐行等，多是硬山阁楼式砖木穿枋结构的四合院式建筑，马头墙是隔墙。该街是老河口市老城区保存最为完好的历史街区，是湖北文物保护单位，对研究老河口历史、开发文化旅游景观具有十分重要的意义。

（三）基督教路德会西学楼（院）

基督教路德会西学楼（院）位于市光化街道胜利路市委大院内，为两层楼的欧式青砖建筑，正楼上下有八根廊柱，七个拱形门洞，五窗，两门，左右各有一座侧楼，均有四根廊柱，三扇拱门，每座侧楼前后两大间，顶端有一座三角形开天窗的阁楼。古朴典雅，又不失庄严。建成于1915年前后，距今已有100多年的历史，是用被白朗军枪杀的挪威人费兰德的袁世凯政府赔偿款所建，是当年基督教路德会所办的学校。老河口是鄂豫陕十几个县路德会总会所在地，西方人较多，主要是为其子女教育服务。20世纪二三十年代，"朝鲜义勇军"也曾在此住过。抗战时期，西学楼一度改为美国14航空队美军招待所。这些年不时有挪威人、韩国人来瞻仰凭吊。

（四）霸王坟古墓群

霸王坟古墓群位于市仙人渡镇安家岗村汉水东岸，传为因项羽霸王冢而得名，墓群内原有封土堆10余座，面积14.8万平方米，20世纪五六十年代平整土地时多被削平，地表现存4座封土堆，分别俗称"单冢子""双冢子""小冢子""小小冢子"。1992年对墓地暴露的2座墓葬进行了抢救性发掘，出土文物600件，以青铜器和漆木器为主，并伴有少量玉器、陶器及竹简，其中8件经鉴定为国家一级文物。1996年为湖北省重点文物保护单位，2013年为全国重点文物保护单位。

三、红色纪念地

（一）老河口市革命烈士陵园

老河口市革命烈士陵园位于市东郊百花山森林公园内，始建于1959年8月，占地面积270亩，建筑面积740平方米，环境绿化面积190亩，各种树木5000多棵。陵园内有革命烈士陵园牌坊一座，革命烈士纪念碑一座（1949年建在中山公园，1959年移至百花山革命烈士陵园），革命烈士纪念亭一座，现共安葬109位革命烈士。

（二）红色袁冲

红色袁冲由袁冲乡袁冲村的袁书堂烈士纪念馆，袁书堂烈士纪念公园，鄂北特委纪念馆，夏诗荷雨（下四河淤）村的五县暴动会议旧址，郝岗村的李运先烈士殉难处，薛沟村薛一宇、薛凤轩烈士墓等组成。主要纪念大革命时期革命风云人物袁书堂、袁氏四姐妹、薛一宇叔侄，解放战争时期中共老河口市委书记李运先。老河口市挖掘利用红色资源，逐步打造鄂西北红色教育示范基地，开展党性教育，传承红色革命基因。2020年11月，袁冲村入选全国首批红色美丽村庄试点，现已成为红色文化旅游地、传承地，襄阳市中共党史教育基地，年接待各界人士2万余人。

（三）中国工农红军第九军二十七师烈士纪念碑

中国工农红军第九军二十七师烈士纪念碑位于市张集镇杜家岗，为了缅怀1931年1月牺牲的红九军二十七师师长李自修，副师长薛斌等80余名革命先烈，2014年10月由市委、市政府镌立此纪念碑。

（四）竹林桥镇八路坟

竹林桥镇八路坟位于市竹林桥镇孟湾村新路口328国道旁，于2005年12月整修，长眠着15名烈士，其中13名是1948年5月17日第一次解放老河口时牺牲的烈士，2名是7月2日第二次解放老河口时牺牲的烈士。

（五）仙人渡集中营旧址

仙人渡集中营旧址位于仙人渡镇刘家营村6组，2019年9月恢复旧址，占地38亩，建有"一路一碑一址一园"，即通往旧址的下河路、革命烈士纪念碑、集中营旧址、纪念公园。仙人渡集中营是20世纪40年代国民党统治时期关押、管训、迫害共产党人和进步人士的法西斯式专政机构。分两个时期：1942年6月至1945年10月，命名中央战时青年训导团鄂豫分团；1946年秋至1947年5月，命名第六绥靖区爱国青年训导总队。前后关押3000余人，确凿证据证明牺牲的烈士252名。据有关资料分析，仙人渡集中营也是当时全国最大的集中营之一。

（六）薛集镇刘学诗烈士陵园

薛集镇刘学诗烈士陵园位于薛集镇张岗村4组，1948年4月中共光化县委书记刘学诗牺牲地，为了纪念他及30余位无名烈士，2010年3月修建，占地面积5000平方米。

（七）左觉农纪念馆

左觉农纪念馆位于洪山嘴镇付家寨村，2022年为了纪念革命烈士左觉农而建，由红廉广场和纪念馆组成。左觉农是该村人，他是首任中共老河口党组织书记、老河口长征人，三次入狱而坚贞不屈。

四、名胜

（一）老河口梨花湖风景名胜区

老河口城区沿梨花湖形成了一条滨江风情十足的生态廊道，人称滨江公园，有步道、小型广场、绿化带，正在翔鸽桥路北修建的翔鸽楼，有印顺大和尚题写的"汉江绿心老河口"石碑。是人们休憩、游乐、健身的好去处，2003年列入湖北省风景名胜区，是老河口市一张亮丽的风景名片。

（二）花间渠自然生态风景区

主景区位于市袁冲乡引丹大渠两岸，以大渠为主轴，西起东岗桥、东至竹林镇孟沟村、南接薛沟村，是引丹大渠国家水利风景名胜核心区。由西向东主要有樱花谷、夏诗荷雨村五县革命暴动旧址、樱花苑、碧叶红桃林、梨花林、游客驿站、李运先烈士殉难处纪念碑、郝岗美丽乡村、丹渠博物馆等组成，是每年3—4月观赏樱花、休闲娱乐、红色旅游的好去处。

（三）登云湖自然生态风景区

登云湖自然风景区的仙人渡镇马冲村登云湖、李家染坊村、茹家湾村美丽风景成群连片，主要有登云湖的5.8千米环湖骑行跑道、四季花海景区、

登云湖（老河口市摄影家协会供图）

四条亲水步道，李家染坊村的老爷车博物馆、染坊馆、农耕文化馆，茹家湾村的彩色公路（C411全长3.74千米）、民俗古村落、黄连古树等，主打休闲运动、休闲康养、森林湖泊、民俗文化四大品牌。登云湖为湖北省水利风景名胜区、湖北省幸福河湖示范，李家染坊村为国家森林乡村、全国乡村旅游重点村，茹家湾村为湖北省森林乡村、湖北省民俗文化村。

（四）江滩湿地公园

江滩湿地公园从李家沟桥（彩虹桥）以北靠汉江一边，到莲花桥北的1号交通涵洞，占地面积52万平方米，2021年修建。从南到北包括：1号眺望台，远眺固峰山、近瞻汉水之平台；梨花广场，小型活动场所、服务区；水上乐园，因安全原因，暂时未开放；文化广场，功能同梨花广场；阳光沙滩；浮桥，沟通南北两部分之桥；2号眺望台；亲水平台，垂钓区；吊桥，在莲花桥下附近；林韵广场，羊肠小路、趣味迷宫。另有草坪、步道、绿化带等。该景区是游客，特别是城区市民在春、夏、秋季节休闲游乐、健走康体、亲子活动、文艺演出的重要场所。

（五）梨海涌雪、桃花浔风景区

梨海涌雪、桃花浔风景区位于洪山嘴镇，包括洪山嘴村杨家堤沿河桃梨基地、刘家沟桃花浔，太山寺佛地，江山鸿泰康养城，薛楼、彭家沟（垂钓村）、布袋沟（步溪廊道）美丽乡村。这里桃红梨白、油菜花黄、麦苗青翠，山清水秀、鸟语花香，交通便捷，是春天乃至四季回归自然、观光娱乐、疗养健体、修身养性的绝佳去处，为湖北省农业旅游示范基地。

（六）绿岛王府洲

绿岛王府洲位于市酂阳街道王府洲岛，王甫洲水电站下，千里汉江第一洲，面积24平方千米。打造了八一村月季园、常绿苗圃园、清廉民居文化示范点，晨光村竹林，各村花果蔬菜种植园等景观。特别是5月，观赏月季园的游客人山人海、络绎不绝。当地努力打造集生态农业、观光游览、休闲康养、度假民宿、学生实践于一体的文化旅游胜地。

（七）严寨牧歌生态园

严寨牧歌生态园位于市袁冲乡牧场村8组山坡上，占地约600亩，建有喊泉、多人秋千、森林步道、恐龙园、花园、宋长城、生活服务区、宿营地等文旅设施，是休闲健身、体验山水文化、回归自然的好去处，2021年"五一"小长假接待游客近万人。

（八）汉江奇石村

汉江奇石村位于市光化街道西关村，2020年12月开放，由汉江奇石博物馆、文字石展馆、光化民俗馆、汉水石友俱乐部、赏石艺术馆、六品堂奇石馆、刘家巷汉江奇石馆、西关根艺馆、石湖、四家盆景园等组成，是目前汉江流域最大的汉江奇石村，是老河口市的"城北公园"。汉江奇石博物馆被授予襄阳市民间博物馆、中国中央电视台赏石国学教育推荐点、中国赏石国学教育博物馆湖北省襄阳老河口市分馆。

（九）丹丘觅境艺术村

丹丘觅境艺术村位于老河口市袁冲乡夏诗荷语村，是湖北省美丽乡村示范村，引丹大渠村前经过，孟桥川水库三面环绕，五县革命暴动旧址在村委会前，可谓人文自然浑然天成、生态原始景色怡人。2022年，有25间民宿、文化艺术馆、露营野炊体验地等，是体验诗意栖居、休闲娱乐的网红打卡地。

五、非物质文化遗产

（一）老河口木版年画

老河口木版年画兴于明朝中叶，继承了"南派"艺术真传，画风淳朴，雕刻精细，线条流畅，纹饰繁缛，人物造型形象夸张，面部表情生动传神，色彩运用上以暖色调为主，色相饱和、对比鲜明。内容多取材于历史戏剧、传说故事，常见的品种有灶画、大小门画、中堂、条屏等，其中尤以门神为精。2011年被列入国家级非物质文化遗产名录。

老河口木版年画（陈洪斌供图）

（二）光化特曲酒

光化特曲酒由位于光化街道北京路的老河口光化特酒业有限公司生产销售，是以高粱、玉米、小麦、大米、糯米为主要原料，采用传统酿酒工艺与现代微生物发酵技术相结合，用精酿工艺发酵而成的浓香型白酒，具有酒液透明晶亮、窖香浓郁、绵甜净爽、优雅细腻、回味悠长的典型风味。有42度系列产品21窖酿、16窖酿、金12酒，以及52度16窖酿、酒神酒，60度1952等高端产品。2014年被评为"湖北老字号"产品，2017年荣获"荆楚优品"称号。2019年老河口光化特酒业有限公司获"湖北省级农业产业化重点龙头企业"荣誉称号。2019年，"光化酒酿造技艺"被列入襄阳市非物质文化遗产名录，光化特曲酒多次被评为"湖北省优质产品"。

（三）双头口醋

双头口醋由位于市郧阳街道交通路 417 号的湖北双头口醋食品有限公司生产销售，距今已经有 100 多年的历史。它是选用当地的精米，沿用传统固态的人工翻醅发酵工艺制作的。其外观体态浓稠，溢香四野；味酸而回糟香，惊口而又绵柔。多次获得国家级、省级、地区级各类博览会金奖，2015 年列入襄阳市非物质文化遗产名录，2021 年被评为"湖北老字号"产品。

（四）老河口玉雕

老河口玉雕始于清末，20 世纪 70 年代初至 80 年代末，老河口玉雕厂为省三大玉雕企业之一，雕琢技法沿袭宫廷玉器造型和技法，雕品富丽大气、端庄大方，形象逼真、线条流畅。在国际市场有较高声誉，畅销欧美、东南亚各国。现一批有较高技艺的人员，办起了不同规模的玉雕作坊，2016 年列入湖北省非物质文化遗产名录。

（五）马悦珍

百年老字号马悦珍位于市郧阳街道汉江大道，已有 150 年历史，在老河口几乎是家喻户晓。锅盔馍形如满月、色泽金黄、外焦内嫩、酥香可口，已入选《中国面食大典》。手扒羊排肉紧实、膻味小，薄薄的一扇排，烤出滋滋的油，香辣不腻、滑嫩脆香。另外还有牛排、外腰、碗扣、牛羊肉系列、杂碎汤、胡辣汤等。马悦珍 2015 年被列入襄阳市非物质文化遗产名录，2018 年被评为老河口市十大小吃。

（六）老河口薄切月饼

到了农历八月十五中秋节前后，几乎老河口所有糕点店都制作销售薄切月饼。它皮薄、层多，馅料采用青红丝、桂花、瓜子仁、花生仁、冰糖、冬瓜糖等，通过揉面、制皮、包馅、裹芝麻、烘烤等多道工序制作，口感香脆酥软、甜而不腻。许多老河口在外游子每逢中秋节总要邮寄品尝，以解思乡之愁。

（七）三多庵黄酒

三多庵黄酒因初在老河口城区丁字街三多庵胡同里搭棚设店而得名，始于清朝末年。选用小米（酒米、酒谷）沿用传统手工技艺酿造，味道纯正、香甜可口，适于各阶层人群饮用，深受当地人的喜爱。是本市黄酒代表性产品，2017年被列入襄阳市非物质文化遗产名录。

（八）老河口木雕

老河口木雕于20世纪50年代末已有艺术品问世，1972年成立木雕厂，选用硬质的黄杨、梨木，刀法30多种、近10道工序，以材构图，形象逼真。1979年生产复制的随州擂鼓墩曾侯乙墓"双凤悬鼓""虎坐飞鸟""鸳鸯盒""梅花鹿""盘鹿漆豆""编钟"等在全国获奖。现木雕艺人所雕作品"大势至菩萨""把酒问青天""仕女百态""乌江憾"等获国内大奖，2009年被列入襄阳市非物质文化遗产名录。

（九）老河口铜雕

老河口铜雕雕刻技艺源于清朝年间，史料记载民国时期有铜器制作厂家40家，为老河口铜雕奠定了基础。在现有艺人的不断努力下，铜雕技艺得到了传承发展，铜产品由生活用品转为艺术品，并形成了规模化生产。位于市仙人渡镇循环经济产业园的老河口市依润达公司是其代表。

（十）老河口丝弦

老河口丝弦由河南传入老河口，初为民间艺人、文人学士、商人及自由职业者操琴聚会、以琴会友、自娱自乐的一种文化消遣方式，后经演变形成具有鄂西北民间音乐特色的乐种，代表曲目有《闺中怨》《打雁》《葡萄架》《思乡》等。2008年被列入国家级非物质文化遗产名录。

（十一）老河口锣鼓架子

老河口锣鼓架子由山西传入，糅合当地民乐如朝武当笛，而形成的一种传统吹打乐，以管乐器（唢呐、喈呐、曲笛）配合打击乐器演奏，有传统曲牌40多首，如《十样锦》《金枝令》《清风浪》《狗撕咬》等流传，已被《中国民族民间器乐曲集成》收录出版，2014年被列入国家级非物质文化遗产名录。

（十二）湖北越调

湖北越调起源较早，流行于湖北北部地区，清代咸丰年间老河口有越调戏班十多个，活动范围遍及襄阳、郧阳、南阳、荆州、宜昌各地。2016年恢复上演，先后排演了《王彦章摆渡》《五娘吃糠》《曾真的故事》等，取得了较好的文化传承效果，2017年被列入襄阳市非物质文化遗产名录。

（十三）老河口抬妆故事

老河口抬妆故事于清代雍正年间由江西商人传入，由四人或八人抬着特制的人物造型，在吹打乐演奏下，沿街游玩，主要在节假日和重大庆典活动中演出。2006年被列入襄阳市非物质文化遗产名录，2016年恢复演出。

（十四）仙人渡花鼓戏

仙人渡花鼓戏原无弦乐伴奏，属打锣腔系统，又称哦呵腔，"火炮"一响就高喉咙大嗓子唱起来，一人唱众人和。2016年《夫妻观灯》参加襄阳市地方戏曲展演，专家评其为特色鲜明、风格淳朴、原汁原味的地方化鼓，2013年被列入襄阳市非物质文化遗产名录。

（十五）庆元堂席氏骨伤疗法

庆元堂席氏骨伤疗法属我国中医正骨传统诊疗医术，以中医"四诊八纲"为基础，在临床实践中总结出了摁、接、端、推、按、牵、击、整的诊疗手法，辅以针灸，内服外敷祖传药物治疗骨折、脱臼、跌打损伤等疾病，2013年被列入湖北省非物质文化遗产名录。

（执笔人：老河口市委党校 老河口市档案馆）

第四节 老河口工业

老河口是老工业基地，秉持工业立市、工业强市的理念，巅峰时期第二产业产值占GDP的73%以上。近年来，继续坚持制造业第一、工业优先、项目为王、招商为要的理念，大抓项目、大抓招商、大抓工业，壮大工业底盘，优化产业结构，提升产业能级，全市逐步形成了湖北老河口高新区、循环经济产业园、装备制造及汽车零部件产业园、食品加工产业园、木业家居产业园、光电信息产业园"一区五园"工业区，获批湖北省军民融合产业示范基地。

2022年1—12月，全市249家规上工业企业实现工业总产值618.3亿元，同比增长13.5%；工业增加值同比增长13.1%，高于襄阳市平均增速1.0个百分点，位列襄阳市9县市区第一。完成工业投资151.1亿元，同比增长49.2%，高于襄阳市平均增速23.7个百分点，增速位列襄阳9县市区第一；工业技改投资15.01亿元，同比增长51.8%，高于襄阳市平均增速46.5个百分点，增速位列襄阳9县市区第一。

一、大抓项目，出政策，解企难，发展信心持续倍增

（一）高速度推进重大项目建设

鼎丰木业公司连续刨花板、万柯公司新能源后桥主被动齿项等多个工业项目建成投产。中力电动叉车老河口生产基地、圣灵公司香料及医药中间体三期建设等项目开工建设。顺博公司15万吨再生铝棒生产项目、碧拓废旧锂电池资源化利用项目等一批循环经济产业项目启动实施。

（二）高质量推进产业措施文件的起草

健全稳住经济大盘政策体系，起草出台了《老河口市重点产业发展实施意见》等文件。其中《老河口市加快工业经济高质量发展若干措施（送审稿）》待完成第二轮网上公示及市委政法委、市司法局、市市场监督管理局等部门风险评估、合法性、公平竞争性审定后，尽快经市政府常务会审议后出台，支持企业发展。

（三）高效率帮扶企业纾困解难

以"下基层察民情解民忧暖民心""百名干部进百企"等活动为主抓手，全力帮扶企业纾困解难，共收集制约企业生产经营问题52件，解决40件，协调推进12件；完成了中央、省、襄阳市及老河口市近期惠企政策的收集整理并印刷成册送至企业；对2021年度23家新进规、2家新纳入襄阳市"百强"、5家首次进入省级专精特新"小巨人"、1家主营业务收入首次突破10亿元的共31家企业，通过"无申请"兑现奖补资金，共计235万元。向上争取资金2005万元，其中对雪飞化工有限公司"赛璐璐用硝化棉连续驱水工艺研发"专项补助及2021年高新技术企业首次认定、重新认定、认定未通过奖励资金共计425万元拨付企业，进一步提振了企业发展信心。

二、湖北老河口高新区

湖北老河口高新区位于老河口城东、城南，是2018年12月经湖北省政府批准设立的省级高新区，前身是湖北省老河口经济开发区，两者四至边界相同，分四个区块，核准范围12.57平方千米。2019年1月，获批成为国家发展改革委、住房和城乡建设部在全国布局的50家资源循环利用基地之一，2022年8月获批省级承接生态板材转移示范区，获批湖北省军民融合产业示范基地。

2022年，老河口高新区"四上"企业营业总收入652.83亿元，集聚规上工业企业208家，实现规上工业总产值571.4亿元，集聚高新技术企业63家、省级专精特新"小巨人"企业9家、省级单项冠军企业3家。建有各类创新平台30余家，2家省级企业技术中心，3家省级校企共建研发中心，7家市级研发平台，15家院士专家工作站，6家孵化载体。专利授权量达471件，技术合同登记数为558件，技术合同交易额达22亿元。

近年来，市委、市政府坚持创新发展和绿色发展相结合，着力培育高新技术产业和战略性新兴产业，加速推动传统产业转型升级，集聚创新创业资源，推动产城融合发展，深化体制机制改革，全力打造以老河口高新区为引领的建设全国构建新发展格局先行区的县域创新典范。

三、循环经济产业园

循环经济产业园位于仙人渡镇，园区规划面积5.47平方千米，2022年实现规上产值136.2亿元，集聚了楚凯冶金、顺博铝合金等上下游企业40余家，初步形成了以楚凯为龙头的再生铅产业链、以合兴纸业为龙头的再生纸产业链、以葛洲坝环嘉为龙头的再生塑料产业链、以泽坤为龙头的再生钢铁产业链、以津泰环保为龙头的再生橡胶产业链、以碧拓为龙头的再生电池产业链、以顺博铝合金为龙头的再生铝产业链，初步形成废旧电池回收、再生钢铁、再生橡胶、再生纸、再生铝、再生塑料六大产业链条。先后获评国家区域性大型再生资源利用基地、国家资源循环利用基地、国家新型工业化五星级示范基地。

四、装备制造及汽车零部件产业园

园区规划面积9.74平方千米，建成面积6.1平方千米。2022年实现总产值93.5亿元，集聚了中力电动叉车、万柯汽配、长源朗弘、飞来钟粮机等骨干企业。中力小金刚系列荣获国际设计大奖"德国红点奖"和"IF设计大奖"，产品得到了京东、顺丰、奔驰、亚马逊等世界500强企业及海内外各行业内龙头企业的认可。长源朗弘研制出全国首款通过国六排放法规认证的发动机。新能源汽车领域发展迅速，中力电动叉车、长源东谷、邦宇新能源电池等项目加速落地，全球首台氢能源抑尘车研制成功，高性能氢燃料电池发动机项目已投产。智能网联领域加速布局，"智行隆中"老河口智能网联汽车示范区加快建设，建成全国第一个全功能矿山卡车测试基地。

五、食品加工产业园

食品加工产业园位于市城东，园区总规划面积6.8平方千米，建成面积6.1平方千米，2022年实现总产值65.2亿元，集聚了香园食品、汉粮楚果、丰园食品等行业骨干企业。重点发展食品及配料精深加工等产业，实现食品行业全产业链发展，推动食品产业集群建设。该产业园是老河口市首家省级农业产业化示范园区，被农业农村部授予"全国农产品加工创业基地""全国农产品加工业示范基地"，是襄阳市特色产业园区。

六、华中木业家居产业园

华中木业家居产业园位于光化大道辅路，园区主要承接京津冀产业转移、推行重资产招商，打造全产业链引进新模式，推进高质量发展。目前，一期占地137亩，已建成工业厂房面积4万平方米，修建电站路、李楼东路、剥皮场配套路三条道路，已入驻生产类加工企业8家，配套服务类企业4家。二期占地211亩，已建成工业厂房面积5万平方米，已入驻生产类企业5家，配套集中供热企业1家。三期、四期正在建设。引进头部企业鼎丰木业公司，延长产业链条。木业家居产业规上企业26家，行业高速发展，产品需求稳步提升，订单基本充足，产业规模得到快速扩张，现成为省级承接生态板材产业转移示范区。

七、华中光电信息产业园

华中光电信息产业园位于市光化街道雷祖殿村、老县城村交界处

328国道旁，规划面积112亩。截至2021年10月，实现应税销售2.58亿元，上缴税收687万元。已进规企业5家，有较大潜力进规企业3家。2018年开园，短短几年已初步形成了由光锐鑫光电、浩嘉光电、长锐光电、华轩光电、舜鸿光学、禾口光电、长旭光电、友博光电、波德曼光电构成的光学镜头总成产业链，由鸿晶光电、科来达电子构成的电子屏总成产业链，由必印控股集团主导的3D打印产业链。终端产品广泛运用于摄影摄像、安防监控、智能家居、电子信息、医疗器械、航天军工等领域。

万柯机械智能化生产设备（李雯艳供图）

（执笔人：老河口市委党校　老河口市档案馆）

第五节　老河口农业

20世纪六七十年代，由于老河口市粮食产量低、城市人口多，本市粮食不能"自给"，靠外调满足，即吃"供应"，直到1978年才摘掉"供应帽"。

改革开放后，随着农村实行承包生产责任制、农业科技的推广应用，农业生产迅速发展，农林牧渔全面发展。2021年，全市农林牧渔业增加值65.6亿元，按可比价计算比上年同期增长11.5%。粮食产量常年维持在7.1亿斤左右，是国家商品粮生产重点县（市）。

老河口市坚持以推动农业农村高质量发展为主题，以深化农业供给侧结构性改革为主线，在确保稳粮保供的基础上，农业产业全链发展，龙头引领逐渐成势，集乡村产业、乡村建设、乡村治理于一体的经济社会持续稳步发展。

一、农业农村经济稳步发展

大力培植和完善农业产业体系，推进规模扩张、补链延链强链，加快构建"四大产业"集群；深入推进"藏粮于地、藏粮于技"战略，提高粮食单产，发展新业态，拓宽农民增收渠道，实现了农业农村经济稳步增长。2022年实现农林牧渔业总产值123.7亿元，同比增长5.2%；实现农村常住居民人均可支配收入24600元，同比增长10%；实现农产品加工产值257亿元，同比增长18%。

二、粮食生产稳中有增

扛起粮食安全政治责任，坚持稳面积、保产量、提品质的原则，确保播种面积只增不减、粮食产量只增不减，克服持续高温干旱等不利因素，采取多项措施开展抗旱保产工作，全力稳定粮食生产"基本盘"。落实粮食面积104.68万亩，其中夏粮51.36万亩，秋粮53.32万亩；粮食总产7.18亿斤，其中夏粮3.4亿斤，秋粮3.78亿斤。

三、农业生产能力加快提升

高标准农田建设扎实推进，2022年4.93万亩高标准农田建设任务已开工建设，全市已累计建设高标准农田面积57万亩，旱改水工作领跑襄阳市。加大农机全程机械化技术推广应用力度，推广新机具新技术，扩大农机具购置补贴政策实施范围和规模，农业机械化作业水平稳步提升，2022年全市主要农作物耕种收综合机械化率达88.04%，比2021年提升0.03个百分点。

四、乡村建设提档升级

按照"景观化谋划蓝图、项目化推进建设、全域化整治环境、全覆盖培育产业"的思路，推进乡村建设全面提档升级。谋划以"一带两片三线"建设为重点，打造老河口市"现代农业观光示范带"。力争通过三年建设完善，形成乡村建设老河口特色，实现由点美向线美面美拓展、由颜值向品质气质提升，确保老河口市乡村建设走在全省前列。

五、农业产业全链发展

龙头引领逐渐成势。全市被认定为襄阳市级以上的农业产业化龙头企业38家，其中省级11家，襄阳市级27家。全市在市场监管部门注册登记的家庭农场总数578家（其中12家省级示范农场，38家襄阳市级示范农场）、农民合作社792家（其中3家国家级示范社，6家省级示范社，41家襄阳市级示范社）。特色产业渐成规模。因地制宜发展畜牧、水产、水果、中药材四大特色产业，特色产业体系基本建立。相继建成了省级现代农业（水产）产业园、现代农业（畜牧）产业园、省级现代农业（水果）产业园，实现了一个产业一个园区，推进特色产业集聚发展。

六、农业行政执法高压推进

深化汉江禁捕退捕工作，通过人防+技防，常态化巡查+联合执法，从源头上基本控制住了非法捕捞和违规垂钓的问题，探索开展"公（安）农（业）"融合执法的新模式，实施公农人员融合、执法装备融合、执法方式融合，达到水上不捕、市场不售、餐馆不做、群众不吃的成效。

七、农业农村领域重点改革成效显著

全面完成国家农村集体产权制度改革试点任务，全部启用湖北省农村资产交易管理信息平台并实质性开展了产权交易业务。稳步推进农村宅基地管理改革，全市10个闲置宅基地和闲置住宅盘活利用试点村改革工作有序推进。农村债务化解工作扎实推进，全市已化解村级债务达15587.73万元，占总任务额16931.15万元的92.06%，处于襄阳市前列。全市50万元以内的负债村，已全部清零。农村集体经济快速发展，以党建引领的农村集体经济发展工作成为推动乡村振兴的重要引擎，村级集体经济收入连续多年保持10%以上增速，年经营性收入过10万元的村达到80%以上。老河口市发展壮大村级集体经济的做法在全省基层党建工作重点任务推进会上交流发言，被省委《政策》刊发。

洪山嘴镇苏家河村血桃丰收（李雯艳供图）

（执笔人：老河口市委党校 老河口市档案馆）

第六节　老河口服务业

服务业具有点多、面广的特点，是经济活动中不可或缺的要素，服务业市场主体在繁荣市场、促进就业、维护稳定等方面发挥着重要作用。老河口市高度重视服务业的重要作用，大力推动服务业高质量发展。2022年，老河口市减免或补贴中小微企业和个体工商户租金200余万元，新增市场主体10445家，位列襄阳市第一。新增规模以上服务业企业5家，总量达到32家。全力稳市场，设立200万元消费补贴资金，扩大本地家电、家具、餐饮、汽车等行业消费，开展促销活动100余场，拉动直接消费2.5亿元，李楼镇成为全省消费强镇。全力发展新业态，推进国家电子商务进农村综合示范县建设，建成镇级服务点4个、村级服务点180个，培育特色线上销售品牌3个，电子商务营业额突破5.64亿元，同比增长3%。全力推动旅游业提标，引丹渠国家水利风景区顺利通过评审，AAA级景区实现零的突破，社会消费品零售总额175亿元左右。

一、文化旅游

老河口地处中华腹地、汉江中游重要节点，区位优势显著，历史悠久，文化底蕴深厚。在历史发展的长河中，深受中原文化、楚文化、秦文化、汉水文化影响，留下许多具有鲜明地域特色的文化艺术。

2022年，积极开展文化惠民活动，加大精品剧目创作力度，持续发力推动"非遗"保护传承。全年开展戏曲进乡村150场、进校园70场、红色文艺轻骑兵56场、讲座12场、文艺团队辅导24场、送电影下乡2605余场、送书下乡1500余册。湖北越调现代戏《大爱无声》成功搬上舞台并完成线上首演。湖北越调《杀狗惊妻》剧目参加河南省第十届小戏小品推优活动，获最佳剧目奖。创编的文艺精品《秋光》代表襄阳市参加鄂湘赣三省群众广场舞精品展演活动。举办非遗贺新春迎元宵系列、2022年"文化和自然遗产日"线上线下系列活动。按照"一校一特色、一校一品牌"模式，大力推进板凳舞、丝弦等非遗项目进校园，常态化开展培训，将非物质文化遗产传承渗透进校园文化。"铸铜雕刻技艺"等四项列入老河口市第七批非物质文化遗产代表性项目名录，拍摄的作品《少年"非遗"说·与丝弦的邂逅》在新华网上进行了宣传报道。

老河口市风景优美，名胜古迹众多，旅游资源丰富。全市有名胜风景区1个，A级以上景区2个，文物保护区420个。全年接待国内旅游者434.8万人次，实现国内旅游总收入32.1亿元，旅游外汇收入6.0万美元。加大百里丹渠、光化黉学等重点文旅项目固定资产投资，有序推进年度投资调度目标任务。丹渠已完成调度投资65291万元，2022年投资较2021年完成数的47844万元增长50%以上。光化黉学自2021年10月开工以来已累计完成投资调度8317万元，超目标数7050万元达17.97%。全年固定资产投资新增入库项目2个，新增投资额达13509万元。积极推进引丹渠旅游区国家AAA级景区创建。重点对从丹渠博物馆至郝岗大桥花问渠（另加五县暴动会议旧址景点）景区范围内8千米环线的旅游设施提档完善、旅游元素充分打造，引丹渠国家水利风景区顺利通过评审，AAA级景区实现零的突破。持续开展星级农家乐培育工程。2021年成功创建碧桂庄园等襄阳市星级农家乐4家，2022年成功创建襄阳市星级农家乐数量较上年增幅达75%。截至目前，拥有襄阳市三星级农家乐2家、二星级农家乐4家、一星级农家乐5家。

二、金融

2022年末，全市金融机构各项存款余额328.5亿元，比年初增加38.7亿元，其中住户存款286亿元，比年初增加40.4亿元。全市金融机构贷款余额270.5亿元，比年初增加35.6亿元，其中住户贷款58.4亿元，比年初增加11.1亿元。及时兑现招商引资优惠政策，办理留抵退税2.58亿元，"无申请兑现"资金4728.44万元，发放小额担保贷款1021笔1.96亿元。涉农贷款增长16.35%，绿色贷款增长28.95%，科技型企业贷款增长38.94%，普惠小微企业贷款增长24.77%。设立200万元消费补贴资金，扩大本地家电、家具、餐饮、汽车等行业消费，开展促销活动100余场，拉动直接消费2.5亿元。

三、科技

2022年，老河口市深入贯彻创新驱动发展战略，完善科技创新环境，培育壮大科技型中小企业主体规模，着力提升老河口市科技创新水平，推动县域经济高质量发展。

（一）推进创新主体增量提效

2022年1—12月，组织完成33家企业申报高企，已认定23家，还有1家等待认定公告，2022年高新技术企业总数量63家；完成科技型中小企业认定入库115家，较2021年净增49家，超年度目标（94家）21家。2022年1—9月，完成高新技术产业增加值37.7亿元，增速达2.3%，高新技术产业增加值占GDP比重12.65%。2022年1—12月，完成研发费用填报14.82亿元，同比增长18.08%。顺博铝合金、万柯公司等龙头企业持续壮大，其中顺博铝合金累计完成产值25.3亿元，产值冲破25亿元大关。完成顺博、圣灵、光联、新景、驰鑫、永浩泰德等10家企业省级专精特新"小巨人"申报，其中顺博、圣灵、光联、新景4家企业已通过省级认定，全市省级专精特新"小巨人"企业达到9家，支柱产业细分领域单项冠军示范企业3家。企业入规全面提速，全年完成新进规上企业66家，创历史新高；组织新昇电气公司、万柯汽车零部件公司、飞米钟根机公司开展工信部"两化融合"管理体系贯标示范企业创建，3家企业均已顺利通过了"两化融合"管理体系认证机构认证评审，实现了老河口市国家级"两化融合"示范试点零的突破；强力推进军民融合发展，2022年万柯、新景、瑞沃3家企业被认定为军民融合企业，老河口市被省军民融合办认定为湖北省军民融合产业示范基地。

（二）推进创新平台搭建提速

2022年1—11月，农垦联丰公司"旱杂粮种植乡村振兴科技创新示范基地"被成功认定为襄阳市级乡村振兴科技创新示范基地。"襄阳市雪飞特能材料""襄阳市汽车底盘零部件（万柯公司）"被成功认定为襄阳市级"企校联合创新中心"。香园食品有限公司成功获批"果蔬制品精制技术襄阳市重点实验室"建设单位，实现了重点实验室零的突破。香园食品有限公司"豆类全谷粉适口性提升关键技术研究与示范"项目成功立项2022年省重点研发计划项目（助企纾困及包保联类），湖北农垦联丰张集农业开发有限公司高产优质小麦"鄂麦007"扩繁及高产栽培技术示范项目和飞来钟公司"智能大米产线控制系统关键技术研究与实现"项目成功立项2022年度襄阳市科技计划项目。

（三）推进创新人才技术聚集

积极选派科技副总、科技特派员等开展科技服务，完成了95名科技特派员（市级25名、县级70名）选派任务，已选派5名省级科技副总。完成技术成果转化7项，技术需求征集8项，提前1个月完成年度目标。技术合同登记成交额22亿元，超2021年7.6亿元。襄阳远锐资源工程技术有限公司参与完成的"废铅酸蓄电池精细智能拆解与全组分高效利用关键技术与应用"项目荣获2021年度湖北省科学技术进步奖三等奖。

四、商贸

老河口是汉水出山区进平原交接处。汉水上游河道狭窄，滩多流急，从老河口以下河道宽坦，能行数百吨的轮船。上下航运船只在此换载为便，逐渐形成川、陕、豫、鄂四省边区物资集散地。清、民国时期汉水航运发达，为"商贾辐辏，烟火万家"之地，享"天下十八口，数了汉口数河口"之誉。1921年，老河口城区知名商号1200家，外商17家。鼎盛时期的19世纪末到20世纪初，白天"千帆竞走，百舸争流"，夜晚"桅杆如林，渔火万家"。随后，陇海铁路通车以后，部分地区物资由水运改经铁路，加上军阀混战，交通时常受阻，贸易额减少。抗日战争时期，航运受阻，传统山货交易几乎停顿。中华人民共和国成立后，特别是改革开放后，实行公私兼顾、劳资两利、城乡互助、内外交流政策，一方面努力发展国营商业和供销合作社商业，另一方面以政策优惠、经济资助等方法，扶持私营商业。建立全民、集体、私营几种经济成分并存，多种经营方式的新型商业体系，商业面貌大为改观。2021年，全市实现社会消费品零售总额165.7亿元，其中城镇136.8亿元、乡村28.9亿元。2022年，全市外贸出口额40804万美元，增长35.7%；实际利用外资7530万美元，增长9.0%。2022年，全市登记注册物流企业42家，拥有成规模物流园区（中心）2个（新赛农产品物流有限公司、安顺物流仓储配送中心），在建大型电子商务物流项目2个（襄阳颐高国际电子商务产业园综合物流中心、博大寄递公配中心）。公路物流配送覆盖全市，荣获全国第三批农村物流服务品牌——"双循环、全链条＋农村物流＋电子商务"。全市限额以上商贸企业45家，李楼镇被省财政厅、省商务厅评为全省消费强镇。

电子商务新业态发展迅速。老河口把电商作为新形势下全市经济发展的新引擎，推动经济转型发展，推进国家电子商务进农村综合示范县建设。

五、住宿餐饮

餐饮、住宿业是现代服务业的重要组成部分，也是稳就业、保民生的重要行业。老河口市积极推动餐饮住宿行业转型升级，落实高质量发展，引导餐饮住宿企业积极承担社会责任。

（一）奥华国际大酒店

奥华国际大酒店为四星级豪华商务型酒店，位于老河口城区北京路中段。酒店客房拥有豪华套房、客房166间，房内布置完善细致，设施齐备，风格典雅温馨，环境安静舒适。酒店共有餐位1200个，其中豪华包厢20间。有各种类型会议室6个，均配有先进的影音及灯光设备。配有养身沐足、健身等康体娱乐项目。大型停车场车位120个。

奥华国际大酒店（老河口市委党校供图）

（二）老河口天河大酒店

老河口天河大酒店为四星级豪华商务型酒店，位于鄗阳街道沿江路与天河路交界处，梨花湖畔。2015年9月运营，是集旅游、商务、娱乐、餐饮、会议、住宿等多功能十一体的酒店。饭店楼高17层，拥有豪华江景套房、豪华江景单人间、豪华江景标准间、豪华娱乐房等230间，42平方千米江景尽收眼底。酒店设有中餐厅、中餐贵宾包房以及时尚奢华的西餐厅。会议室能满足不同形式的会议需求，可满足1200人同时开会。配有桑拿休闲会所、健身室、游泳池。

（三）武商老河口购物广场

武商老河口购物广场于2015年开业，是武商集团首家全资自建的县级市购物中心，面积达5万平方米的商业综合体。地下一层、地上六层，装有8部电动扶梯，4部垂直客梯，2部货梯，是集购物、休闲娱乐于一体的多功能微购综合体，为广大消费者提供安全舒适的购物体验，是辐射老河口、丹江、谷城三地大型购物休闲场所。曾获"湖北省守合同重信用企业""襄阳市诚信守法企业""襄阳市守合同重信用企业""老河口市税收贡献先进企业"等荣誉称号。

（四）汉江商业广场

汉江商业广场位于市酂阳街道仁义街西、汉江大道北、市一医院南，是集大型购物中心、步行街、住宅于一体的大型城市综合体，总面积9万平方米，涵盖餐饮、娱乐、休闲、百货等各类业务。2018年8月开业，拥有一支80余人的商业管理团队，引进品牌商100余个。

（执笔人：老河口市委党校 老河口市档案馆）

第七节　老河口城乡建设

推进城乡人居环境建设事关高质量发展、高品质生活、高效能治理，事关人民群众的获得感、幸福感、安全感，意义重大而深远。老河口市大力推动城乡各领域建设，不断绘就和美城乡新画卷。

一、科技

1956年光化县成立科学技术普及协会，1959年成立科学技术委员会，采取多种措施，普及科学知识，鼓励发明创造，推广应用技术。改革开放后，提倡尊重知识、尊重人才，落实知识分子政策，调动科技人员的积极性和创造性。科研活动遍及农业、工业、建筑、医疗卫生以及某些社会科学领域，取得一批科研成果，促进了国民经济的发展。

2022年，组织完成33家企业申报高新技术企业，认定23家，全市高新技术企业63家；规模以上高新技术产业增加值55.7亿元，增长0.4%。全年专利授权数417件，其中发明专利授权数17件。推动科技创新平台培育，新增4家，达到35家；推动科技型中小企业培育，新增51家，同比增长77.3%，达到117家；推动科技创新，新增专利授权311件，同比增长16.48%，技术合同成交额22亿元，同比增长52.8%。完成研发费用填报14.82亿元，同比增长18.08%。飞来钟粮机被认定为"瞪羚"企业。农垦联丰公司"旱杂粮种植乡村振兴科技创新示范基地"被成功认定为襄阳市级乡村振兴科技创新示范基地。"襄阳市雪飞特能材料""襄阳市汽车底盘零部件（万柯公司）"被成功认定为襄阳市级"企校联合创新中心"。香园食品有限公司成功获批"果蔬制品精制技术襄阳市重点实验室"建设单位。南京理工大学王泽山院士、上海交通大学丁文江院士团队、南京大学朱海亮教授团队等一批高端人才入驻兴业发展。

二、教育

宋景祐年间建簧学，明嘉靖年间建文忠书院，清乾隆年间建复文书院（原文忠书院），旧时书院为儒生应科举考试学习场所，光化县学官和名士常在书院讲学。清光绪二十四年（公元1898年）挪威基督教在两仪街开办育英书院，设师范班，学生56名。清光绪二十九年（公元1903年）老河口福音堂开办补习学校，传授英文、算术、物理、化学、生物课程。清光绪三十一年（公元1905年），废除科举制后第一所新式学堂"县高等小学堂"创办。清宣统二年（公元1910年）开办初等农业学堂，教授农业新技术知识。1912年，改育英书院为育英中学，另办培德女子中学，主要培养教会服务人员。1919年，老河口帮会开办学之始，江西帮同乡会创办私立豫章初级小学。1921—1923年，创办乙种商业学校和农业学校，教授财会和试种苗圃刺槐，培育青皮桐。1941年，推行计划教育，首设公办中学光化县立初级中学。新中国成立后，私立学校逐步转为公办。改革开放后，恢复高考招生，落实知识分子政策，恢复正常教育秩序，教育事业进入蓬勃发展轨道。

2022年，全市共有各级各类学校144所，在校学生68517人。其中，普通中等专业学校1所，在校学生2393人；普通中学18所，在校学生23689人；小学40所，在校学生29614人；幼儿园85所，在园幼儿12821人。全市有专任教师3588人。引进老河口籍在外县市工作优秀教师13人，全市600余名教师参与城乡交流。投入资金5300万元实施高级中学改扩建项目；投入资金3600万元，实施职业技术学校改扩建。引进社会资本举办民办普通高中2所，累计增加高中学位2400个，使高中学位达到5300个。投入资金5000万元，实施童营小学改扩建项目。投入资金858万元，持续推进农村义务教育学校改薄工程，实施农村义务教育学校教学及辅助用房、食堂、运动场改扩建项目7个。投入资金1000万元，实施学校标准化运动场建设，2022年改扩建室内运动场馆1个，室外运动场4个，基本实现镇中、镇小标准化运动场全覆盖。全市小学一年级告别大班额。高考过"一本线"人数实现"八连增"，一本率从2015年的5.19%（99人）提高到了2022年的12.3%（312人）。

三、文化

老河口地处中华腹地、汉江中游重要节点，区位优势显著。在历史发展的长河中，深受中原文化、楚文化、秦文化、汉水文化影响，留下许多具有鲜明地域特色的文化艺术，如老河口丝弦、老河口锣鼓架子。历史文献、民间传说、民间故事等诉说着历史的沧桑和悠久。中华人民共和国成立后，文化艺术得到长足发展。2022年，全市艺术表演团体1个，文化馆（站）11个，博物馆1个，公共图书馆1个，图书总藏量14.9万册。全市广播人口覆盖率为99.99%；电视人口覆盖率为99.99%，有线电视用户2.08万户。在省运会、省青少年皮划艇锦标赛中分别获得3金1银、5金6银的历史性成绩。

四、卫生

清末民国时期，卫生事业基本处于自流状态，极度缺少必要的卫生设施。农村严重缺医少药。医疗疾病常常草药单方。新中国成立后，逐步建立了县、乡（区）、村（大队）三级医疗卫生机构。大型工厂、学校乃至偏乡僻壤均设有医疗点。1983年市、县合并以后，把卫生工作作为精神文明建设和整顿市容市貌的重要内容，城市面貌大为改观。继承和发扬祖国医学遗产，医疗技术不断提高，器械设备不断更新完备。2001年，启动基本医疗保险改革、2003年实行新农合改革，人民群众卫生健康得到有效保障，生活质量稳步提高。

2022年，全市共有卫生机构（含乡镇卫生室）320个，其中医院11个、卫生院10个，疾病控制中心1个，妇幼保健院1个。卫生机构床位3972张，其中医院2520张；卫生工作人员3446人，其中卫生技术人员2738人，执业医师及执业助理医师1098人，注册护士1169人。全年累计为全市适龄妇女免费"两癌"检查30180人，对筛查出的32名癌症患者，均第一时间进行手术治疗、跟踪随访和关心关爱服务。开展叶酸补服3746人，孕产妇围产期健康管理11825人次，对2012名新生儿进行免费五病和听力筛查，0～3岁儿童计划免疫50091剂次。建成13个集院前急救、卒中救治、胸痛抢救三大单元高度整合的急救站，搭建市、乡、村三级医疗机构全覆盖的心梗、脑卒中患者远程救治绿色通道。建成城区"10分钟"、乡镇"30分钟"急救圈，成为襄阳市首家县域急救网络全覆盖的县（市、区）。开通空中医学救援，在急救中心建设救援直升机停机坪1个；建立水上救援通道，由海事航运部门提供水上快速救护船1艘，拓展水上急救。荣获第七届全国"万步有约"职业人群健走大赛国家第一名，湖北省排名第一。李楼镇获批国家"卫生乡镇"；薛集镇卫生院获得"国家优质服务基层行"称号；

孟楼卫生院获省级"基层卫生机构百强特色科室"建设单位称号，其眼科通过省级"特色科室"评审。

五、行政审批

老河口市行政审批工作以"高效办成一件事"为目标，坚持创新驱动，强化工作措施，突出改革攻坚，夯实基层基础。

（一）坚持集成高效，着力夯实政务服务运行基础

一是"四减"工作成效显著。目前，市直政务服务事项1970项，即办件1390项，占比70.6%。二是政务数据归集到位。共汇聚本级130种证照目录，录入证照数据240543条。三是"一网通办"上下贯通。目前已完成22批34个国家、省、市垂管系统与湖北政务服务网的对接应用，本级自建的不动产业务系统也实现与襄阳市综合受理平台的对接。四是"一事联办"推广应用。全面推行77个"一件事"主题复制推广，结合告知承诺制、"证照分离""一业一证"等专项改革，提升"一事联办"应用范围，深入推进流程再造，共精简申请材料216份，压缩审批时限1030天，减少办理环节78个，减少跑动次数133次。

（二）坚持规范便捷，全面优化政务服务体系建设

一是推进基层政务服务场所建设，方便"就近办"。目前全市由1个市级政务服务中心、10个镇级便民服务中心、255个村级便民服务站组成的政务服务体系已经形成。二是打造24小时自助政务网厅，助力"随时办"。目前可为办事群众提供591项政务事项的自助服务，上线运行以来累计办件59858件。三是持续扩大跨域通办"朋友圈"，实现"一地办"。目前已与河南省5个县市，陕西省3个县市签订"跨域通办"战略合作协议并梳理建立通办事项清单。四是加强服务大厅规范管理，保障"暖心办"。群众满意度不断提升，大厅各窗口收到群众表扬信21件，锦旗3面。

（三）坚持务实创新，不断提升政务服务发展质效

一是推行综合受理窗口改革。打破部门窗口界限，设置18个全科无差别综合窗口，承接30个部门1000余项政务服务事项的受理权限。二是深化工程建设领域审批制度改革。将"五证同发"与"标准地"出让、"区域性统一评价""联合图审""多测合一"等改革有机衔接、整体推进，实现工业项目"拿地即拿证、拿地即开工"。三是做实"无证明城市试点"创建。

（四）坚持公正公开，确保目标任务落地见效到位

一是切实抓好政务公开。推进规范化建设，落实依申请公开，回应群众关切。二是严格公共资源交易监管。推进房屋建筑和市政基础设施工程施工招标"评定分离"改革。

六、民政

老河口市不断推进民政服务设施建设，助力经济社会发展。

（一）居家养老服务中心建成用好

投入100万元建成鄫南社区、小东门社区两个居家养老服务中心，并采取购买服务方式，提供文化娱乐、日间照料、就餐送餐、健身养身等服务，截至目前，全市已建成8个村（社区）居家养老服务中心。特别是汉口路社区居家养老阵地建设和为老服务运营管理模式的创新，迎来了省政协、民政厅、残联主要领导与襄阳市政府主要领导的莅临并得到高度肯定，各级杂志、报纸、电视媒体密集大篇幅报道11次，其中，学习强国平台报道2次，省级媒体报道3次，襄阳市级媒体报道4次、采访2次，经验被全省推广。

（二）改革目标"一刻钟"养老服务圈试点推进

在鄫阳街道先行试点推进，引入第三方服务公司在汉口路社区居家养

老服务中心设置养老智慧+服务模式，实现对老年人全天候、全过程的上门服务，目前已为特困、低收入老年人免费安装智能服务监测设备20余套，上门服务200人次，实现区域性覆盖。

（三）农村公益性公墓建设全力推进

农村公益性公墓规划的编制已完成，顺利通过市规委会审核，全市设定规划点82个。已完成了10个乡镇农村公墓试点建设和洪山嘴镇殡葬服务站建设。严格按照"深埋卧碑"的要求、"占地小、墓碑卧、硬化少、绿化好"的标准全力推进乡镇农村公益墓地建设。

（四）特困供养服务中心即将投入使用

列为民生十件实事的位于李楼的老河口市特困供养服务中心建设项目，是目前全省县级市为数不多的为失能半失能特困供养人员提供服务的机构。总投资2200万元，总建筑面积7000余平方米，设计护理型总床位200张。1栋、2栋内外部装修已完成，正在逐步完善内部设施。

（五）适老化改造高效完成

作为全省重点改革任务和2022襄阳民生十件实事内容，市民政局将养老适老化改造纳入全局重点工作重点督办，强力推进，聚焦特困、高龄、残疾等特殊困难老年群体，按照"一户一策"原则，在全省率先完成120户特殊老人家庭实施居家适老化改造，缓解困难老人日常生活困境，尽力提高特殊老人居家养老的便利性和舒适度。

（六）推进乡镇（街道）社工站建设

拟投入300余万元，按照"有场地、有人员、有功能、有制度、有活动"的标准，采取"1+10+N"的模式，推进乡镇（街道）社会工作服务站建设。即1个市级社会工作督导服务中心+10个乡镇（街道）社会工作服务站+N个村（社区）社会工作服务点，同时结合社工站全面推进未成年人保护站建设，前期引入第三方机构作引导，充分发挥社会服务参与社会治理，经验成熟后引导乡镇社区自己建设，延伸多种形式的服务。

七、生态建设

2022年，老河口市空气质量优良天数达标率85.1%，PM_{10}浓度同比下降1.85%。生物医药产业园内9家化工企业在7月底前完成挥发性有机物（VOCs）无组织泄漏检测与修复工作，聘请技术机构对华中木业家居产业园企业挥发性有机物（VOCs）有组织排放情况进行评估，完成11家企业完成治理工作；持续推进工业炉窑综合治理，对5家企业依法进行关停。对全市310台非道路移动机械发放了牌照，持续开展非道路移动机械环保现场监督抽测，全年对103台非道路移动机械进行抽检。更新完善重污染天气重点行业应急减排清单，全市73家重点企业纳入减排清单。建设雨污分流管网20余千米，改造完成10余处错接混接管网，大明渠污水直排问题完成襄阳市级销号，城南污水处理厂主体建成，龙虎沟截污工程完工，内河水系逐渐变清。加速治理汉江污染。建成2个森林城镇、114个森林乡村，创建国家园林城市通过省级初审。

八、乡村建设

按照"景观化谋划蓝图、项目化推进建设、全域化整治环境、全覆盖培育产业"的思路，推进乡村建设全面提档升级。以"一带两片三线"建设为重点，打造老河口"现代农业观光示范带"。力争通过三年建设完善，形成乡村建设老河口特色，实现由点美向线美面美拓展、由颜值向品质气质提升，确保老河口市乡村建设走在全省前列。因地制宜围绕"一带两片三线"策划建设项目30个，沿线设置"美好环境与幸福生活共同缔造"试点村12个，推进项目建设，打造样板工程，促进美丽乡村提档升级。制定农村人居环境整治提升五年行动方案，巩固拓展全市农村人居环境整治三年行动成果。以"五清三建两管一改"为重点，统筹实施春夏秋冬四季村庄清洁战役，大力开展村庄清洁行动。实施通道绿化、村庄绿化、产业基地建设、汉江沿岸造林绿化、采伐迹地退耕还林复绿等工程，鼓励农民因地制宜建设"小三园"，打造"一村一品、一村一景"森林村庄、森林庭院样板工程。全面完成2022年新建农村户厕1640户任务，仙人渡镇厕所粪污与生活污水一体化治理项目已建设完成并投入使用。围绕"四大特色产业"集群和"四大产业链"上下游，依托当地资源，因地制宜，大力培育乡村主导产业和主导产品，"一村一品"成效显著，实现主导产业217个村全覆盖。

仙人渡李家染坊村（森磊供图）

（执笔人：老河口市委党校 老河口市档案馆）

第八节　老河口基础设施

老河口市地理位置优越，交通便捷。近年来老河口市高度重视基础设施建设，不断加大基础设施建设投入力度，加快补齐城乡功能短板，全面提升城乡品质内涵。

一、交通

老河口市明代即开辟有驿道3条：东北经孟楼通宛、洛；南经仙人渡、太平店达襄阳；西渡汉水经丹江口、十堰至陕西、四川。清、民国时期汉水航运发达，船舶日流量在千艘以上，汉水运量占总运输量的80%以上。水运随着2000年王甫洲水电站的拦截而衰落。

现今已形成铁陆空立体交通网络。铁路网线四通八达，西武高铁绕城而过，西连渝新欧铁路大通道，东接汉新欧铁路大通道。高速路网密集，福银高速、邓保高速、二广高速、内邓高速等高速在此呈"井"字围合，所有乡镇可实现半小时上高速，内畅外联。328国道、316国道、302省道纵横境内。民航交通便捷，老河口距离襄阳刘集机场最短距离不足40千米，可直达全国主要城市。2021年全市公路通车里程2406.2千米，国道50.6千米，高速公路30.5千米。全市客运周转量36946万人千米，货运周转量282055万吨千米。全市村村通公路比重达100%。2022年，全市已建成180个村级物流点位，寄递服务覆盖217个行政村。老河口"双循环、全链条+农

全域公交遍布城乡（老河口市摄影家协会供图）

村物流＋电子商务"成功入选交通运输部、国家邮政局公布的第三批"全国农村物流服务品牌"名录，其工作经验在全国推广。"四好农村路"项目上报并通过了交通运输部、财政部、农业农村部、国家邮政局、国家乡村振兴局联合考核，老河口成为襄阳市唯——家纳入"四好农村路"全国示范县创建单位并公示。全国城乡公交一体化、湖北省全域公交化、湖北省"客货邮"融合发展示范城市创建活动也都在如火如荼地进行，即将迎来上级部门的考核验收。

二、河流水库

老河口市水资源丰富，可分为地下水和地表水两大类型，总蕴藏量308.27亿立方米。地表水资源又分为地表径流、汉水过境客水和引丹大渠客水三类。新中国成立后，老河口人民在党的领导下，改造穷山恶水、整治旱魔，先后修建了孟桥川大型水库1座，中型水库7座，小型水库73座，堰塘4000余口，总承雨面积500多平方千米，总有效库容近3亿立方米。1971年纵贯全市南北，过境44千米长的引丹总干渠，总长95千米的三条干渠相继建成通水，年均引水量12亿～16亿立方米，可引3亿～5亿立方米。全市沿引丹总干渠、干渠修建支渠、小渠、泵站和大、中、小型水库，基本形成了引丹总干渠、干渠为骨干，提水、机井为补充，蓄、引堤水相结合的"西瓜秧"式水利灌溉系统，使部分丘陵、岗地水利条件得到改善；全市地下水蕴藏量8291万立方米，自西向东由浅至深；沿汉江平川区域为丰水区，地下水一般深度在14～20米，易于开发利用，丘陵地区因地形限制，开发利用的难度大。

汉江是老河口市最大河流，除此以外，境内还有小河26条，流域面积在25平方千米以上的河流10条，流域面积在100平方千米以上的河流有2条，流域面积在50～100平方千米的河流有3条；其他河流源小流短，属季节性河流。

（执笔人：老河口市委党校　老河口市档案馆）

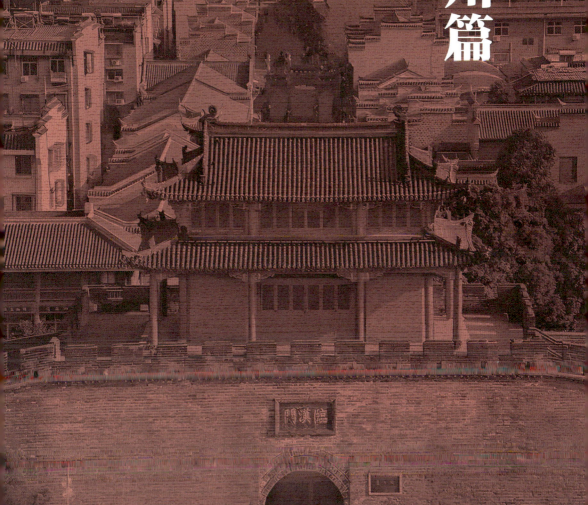

襄州篇

第一节 襄州概况

一、历史沿革

襄州区前身为襄阳县，建县于西汉初年，以县治位于襄水之阳而得名。新莽时曾一度改称"相阳"，东汉复称襄阳。汉属荆州刺史南郡，建安十三年（公元208年）属襄阳郡；东晋时，因雍州（今陕西一带）人避难流入襄阳等地，为安置流民，孝武帝于太元十四年（公元389年）以襄阳为中心侨置雍州；以后或属襄阳郡，或属襄州，至宋属襄阳府，元属襄阳路，明初属襄阳府。

民国二年（公元1913年）废除府制，直属湖北省，后属湖北省襄阳道；1927年，废道，直属于省；1928年，属鄂北行政公署；1932年，属湖北省第八区行政督察专员公署；1936年，属湖北省第五区行政督察专员公署，其间，1930年7月至1932年6月，中国共产党在黄龙垱一带（县内其他地方为国民党统治区）建立襄阳县苏维埃政权，属鄂豫边苏区领导；1948年1月，襄阳县爱国民主政府成立，属桐柏行政公署第三专署及汉南办事处；1949年2月，属湖北省襄阳行政区专员公署。

中华人民共和国成立后，属湖北省襄阳专员公署。1950年将县辖昭明、樊城两镇划出组建襄樊市。1970年县属襄阳地区，1983年10月属襄樊市。1992年8月，县政府驻地由襄樊市区迁至张湾镇。2001年12月，经国务院批准，撤销襄阳县，设立襄樊市襄阳区，原襄阳县所辖欧庙、泥嘴2个镇划入襄樊市襄城区，牛首、太平店2个镇划入襄樊市樊城区，2010年更名为襄州区。2010年11月，东津镇移交给东津经济技术开发区托管，2012年3月，刘集办事处移交给高新区托管；2012年5月，连山湖片区和伙牌镇四个村（马庄村、刘家村、胡湾村、王湾村）移交给高新区托管；2016年末，唐白河南岸的四村一组（六两河村、田寨村、西岗村、史台村、张湾一组）移交给东津新区托管。

二、地理位置

襄州区位于鄂西北部，居汉水中游，地理坐标东经110°45′～113°43′，北纬31°14′～32°37′。东与枣阳市为邻，南与宜城市隔汉水相望，西与襄阳市襄城、樊城两个区接壤，西北与老河口市毗连，北、东北与河南省邓州、新野、唐河三县市交界。襄州区人民政府驻浩然街道，办公地址为航空路187号。行政区域土地面积2466.6平方千米，占襄阳市总面积的11.7%，占湖北省总面积的1.33%。

三、气候特征

襄州区属亚热带湿润季风型大陆性气候，其特点是四季分明，雨热同季，春季温和，夏季炎热，秋季气爽，冬季寒冷。一般春、夏季多东南风，秋、冬季多西北风。常出现寒潮大风和雷雨大风。年均气温15.3～15.8℃。1月平均气温1.6℃，极端最低气温–17.7℃（1977年1月30日）；7月平均气温28.8℃，极端最高气温42.5℃（1951年8月15日）。年平均日照时数2000小时；无霜期年均243天，最长272天（1961年），最短192天（1962年）。年各月平均相对湿度，襄北74%，襄南76%。年平均降水量878.3毫米，年平均降雨日数112天，最多达154天（1964年），最少达79天（1966年）；极端年最大雨量1251.1毫米（1962年），极端年最少雨量564.2毫米（1966年）。

四、行政区划

襄州区辖龙王、石桥、伙牌、黄集、古驿、朱集、程河、双沟、张家集、黄龙、峪山11个镇，张湾、肖湾、浩然、金华4个街道；襄州经济开发区为省级经济开发区，共有407个行政村（居委会）。党政群机关63个，在职人员2346人；事业单位控制总量405个（含8个直属事业单位、1个经济合作组织），在职人员13951人。

襄州城区概貌（襄州区融媒体中心供图）

五、人口与民族

截至2022年末，全区总人口85.7万人，其中男性44.4万人，占总人口的51.8%，女性41.3万人，占总人口的48.2%；全年出生人口3674人，其中男性1902人，女性1772人。全区有少数民族17个，近5000名少数民族群众，其中回族占90%以上，其次为土家族、彝族、壮族、满族等少数民族，呈现典型的大分散小聚居状态。

（执笔人：刘思琦）

第二节 襄州自然资源

襄州地处鄂西北部，位于汉水中游，是汉江流域中心城市、省域副中心城市——襄阳市的最大主城区，是襄阳城市东进、北拓的主战场，也是南襄盆地的桥头堡、汉江流域重要节点城市。

一、土地资源

2021年，襄州区土地面积208281.67公顷（不含托管区域）。其中，耕地面积147280.36公顷，占总面积的70.71%；种植园用地面积818.33公顷，占总面积的0.39%；林地面积10955.45公顷，占总面积的5.26%；草地面积340.61公顷，占总面积的0.16%；商业服务业用地面积750.37公顷，占总面积的0.36%；工矿用地面积1523.11公顷，占总面积的0.73%；住宅用地面积13688.94公顷，占总面积的6.6%；公共管理与公共服务用地面积969.18公顷，占总面积的0.46%；特殊用地面积621.69公顷，占总面积的0.3%；交通运输用地面积8595.09公顷，占总面积的4.12%；水域及水利设施用地面积19980.83公顷，占总面积的9.59%；湿地面积378.82公顷，占总面积的0.18%；其他土地面积2378.89公顷，占总面积的1.14%。

二、森林资源

襄州区属农业大区，森林资源相对贫乏，林地面积10955.45公顷，占襄州区国土空间的5.26%。2021年，造林绿化面积775.93公顷，完成鄂北防护林示范段47千米，植树15万株，全区森林覆盖率提升0.42%，超额完成"绿满襄州"建设任务。在全省率先开展林业PPP项目，投资4.35亿元，实行了3年建设期，15年管护期，建成后可新增造林绿化面积1666.67公顷，提高森林覆盖率1.5%。

三、水资源

襄州区内属汉水流域，河流湖库资源丰富，大小河（溪）流60条，总长1098.1千米。其中流域面积100平方千米的河流14条，水资源总量492.70亿立方米。主要河流7条，唐河、白河、唐白河、滚河、清河、淳河六大水系均向西流入汉江。航道总里程205千米，其中汉江航道32千米，起于清河入汉江河口，止于东津镇三合；唐白河航道22.5千米，起于双沟镇龚咀，止于汉江张湾大河嘴；唐河航道44.5千米，起于程河镇石台寺，止于双沟镇龚咀；白河航道27千米，起于朱集镇翟湾，止于双沟镇龚咀；滚河航道38千米，起于张集镇，止于东津镇唐店；清河航道41千米，起于龙王镇，止于清河入汉江河口。有经区政府批复并达标渡口29处，分布在刘集、东津、双沟、朱集、古驿、龙王、张家集7个镇（街道）。境内大中小型水库192座。其中大型水库2座：西排子河水库总库容量2.2亿立方米，红水河水库总库容量1.04亿立方米。

近年来，襄州区政府加强水资源保护，充分利用地理信息系统、物联网、互联网、大数据、云计算等技术手段，打造"智慧河湖"；启动中小河流及水系连通工程；制定《襄州区最严格水资源管理制度》；落实河库长制；成立各镇（街道）供水协会；投入资金，建设水利基础设施；成立区水政渔政综合执法局，将水政、渔政、河道采砂等水利执法一体化。多管齐下，持续提升水资源保护水平，坚决守牢水安全底线。

四、国土绿化

多年来，襄州区扎实开展绿满襄州行动，积极打造人与自然和谐共生美丽襄州。2021年，襄州区示范村村庄绿化、道路绿化、田园绿化已植树100万株。襄州区城区公共绿地面积103.64公顷，城市绿化覆盖率35.4%，人均公共绿地面积4.5平方米，城市绿地率29.50%。全年新建绿地面积10.3万平方米，新植各类苗木9万株。新建园林路市民公园，占地面积9500平方米。截至2022年5月，全区完成森林乡村建设（2021年度计划）74个（市级19个，区级55个），打造村庄绿化特色村11个（实现"一村一品"），完成造林折合面积9600亩。

2023年，襄州区市级、区级森林乡村建设村平均投入分别超过100万元、30万元，全区村庄绿化投入资金超过3600万元，为区域绿满、生态美丽、乡村振兴带来了新气象和新希望。全区将重点聚焦森林乡村创建、森林单位创建、鄂北生态防护林效能提升、重大林业生态建设、油茶产业扩面提质增效、微景观亮化、林业生态修复七大工程建设，落实省市造林绿化目标任务，抓实林长制等重点工作，植树造林8000亩，植树60万株，新增城区绿化面积10万平方米，建设森林乡村75个。

五、湿地资源

襄州区湿地面积378.82公顷，占行政总面积的0.18%。近年来，襄州区着力建设汉江生态经济带绿色发展示范区，建立以一江四河汇合点、湿地公园、保护区和洲滩为主体的保护体系。以美丽乡村建设为目标，开展清洁型小流域治理。形成以汉江老西湾洲滩湿地、唐白河洪山头洲滩湿地、清河伙牌下冯湿地等为主要节点，以汉江重要支流为脉络的襄州区"一江四河"湿地生态系统，通过洲滩、湿地保护与修复，形成滨水绿带。

六、矿产资源

截至2021年底，襄州区发现各类矿产7种。其中，金属矿产1种，即锰矿，矿产地1处、矿（化）点3处；非金属矿产5种，包括石膏、建筑石料用灰岩、白垩土、砖瓦用页岩、建筑用白云岩，矿产地和矿（化）点共20处；水气矿产1种，即矿泉水，矿点1处。建筑石料类灰岩矿、白垩土矿、砖瓦页岩矿为区内主要矿产资源。建筑石料类矿产品种全，品质优，距城区近，具有很大的开发潜力，已探明矿产资源5000万吨，远景储量达2亿吨；砖瓦页岩矿已探明矿产资源350万吨；白垩土矿已探明储量450万吨，已进行开发利用，远景储量近千万吨，具有很大的经济潜力。

（执笔人：刘思琦）

第三节　襄州人文社会资源

一、全国重点文物保护单位——凤凰咀遗址

凤凰咀遗址位于襄州区龙王镇前王、闫营两村，主体年代属于屈家岭文化至石家河文化，距今约5200—3900年，是南阳盆地一处重要的新石器时代城址。城址与附属遗址的分布面积达50万平方米，反映了城址鼎盛时期的聚落分布状况。凤凰咀城所处位置属于中国南、北文化系统分布交

界地带，是南北文化交流碰撞的新证据；也是江汉地区与中原地区来往的交通要道，军事意义重大。凤凰咀遗址不仅将襄阳的城市发展向前推进了2000多年，更是开拓了中华文明进程研究的新视角。2021年2月，湖北省政府将凤凰咀遗址列入湖北省荆楚大遗址保护传承工程项目库。2021年10月被国务院核定为第八批全国重点文物保护单位。

襄州区龙王镇凤凰咀遗址（襄州区融媒体中心供图）

二、老坟坡遗址

老坟坡遗址位于城东约30千米处，属张家集乡宋营村所辖。遗址范围呈正方形，边长约300米。东临滚河一小支流，自断面处可见文化层厚约2.3米，其内夹杂有大量红烧土硷（块）及残碎陶片。遗址分布面积较广，文化层厚，内涵丰富，采集标本多。其中鸭嘴形鼎足、喇叭状镂孔豆圈足及盂形器颇具屈家岭文化晚期风格；而其余大部分为石家河文化比较典型的器物。综观整个遗址，它应为一处以石家河文化为主体并含少量屈家岭文化元素的新石器时代晚期遗存。

三、湖北省文物保护单位 —— 楚王城遗址

楚王城遗址位于襄州区黄龙镇高明村油坊湾东北约300米的许家河西岸。隔河与枣阳市李园东周遗址相望，因当地流传楚王曾在此建城而得名。遗址总面积为18600平方米，属河岸高台地形，东高西低，由两块长方形台阶高低错落叠压构成（复原平面呈典尺形），遗址构造典型，具有城堡特点，堆积层厚，内涵丰富，保存完整。其下层的新石器器物既具有石家河文化特色，也有河南龙山文化因素，反映出襄阳一带新石器时期的文化深受中原和江汉文化的双重影响。上层周代的高台堆积与楚文化高台建筑较吻合。多种迹象表明，此地为当时楚国的一个重要地点。遗址丰富的文化堆积对探索先楚文化提供了珍贵的实物资料。1992年12月公布为第三批湖北省文物保护单位。

四、湖北省文物保护单位 —— 朝阳城遗址

朝阳城遗址位于襄阳市北约48千米处，属于襄州区石桥镇黑龙集朱杨村所辖。遗址地处襄北岗地之一平缓台地上，较周围略高，四周开阔。其范围东西长约2千米，南北宽约1.5千米，文化层厚1.2～2米。遗址西北角有一座近似正方形的夯土城垣，残高约1.5米，边长约250米，现因柳姓居住此地，故名"城址柳"，曾在城垣内发现砖砌下水道、8米宽的街道及陶质井圈等遗址遗物。《南阳县志》记载："朝阳城，因在朝水之北得名。"清同治八年（公元1869年）编修的《襄阳县志》记载：朝阳城"今黑龙集南五里，俗讹为朝王城，其城址不及三里，高于平地数尺，中垦为田，四周瓦砾犹在。北距邓州、南至县治各八十里，汉置朝阳县，即以其地为治府"。该遗址所处地理位置、地貌与上述记载相符，调查情况也表明，该处当为一处汉代城址。1981年和1984年分别被襄阳县、襄阳市人民政府公布为县、市文物保护单位，1992年被湖北省政府公布为省文物保护单位。

五、湖北省文物保护单位 —— 陈坡遗址

陈坡遗址是一处新石器时代至汉代的重要遗址，位于襄阳市襄州区陈

坡村，面积约100万平方米。文化层厚0.8米左右，包含物丰富，地面采集有陶片。2005—2006年曾进行过两次发掘，发现一批重要的墓葬。该遗址对于研究襄阳地区这一时期的历史文化尤其是楚文化具有很重要的价值。2008年被公布为第五批湖北省文物保护单位。

六、国家级森林公园 —— 鹿门寺国家森林公园

鹿门寺国家森林公园位于襄阳市东南郊，汉水中游，距市中心20千米，距襄阳城区15千米。其主景点千年古刹鹿门寺始建于东汉时期。西晋时，改名为万寿禅寺。魏晋南北朝时期，香火不衰，成为全国的佛教圣地。唐朝时，复名鹿门寺，唐代名僧处贞、丹霞及北宋法灯禅师主持过鹿门寺。明朝景泰年间，在此建"三高祠"（庞统、孟浩然、皮日休）并供其像，以示纪念。明末毁于火，清初以来，屡有修废。鹿门寺依山势而建，极盛时有房屋500余间，现存鹿门寺院、三高祠、八角井、庞公制药洞、望江亭、碑廊、孟浩然纪念馆等。1987年被襄阳市政府列为"重点文物保护单位"。1992年被湖北省政府列为"省级重点文物保护单位"。2021年1月被襄阳市旅游景区质量评定委员会评定为AAA级旅游景区。

鹿门寺国家森林公园（襄州区融媒体中心供图）

七、省级重点文物保护单位——水星台

水星台位于襄阳市樊城区定中门街道，始建于晋，建筑坐北朝南，筑于砖石围砌梯形夯土台基之上，台高8米，占地面积730平方米，清同治十三年（公元1874年）编《襄阳县志》载，有乾隆四年碑记云"凿郭璞建以镇樊城火灾"，主要用途以水克火，以压火灾。1988年12月水星台作为襄州区文物处办公地管理使用，目前襄州区博物馆设于此。水星台作为全国唯一现存的消防瞭望台遗址，为省级重点保护单位，县（区）级爱国主义教育基地。

八、湖北省文物保护单位——湖广北界碑

湖广北界碑位于襄州区古驿镇北端，地处鄂豫交界处的黄渠河大桥南端，桥北岸为河南省，明清时期鄂豫分界的标志。《中国历史地图集》称，元代"湖广北界"在河南许昌一带，明清时期移至今鄂豫交界处。清光绪年间《襄阳县志》载："黄渠铺，又名黄渠河，距城东八十五里许，铺北里许有豫楚分界碑。"碑大理石质，通高1.98米，宽0.96米，厚0.16米。碑面正中镌"湖广北界"，左下侧落款"襄阳府南陵汪翼夒立"。1992年12月公布为第三批湖北省文物保护单位。

九、革命圣地黄龙镇

黄龙镇是红九军二十六师诞生地。1930年5月29日，中国共产党领导的农民自卫军鄂北总队在黄龙垱太山庙整编，正式成立"中国工农红军第九军二十六师"，余益庵任党代表，张香山、谢耀武任正副师长，赵英任政治部主任，师部设在月儿冲马槽岭。之后相继成立红二十六师后方医院、枪炮修理厂、大月儿冲列宁小学。黄龙镇依托其丰富的红色资源，建立了红九军二十六师红色教育基地，旨在缅怀先烈，传承红色基因，并作为党外人士和非公有制经济人士的学习基地、活动基地和理想信念基地。

黄龙镇红军第九军二十六师师部旧址（襄州区融媒体中心供图）

十、襄阳县苏维埃政府遗址

襄阳县苏维埃政府遗址位于峪山镇姚岗村。1930年6月，在中共鄂北特委的领导下，组建中国工农红军第九军二十六师，开辟鄂北革命根据地，7月建立襄阳县苏维埃政权。1984年列入县、市文物保护单位和爱国主义教育基地。原中共襄阳县委、县人民政府筹资，修旧复原襄阳县苏维埃政府旧址全境和展厅。

十一、徐窝爱国主义教育基地

1925年受党委派，赴法留学归来的共产党人陈克绳回鄂北建立党组织开展革命工作，在襄枣一带发展党员，建立党小组，燃起革命火种。1930年，中共地下党员徐化龙和其他共产党员组织发起著名的蔡阳铺暴动。同年秋，国民党清乡军血洗徐窝村，一次残杀村民108名。徐化龙受党的委托，在此建立地下联络站，徐窝成为鄂北革命交通驿站及襄枣边一带革命斗争堡垒和发源地。徐窝村建有革命烈士陵园，占地面积0.33公顷，纪念碑高15米。其中烈士墓占地0.07公顷，安葬30多位烈士，是湖北省、襄阳市爱国主义教育基地、襄阳军分区国防教育基地，县（区）革命传统教育基地。

十二、"八六坟"

"八六坟"位于襄州区石桥镇境内。1948年4月27日，遵照中央军委和刘伯承、邓小平首长指示，人民解放军发起宛西战斗，桐柏军区主力二十八旅和三分区八十五团、八十六团，在一纵、十纵强大兵力保障下攻克邓县县城。战斗中，八十六团重伤员一部分送到襄阳县境内崔岗村后方医院，近100名官兵伤势过重牺牲，群众把为长者准备的棺木献出安葬牺牲的官兵，因不知这些烈士姓名，只知是解放军八十六团的，故称"八六坟"。1990年秋，襄阳县人民政府将"八六坟"革命烈士墓列为现代革命保护遗址。"八六坟"碑高8.6米，占地面积1200平方米，现已成为革命传统教育基地。

（执笔人：马一帆）

第四节　襄州工业

襄州作为襄阳市的工业排头兵，襄阳城市整体规划东进和北拓的主战场，近年来，襄州区委、区政府坚持高起点谋划、高标准建设、高水平推进，全力推进延链补链强链工程，相继引进了京东集团、中国华录、福建盼盼、上海韵达等一大批国内外500强企业和行业翘楚，培育了襄阳市十年来唯一的一家上市公司——襄阳长源东谷股份有限公司，打造了生猪全产业链"正大襄阳模式"，现已形成纺织服装、农产品加工、汽车及零部件、装备制造四大主导产业。2022年，全区生产总值达到900亿元，规模以上工业总产值1300亿元。县域经济考核排名全省一类县（市、区）第3位，被省委、省政府评为"县域经济工作成绩突出的县（市、区）"。

一、主导产业及产业集群

经过多年的发展，襄州区形成了农副产品加工、机电汽配、装备制造、纺织服装四大主导产业集群。其中，位于国家级现代农业示范区的农产品加工产业集群被认定为省级重点培育成长型产业集群，被中国社会科学院发展与环境中心和中国产业集群研究院联合评选为"中国县域产业集群竞争力100强"；轨道交通产业集群被认定为省级重点培育成长型产业集群。

（一）农产品加工

襄州是全国著名的商品粮生产基地和畜牧业大区、湖北省农业产业化先进区，肉类产量稳居湖北第一，粮食产量稳居全国50强，油料产量稳居全国第3位。培育了襄阳孔明菜、古驿食用菌、张家集生姜、双沟萝卜和香葱等农产品品牌；丰富的农业资源已吸引泰国正大、山东鲁花、福建盼盼食品等知名企业入驻。全区市级以上农业产业化龙头企业52家，国家级1家，省级16家，形成了"鲁花""正大""希望""孔明菜""古襄阳"等10多个在国内外有影响力的品牌，农产品加工总产值超过300亿元。

（二）装备制造及轨道交通

襄州区工业基础雄厚，产业配套完整，生产加工能力强，培育隐形冠军企业潜力大，有着较强的发展优势。目前，引进培育了东风井关、时瑞达、威能达等一大批优质企业。已初步形成"433"装备制造产业发展格局和良好的轨道交通产业体系。主要包括轨道交通装备、智能制造装备、农业机械等高端装备制造产业，轴承、模具为代表的"四基产业"等专用设备制造业。

（三）纺织服装

纺织服装是襄州的传统支柱产业，有着丰富的技术底蕴、充足的人力资源和广阔的市场前景。现有纺纱、织布、印染、服装加工企业达70余家，其中规模以上企业25家，拥有纺锭15万锭，布机4000台，半缝机3000多台。全区纺织服装企业产值96.3亿元，销售收入28亿元，就业人员达1万多人。

（四）汽车及零部件

围绕东风公司襄阳基地，襄州区已经成为轻型商用车和高档乘用车发动机、车桥、电气、仪表、座椅等关键总成的主要生产基地，是武汉–襄

阳－十堰汽车产业带的重要节点。目前，入驻襄州的长源东谷等知名汽配企业已有60余家。

（五）电子信息及智能制造

襄州紧紧围绕"中国制造2025"国家战略，重点发展电子信息、精密机械及智能制造产业，相继出台了《承接智能制造装备和消费电子产业转移优惠政策》《支持企业引进高层次人才试行办法》，采取自建、收储、代建等方式，投入重金专门打造了30万平方米的"电子信息及智能制造重资产园区"，方便企业"轻资产"入驻，目前已引入博柯莱、恒川激光、鱼亮科技等知名消费类电子企业。

（六）现代物流

近年来，襄州区积极打造物流产业集群，相继引进美的安得智联科技智慧电商物流产业园、韵达襄阳产业园、圆通襄阳智创园、光彩物流等现代物流企业，现有物流企业230余家。规划30平方千米的襄阳国际物流及装备制造产业园已成为鄂西北最大的物流基地。

襄州国铁机电有限公司（襄州区融媒体中心供图）

二、园区建设

襄州区不仅主导产业蓬勃壮大，智能制造、电子信息、新能源新材料等新兴产业也是异军突起。为积极承接沿海发达地区电子信息及智能制造产业转移，襄州"筑巢引凤"构建新磁场，重金打造了电子信息及智能制造重资产园区，方便企业"轻资产"入驻，引进了博柯莱、恒川激光、鱼亮科技、华微智能家居等一批电子信息及智能制造项目，实现了承接产业转移新突破。同时，襄州助力"碳达峰、碳中和"，积极打造"零碳"示范产业园区，远景能源、湖北能源等新能源企业顺利落地襄州。

（一）襄阳农产品加工产业园

襄阳农产品加工产业园规划面积15平方千米，位于襄阳市襄州区双沟镇，唐白河畔。园区地势平整，交通便捷，汉十高速公路襄阳东出口在园区西侧。其中，起步区3平方千米，已入驻泰国正大集团、福建盼盼食品等知名企业。

（二）襄阳国际物流及装备制造产业园

以现代物流、高端装备制造、智能制造为主的襄阳国际物流及装备制造产业园，位于襄州区福银高速襄阳北高速出口处，西连襄阳纺织服装产业园，南接国家级高新技术开发区，福银高速、316国道、217省道在园区交会。园区规划总面积30平方千米，已入驻包括倍沃得、威能达、东风井关农业机械、美的安得物流等知名企业。

（三）襄阳纺织服装产业园

襄阳纺织服装产业园总面积22.8平方千米，园区位于襄州区伙牌镇，福银高速、二广高速在园区交会，汉丹铁路万吨组合分解油位于园区北侧。园区以纺织服装和轨道交通产业为核心，进一步做大做强纺织服装产业规模。已入驻际华三五四二、新国缘、金恒昌等知名企业。

（四）襄州机电工业园

襄州机电工业园位于内环线以东、316国道以南，距汉十高速公路襄阳东出口3千米，距襄阳机场2千米，距襄阳火车站约3千米。园区规划总面积8.6平方千米，现已入驻企业62家，已建成企业50家，其中规模以上企业17家，包括长源东谷、清华大学天津高端装备研究院、襄阳誉德等行业龙头。

（执笔人：何虹果）

第五节　襄州农业

襄州区地处鄂西北部，汉水中游，自然条件优越，物产丰富。全区农作物种植面积达330万亩，蔬菜种植基地40万亩，素有"鱼米之乡"的美称。襄州区内农副土特产品丰富，盛产小麦、水稻、玉米、棉花等，是全国重要的粮、棉、油盛产基地，也是襄阳市国家现代农业示范区核心区。先后获全国粮食生产先进县（标兵）、全国科技创新先进县市、全国农业产业化示范基地、全国农产品加工产业集群竞争力百强县等荣誉称号。

一、种植业

襄州区拥有优质农产品种植基地200多万亩，是国家农业现代化示范区，农作物种植种类涵盖了稻谷、小麦、花生等粮油作物和蔬果、棉等经济作物，种植种类丰富，特色产品突出。

（一）粮油生产

全区粮食作物面积稳定在312万亩以上，占农作物播种总面积387万亩的80.7%，粮食种植面积居全省第一位，粮食总产居全省第二位。其中，小麦种植面积150.74万亩，产量58.64万吨；水稻种植面积63.06万亩，产量38.83万吨；玉米种植面积88.88万亩，产量27.02万吨；马铃薯种植面积4.77万亩，产量1.25万吨；大豆种植面积1.22万亩，产量0.16万吨。

（二）蔬果棉生产

襄州区常用耕地面积254.5万亩，总产量稳定在25亿斤左右，主要的特色蔬果有冬桃、大头菜、马铃薯等。2022年，全区蔬菜及食用菌种植面积14.76万亩，产量36.41万吨；瓜果类种植面积1.76万亩，产量4.02万吨；棉花种植面积2.27万亩，产量（皮棉）0.13万吨。

二、养殖业

襄州区养殖产业涵盖了畜牧业养殖、水产养殖、禽类养殖三大领域，目前襄州畜牧业已形成四大板块：以汉十沿线，覆盖龙王、石桥、张湾、东津的优质三元猪示范区；以襄东、襄北为主的牛羊养殖示范区；以汉江、唐白河沿岸的家禽养殖区；围绕襄州区城郊的畜产品加工区。

（一）畜禽生产

近年来，襄州区形成以正大农牧、良友金牛、圣迪乐村等为代表的畜禽产业集群，以正大、希望、安佑饲料为代表的饲料加工产业集群，是"全国生猪调出大县"，畜牧业生产稳步发展。2022年全区生猪存栏52.14万头，出栏89.16万头；牛存栏9.67万头，出栏10.09万头；羊存栏13.38万只，出栏23.29万只；禽存笼727.04万羽，出笼1403.25万羽；禽蛋产量6.79万吨，同比增长4.46%。

（二）水产养殖

截至2022年底，襄州区水产养殖面积共154125亩，其中池塘养殖面积107700亩，产量35184吨；水库养殖面积46425亩，产量8900吨；水产品产量共计44084吨。襄州区因地制宜创建示范稻虾（蛙）共作等稻田综合种养高效模式，全区共建成稻虾种养基地1733.33公顷，培育示范主体36家，发展注册养殖专业合作社等20多家。其中，襄阳华山生态农业有限公司在龙王镇1000公顷稻虾共作示范基地开工建设，襄阳一品红合作社在龙王镇180公顷稻虾共作示范基地建ature completed。

三、农产品加工业

襄州区农产品加工产值与农业总产值比高于湖北省平均水平，全区规模以上农产品加工企业达到69家，实现产值290亿元，农产品加工产值占规模以上工业产值比重达到39%；市级以上农业产业化龙头企业52家（国家级1家，省级16家）；"三品一标"97个，其中无公害农产品58个、绿色食品17个、有机食品9个。全区合作社总数累计达到1337家、家庭农场达到609家（其中国家级示范合作社6家，省级示范合作社20家，市级示范合作社78家；省级示范家庭农场23家，市级示范家庭农场88家）。

襄州区依托优质粮食种植基地，培育了乐峰粮油、昊源农业、广利源大米等优质大米加工产业集群，日加工能力200吨以上的优质稻米加工企业10多家，年加工能力达到65万吨以上，采取"龙头企业+协会+合作社+农户"的方式，建立了乐峰优质粮食加工联合体、昊源稻虾产业联合体等优质稻米加工联合体，建立优质稻米标准化生产基地40万亩，网络带动农户8.5万户，打造"襄阳大米"地标产品，"襄可香"被评为湖北省名牌商标。先后培育了丰庆源粮油集团、鑫宇粮油等一大批本土小麦仓储加工企业，形成了较大规模的龙头品牌，全区小麦面粉、面条加工企业共30多家，其中省级龙头企业4家，市级龙头企业6家。面粉年生产能力80万吨左右，"丰庆源""长英"面粉品牌被评为襄阳知名商标。

四、高标准农田

大力实施"藏粮于地、藏粮于技"战略。2019—2021年，襄州区高标准农田建设项目涉及黄龙、峪山、朱集等7个镇（街）的农场、种植大户、农业专业合作社等，建设规模 32.93 万亩，为粮食高产稳产提供了有力保障。2022 年，襄州区投资 2.8 亿元，建设高标准农田 13.98 万亩，利用项目建设完善农田基础设施，提升农田地力，确保旱涝保收。

五、农业基础设施

襄州是国家农业现代化示范区，全区农机总动力达到 140 万千瓦，拥有各类农机 80449 台，农机综合作业率在 88.08% 以上，主要农作物综合作业率在 90% 以上，先后入选第八批国家级农业科技园区、全国农民合作社质量提升整县推进试点、全国首批农业科技现代化先行县共建名单。同时，大力建设高标准农田水利工程。按照"水利工程补短板、水利行业强监管、系统治水提质效"总体要求，加大水库除险加固和灌区节水改造工程力度，实施农业水价综合改革及小农水维护，"保供水、抓节水"，为襄州区获得全国"第五批节水型社会建设达标县（区）"荣誉贡献了农业节水力量。

（执笔人：何虹果）

第六节　襄州服务业

一、文化旅游

（一）旅游资源较为丰富

襄州生态环境良好，自然风光优美，同时，历史悠久，文化底蕴深厚。有影响力的名胜古迹有 10 余处，且拥有纪念地 20 处，具有较大影响的有 4 处。现境内著名景点有国家 AAA 级旅游景区鹿门山国家森林公园、国家重点文物保护单位凤凰咀遗址，重要名胜古迹有朝阳城遗址、湖广北界碑、襄阳县苏维埃政府旧址等。比照国家旅游资源分类标准，襄州拥有全部八大旅游资源主类，主类拥有率达 100%，属于旅游资源赋存类型极为广泛的地区。在 23 个旅游资源亚类中，襄州拥有 21 个，占全部亚类总数的 91.3%。

在110个基本类型之中，襄州有78个，占基本类型总数的70.9%。各类资源在数量规模和质量品级上均达到了较高水平。同时，在空间分布上，体现出良好的全区域资源组合状况。

（二）乡村旅游精品线路初步形成

襄州区整合各镇旅游资源，汇聚旅游商品，结合襄州区实际，规划打造了三条精品特色乡村旅游线路。第一条：襄东南（峪山、黄龙、张家集）红色旅游线路。以红色文化、爱国主义教育基地延伸乡村旅游线路，打造具有教育、文化、旅游等多功能体验和休闲农业观光的红色旅游线路。第二条：襄东北（双沟、张家集、朱集、程河、古驿）绿色旅游线路。以朱集梨花节、程河柳编文化节两个精品品牌节会为带动，以唐白河休闲农业观光旅游、采摘、农事体验为主要方向和生态度假为特色的绿色旅游线路。第三条：襄北（伙牌、龙王、石桥、黄集）蓝色旅游线路。通过举办樱花节、美食节、丰收节、健康跑等文旅体活动，襄州乡村旅游景点和线路的影响力不断扩大。真正让襄州成为"春赏花、夏避暑、秋采摘、冬康养"全域处处是景、乡村四季可游的旅游打卡胜地。

程河镇柳编（襄州区融媒体中心供图）

（三）基础设施服务改善

襄州公共文化设施在区级层面上，有文化馆、图书馆、博物馆、凤凰咀遗址考古工作站（陈列馆）、湖北省豫剧团等文化场馆；在镇（街）层面上有13个文化站；在村（社区）层面上，363个村均有农家书屋，418个村（社区）均有文化服务中心。数字化建设上，文化馆数字化建设已完成一期工程，二期"文化馆图书馆总分馆数字化"建设正待验收，"襄州智慧文旅"模块已见雏形。目前，全区共有公共文化设施总面积为115088.98平方米，平均每万人拥有公共文化设施面积1501.29平方米，基层综合文化服务中心覆盖率达到100%，区、镇、村三级公共文化服务体系建设已取得阶段性成果。襄州围绕红水河水库、凤凰咀遗址、鹿门风景区及红色旅游、乡村旅游等特色资源打造的文旅产业项目，梦想汽车小镇、春晓文化旅游城、湖北世纪体育文化产业园等先后落地。襄阳鹿门旅游有限公司与湖北神州运业集团有限公司共同就开通鹿门景区旅游直通车专线项目签约，联手打造襄阳旅游市场新格局。

（四）文旅品牌宣传效果显著

襄州区举办了程河柳编文化节，吸引游客到襄川观看柳编技能人赛，欣赏经典非遗民俗节目，为本土特色旅游商品提供推广平台。在朱集镇举办了"朱集梨花生态旅游周"活动，探索"旅游+农业"融合发展新模式，助力乡村振兴。鹿门景区以浩然主题文化为元素，举办"鹿门山首届浩然文化灯光音乐节"，其间游客量大幅提升。组织全区旅游企业参加"襄豫襄阳好风日"郑州旅游推荐会、"春暖花开·享遇襄阳"穿天节活动，推介襄州旅游资源和旅游线路。全年全区接待游客125.8万人次，实现旅游收入9.31亿元。

二、金融

2021年，襄州区新引进金融机构14家。各金融机构执行稳健的货币政策，调整和优化信贷结构，提升经济运行质量和效益，保持信贷总量合理适度增长，加大中小企业以及民生产业的信贷支持力度，更好地服务于襄州实体经济。在整体宏观经济下行压力较大的形势下，襄州区金融行业保持平稳的发展态势。2021年，全区金融机构各项存款余额316.83亿元，比上年增长27.65%；贷款余额136.16亿元，比上年增长14.18%。全区中小企业贷款余额60.39亿元，新增8.57亿元，增幅14.19%；涉农贷款余额62.64亿元，新增6.92亿元，增幅12.42%。银行信贷资金逐步从房地产行业流向实体经济。

（一）打击非法集资

襄州区开展防范非法集资宣传教育活动，利用各种媒体宣传防范非法集资知识。金融机构利用业务大厅，向办理业务的顾客宣讲非法集资的本质和危害，让群众远离非法集资陷阱。针对非法集资在互联网蔓延的特点，利用政府门户网站，以新闻、信息等形式宣传非法集资的相关法律法规，提示广大网民注意防范网络上的非法集资，增强群众的防范意识。建立非法集资活动的监测预警体系，不定期对全区非法集资情况开展检查，清查各类交易场所。对名称中含有交易中心、交易市场、电子商务、期货等字样的高风险企业，开展专项检查。排查各类交易场所，对未经批准擅自设立交易场所、非法从事商品交易活动的行为开展整治。清查互联网金融，重点清查各类投资理财、投资咨询、财富管理等互联网平台——以网络借贷为主要业务的P2P经营平台。清查企业非法集资行为。

（二）化解银行不良贷款

襄州区召开专题会议，研究不良贷款化解。督促企业在偿还部分逾期利息的情况下，办理展期手续。督促海任担保公司履行担保职责，继续为企业办理担保手续。化解农商行风险贷款2.1亿元。区政府忠实履行代偿义务，为建行襄州支行两笔助保金贷款共580万元逾期贷款履行50%的代偿责任，是襄阳市首县（市、区）自个化解助保金贷款风险的政府。

（三）优化金融生态环境

襄州区召开银企对接会，为政银企三方搭建合作平台，了解掌握银行的信贷动向和企业的融资需求，缓解小微企业融资难的问题。实施上市后备企业"金种子""银种子"计划，建立襄州区上市后备企业资源库，推动后备企业分层培育。支持主业突出、盈利水平高、市场前景好的龙头企业到主板、中小板上市。支持科技含量高、成长性强的中小企业到创业板上市，鼓励和引导区内企业参与多层次资本市场。开展重点企业风险处置，对杠杆率过高的风险企业制定针对性化解风险引导措施，引导企业将负债率控制在合理水平。对主业经营良好，暂时出现资金链紧张或个别金融机构抽贷导致资金周转困难的企业，与银行业金融机构开展协调，为企业不抽贷、不压贷，灵活办理企业续贷；对有产品、有市场暂时困难的企业，要求银行灵活运用"无还本续贷"等措施为企业办理续贷，支持企业发展，全年为顺科农业、三珍生态等企业办理了"无还本续贷"手续。

（四）创新金融机制

襄州区设立产业基金支持实体经济发展。与襄阳市汉江投资控股有限公司合作成立湖北汉江融资租赁公司，向企业发放设备融资类贷款。与市汉江投合作成立双创基金、冷链物流基金经区政府常务会议通过。由区政府出资5000万元设立鑫辰达产业投资公司，丰富区政府支持实体经济的手段。开展金融招商引资。向各金融机构推介襄州区引进金融机构的优惠政策，吸引金融机构到襄州区入驻。湖北银行小微企业贷款中心、中信银行、华安保险、永安保险入驻襄州区。平安保险将税收转移至襄州区，全年实现税收4000万元。

三、科技创新

襄州区授权专利1688件，高新技术产值占GDP的比重年均增长7.9%。

引导武钢襄阳重材、丰正汽配等高新技术企业提升科技创新能力，支持时瑞达液压检验检测实验室、北玻正旺高档汽车玻璃项目建设重点技术攻关项目。引导粮油加工企业建立科技投入增长机制，加快科技成果转化应用，培育创新能力强、科技含量高、发展潜力大、市场竞争力突出的科技型企业和创新型企业。

现阶段，襄州区入列全国首批农业科技现代化先行县共建单位，与华中农业大学签订共建协议，新建全产业链院士专家工作站2个（小麦、玉米）、"华中农业大学产学研基地"和"教学实习基地"6个，全区院士专家工作站累计达到8个，被评为全国农村创业创新典型县、全省科技创新驱动发展先进县（市、区）。

四、物流

襄州区围绕襄阳"建设全国性综合交通枢纽城市、国家物流枢纽承载城市"工作大局，勇于担当，主动作为，全力推进区域性物流中心建设。区政府多次奖励支持物流产业发展，襄州物流产业已成为襄阳市物流产业的重要核心区。全区新建国储公铁联运物流园、新发地百应物流园、顺发物流公司、光彩物流基地世通易达配送中心、东风合运甩挂运输基地、浩吉襄州北疏运基地、安华物流园、韵达襄阳物流产业园8个重点物流项目，其中捷顺达物流中心、新发地博览城仓配中心2个项目被列入全省"十四五"重点物流项目库。全区现有大、中、小型物流企业达267家，其中A级物流企业总数达到44家（其中AAAAA级2家，AAAA级18家，AAA级23家，AA级1家），省重点物流企业38家，在库规模以上企业总数达到19家。共有货运车辆2.6万多台，运输船舶300多艘，年货物运量达到5400多万吨。在全市物流中长期发展规划"一心四园"规划布局中，襄州区占据"一心（襄阳北物流核心）、两园（襄阳北国际物流园、襄阳东农产品物流园）"地位。2021年，全年实现社会物流总收入72.5亿元，完成物流增加值10亿元。

近5年来，襄州区引进了通桥汽配、浩吉铁路中部总部等20多个新项目，引资总额超50亿元，其中，引进的浩吉铁路中部总部项目为襄阳建设国家物流枢纽承载城市奠定了坚实基础，襄州成为浩吉铁路1800千米干线上的最大枢纽。

五、房地产

截至目前，全区登记的房地产开发企业51家，当前在售的开发项目22个。2000年以来，累计开发商业住宅面积逾679万平方米，新增住宅小区72个，城区人口较第六次人口普查时增加了10.84万人，城镇化率55%。2022年，全区新开发房地产项目5个，开盘3个共1598套17.5万平方米，销售3441套37.6万平方米；2022年1—5月，全区新开盘3个项目共463套4.89万平方米，销售1405套14.8万平方米。目前，襄州城区现有住房45479套（其中自建房9760套，商品房35719套），已办证25450套，未办证20029套。

（一）保障住房供给

有效落实房地产市场调控主体责任，全力做好"三稳一保"工作，加快建立多主体供给、多渠道保障、租购并举的住房制度，确保了全区房地产市场健康平稳发展。

（二）拉动住房消费

针对全国房地产出现的新情况、新变化，在襄阳市出台的七条支持房地产市场健康发展政策的基础上，结合实际，及时出台了《襄州区提升房地产市场活力若干措施》，提出了促进房地产业良性循环健康发展的九条措施，通过政策的叠加，进一步拉动住房消费，激发市场销售活力，促进房地产市场的平稳健康发展。

（三）解决从事基本公共服务人员住房困难问题

制定出台《襄州区加快解决从事基本公共服务人员住房困难问题的试

点方案》《襄州区加快解决从事基本公共服务人员住房困难问题房源筹集细则》《襄州区加快解决从事基本公共服务人员住房困难问题房源配租细则》，并对全区住房困难的公共服务人员数量进行了全面摸底，将国投公司承建的"古城湖景"项目300套存量房作为先租后售型保租房房源，优先解决从事基本公共服务人员的住房困难问题。

（四）加大政策宣传和帮扶力度

积极开展房地产展销会，通过报纸、电视、新媒体等多种方式加大对房地产政策的宣传力度，扩大政策知晓面，抓好购房补贴的兑付，进一步加强市场监测，定期追踪在售项目成交情况，为精准施策提供数据支撑。同时，强化区域协作联动，在政策上加大对口帮扶县的支持力度，广泛宣传，吸引竹山、新野等周边县市人口在襄州区集聚。

（五）全方位提升城市品质

完成老旧小区改造89个，完成"拆墙透绿"100多处，新建数十个园林游园、口袋公园、主题公园，绿化覆盖率达39.05%，丰富了市民的精神生活，提高了生活质量，增强了城区的聚集率、吸引力。

六、商贸

（一）商贸服务

2021年，襄州区完成社会消费品零售总额284.67亿元。全年利用外资17418万美元，外贸出口77226万美元。全年新增限额以上商贸企业9家。2021年，襄州区第一个电子商务产业园建成运营，入驻电商企业300余家，全年组织开展电商人才培训27场次，培训人员1786人次。推进村级电商网点建设，新建村级电商网点32家。新增限上商贸企业128家，总数达253家。引进中高端商留服务业项目1200多个，民发广场等商业综合体运营日趋成熟，宫吉陕路中部总部、奥特莱斯落户襄州。襄州区获授予"全省服务业发展贡献单位""全省外贸出口先进县（市、区）"。省级电子商务进农村综合示范区项目有序推进，成立外贸综合服务中心，新增外贸出口企业30多家。新建重点物流项目8个，全区A级物流企业40家。新引进金融机构14家。文化旅游业取得长足进步，实现旅游收入53.29亿元。

襄州民发广场（襄州区融媒体中心供图）

（二）招商引资

2021年，襄州区完成正式签约项目112个。其中，引进投资亿元以上项目97个，引进投资亿元以上工业项目75个，引进投资5亿元以上工业项目18个，引进世界500强、中国500强及上市公司5个，引进投资亿元以上战略性新兴产业项目23个。全年新开工项目37个，新投产项目36个，资金到位率48.3%。完成招商引资利用省外资金212.35亿元，排名全省第二、全市第一。

七、住宿餐饮消费

2021年，襄州区住宿和餐饮业生产总值为86878万元，不变价增幅为6.3%。住宿和餐饮业社会消费品零售总额为98009万元，比上年增长

13.9%，其中星级企业零售总额为46877万元，比上年增长13.3%，星级以外企业和个体户零售总额为51132万元，比上年增长14.5%。襄州区住宿和餐饮业拥有"四上"企业65个，其中大个体16个。餐饮服务1619家，其中大中型以上酒店130家，各类食堂185家（其中学校食堂64家、托幼机构121家），建筑工地食堂5家，养老机构食堂22家，早餐店574家，小型餐饮单位703家。

（执笔人：马一帆）

第七节　襄州城乡建设

一、教科文卫体

（一）教育

全区共有公办中、小学校93所，其中职教中心1所，高级中学4所，初级中学23所（九年一贯制学校8所），小学65所，小学教学点145个；共有幼儿园144所，其中公办幼儿园22所。全区在校学生89489人，专任教师6241人。学龄儿童入学率100%，初中毕业生升学率98.38%，九年义务教育完成率98.95%。

2021年7月16日，华中师范大学襄州学校正式揭牌。2022年上半年，华中农业大学襄阳校区建成，10月起试运行。

（二）科技

襄州区拥有发明专利204件，科技项目268个，科技活动人员3930人。2021年，襄州区高新技术企业78个，高新技术产业增加值达到101.07亿元，占GDP的比重为14.54%，高新技术产值占GDP的比重年均增长7.9%。全年组织申报高新技术企业27家，通过认定13家，6家企业通过高新技术企业复审，新登记高新技术产品企业6家，新登记高新产品16件。选派襄阳市科技特派员24名。成功申报国家科技农业园区。向上争取各类科技计划项目16项（其中省级部门支持7项，市级项目9项），落实项目投资746.33万元（其中省级财政资金508.90万元，市级财政资金237.43万元）。为企业争取知识产权类资助奖励及项目资金309.9万元。

（三）文化体育

全区拥有博物馆1个，文化馆1个，文化站13个，体育场馆1个，公共图书馆1个，图书总藏量31.4万册（件）。2021年，襄州区新三馆（图书馆、文化馆、博物馆）建设被纳入2021年区政府十大民生实事，襄州区市民中心建设项目启动。"两馆一站"免费开放，免费培训摄影、文学、书法、戏曲、舞蹈等课程。区图书馆软硬件设施环境提档升级，建设数字化图书馆，为馆藏5万册图书加装电子芯片，实现图书借阅自动化。结合襄阳市政府、襄州区政府"十件实事"，开展有"好风日大家唱"活动、文化惠民"送戏下乡"、戏曲进校园演出和戏曲讲座、农村公益电影放映等文化活动。

（四）卫生

全区拥有各类医疗机构560家，其中，区中医院双沟院区、区疾控中心P2实验室、区公立精神专科医院建成使用，区直医院6家（国家二级综合医院1家——襄州区人民医院），镇（街）卫生院18家，社区卫生服务站6家，村卫生室387家，个体诊所136家，民营医院7家。

二、行政审批

（一）"放管服"改革

2021年，襄州区在省政务服务网"一事联办"专栏上线事项28个，共产生办件1288件。持续推进"四减"工作，对区级依申请及公共服务事项的承诺时限进一步压缩。基层政务服务事项集中到便民服务中心受理，实行一站式办理；张贴"群众评"二维码，接受办事群众评议，实现政务服务事项、评价对象、服务渠道全覆盖；难事"码"上办，落实"办不成事"反映制度。实行"一门一窗"改革，区级政务服务事项"应进必进"达到100%入驻，镇级事项入驻率达97.88%；在区政务服务中心推行"2+1"服务模式，实现"一窗通办"。推进人社、医保领域75个服务事项下沉至各镇，实现区镇村三级"全区通办"。全面推行"减证便民"向无证利民的转变，积极推进"无证明城市"创建工作。深化惠企政策"无申请兑现"改革，2022年，线上办件已兑付金额686.74万元，兑现事项3个，惠及企业1107家。统筹推进"一业一证"改革，截至目前，襄州区已办理行业综合许可证出证63个。

（二）政务公开和12345政务服务便民热线

全区共建有13个镇（街）、26个区直部门的平台链接，规范性文件集中公开，政务公开水平不断提高。2022年，12345政务服务便民热线稳居前列。区热线工单总受理量58843件，承办量52410件，办结量52410件，办结率100%，三个网站留言板（人民网、荆楚网、东湖社区）共处理办结190件，办结率100%。

（三）数字政府建设

建设一体化高效运行的"整体政府"，提升社会治理能力和水平。一是建设全区信息化项目。襄州区大数据中心及电子政务外网升级改造项目初设方案已编制完成并取得批复。襄州区信创协同办公OA系统和襄州区金融综合服务平台已正式使用。二是电子证照归集。2022年，在襄阳市电子证照平台共计录入50.3万余条数据，为电子证照在政务服务领域深入应用提供数据支撑。

（四）"互联网+监管"工作

开展监管事项认领和实施清单编制工作，要求区直单位按照要求认领监管事项，编制实施清单。逐步提升"互联网+监管"数据量和监管事项覆盖率。上报监管动态、曝光台、监管计划。

三、民政

（一）社会救助

2021年，襄州区为78522户127584名农村低保对象发放社会救助金4653万元；为10783户18885名城市低保对象发放社会救助金853万元；为3007户（其中集中供养642户、分散供养2365户）农村五保发放救助金3396万元；临时救助687人次，救助金额358万元；医疗救助45253人次，救助金额1403.16万元；增发农村低保价格补贴6106户9951人，16.91万元，增发五保价格补贴3037户，10.26万元。5年（2017—2021年）内，累计发放社会救助资金5.4亿元，优抚安置资金2.7亿元，惠及107万人次，被评为全省民政事业高质量发展重点县（市、区）。

（二）住房保障

襄州区有效落实房地产市场调控主体责任，全力做好"三稳一保"工作，加快建立多主体供给、多渠道保障、租购并举的住房制度，确保了全区房地产市场健康平稳发展。完成老旧小区改造89个，完成"拆墙透绿"100多处。

（三）供水保障

全年城市供水达到340万吨左右，水质合格率100%。2021年，襄州区铺设供水主管网186千米，完成襄阳市人民政府下达的5.99万农村居民饮水安全目标任务。

（四）燃气保障

全年累计供应天然气达到6800万立方米左右，累计供应煤气达到0.62万吨。

四、生态建设

襄州区生态环境保护以生态优先、绿色发展为理念，统筹经济发展与生态环境保护关系，改善环境质量，推进环保督察问题整改及大气、水、土壤污染防治。

（一）环保督察问题整改

采取网格化管理、随机抽查、"两法衔接"等方式，开展环境监管执法。实施工业企业堆场专项治理、污染源全面达标排放专项治理、固体废物专项排查整治、企业非法排污整治、滚河流域污染源排查整治等执法行动。开展汉江支流入河排污口初步溯源和整治；按生态环境部要求清理、溯源、处罚、问责"四要素"完成整改销号，在《襄阳日报》、省生态环境厅网站进行公示。

（二）大气、水、土壤污染防治

成立大气污染防治攻坚指挥部，制定《襄州区污染防治攻坚战工作方案》《全区环境保护工作任务清单》《襄州区大气污染防治工作方案》《襄州区水污染防治行动计划工作方案》《襄州区土壤污染防治工作方案》，出台《关于进一步加强环境保护工作的意见》，加强生态环保工作领导、协商和部署，明确生态环保工作党政主体责任。按照"管行业必须管环保、管发展必须管环保、管领域必须管环保"的要求，建立区"四大家"领导联系包保环境保护工作机制。开展农用地土壤环境质量状况调查，完成全区农用地土壤样品及农产品样品采集工作。开展固体废物大排查，对固体废物产生量、类别、储存、流向等情况登记造册。2021年，全年全区 PM_{10} 年均值为92微克/米^3，$PM_{2.5}$ 年均值为65微克/米^3，空气优良率为64.7%。境内2个国家考核断面（滚河汤店断面、唐白河张湾断面）和1个市级考核断面（小清河清河店断面）水质均值为达标，分别达到水环境功能区划要求。

（三）森林资源保护

襄州区林地总面积15843.4公顷，其中有林地13275.5公顷，灌木林地1889.88公顷；森林覆盖率5.6%。2021年，襄州区植树造林1044.09公顷。作为襄州区最大森林资源保护区，鹿门山森林面积2000公顷，森林覆盖率92.7%。鹿门名胜风景区管委会按照"不搞大开发，共抓大保护"的原则进行旅游开发。新植栎树、大叶女贞、栾树、广玉兰等苗木面积36.37公顷；精准灭荒12.77公顷，丰富树种，提升林相，促使森林资源稳步增长；组建森林病虫害专业除治队伍，清理清除松材线虫染病树木48公顷，隔离病原体。通过张贴宣传标语、悬挂横幅、设立宣传栏等方式开展森林防火宣传，使"护林防火，人人有责"成为林场职工和周边群众的自觉行动。加强防火基础设施建设，建有森林防火检查点4处，瞭望塔3处，红外线监测点2个。全年实行24小时值班制和划片管理，保障森林安全。

（四）生态环境建设

完成乡镇"千吨万人"集中式饮用水水源保护区划定，编制"百吨千人"供水工程水源地保护区划分方案。开展省级生态镇、村创建。向湖北省生态环境厅上报省级生态镇1个、省级生态村创建资料10个。争取生态转移支付。完成生态功能区考核资料编制，保持生态转移支付资金的持续增长。

（五）环境保护宣传

利用"6·5"世界环境日、环保法律"六进"等活动，开展环境保护宣传教育。联合襄州电视台"民生连连看"栏目合作播出环保专题节目，在襄州电视台播出《全国第二次污染源普查宣传短片》《大气污染防治攻坚》等报道。开展绿色创建活动。向湖北省、襄阳市推荐绿色社区3个，向湖北省生态环境厅推荐"优秀少年"5名和"优秀青年"5名。

五、市政设施建设

（一）城市配套设施建设

城区建成区面积30平方千米，城市道路109条，基本形成"六横十八纵、五桥连襄州"的交通网络。城区公共绿地面积126公顷，人均公共绿地面积6.3平方米，城市绿地率29.9%，绿化覆盖率36.85%。全区公路总里程达到4062.633千米，路网密度200.52千米每百平方千米，位居省、市前列。全区排水管道长度达到236.52千米。新建道路配套雨污分流管网，在暴雨天气启动应急预案，确保城区道路无内涝、无积水。

（二）基础设施管理

全年清理疏通排水设施20.8千米，清理检查井1820个，雨水井2795个，更换破损井盖540个、井圈196个，雨水箅子363套，清除淤泥300立方米。开展城市污水治理，排查城区所有道路管网。开展城区黑臭水体治理，将辖区内5条排水明渠纳入整治范围。

（三）城市绿化

2021年，襄州区城区公共绿地面积103.64公顷，城市绿化覆盖率35.4%，人均公共绿地面积4.5平方米，城市绿地率29.50%。全年新建绿地面积10.3万平方米，新植各类苗木9万株。新建园林路市民公园，占地面积9500平方米。

六、新农村建设

（一）特色小镇培育及重点镇建设

2021年，襄州区通过重点镇、特色镇建设，典型引领、示范带路，辐射带动全区城镇建设。全年在筛选出的重点镇、特色镇新建（改）道路1.54

万米，新增排水管网9413米，新建供水管网2565米，新建绿化带5970平方米，新植行道树31660株，新增街道路灯700盏等，完善集镇各项服务功能。

（二）"四好农村路"建设

一是大力推进"四好农村路"示范县建设。程河镇、张家集镇顺利荣获全省"四好农村路"示范乡镇，2022年襄州区顺利创建全省"四好农村路"示范县。二是完成了第一批112个行政村300.79千米、第二批139个行政村210千米美丽乡村补短板强弱项农村公路建设。三是大力推进乡村振兴扶贫工程——"四好农村路"项目（PPP项目）建设。项口估算总投资11.44亿元，包括16条263.63千米农村公路，44座2675米农村桥梁，涉及全区11个乡镇，惠及行政村198个，人口约40万人。

（三）农村危房改造

2021年，湖北省住房和城乡建设厅下达襄州区农村危房改造指标440户，中央补助资金559万元，省级配套补助168万元，共计727万元，全区实际完成农村危房改造455户，超额完成15户。并联合房屋安全鉴定所对危改申请对象的危房危险等级进行鉴定分类。

（四）农村污水处理

2021年，投入资金1.51亿元，18座污水处理厂开工建设。全年伙牌、马集2座污水处理厂建成投入试运行。一期各镇主管网建设完成100.15千米，占主管网总长的99%。接户管完成521.6千米，占接户管总长的93.35%。

（五）乡镇"厕所革命"

2021年，襄州区启动改建集镇公厕28座，全年完工18座。其中双沟镇集镇公厕采用统一的外观设计。张家集镇在新建农贸市场公厕中按照湖北省"厕所革命"建设技术导则二类公厕标准建设，设置无障碍通道，残疾人扶手。

（执笔人：马一帆）

第八节　襄州基础设施

一、交通

（一）综合运输能力不断增强

全区路网建设不断提速，质量全面提档。近年来共新建改建公路2472.72千米，全区公路总里程达到4062.63千米，位居省、市前列。在全区内形成了"五横五纵四循环"骨干路网，顺利实现了镇镇通省道二级路目标，农村公路实现了通村到组进户。目前，襄州交通呈现"一条汉江、一座机场、两条高铁、三条铁路、三条高速公路、'五横五纵四循环'各等级公路，水、陆、空综合发展"的现代交通新格局。

（二）农村公路持续提档升级

大力推进"四好农村路"示范县建设，程河镇、张家集镇顺利荣获全省"四好农村路"示范乡镇，2022年襄州区顺利创建全省"四好农村路"示范县。将农村公路建设列入全区民生实事重点内容，共新建农村公路2100多千米。同时，完成了第一批112个行政村300.79千米、第二批139个行政村210千米美丽乡村补短板强弱项农村公路建设，更好地服务乡村振兴、美丽乡村建设工作大局。

（三）交通物流发展持续加快

襄州区占据"一心（襄阳北物流核心）、两园（襄阳北国际物流园、襄阳东农产品物流园）"地位，现有基本建成的重点物流站场项目10多个。

全区现有大、中、小型物流企业300多家，共有货运车辆2.6万多台、运输船舶300多艘，年货物运量达到5400多万吨。

襄州六两河大桥（襄州区融媒体中心供图）

二、信息技术

近年来，襄州围绕智能终端、数据存储、物联互联、信息应用进行发展，聚焦延链补链强链，多措并举，引进培育了一批智能终端、半导体材料、云计算、互联网服务企业。目前，电子信息企业共有8家，博柯莱、纵凯智能、智言科技3家企业已投产运营；数据华襄、盛世恒达、华微科技、智联通等4家企业正在加紧建设之中。

（一）发展重点

一是消费电子。目前，初步形成以襄阳高新区、襄州区、宜城市作为智能终端特色园区重要载体，招引一批产品技术含量高、研发能力强、知名度高、引领性强的电子信息企业。二是汽车电子。抢抓沿海地区产业转移机遇，以"光芯屏端网"、新能源汽车及智能网联汽车等领域为突破口，加快引进发展车载电脑、导航系统、智能仪表盘等汽车安全控制与车身电子产品，建立与智能网联汽车整车相适应的汽车电子产业体系。三是云计算和大数据。引导企业加大研发投入，以提升自主创新能力为核心，集中优势资源共建公共服务平台，联合高校、科研院所、产业链上下游企业，进行行业关键共性技术攻关，转化应用一批重大科技成果。

（二）发展路径

一是持续推进招商引资和项目建设，针对全区电子信息产业发展情况，积极开展产业链招商，加大强链补链延链力度，打造优势产业集群。以新发展理念为引领，以技术创新为驱动，以信息网络为基础，构建高质量发展新基建，加快数字转型、智能升级、融合创新发展，形成数字经济新业态。二是推动电子产业上下游配套产业链发展。结合电子信息全产业链协作的生产特点，促进上下游企业联合研发产品，改变襄州电子信息产业材料对外依存度高的现状。积极引导产业链"链主"或链条节点企业带动上下游配套企业，开展同频共振式的协同技术改造，不断提升整体产业链供给质效。

三、能源

襄州毗邻三峡，周边有河南、山西等煤炭基地，处于全国联网中心的特殊位置。国家确定依托襄阳市电厂配套建设装机容量760万千瓦以上的调峰火电基地，目前已经形成240万千瓦装机容量；"西气东输"忠县—武汉的重要支线穿境而过。

（一）华润燃气

襄阳市天然气工程于2005年元旦正式通气，共建成天然气门站2座，高中压调压站3座，加气母站1座，汽车加气站5座。已建成城市天然气管网400千米，覆盖了全市及深圳工业园，安装居民天然气设备15万户，800多个天然气小区、600多家工商业用户、11万户居民用户享受着大然气带来的实惠，年供气量超过1亿立方米。

（二）余家湖港

余家湖港是湖北省"北煤南运"的最大转运中心，该港也成为湖北省最大的煤炭储备基地和配送中心，可供煤总量达1000万吨以上。

（三）湖北华电

襄阳地处华中电网西北部，电力供应充足，拥有装机240万千瓦的襄阳火力发电厂、装机10.9万千瓦的王甫洲水电站及过渡湾、白水峪、三道河等中小型水电站，总装机容量350万千瓦；电力两网拥有各类变电站126座，主变203台，容量322万千伏安，输电线路108条，达4000千米，供用电量40亿千瓦时，形成了以220千伏双环供电格局为枢纽，110千伏为骨干，35千伏、10千伏为配网的现代化供电网络。

四、城市运营

近年来，襄州区聚焦城市管理中的重点、难点、热点问题和群众急难愁盼问题，通过大数据、云计算、区块链、人工智能、无人机等前沿技术，推动城市管理手段、管理模式、管理理念创新，全面提升城市运行研判分析、综合指挥能力，使智慧襄州建设迈上新台阶。

（一）指挥场所建设

襄州区城运中心指挥场所2022年3月28日正式挂牌，标志着襄州区智慧城市建设、推进城市治理现代化迈出了实质性的一步。目前，襄州区已完成区城运中心和13个镇（街）、经开区城运中心建设，已经实现了数据汇集、系统集成、联勤联动、共享共建。

（二）城市管理"智能化"

襄州区坚持以"管用、爱用、受用"为导向，不断发现问题、整改优化。目前，正在深化完善"智慧城管"特色应用场块，针对占城山易涝点、交通拥堵点、环境保护等方面的内容，采用3D建模的方式，精准定位，不断完善功能模块、充实数据内容，有序地推动数据融合、物联感知和线下处置，切实解决城市治理中的难点问题、细节问题，形成有效闭环，从而实现城市精细化管理的目标。

（三）应用场景建设"特色化"

对于应用场景的建设开发，襄州区立足实用、管用、好用，镇街上报，区级审核，各镇（街、区）根据具体情况因地制宜开发符合自身特色、切合镇街实际的特色应用场景。目前，襄州区张家集镇拟以滚河河道沿岸及水库巡查、高标准农田管理等方式开发应用场景；龙王镇拟结合自身优势，着力打造凤凰咀遗址文旅项目，通过对景区人流量进行实时预警监控，开发特色场景；双沟镇拟以智慧园区管理为切入点，开发特色应用场景；朱集镇拟以高点监控智能抓拍来实现对非法捕捞、非法采砂的智能化管理；其他镇（街、区）特色应用场景的建设开发工作也在有序推进中。

五、环保

（一）全力打好污染防治攻坚战

一是打好蓝天保卫战。运用"视频监控＋微站监测＋雷达扫描＋走航溯源"手段，密集调度、精准调度、科学调度，持续开展扬尘污染、燃煤油烟、交通污染、工业废气综合治理，有效应对臭氧和重污染天气，2023年上半年襄州区空气优良天数率67.6%，居全市四城区首位。二是打好碧水保卫战。扎实开展长江大保护十大标志性战役和长江高水平保护攻坚十大提升行动，完成11个"千吨万人"乡镇集中式饮用水水源地保护区划分和环境问题整治任务，溯源整治汉江入河排污口28个，小清河王湾和白河马营断面水质2021年、2022年均优于考核目标，受到市级通报表扬。三是打好净土保卫战。全面实施"土十条"，开展农用地环境质量分类管理，完成耕地土壤环境质量类别划分；完成重点行业企业用地土壤污染状况调查，明确建设用地管理措施，全区受污染耕地安全利用率和重点建设用地安全利用率连续3年达到100%。

（二）持续提升生态环境治理能力

编制印发《襄州区创建生态文明建设示范区规划（修编）（2022—2028年）》《襄州区"十四五"畜禽养殖污染防治规划》《襄州区农村生活污水治理专项规划（2020—2035）》等，完成60个村的农村环境综合整治任务，辖区4个镇和15个村被列为省级生态镇（村）。同时，围绕"一区两园三中心"总体布局，加快推进示范区项目建设，襄州区建筑垃圾资源化处置中心落地开工；与长江生态环保集团签署《共抓长江大保护合作框架协议》，按照"六水共治"的思路，策划了总投资71.3亿元的全域水环境综合治理项目；积极争取大气污染防治、水污染防治、农村环境综合整治项目12个，获得中央专项资金15993万元，项目化推动污染源源头治理。

（三）着力防范环境领域重大风险

一是强化上下游联防联控。常态化与河南诸县市、枣阳市等交流互访，签订联防联控协议，加强信息互通和污染联防，进一步完善南阳–襄阳共治唐白河、襄州–枣阳–东津共治滚河、襄州–河口–樊城共治小清河的联动机制。二是强化环境监管执法。针对工业园区、饮用水水源、污水处理厂、涉危涉辐企业等重点区域领域，高频次开展环境执法专项行动，备案环境应急预案企业77家，有效防范生态环境风险，近年来未发生一起重大环境污染事故。三是强化环境纠纷调解。高度重视群众身边的环境信访问题，开展生态环境领域矛盾纠纷大走访大排查大化解行动，从源头上控制信访数量，2022年受理环保投诉比2020年同比下降超过50%，创近年来新低。

六、水电

（一）供水

襄阳金源供水有限公司成立于1999年3月30日，注册地位于襄阳市襄州区张湾镇八一路，经营范围包括自来水生产供应销售、供水管道安装和维修、二次供水、水电安装、水暖器材销售等。供水总量340万吨，城区供水普及率达90%。2022年，襄州区成为全国第五批节水型社会建设达标县，通过不断加强计划用水管理、节水载体创建、水价改革和非常规水利用等节水工作，全区用水效率普遍提高，节水成效显著。

（二）供电

一是统筹完成电网规划。襄州区供电公司开展2021—2022年配电网规划滚动修编及乡镇规划。完成2021年第一、二批配网项目储备编制，开展翌年预安排项目投资计划编制。取得220千伏牛首—卧龙线路工程、110千伏吴营和大岗坡站扩建、35千伏网络优化等工程的原则意见，完成项目核准。二是助力能源改造。针对襄州区普遍使用燃煤锅炉污染环境且经济效益较差的现状，襄州区供电以政府环保部门推行清洁能源改造为契机，启动"红领号动车组"行动，全力推进绿色能源的推广应用，助力经济发展。三是不断提升"获得电力"水平。2022年，襄州区供电公司连续开展"百日攻坚""治理攻坚"等专项行动，将13个供电所划分为"五大战区"，持续为设备及电网实施"减负"。落实优化营商环境三年行动计划，开展业扩报装接电提质提效和"获得电力"指标提升专项行动，组织"千人进千企解用电难题"客户大走访，优化电力营商环境。

七、邮电通信

（一）邮政

襄州区综合考虑网点、村级站点分布，通过智能规划工具对邮运网络进行优化调整。一方面，组建城区自提中心，对自提中心邮件甩投到站，甩点直投率达到40%；农村本口邮件实行网点、自提点直投，自提率为71%。两项指标均高于全市平均水平。自提点代办费压降到0.33元/件，同时将投递单价与揽收量挂钩，倒逼末端加强揽收。另一方面，在农村建成

7个汇接点，农村邮路由原来51条变为43条，优化投递人员8人；邮件运输总里程减少700千米。在传统业务方面，襄州区开展电子商务"进村入户"，建成363个农村寄递物流综合服务网点，打通"最初一公里"和"最后一公里"渠道。以镇级邮政网点为区域中心，为农村居民提供种子、化肥、农药等生产资料和生活用品网络配送服务，建立区、镇、村三级配送体系，实现村民"购物、销售、生活、金融、创业"5个不出村的农村电商服务体系。同时，襄州区推行县域仓配一体化模式助力中小电商企业发展，助推双沟锅巴、洪华、三珍食品等地方特色农产品上线运行，包裹快递业务由传统揽收寄递向仓配一体化服务转型升级，为包裹快递业务发展探索出新路子。

（二）电信

中国电信股份有限公司襄州分公司成立于2004年，是一家以电信、广播电视和卫星传输服务为主的企业。2021年，中国电信襄州分公司完成立项总投资2501.53万元，新建800兆4G基站75个，新增语音补盲C网基站13个，襄州区无线网基站达到C网站点162个，4G站点501个，LTE室分59个，覆盖全区99%区域。全区438个行政村村委会、12个居委会全部接通光纤宽带，带宽均在100兆以上。云业务正式启动，120家企事业单位首批上云，中国电信云网一体化服务、全场景云网融合初步形成。其中20户以上自然村光宽覆盖率达到95%，比上年提升4.5%。

八、安防

（一）公路安全防护

襄州区以13家重点源头货运企业为重点，加大源头监管力度，督办源头企业落实主体责任，严处非法改装等行为。开展公路"三治"（治超、治抛、治扬尘）行动，加强重点路段、重点时段、偏远路段超限车辆管控，与公安部门联合开展流动检查，打击"百吨王"、恶意超限车辆和强行冲岗车辆，超限率控制在3%以内。

（二）排查化解矛盾

襄州区建成区级综治中心分析研判室建设，配备视频监控、网格化管理和市联网等软硬件设备。完成张湾、古驿、龙王、黄龙等街镇的综治中心建设，新建、改扩建伙牌、黄集、张家集镇综治中心。新建消费者调解专业调委会，发挥农村土地流转等专项工作专班作用，派驻律师和法律工作者实行"周四有约"法律服务，每季度开展1次"法律大讲堂"活动，为社区各项事务提供法律服务。

（三）社会治安巡逻

襄州城区依托张湾、肖湾街道综治中心，探索建立城区治安防控调度体系，将司法、信访、维稳等部门纳入体系范畴，形成矛盾纠纷联调、突发事件联处、社会治安联防的格局。各镇（街道）、村（社区）专业、义务巡防队由派出所民警带领，开展"零点防控""护村看夜"等行动。长安市场、光彩市场2个警务站组织巡警、协警在航空路、冯营路和钻石大道红绿灯处设置卡盘，对来往的可疑车辆、人员进行检查。关键时期启动公安、武警联合武装巡逻，加强辖区内"两站"和鹿门风景区、民发广场、时代天街等人员密集区的巡逻防控。

（执笔人：何虹果）

后 记

　　在襄阳市委党校的高度重视和各县（市、区）委党校的通力合作下，《襄阳都市圈概要》这本积极服务襄阳都市圈高质量发展、进一步提高干部教育培训针对性、实效性的襄阳都市圈圈情概览教材，经过反复修改、打磨，终于正式出版了。

　　为更好地学习和理解襄阳发展战略，加快襄阳都市圈高质量发展，襄阳市委党校校委提出编写全面反映襄阳本地政治、经济、文化、社会、城乡建设、生态发展等方面综合情况的学员教材，便于参训学员更好了解和掌握襄阳市情、民情、物情。本书共八章，第一章襄阳市区（主城区，襄州单写）篇由襄阳市委党校组稿统稿，第二章枣阳篇、第三章宜城篇、第四章南漳篇、第五章保康篇、第六章谷城篇、第七章老河口篇、第八章襄州篇分别由枣阳市委党校、宜城市委党校、南漳县委党校、保康县委党校、谷城县委党校、老河口市委党校、襄州区委党校组稿统稿。

　　在本书调研、撰稿、统稿的过程中，我们得到了襄阳市及各县（市、区）相应的自然资源规划局、发展改革委、文化和旅游局、工业和信息化局、农业农村局、科学技术局、商务局、教育局、卫生健康委员会、民政局、生态环境局、水利和湖泊局、行政审批局、交通运输局、城市运行管理中心、应急管理局、市场监督管理局、司法局、档案馆等单位的鼎力支持，上述相关单位毫无保留地提供了大量翔实的具体资料，为本书的编撰工作作出了突出的贡献。对上述襄阳市、各县（市、区）相关单位的领导和同志们，并表示衷心的感谢！

　　本书由中共襄阳市委党校（襄阳市行政学院）常务副校（院）长罗丽担任主编，提出整体意见，关注各阶段事宜；襄阳市发展改革委二级调研员李地宝同志就整体结构提出了指导性意见；中共襄阳市委党校（襄阳市行政学院）教育长杨华斌同志负责统筹落实，督导各项工作进程；各县（市、区）委党校极为重视，抗领导班子成员和教师积极行动，参加撰稿组稿工作；市委党校科研科同志负责组稿统稿工作，为本书的公开出版付出良多。

由于时间仓促，调研工作繁杂，部分数据更新下幅几则，书中作免存在一些疏漏，敬请读者朋友原谅，并及时予以纠正，以帮助我们进一步提高调研工作质量和教材编写水平。

编　者

2025 年 1 月